이 책에 쏟아진 찬사

각 장에서 연구자들의 인터뷰를 포함해 집중력 부족의 잠재적 원인을 심도 있게 다룬다. 시간이 녹아내리고 최면 상태로 생각에 잠기는 듯한 집중 유형인 '몰입'을 소개한 부분처럼 영감을 주는 장도 있다. 이 정도의 시간 동안 집중하는 것만으로도 유용하며, 독자들이 주의력을 측정할 수 있는 새롭고 가치 있는 방법을 제시한다.

〈뉴욕타임스〉

집중력에 대한 신선한 해석… 많은 가르침을 배울 수 있는 책으로, 면밀히 연구된 데이터와 폭넓은 사례, 개인적인 일화 들이 가독성 높은 스타일로 펼쳐진다. 즉, 어떤 어려움에도 불구하고 이 책은 당신의 관심을 사로잡을 것이다.

〈월 스트리트 저널〉

유명 웹사이트와 앱은 수익성을 위해 사용자의 주의를 분산시키려고 노력한다. 우리가 화면을 볼 때 거대 테크 기업들은 돈을 벌지만, 그렇지 않을 때는 돈을 벌지 못한다. 트위터 팔로워들에게 이 사실을 알리고 싶었지만 나는 휴대폰에서 앱을 삭제했다.

〈워싱턴 포스트〉

기술과 인간의 관계를 주제로 한 다른 책들이 자제력의 중요성을 강조하며 개인의 책임에 초점을 맞춘다면, 《도둑맞은 집중력》은 한 발짝 물러나 문제를 일으킨 생태계를 살펴본다. 하리의 글은 믿을 수 없을 정도로 흡입력 있다.

〈샌프란시스코 크로니클〉

현대 사회가 어떻게 우리를 미치게 만드는지를 다룬 단 한 권의 책을 읽는다면, 이 책을 읽어라. **〈선데이 텔레그래프〉**

도발적인 연구. 포괄적이고 냉정하게 현실을 파헤친다. **〈퍼블리셔스 위클리〉**

우리가 집중력을 상실한 이유와 다시 찾을 수 있는 방법에 대한 흥미로운 분석. 책을 다 읽은 후에도 오래도록 생각하고 다시 생각하게 할 것이다. 요한 하리는 현대 사회의 병폐를 통찰력 있게 바라보는 비평가 중 한 명으로, 전 세계가 산만함과의 전쟁에서 승리하는 법을 알려준다.

애덤 그랜트 | 와튼스쿨 조직심리학 교수, 《싱크 어게인》 저자

요한 하리는 전 세계 가장 거대한 문제 중 하나인 집중력 위기를 체계적으로 추적하는 지칠 줄 모르는 탐험가다. 당신의 집중력을 구하고 싶다면 이 책을 읽어라. **수전 케인 | 《콰이어트》 저자**

지금 세상이 가장 필요로 하는 책. **오프라 윈프리**

요한 하리는 독특한 목소리로 정보 기술로 인해 인류가 직면한 심각한 위험을 다루고, 자신과 자녀, 민주주의를 보호하기 위해 우리 모두가 해야 할 일에 대한 경종을 울린다. **힐러리 클린턴**

요한 하리만큼 우리의 집단적 집중력 위기를 보다 깊이, 보다 총체적으로 생각하는 사람은 없다. 이보다 더 중요할 수 없는 책. 책을 펼치고 집중해라.

나오미 클라인 | 《이것이 모든 것을 바꾼다》 저자

다시 집중하고 싶다면 이 놀라운 책을 읽어라. 요한 하리는 우리가 왜 이 위기에 처했고, 어떻게 이 위기에서 벗어날 수 있는지에 대한 암호를 해독했다. 우리는 이 메시지를 들어야 한다. **아리아나 허핑턴 | 《수면 혁명》 저자**

도둑맞은
집중력

도둑맞은 집중력

집중력 위기의 시대, 삶의 주도권을 되찾는 법

STOLEN FOCUS

요한 하리 지음 | 김하현 옮김

어크로스

차례

프롤로그

우리 집중력에
실제로 일어나고 있는 일

나의 대자godson는 아홉 살 때 잠깐이었지만 기이할 만큼 강렬하게 엘비스 프레슬리에게 빠져들었다. 아이는 〈교도소 록Jailhouse Rock〉을 목청껏 부르며 엘비스 특유의 부드러운 저음의 목소리와 골반 흔들기를 따라 했다. 이 스타일이 이제 웃음을 자아낸다는 것을 몰랐기에, 자신이 쿨하다고 믿는 어린아이답게 마음이 아릴 만큼 진심을 담아 노래하고 춤을 췄다. 춤과 노래가 다시 시작되기 전의 짧은 휴식 시간에, 아이는 엘비스에 대한 모든 것("전부요! 전부 다!")을 알려달라고 졸랐고, 나는 그 감명 깊고 슬프고 분한 이야기를 대강 읊어주었다.

내가 말했다. 엘비스는 미시시피의 가장 가난한 마을 중 한곳에서 태어났어. 멀고도 먼 곳이지. 그는 쌍둥이 형과 함께 이 세상에 나왔지만, 형은 몇 분 후 죽고 말았어. 어린 엘비스는 엄마에게 매일 밤 달을 향해 노래하면 세상을 떠난 형이 그 노래를 들을 수 있다는 말을 들었어. 그래서 노래를 하고 또 했지. 그는 마침 텔레비전이 유행하던 때에 사람들 앞에서 공연하기 시작했고, 순식간에 역사상 그 누구보다 유명한 사람이 되었어. 엘비스가 가는 곳마다 사람들이 소리를 질렀고, 그의 세계는 비명으로 가득 찬 방이 되었어. 엘비스는 자기가 만든 고치 속에 숨어 잃어버린 자유 대신 재산을 즐겼어. 그리고 엄마를 위해 거대한 저택을 한 채 사서 그레이스랜드라는 이름을 붙였어.

중독자로의 추락, 약에 취해 땀을 뻘뻘 흘리며 경직된 얼굴로 횡설수설하던 라스베이거스에서의 무대, 42세라는 나이의 이른 죽음 같은 이야기는 대충 걸러냈다. 앞으로 애덤이라 부를 나의 대자(신원이 밝혀지지 않도록 세부 정보를 살짝 바꿨다)가 이야기의 결말을 물어볼 때마다 나는 대답 대신 〈블루 문Blue Moon〉을 함께 부르자고 했다. "당신은 내가 홀로 서 있는 모습을 보았죠." 아이는 가는 목소리로 노래했다. "마음속에 품은 꿈 없이, 나만의 사랑 없이."

어느 날 애덤이 간절한 눈빛으로 나를 쳐다보며 부탁했다. "삼촌, 저를 그레이스랜드에 데려가주면 안 돼요?" 나는 별생각 없이 그러겠노라 했다. "약속해요? 진짜로 약속하는 거예요?" 약속하겠다고 했다. 그리고 새까맣게 잊어버렸다. 모든 것이 틀어지기 전까지.

10년 후, 애덤은 길을 잃었다. 15살에 학교를 중퇴했고, 집에 있을 때는 말 그대로 깨어 있는 내내 멍하니 전자기기 화면만 바라보았다. 핸드폰으로는 왓츠앱Whatsapp과 페이스북 메시지를 끝없이 확인했고, 아이패드로는 유튜브와 포르노 영상을 보았다. 가끔 애덤에게서 〈비바 라스베이거스Viva Las Vegas〉를 즐거이 부르던 어린 소년의 흔적을 발견할 수 있었지만, 꼭 그 사람이 더 작은 조각으로 산산이 부서진 느낌이었다. 애덤은 시선을 화면으로 홱 돌리거나 난데없이 대화 주제를 바꾸지 않고서는 한 가지 주제로 몇 분 이상 대화를 나누지 못했다. 정지해 있거나 진지한 것은 절대 그에게 가닿을 수 없는 어딘가에서 스냅챗의 속도로 쌩 날아가고 있는 듯했다. 애덤은 총명하고 예의 바르고 친절했다. 그러나 그 무엇도 애덤의 머릿속에서 관심을 끌 수 없어 보였다.

애덤이 성장한 10년간 우리 다수에게도 (어느 정도는) 이러한 분열이 일어난 것 같았다. 21세기 초반에 살아 있다는 감각은 곧 주의를 기울이는 능력(집중력)이 부서지며 무너지고 있다는 감각과 같았다. 나도 마찬가지였다. 나는 책을 한가득 사놓고는 죄책감을 느끼며 곁눈질로 바라보곤 했다. 그리고 스스로에게 이렇게 말했다. 트윗 하나만 더 올리고. 독서량은 여전히 많았지만 해가 갈수록 하행 에스컬레이터를 뛰어오르는 기분이었다. 당시 나는 막 40이 되었고, 동년배들이 한자리에 모일 때마다 우리는 집중력이 없어진 것을 개탄했다. 마치 한 친구가 어느 날 바다에서 사라져 다시는 볼 수 없게 된 것처럼.

다 함께 커다란 소파에 누워 각자 쉴 새 없이 울려대는 자기 화면을 바라보고 있던 어느 날 저녁, 나는 애덤을 보고 은은한 두려움을 느꼈다. 이렇게 살 순 없다는 생각이 들었다.

"애덤." 내가 부드럽게 말했다. "그레이스랜드에 가자."

"뭐라고요?"

애덤에게 우리의 오래전 약속을 떠올려주었다. 애덤은 〈블루 문〉을 부르던 시절도, 내가 한 약속도 기억하지 못했지만, 이 무감각한 일상에서 벗어난다는 생각이 내면의 무언가에 불을 지폈음을 느낄 수 있었다. 애덤은 나를 올려다보며 진심이냐고 물었다. "진심이야." 내가 말했다. "하지만 조건이 하나 있어. 4000마일을 날아갈 비용은 내가 댈 거야. 우리는 멤피스에 갈 거고, 뉴올리언스에 갈 거야. 남쪽으로, 네가 가고 싶은 곳은 어디든 갈 거야. 하지만 거기까지 갔는데 네가 핸드폰만 들여다보고 있을 거라면 난 안 가. 밤을 빼면 핸드폰을 꺼둘 거라고 약속해야 해. 우린 현실로 되돌아가야 해. 우리에게 진짜 중요한 것과 다시 연결되어야 한다고." 애덤은 그러겠다고 약속했다. 그리고 몇 주 뒤, 우리는 런던 히스로 공항에서 이륙해 델타 블루스의 땅으로 날아가기 시작했다.

그레이스랜드의 입구에 도착하면 관광객을 안내하는 직원을 더 이상 찾아볼 수 없다. 관광객은 아이패드를 건네받는다. 작은 이어폰을 귀에 끼면 아이패드가 무엇을 해야 하는지 알려준다. 좌회전하세요, 우회전하세요, 직진하세요. 방에 들어가면 아이패드가 기억에서 잊힌 배우의 목소리로 지금 있는 방에 대해 알려주고, 그 방의 사진이 화면에 뜬다. 그래서 우리는 아이패드를 쳐다보며 그레이스랜드를 각자 돌아다녔다. 캐나다인과 한국인을 비롯해 무표정한 얼굴로 화면을 내려다보며 주위는 전혀 둘러보지 않는 각국의 관광객이 우리를 둘러쌌다. 그 누구도 자기 화면이 아닌 무언가를 오래 쳐다보지 않았다. 걸어 다니며 그들을 지켜볼수록 점점 신경이 날카로워졌다. 이따금 누군가가 아이패드에서 시선을 돌리면 한 줄기 희망을 느꼈다. 그리고 그 사람과 눈을 맞추려고 노력했다. 어깨를 으쓱하며 '주위를 둘러보는 사람은 우리밖에 없네요, 수천 마일을 날아와서 실제로 눈앞에 있는 것들을 보려고 하는 사람은 우리뿐이에요'라고 말하려 했다. 그러나 그럴 때마다 그들이 그저 핸드폰을 꺼내 셀카를 찍으려고 아이패드를 내려놓은 것뿐임을 깨달았다.

정글룸(엘비스가 이 저택에서 가장 좋아한 공간)에 들어가자 아이패드가 다시 뭐라고 지껄였고, 그때 내 옆에 서 있던 한 중년 남성이 아내에게 무어라 말하려고 몸을 돌렸다. 우리 앞에는 엘비스가 이 방을 자기만의 인공 정글로 만들려고 사놓은 거대한 가짜 화분들이 놓여 있었다. 그 가짜 식물들은 슬픈 듯 축 늘어진 채로 여전히 그곳에 남아 있었다. "여보, 이거 봐, 정말 신기해." 중년 남성이 아내 쪽을 향해 아이패드를 흔들더니 화면 위에서 손가락을 움직이기 시작했다. "화면을 왼쪽으로 넘기면 정글룸의 왼편을 볼 수 있어. 화면을 오른쪽으로 넘기면 오른편을 볼 수 있고." 그의 아내가 가만히 바라보며 미소 짓고는 자기 아이패드의 화면을 넘기기 시작했다.

나는 두 사람을 쳐다보았다. 그들은 화면을 앞뒤로 넘기며 다양한 각도로 정글룸을 들여다봤다. 나는 그들 쪽으로 몸을 기울이고 말했다. "하지만 선생님, 화면을 넘기는 더 오래된 방법도 있어요. 고개를 돌리는 겁니다. 왜냐하면, 우리가 이곳에 있잖아요. 정글룸에 있다고요. 화면으로 방을 볼 필요가 없어요. 딴 걸 통해서 볼 필요가 없다니까요. 자, 보세요." 내가 손으로 방을 가리켰고, 가짜 녹색 이파리들이 살짝 바스락거렸다.

남자와 그의 아내는 내게서 살짝 뒷걸음질 쳤다. "보세요!" 나는 의도한 것보다 더 큰 목소리로 말했다. "안 보이세요? 우리가 여기 있다고요. 실제로 여기에 있어요. 화면을 볼 필요가 없어요. 우리가 정글룸에 있다고요." 두 사람이 서둘러 방에서 나가다가 '저 미친놈은 누구야'라는 얼굴로 힐끗 뒤돌아보며 고개를 젓자, 내 심장이 빠르게 뛰는 것이 느껴졌다. 나는 웃음을 터뜨리며 이 어이없는 상황에 대해 말하려고, 나의 분노를 가라앉히려고 애덤을 쳐다보았다. 그러나 애덤은 구석에서 재킷 아래로 핸드폰을 쥔 채 스냅챗을 넘겨보고 있었다.

이 여행의 단계 단계마다 애덤은 자기가 한 약속을 어겼다. 2주 전 비행기가 처음 뉴올리언스 땅에 착륙하고 모두가 아직 좌석에 앉아 있을 때 애덤은 바로 핸드폰을 꺼냈다. "핸드폰 안 쓰기로 약속했잖아." 내가 말했다. "전화를 안 걸겠다는 말이었죠. 스냅챗하고 문자는 당연히 쓸 수 있는 거 아니에요?" 애덤은 당혹스럽다는 듯 진심을 담아 말했다. 마치 내가 10일간 숨을 참으라고 요구한 것처럼. 나는 애덤이 정글룸에서 조용히 핸드폰을 넘기고 있는 모습을 바라보았다. 다른 인간과 수 마일 떨어진 아이오와의 텅 빈 옥수수밭에 서 있는 것처럼 혼자인 기분이 들었다. 나는 애덤에게 성큼성큼 걸어가 그의 손에서 핸드폰을 잡아챘다.

"이렇게 살 순 없어!" 내가 말했다. "넌 현재에 머무는 법을 몰라! 네 삶을 놓치고 있다고! 넌 네가 뭘 놓칠까 봐 무서운 거야. 그래서 내내 핸드폰 화면을 확인하고 있는 거야! 그런데 바로 그게 반드시 뭔가를 놓치는 방법이야! 너는 단 하나뿐인 네 삶을 놓치고 있어! 바로 네 눈앞에 있는 것, 어렸을 때부터 간절히 보고 싶어 했던 것을 못 보고 있잖아! 여기 있는 사람들도 다 마찬가지야! 사람들 좀 봐!"

나는 큰소리로 외치고 있었지만 주변 사람들은 자기 아이패드에 푹 빠져 내 목소리를 듣지도 못했다. 애덤은 자기 핸드폰을 다시 낚아채고는 내가 이상하게 군다고 말하고(타당한 면이 없지 않았다) 쿵쿵거리며 방을 나갔다. 그리고 엘비스의 묘지를 지나 멤피스의 아침 속으로 걸어 들어갔다.

나는 바로 옆의 박물관에 전시된 엘비스의 롤스로이스 사이를 몇 시간이나 무기력하게 걸어 다녔고, 밤이 되고서야 우리가 머물던 길 건너의 하트브레이크 호텔에서 애덤을 다시 만났다. 애덤은 거대한 기타 모양의 수영장 옆에 앉아 있었다. 24시간 내내 엘비스의 노래가 흘러나오는 현장에서 애덤은 슬퍼 보였다. 애덤 옆에 앉으면서, 모든 격렬한 분노가 그렇듯 애덤을 향한 분노(여행 내내 튀어나온 분노)가 사실은 나 자신을 향한 분노임을 깨달았다. 애덤이 집중하지 못하고, 끊임없이 다른 데 정신을 팔고, 그레이스랜드에 있던 사람들이 일부러 찾아온 공간을 바라보지 못한 것 전부는 내 안에서도 일어난 일이었다. 그들이 분열되고 있듯 나 역시 분열되고 있었다. 나 또한 현재에 머무는 능력을 잃어버리고 있었다. 그리고 그 사실이 싫었다.

"문제가 있다는 거 나도 알아요." 애덤이 손에 핸드폰을 꼭 쥐고 나지막이 말했다. "그런데 어떻게 고쳐야 할지 모르겠어요." 그리고 애덤은 다시 문자로 돌아갔다.

집중하지 못하는 현실에서 벗어나려고 애덤을 이곳에 데려왔지만 내가 알아낸 것은 탈출구가 없다는 사실뿐이었다. 이 문제는 어디에나 있기 때문이다. 이 책의 자료 조사를 위해 전 세계를 돌아다녔어도 휴식처는 거의 없었다. 잠시 조사를 멈추고 세계에서 가장 느긋하고 고요한 것으로 유명한 장소들을 찾아갔을 때조차 이 문제는 나를 기다리고 있었다.

어느 날 오후 나는 아이슬란드에 있는 블루라군에 앉아 있었다. 블루라군은 눈이 내릴 때조차 따뜻한 목욕물의 온도로 보글보글 끓어오르는 거대하고 한없이 잔잔한 호수다. 떨어지는 눈송이가 증기 속으로 조용히 녹아 사라지는 모습을 지켜보는데, 내가 셀카봉을 휘두르는 사람들에게 둘러싸여 있음을 깨달았다. 사람들은 핸드폰을 방수 케이스에 넣은 채 미친 듯이 포즈를 취하고 인터넷에 사진을 올리고 있었다. 몇 명은 인스타그램에서 실시간 방송 중이었다. 우리 시대의 모토가 '나는 살고자 했으나 산만해졌다'여야 하는 것은 아닌지 의문이 들었다. 한 몸 좋은 독일인이 내 생각을 방해했다. 인플루언서처럼 보이는 그는 자기 핸드폰의 카메라를 향해 소리쳤다. "여기 블루라군에서 저는 인생 최고의 시간을 보내고 있습니다!"

한번은 파리에서 〈모나리자〉를 보러 갔다. 이제 모나리자는 전 세계에서 온 사람들이 럭비 경기처럼 몸싸움을 벌이는 뒤편에 영원히 가려져 있는데, 모두가 앞쪽으로 거칠게 밀고 들어가자마자 모나리자에게 등을 돌리고 셀카를 찍은 다음 다시 힘겹게 빠져나온다. 그날 나는 옆쪽에서 한 시간 넘게 사람들을 바라보았다. 그 누구도, 단 한 사람도 몇 초 이상 〈모나리자〉를 바라보지 않았다. 모나리자의 미소는 더 이상 수수께끼처럼 보이지 않는다. 모나리자는 마치 16세기 이탈리아의 자기 자리에서 우리를 바라보며 이렇게 묻고 있는 듯하다. '왜 옛날처럼 나를 그저 바라보지 않는 거죠?'

이러한 현실은 내가 수년 전부터 느낀 더 광범위한 느낌, 관광객의 나쁜 습관을 훨씬 뛰어넘는 그 느낌과도 맞아떨어지는 듯 보였다. 마치 우리 문명이 간지러운 가루를 뒤집어써서, 우리가 정신을 씰룩거리고 긁적이느라 중요한 일들에 주의를 기울이지 못하는 것 같았다. 독서처럼 긴 집중력을 요구하는 활동은 수년간 계속해서 줄어들고 있다. 애덤과의 여행이 끝난 후 나는 의지력에 관한 세계 최고 과학 전문가인 오스트레일리아 퀸즐랜드 대학의 로이 바우마이스터Roy Baumeister 교수의 연구 작업을 읽었고, 직접 그를 인터뷰하러 갔다. 그는 30년 넘게 의지력과 자제력을 연구했으며 사회과학 분야에서 가장 유명한 실험들을 이끌었다. 66세가 된 이 교수의 맞은편에 앉아 우리가 집중력을 잃은 듯 보이는 이유와 집중력을 되찾을 방법에 관한 책을 쓸 생각이라고 설명했다. 그리고 기대하는 눈빛으로 그를 바라보았다.

교수는 내가 이 주제를 자신과 이야기하려 하는 것이 희한하다고 말했다. 그리고 "내 주의력도 전보다 약해진 것 같습니다"라고 말했다. 원래 그는 몇 시간이나 한자리에 앉아 글을 읽고 쓸 수 있었지만, 이제는 "정신이 널뛰는 것 같"았다. 그는 최근에 "기분이 나빠지기 시작하면 핸드폰으로 게임을 하고, 그러면 확실히 즐거워"진다는 사실을 깨달았다고 설명했다. 나는 그가 자신이 이룬 방대한 과학적 성취를 외면하고 캔디크러시사가 게임을 하는 모습을 상상했다. 그가 말했다. "집중력이 예전만 못 합니다." 그리고 덧붙였다. "그냥 굴복하는 겁니다. 그리고 기분이 나빠지죠."

로이 바우마이스터는 말 그대로 '의지력'이라는 제목의 책을 쓴 저자이며, 현존하는 그 어떤 인물보다 이 주제를 더 깊이 연구했다. 나는 생각했다. 그조차 집중력을 잃고 있다면 그렇지 않은 사람이 누가 있겠는가?

집중력 문제와 비만율 증가의 공통점

오랫동안 나는 이러한 위기가 그저 오해라는 말로 스스로를 안심시켰다. 이전 세대 역시 자기 집중력이 나빠지고 있다고 생각했다. 거의 1000년 전의 중세 수도사들이 집중이 잘 안 돼 괴롭다고 불평한 글을 찾아볼 수 있다. 인간은 나이 들면서 집중력이 약해질 수 있지만, 그건 이 세상이나 다음 세대의 문제지 자신의 노화 문제가 아니라고 확신한다.

만약 과학자들이 오래전부터 단순한 실험을 해왔다면 아마 그것이 정확한 사실을 알 가장 좋은 방법이었을 것이다. 무작위로 사람들을 뽑아 주의력 검사를 하고, 같은 검사를 수십 년간 계속 하면서 변화가 있는지 확인하는 것이다. 그러나 아무도 그런 실험을 하지 않았다. 장기간에 걸쳐 축적된 정보는 존재하지 않는다. 그러나 이와 관련해 타당한 결론에 도달할 수 있는 다른 방법이 있다. 이 책의 자료를 조사하면서 사람들이 집중력을 빼앗기는 것에 과학적으로 증명된 다양한 요인이 있음을 알게 되었다. 그리고 이러한 요인들이 지난 수십 년간 쭉, 때로는 극적으로 강해졌다는 유력한 증거가 있다. 이와 달리 우리의 주의력을 강화했을지 모를 추세는 단 하나만 발견할 수 있었다. 이로써 나는 이것이 실질적이고도 긴급한 위기라고 믿게 되었다.

이러한 추세가 우리를 어디로 데려가는지에 관한 증거가 극명하다는 사실 또한 알게 되었다. 예를 들어 한 소규모 연구는 평범한 미국인 대학생이 무언가에 얼마나 자주 주의를 기울이는지를 조사하기로 했다.[1] 과학자들은 학생들의 컴퓨터에 추적 소프트웨어를 설치하고 그들이 평범한 하루에 무엇을 하는지 관찰했다. 그리고 학생들이 평균 65초마다 하는 일을 전환한다는 사실을 발견했다. 이들이 어느 하나에 집중하는 시간의 중간값은 겨우 19초였다. 당신이 성인이고 이 연구 결과에 우월감을 느낀다면, 잠시 참아보라. 캘리포니아 어바인 대학의 정보과학 교수이자 나와 인터뷰를 한 글로리아 마크Gloria Mark가 진행한 또 다른 연구는 사무실에서 일하는 성인이 평균적으로 한 가지 일을 얼마나 오래 붙들고 있는지 관찰했다.[2] 그 결과는 3분이었다.

그래서 나는 집중력을 되찾을 방법을 찾기 위해 3만 마일을 이

동했다. 덴마크에서는 집단으로서 우리의 집중력이 실제로 빠르게 떨어지고 있음을 자기 팀과 함께 최초로 증명한 과학자를 인터뷰했다. 그리고 그 이유를 찾아낸 전 세계의 과학자들을 만났다. 최종적으로 마이애미와 모스크바, 몬트리올, 멜버른 등지에 있는 250명 이상의 전문가를 인터뷰했다. 집중력이 특히 파괴적으로 박살 난 리우데자네이루의 빈민가에서, 집중력을 근본적으로 되찾을 방법을 발견한 뉴질랜드 작은 마을의 외딴 사무실에 이르기까지, 해답을 찾으려는 노력은 나를 무척이나 다양한 장소로 이끌었다.

나는 우리가 집중력에 실제 일어나고 있는 일을 깊이 오해해왔다고 믿게 되었다. 오래전부터 나는 집중이 안 될 때마다 화를 내며 스스로를 탓했다. 그리고 이렇게 말하곤 했다. 넌 게을러, 자제력이 없어, 정신 바짝 차려야 해. 그게 아니면 핸드폰을 탓하거나, 핸드폰에 격노하거나, 핸드폰이 아예 발명되지 않았으면 좋았을 거라고 생각했다. 내가 아는 사람 대다수도 똑같이 반응한다. 그러나 사실은 개인의 실패나 하나의 새로운 발명품보다 훨씬 심오한 무언가가 일어나고 있음을 알게 되었다.

내가 처음 이 사실에 관심 갖기 시작한 것은 세계 최고의 아동 주의력 문제 전문가 중 한 명인 조엘 닉Joel Nigg 교수를 인터뷰하기 위해 오리건 포틀랜드를 찾았을 때였다. 그는 집중력 문제의 증가를 비만율의 증가에 비유하는 방식이 이해에 도움이 될 수 있다고 말했다. 비만은 50년 전에는 매우 드물었지만 오늘날에는 서구 세계의 유행병이 되었다. 우리가 갑자기 탐욕스러워지거나 방종해져서가 아니다. 조엘이 말했다. "비만은 의학적 유행병이 아닙니다. 사회적 유행병이죠. 예를 들면 사람들이 먹는 음식의 질이 나쁘기 때문에 사람들이 뚱뚱해지고 있는 거예요." 우리의 생활 방식이 극적으로 변화했고(식량 공급망이 바뀌었고, 걷거나 자전거를 타기 힘든 도시를 건설했다) 이러한 환경 변화가 신체의 변화를 낳았다. 조엘은 집중력에도 이와 비슷한 변화가 일어나고 있을지 모른다고 말했다.

그는 수십 년간 이 주제를 연구한 뒤 현재 우리가 "집중력 문제를 유발하는 문화"를 만들고 있지는 않은지 물어야 한다고 믿게 되었다. 이러한 환경에서는 집중력을 깊이 오래 유지하는 일이 모두에게 극도로 힘들어지며, 집중력을 유지하기 위해 물살을 거슬러 헤엄쳐야 한다. 그는 집중력을 저하하는 여러 요인에 대한 과학적 증거가 있으며, 어떤 사람들은 신체에 원인이 있지만 다음 질문의 답을 알아낼 필요도 있다고 말했다. "사회가 사람들을 종종 이 지경으로 몰고 가는 것은, 사회에서 제대로 기능하지 않는 구체적 요소가 유행병을 일으키고 있기 때문은 아닐까요?"

나중에 그에게 물었다. 세상을 다스릴 수 있다면, 그리고 사람들의 집중력을 망치길 원한다면 무엇을 하시겠습니까? 그는 잠시 생각한 뒤 말했다. "아마도 현재 우리 사회가 하고 있는 일들이겠죠."

나는 집중력 저하가 주로 나나, 여러분이나, 여러분 자녀의 개인적 실패가 아니라는 강력한 증거를 찾아냈다. 모두가 공격을 받고 있다. 우리를 공격하는 세력은 매우 강하다. 그러한 세력 중에는 거대 테크 기업도 있지만, 한편으로는 기업을 훨씬 뛰어넘는다. 이것은 시스템의 문제다. 진실은, 우리가 살고 있는 시스템이 매일 우리의 주의력에 산을 들이붓고 있다는 것, 전 세계의 집중력이 타들어가는 와중에 우리는 자신을 탓하고 자기 습관을 바꾸라는 말을 듣고 있다는 것이다. 이 모든 것을 알게 되자 그동안 읽은 집중력 개선법에 관한 책들에 전부 구멍이 있다는 사실을 깨달았다. 엄청난 구멍이었다. 기존의 책들은 대부분 집중력 위기의 실제 원인을 다루지 않았고, 실제 원인은 대개 훨씬 거대한 세력에 있었다. 나는 그동안 알게 된 내용을 바탕으로 집중력을 훼손하는 12가지 강력한 힘이 작용하고 있다는 결론을 내렸다. 그리고 장기적 측면에서 이 문제를 해결하려면 우리가 이 힘을 제대로 이해하고, 이 힘이 계속해서 집중력을 훼손하지 못하도록 막아야 한다고 믿게 되었다.

한 개인으로서 자신의 집중력 문제를 완화하기 위해 취할 수 있는 실질적 조치들이 있으며, 이 책을 통해 그 방법들을 배우게 될 것이다. 이런 식으로 독자가 개인의 책임을 다하는 것을 나 또한 강력하게 지지한다. 그러나 이 주제에 관한 기존의 책들과는 달리 솔직하게 말씀드리겠다. 그러한 변화에는 한계가 있다. 그렇게 해서는 문제의 한 단면만 해결할 수 있을 뿐이다. 그러한 변화는 중요하다. 나 또한 실천하고 있다. 그러나 매우 운 좋은 사람이 아니라면 그렇게 한다고 이 주의력 위기에서 벗어날 수는 없을 것이다. 조직적 문제에는 조직적 해결책이 필요하다. 분명 우리는 이 문제에 개인적 책임을 져야 하지만, 동시에 더욱 뿌리 깊은 요인을 없애기 위해 집단으로서도 연대 책임을 져야 한다. 진정한 해결책, 실제로 우리가 집중력을 회복할 수 있는 해결책이 존재한다. 그 해결책은 우리에게 문제를 철저히 재구성하고 행동에 나설 것을 요구한다. 나는 내가 그 시작 방법을 알아냈다고 믿는다.

우리는 깊이 사고하는 능력을 잃을지도 모른다

나와 이 여정을 함께해야 하는 세 가지 중요한 이유가 있다. 첫 번째는 개인 차원에서 산만함으로 가득 찬 삶은 훼손된 삶이라는 것이다. 집중하지 못하면 이루고 싶은 일들을 이룰 수 없다. 책을 읽고 싶지만 소셜미디어의 알람과 불안이 우리를 끌어당긴다. 방해받지 않고 아이와 함께 몇 시간을 보내고 싶지만 상사가 메시지를 보냈는지 보려고 초조하게 계속 이메일을 확인한다. 회사를 차리고 싶지만 질투와 초조함을 일으킬 뿐인 페이스북의 게시물들 사이로 삶이 흩어져버린다. 자기 잘못이 아닌 이유로 잠시 멈추고 생각할 수 있는 고요함(차분하고 명료한 공간)을 충분히 얻을 수 없는 듯 보인다. 오리건 대학의 마이클 포스너Michael Posner 교수가 실시한 한 연구는 무언가에 집중하고 있다가 방해를 받을 경우 전과 같은 집중 상태로 돌아오는 데 평균 23분이 걸린다는 사실을 발견했다.[3] 미국의 사무직 노동자들에 대한 또 다른 연구는 노동자 대다수가 평소에 방해받지 않고 일하는 시간이 단 한 시간도 안 된다는 사실을 알아냈다.[4] 이러한 상황이 몇 달에서 몇 년간 이어지면 내가 누구이고 무엇을 원하는지를 파악하는 능력이 망가진다. 우리는 자기 자신의 삶에서 길을 잃게 된다.

집중력과 관련해 오늘날 세상에서 가장 중요한 철학자인 제임스 윌리엄스James Williams 박사(옥스퍼드 대학에서 기술의 철학과 윤리를 연구한다)를 인터뷰하기 위해 모스크바에 갔을 때 그는 이렇게 말했다. "어떤 영역에서든, 인생의 어떤 맥락에서든 중요한 일을 하고 싶다면 적절한 대상에 주의를 기울일 수 있어야 합니다… 그렇게 할 수 없다면 무언가를 해내기란 몹시 어려워요." 그는 현재 우리가 처한 상황을 이해하고 싶다면 다른 이미지를 떠올리는 것이 도움이 된다고 말했다. 자동차를 운전하고 있는데, 누군가가 커다란 양동이에 가득 담긴 진흙을 앞 유리창에 끼얹었다고 상상해보자. 그 순간 사이드미러를 부수거나, 방향을 놓치거나, 목적지에 늦게 도착하는 등의 여러 문제를 겪을 것이다. 그러나 그 모든 문제를 걱정하기 전에 가장 먼저 해야 할 일은 앞 유리창을 깨끗하게 닦는 것이다. 그러기 전까지는 자신이 어디 있는지조차 알 수 없다. 우리는 장기적인 목표를 성취하려고 노력하기 전에 먼저 우리의 집중력 문제를 해결해야 한다.

이 주제를 숙고해야 할 두 번째 이유는 집중력의 분열이 개인에게만 문제를 일으키는 게 아니라는 것이다. 집중력 문제는 사회 전체의 위기를 불러오고 있다. 하나의 생물종으로서 우리는 기후 위기 같은 전례 없는 걸림돌과 장애물에 직면해 있으며, 이전 세대와 달리 이 같은 심각한 문제에 제대로 대처하지 못하고 있다. 왜일까? 집중력이 떨어지면 문제 해결 능력도 저하된다는 것이 그 이유 중 하나라고 생각한다. 커다란 문제를 해결하려면 많은 사람이 장기간에 걸쳐 집중력을 발휘해야 한다. 민주주의는 진짜 문제를 파악해 공상과 구분하고, 해결책을 떠올리고, 문제를 해결하지 못하는 지도자들에게 책임을 물을 수 있을 만큼 긴 시간 문제에 집중할 수 있는 시민의 능력을 요구한다. 그러한 능력을 잃어버린다면 온전히 기능하는 사회를 만들 능력을 잃게 된다. 집중력의 위기가 1930년대 이후 가장 심각한 민주주의의 위기와 동시에 발생했다는 사실은 우연이 아니라고 생각한다. 집중하지 못하는 사람은 단순한 권위주의적 해결책에 쉽게 이끌리고, 그러한 해결책이 실패했다는 사실을 명확히 파악하지 못할 가능성이 높다. 트위터와 스냅챗을 오가느라 주의력을 박탈당한 시민으로 가득한 세상은 위기가 연달아 발생해도 그중 무엇 하나 제대로 처리하지 못할 것이다.

집중력에 대해 깊이 생각해봐야 할 세 번째 이유는 내게 있어 가장 희망적이다. 무슨 일이 벌어지고 있는지 이해하면 그것을 바꾸기 시작할 수 있다. 내 생각에 20세기 가장 훌륭한 작가인 제임스 볼드윈James Baldwin은 이렇게 말했다. "우리가 직면한 모든 문제를 바꿀 수는 없지만, 문제에 직면하기 전까지는 아무것도 바꿀 수 없다."[5] 이 위기는 인간이 만든 것이며, 우리의 힘으로 다시 없앨 수 있다.

시작에 앞서 이 책에서 제시할 정보를 모은 방법과 그 정보를 선택한 이유를 설명하고자 한다. 책의 자료를 조사하면서 방대한 양의 과학 연구를 읽은 다음 가장 중요한 증거를 수집했다고 판단되는 과학자들을 인터뷰했다. 여러 다양한 과학자들이 집중력을 연구했다. 그중 한 집단은 신경과학자들로, 책에서도 이들의 이야기를 듣게 될 것이다. 그러나 집중력이 변하는 이유를 가장 많이 연구한 사람들은 생활 방식의 변화가 우리에게 어떤 영향을 미치는지를 개인 및 집단의 차원에서 분석하는 사회과학자들이다. 나는 케임브리지 대학에서 사회과학과 정치과학을 공부하며 사회과학자들이 발표한 연구를 해석하는 방법과 이들이 제시한 증거를 평가하는 방법, (바라건대) 이와 관련해 면밀한 질문을 던지는 방법을 철저히 훈련받았다.

이 과학자들은 무슨 일이 벌어지고 있는지와 그 이유에 관해 종종 서로 다른 의견을 낸다. 그건 사회과학이 허술해서가 아니라 인간이 극도로 복잡한 생물이기 때문이며, 무엇이 집중력에 영향을 미치는지처럼 복잡한 문제를 판단하기란 무척 어려운 일이다. 이러한 사실은 분명 집필 과정의 큰 어려움이었다. 완벽한 증거를 기다리면 영원히 기다리기만 하게 될 것이다. 이 학문이 부정확하고 허약할 수 있으므로 조심히 다뤄야 한다는 사실을 늘 의식하는 한편, 우리에게 주어진 가장 훌륭한 정보를 근거로 최선을 다해 앞으로 나아가야 했다.

그래서 내가 제시하는 증거들이 얼마나 논쟁적인지를 책의 모든 단계에서 드러내고자 노력했다. 어떤 주제는 그동안 연구한 과학자가 수백 명이고, 내가 제시하려는 의견이 옳다는 광범위한 합의가 이뤄져 있다. 이것이 분명 가장 이상적인 상황이며, 가능한 한 그 분야의 합의된 내용을 제시하는 과학자들을 찾아 그들의 지식이라는 견고한 기반 위에서 결론을 도출했다. 그러나 소수의 과학자만이 내가 이해하고자 한 질문을 연구한 분야도 있고, 이때는 얼마 없는 증거에 의지해야 한다. 현재 벌어지고 있는 현상에 대해 여러 공신력 있는 과학자들의 의견이 크게 갈리는 주제도 몇 가지 있다. 이 경우에는 그 사실을 처음부터 알리고, 그 문제에 대한 다양한 관점을 소개할 것이다. 모든 단계에서 찾을 수 있는 가장 유력한 증거에 기반해 결론을 내리려 노력했다.

그리고 그 과정에서 늘 겸손한 자세를 유지하려고 노력했다. 나는 이 문제들의 전문가가 아니다. 나는 전문가들을 찾아가 최선을 다해 그들의 지식을 확인하고 설명하는 기자다. 관련 논쟁에 대해 더 자세한 정보를 알고 싶다면, 이 책 웹사이트에 올려둔 400개 이상의 주석에서 책에서 이용한 250개 이상의 과학 연구를 논하며 증거를 훨씬 깊이 탐구하고 있다. 또한 내가 알게 된 내용을 더욱 잘 설명하고자 나의 경험을 풀어놓기도 했다. 내 개인적 일화는 분명 과학적 증거가 아니다. 이 일화들은 더 단순한 것, 바로 내가 이 질문들의 답을 그토록 간절히 알고자 했던 이유를 말해준다.

나는 애덤과의 멤피스 여행에서 돌아온 뒤 스스로에게 질려버렸다. 소설의 처음 몇 페이지를 세 시간 동안 읽으며 마치 약에 취한 것처럼 매번 산만한 생각 속에서 길을 잃었다. 계속 이럴 수는 없다고 생각했다. 소설 읽기는 언제나 가장 큰 즐거움 중 하나였고, 그 즐거움을 잃는 것은 팔다리를 잃는 것과 다름없었다. 그래서 나는 친구들에게 과감한 일을 벌이겠다고 선언했다.

내가 이렇게 된 건 한 개인으로서 내 자제력이 부족해서이며 손에서 핸드폰을 놓지 못하기 때문이라고 생각했다. 그래서 당시 나는 해결책이 명백하다고 생각했다. 자제력을 키우고, 핸드폰을 없애면 됐다. 온라인으로 케이프코드의 끝 프로빈스타운 해변에 있는 작은 방을 예약했다. 그리고 온라인에 접속할 수 있는 스마트폰과 컴퓨터 없이 3개월간 그곳에서 지내겠다고 모두의 앞에서 의기양양하게 선언했다. 다 끝났어. 이젠 끝이야. 20년 만에 처음으로 오프라인이 될 거야. 친구들에게 '와이어드wired'라는 단어의 이중적 의미를 설명했다. 이 단어는 미친 듯이 흥분한 정신 상태를 뜻하기도 하고, 온라인 접속을 뜻하기도 한다. 이 쌍둥이 정의는 내게 연결된 것처럼 보였다. 나는 '와이어드'한 상태에 질렸다. 머리를 깨끗이 비워야 했다. 그래서 그렇게 했다. 하던 일을 그만두었다. 앞으로 3개월간 연락이 되지 않을 거라는 내용의 자동 응답 메시지를 설정했다. 그리고 20년간 나를 뒤흔든 부산한 소음을 버리고 떠났다.

그 어떤 환상 없이 이 극단적인 디지털 디톡스를 하려고 애썼다. 하지만 인터넷을 차단하는 방법이 장기적 해결책이 될 수 없음을 알았다. 아미시 공동체에 들어가 영원히 기술을 버릴 생각은 없었다. 그것보다, 대다수 사람에게 이러한 노력이 단기적 해결책조차 될 수 없다는 것을 알았다. 나는 노동계급 출신이다. 나를 키워준 할머니는 화장실을 청소했고, 내 아버지는 운전기사였다. 그분들에게 집중력 문제의 해결책은 일을 그만두고 해변 오두막에 가서 사는 것이라고 말한다면 악질적인 모욕이 될 터였다. 두 분은 말 그대로 그럴 수 없었다.

내가 떠난 것은 그러지 않으면 깊이 사고하는 능력 자체를 잃을지 모른다고 생각했기 때문이다. 그건 절박함에서 나온 행동이었다. 또한 내가 떠난 것은 한동안 모든 불필요한 것을 없애버린다면 우리 모두가 보다 지속적으로 이룰 수 있는 변화를 언뜻 목격할 수 있을지 모른다고 생각했기 때문이다. 이 극단적인 디지털 디톡스는 내게 여러 중요한 것들을 가르쳐주었다. 앞으로 살펴보겠지만, 그중에는 디지털 디톡스의 한계도 있었다.

이 여정은 프로빈스타운으로 떠난 5월의 어느 아침에 시작되었다. 그레이스랜드에서 본 화면의 환한 빛이 계속 나를 괴롭혔다. 문제는 쉽게 산만해지는 내 천성과 전자기기에 있다고 생각했고, 아주 오랫동안 기기들을 내버릴(자유, 오 자유!) 참이었다.

1장

너무 빠른 속도, 너무 잦은 멀티태스킹

집중력은 한정된 자원이다

우리는 자신이 노출되는 정보량의 엄청난 팽창과
정보가 들이닥치는 속도를 아무 대가 없이 얻을 수 있다고 생각했다.
그건 착각이다.

"뭘 말씀하시는지 모르겠네요." 보스턴 타겟Target 매장에 있는 남자가 계속해서 내게 말했다. "이 제품들이 저희 매장에 있는 가장 저렴한 핸드폰입니다. 인터넷이 엄청 느려요. 이거 원하시는 거 아니에요?" 아니라고 말했다. 나는 인터넷 연결이 아예 안 되는 핸드폰을 원했다. 남자는 당황한 얼굴로 상자 뒤를 뜯어보았다. "이거 진짜 느릴 거예요. 아마 이메일은 확인할 수 있겠지만-" 이메일도 인터넷이에요. 내가 말했다. 3개월 동안 떠날 예정이에요. 완전히 오프라인 상태가 될 수 있도록요.

친구인 임티아즈가 오래되고 고장 나서 몇 년 전에 이미 온라인 접속 기능을 잃은 노트북을 주었다. 오리지널 〈스타트렉〉의 세트장에서 온 물건, 좌절된 미래상이 남긴 유물처럼 보였다. 이 노트북으로 몇 년 동안 구상만 해온 소설을 마침내 완성하겠다고 마음먹었다. 이제 필요한 것은 내가 번호를 알려줄 여섯 명이 긴급 상황 시 내게 연락할 수 있는 핸드폰이었다. 그 핸드폰은 어떤 식으로든 인터넷에 연결되어서는 안 됐다. 새벽 3시에 일어나 다짐을 깨고 온라인에 접속하려 해도, 아무리 애써도 그럴 수 없도록 말이다.

내 계획을 들은 사람들의 반응은 셋 중 하나였다. 첫 번째는 타겟 매장에 있는 남자의 반응과 같았다. 이들은 내 말을 이해하지 못하는 듯 보였는데, 내가 인터넷 사용을 줄일 예정이라 말했다고 생각했다. 이들에게는 완전히 오프라인 상태가 된다는 생각이 너무 기이한 것이라, 나는 여러 번 설명해야만 했다. "그러니까 온라인 접속이 아예 안 되는 핸드폰을 원한다고요?" 남자가 말했다. "도대체 왜요?"

두 번째 반응(이 남자가 그다음에 보인 반응)은 나를 대신해 가벼운 공황 상태에 빠지는 것이었다. "긴급 상황에는 어떡하려고요?" 남자가 물었다. "좋은 생각 같지 않은데요." 내가 말했다. "제가 온라인에 접속해야 할 긴급 상황이 뭐가 있을까요? 무슨 일이 벌어질까요? 전 미국 대통령이 아니잖아요. 러시아가 우크라이나를 침공해도 명령을 내릴 필요가 없어요." 남자가 말했다. "뭐든요." "무슨 일이든 일어날 수 있잖아요." 나는 내 또래(당시 나는 39살이었다)의 사람들에게 거듭 설명했다. 우리는 핸드폰 없이 반평생을 살아왔으니 그토록 오래 살았던 생활 방식으로 되돌아가는 걸 그리 어렵지 않게 상상할 수 있을 거라고. 누구도 내 말에 설득되는 것 같지 않았다.

세 번째 반응은 부러움이었다. 사람들은 핸드폰을 들여다보느라 쓰던 시간이 남으면 무엇을 할지 공상하기 시작했다. 이들은 제일 먼저 애플Apple의 스크린타임 기능이 알려주는 자신의 일일 핸드폰 사용 시간을 늘어놓았다. 미국인의 평균 스크린타임은 세 시간 15분이다.[1] 우리는 24시간 동안 핸드폰을 2617번 만진다.[2] 가끔 이들은 자신이 사랑했으나 그만둔 활동(예를 들면 피아노 연주)을 아련하게 이야기하며 먼 곳을 바라보기도 했다.

타겟에는 나를 위한 상품이 없었다. 아이러니하게도 미국에 마지막으로 남은 듯 보이는 인터넷이 안 되는 핸드폰을 주문하기 위해서는 온라인에 접속해야만 했다. 그 핸드폰의 이름은 지터벅Jitterbug이었다. 나이가 매우 많은 노인을 위해 특별히 만들어진 핸드폰으로, 비상 연락 장치의 기능을 겸한다. 상자를 열고 핸드폰의 커다란 버튼을 보며 빙긋 웃었다. 뜻밖의 이득이 있다고 생각했다. 만약 내가 넘어지면, 이 장치가 자동으로 나를 가장 가까운 병원에 연결해줄 것이다.

호텔 침대에 가져온 물건을 전부 펼쳐놓았다. 평소에 아이폰을 이용하는 일상적 활동을 전부 추려내 아이폰을 대체할 물건을 하나하나 구매했다. 그래서 10대 이후 처음으로 손목시계를 샀다. 알람 시계도 구했다. 오래된 아이팟을 끄집어내 오디오북과 팟캐스트를 담았다. 아이팟의 화면을 손가락으로 쓸어보며 12년 전 처음 구매했을 때 이 기기가 얼마나 미래적으로 보였는지 생각했다. 이제 아이팟은 노아가 방주에 들고 탔을 법한 물건으로 보였다. 임티아즈의 고장 난 노트북(이제 사실상 1990년대 스타일의 워드프로세서가 되었다)이 있었고, 그 옆에는 수십 년간 읽어야지 벼르고 있었던 고전소설들이 쌓여 있었다. 맨 위에 있는 책은《전쟁과 평화》였다.

내 아이폰과 맥북을 보스턴에 사는 친구에게 맡기려고 우버를 탔다. 친구 집 테이블 위에 핸드폰과 노트북을 올려놓기 전에 잠시 주저했다. 나를 페리 터미널로 데려다줄 차를 부르기 위해 내 핸드폰으로 얼른 버튼을 눌렀다. 그리고 전원을 끈 다음 핸드폰이 나를 따라오기라도 하는 양 빠르게 걸어 나왔다. 찌르는 듯한 공포가 느껴졌다. 아직 준비가 안 됐다고 생각했다. 그때 머릿속 한편에서 스페인의 작가 호세 오르테가 이 가세트José Ortega y Gasset가 한 말이 떠올랐다.[3] "준비될 때까지 삶을 미룰 수는 없다… 삶은 우리의 코앞에서 발사된다." 스스로에게 말했다. 지금 하지 않으면 영원히 못 해. 그러면 죽기 직전에 인스타그램에서 '하트'를 몇 개 받았는지 쳐다보며 누워 있게 될 거야. 나는 차에 올라탔고 절대 뒤돌아보지 않았다.

몇 년 전에 파괴적 습관을 고치는 가장 효과적인 도구가 '사전 약속pre-commitment'이라는 것임을 사회과학자들에게서 배웠다. 사전 약속은 가장 오래된 인류 이야기 중 하나인 호메로스의《오디세이아》에도 등장한다. 호메로스는 옛날에 이상한 이유로 선원들이 빠져 죽는 바다가 있었다고 말한다. 그 바다에는 두 세이렌이 살고 있었다. 여성과 새의 모습이 독특하게 뒤섞인 아름다운 세이렌은 노래를 불러 선원들을 바다로 유인했다. 선원들은 섹시한 물새 같은 세이렌의 행동을 보고 바다로 뛰어들었고, 곧 물에 빠져 죽었다. 그러던 어느 날, 이야기의 주인공인 오디세우스가 이 유혹적인 여성과 싸워 이기는 방법을 알아냈다. 배가 세이렌이 사는 바다에 접근하기 전에 선원들에게 자기 손발을 돛대에 단단히 묶어두게 한 것이다. 오디세우스는 움직일 수 없었다. 세이렌의 노래를 들었을 때 아무리 간절히 바다로 뛰어들고 싶어도 그럴 수 없었다.

나도 살을 뺄 때 이 방법을 썼다. 평소에는 탄수화물을 잔뜩 사다 두고 스스로에게 너는 천천히 적당량을 먹을 수 있을 만큼 강인하다고 말한 뒤, 결국 새벽 2시에 와구와구 먹곤 했다. 그래서 탄수화물을 사두지 않았다. 새벽 2시에 프링글스를 사러 나갈 생각은 없었다. 현재에 존재하는 나, 바로 지금의 나는 더 심오한 목표를 좇고 싶고 더 나은 사람이 되고 싶다. 하지만 자신이 실수를 할 수 있고 유혹 앞에서 쉽게 무너진다는 것을 안다. 그렇기에 미래의 나를 구속한다. 선택지를 좁힌다. 돛대에 자신을 묶어놓는 것이다.

이 방법이 정말 효과가 있는지 단기적으로나마 확인한 몇 개의 과학 실험이 있다. 예를 들어 몰리 크로킷Molly Crockett이라는 이름의 심리학 교수(예일 대학에서 나와 인터뷰했다)는 2013년에 한 무리의 남성들을 실험실로 데려와 두 집단으로 나누었다. 이들 모두 시험대에 오를 예정이었다. 이들은 원하면 당장 조금 섹시한 사진을 볼 수 있고, 아무것도 안 하면서 잠시 기다릴 수 있으면 완전 섹시한 사진을 볼 수 있다는 말을 들었다. 첫 번째 집단은 의지력을 발휘해 그 순간 스스로를 통제해야 했다. 그러나 두 번째 집단은 실험실에 들어가기 전에 '사전 약속'을 할 기회, 즉 더 섹시한 사진을 볼 수 있도록 기다릴 거라고 다짐할 기회를 얻었다. 과학자들은 알고 싶었다. 사전 약속을 한 남자들이 그렇지 않은 남자들보다 더 많이, 더 오래 버틸 것인가? 사전 약속은 놀라울 만큼 성공적인 것으로 드러났다.[4] 무언가를 하겠다고 굳게 결심하고 그 결심을 고수하겠다고 맹세하는 행동이 남자들을 훨씬 잘 버티게 만든 것이다. 이후로 과학자들은 다양한 실험을 통해 똑같은 효과를 증명해왔다.[5]

프로빈스타운으로의 여행은 극단적 형태의 사전 약속이었고, 오디세우스의 성공담처럼 배 위에서 시작되었다. 프로빈스타운행 페리가 출발할 때 보스턴 항구를 뒤돌아보았다. 5월의 빛이 수면에서 빛나고 있었다. 물에 젖은 채 펄럭이는 성조기 옆에서 배 뒤쪽을 향해 서서 물보라 치는 광경을 바라보았다. 약 40분이 지나자 프로빈스타운이 천천히 수평선 위로 모습을 드러냈고, 가늘고 긴 순례자 기념탑이 시야에 들어왔다.

프로빈스타운은 미국이 대서양으로 툭 튀어나온 부분의 기다랗고 초목이 우거진 모래톱이다. 미국의 종착역이자 막다른 곳이다. 작가 헨리 데이비드 소로Henry David Thoreau는 이곳에 서면 등 뒤로 미국 전체를 느낄 수 있다고 말했다. 아찔한 가벼움이 느껴졌고, 물보라 사이로 해변이 나타나자 이유를 알 수 없는 웃음이 나오기 시작했다. 나는 거의 취한 것처럼 탈진해 있었다. 그때 내 나이는 39살이었고, 21살 때부터 쉬지 않고 일했다. 휴일도 거의 없었다. 더 생산적인 작가가 되려고 깨어 있는 시간 내내 스스로를 정보로 살찌웠고, 그러한 삶의 방식이 공장식 농장에서 푸아그라용 오리의 간을 파테pâté로 만들기 위해 억지로 먹이를 먹이는 과정과 비슷하다고 느끼기 시작했다. 지난 5년간 자료 조사를 하고 글을 쓰고 두 권의 저서에 관해 이야기를 나누며 8만 마일을 이동했다. 더 많은 정보를 받아들이고 더 많은 사람을 인터뷰하고 더 많이 배우고 더 많이 말하려고 온종일, 매일같이 노력했다. 너무 많이 들어서 스크래치가 생긴 음반처럼 정신없이 화제를 바꾸고 있었고, 무엇이든 계속하기가 어려웠다. 너무 오랫동안 피곤함을 느껴왔기에 내가 아는 것은 도망치는 방법뿐이었다.

사람들이 배에서 내리기 시작할 때 페리 어딘가에서 띠링 하는 문자 메시지 소리가 들렸고, 본능적으로 주머니에 손을 뻗었다. 공포를 느꼈다가(내 핸드폰 어디 갔지?) 상황을 깨닫고 더욱 크게 웃음을 터뜨렸다.

그때 나는 핸드폰을 처음 본 순간을 생각하고 있었다. 14살인가 15살 때였고(그러니 1993년이나 1994년), 학교가 끝난 뒤 런던 340번 버스의 2층에 앉아 집으로 돌아가고 있었다. 양복 입은 남자가 작은 소만 한 크기의 물건에 대고 시끄럽게 말을 하고 있었다. 2층에 앉은 모두가 몸을 돌려 그 사람을 쳐다보았다. 그는 사람들의 시선을 즐기는 듯했고, 목소리를 더욱 키웠다. 이 상황이 얼마간 계속되다, 결국 한 승객이 그에게 말을 걸었다. "저기요?" "네?" "재수가 참 없으시네요." 버스에 탄 사람들은 런던 대중교통의 제1 원칙을 깨고 서로를 바라보며 미소 지었다. 핸드폰의 탄생으로 런던 전역에서 이러한 작은 반란이 일어났던 것으로 기억한다. 그때 우리는 핸드폰을 우스꽝스러운 침략자로 여겼다.

내가 처음으로 이메일을 보낸 것은 그로부터 약 5년 뒤 대학에 입학했을 때였다. 당시 나는 19살이었다. 몇 문장을 써서 보내기 버튼을 누르고 무언가가 느껴질 때까지 잠시 기다렸다. 흥분이 밀려들지는 않았다. 이 이메일이라는 것에 왜 그렇게들 법석을 떠는지 이해할 수 없었다. 누가 그때의 나에게 (처음에는 불쾌하거나 지루해 보였던) 이 두 가지 기술의 조합이 20년 안에 내가 배를 타고 도망쳐야 할 만큼 삶을 장악할 거라고 말했다면 아마 정신 나간 사람이라고 생각했을 것이다.

짐가방을 끌고 배에서 내려 인터넷에서 프린트한 지도를 꺼냈다. 몇 년간 구글 지도 없이 길을 찾은 적이 없었지만, 다행히도 프로빈스타운은 긴 대로 하나뿐이라 말 그대로 갈 수 있는 길이 두 방향밖에 없었다. 왼쪽으로 가거나, 오른쪽으로 가거나. 나는 작은 해변 별장을 빌린 부동산 중개인의 사무실을 향해 오른쪽으로 가야 했다. 프로빈스타운의 한가운데를 가로지른 상점가여서, 랍스터와 섹스토이를 파는 깔끔한 뉴잉글랜드의 매장들 앞을 지나갔다(물론 이 둘을 함께 파는 것은 아니다. 그건 프로빈스타운에서도 피할 틈새시장이다). 내가 이 지역을 선택한 몇 가지 이유를 떠올렸다. 1년 전, 보스턴에 있다가 매년 여름을 프로빈스타운에서 보내는 친구 앤드루를 만나러 하루 이곳을 찾았다. 프로빈스타운은 오래된 뉴잉글랜드 스타일의 정취 있는 케이프코드 마을과 섹스 던전을 섞어놓은 곳이다. 오랫동안 이곳은 포르투갈 이민자들과 그들의 자녀들이 사는 노동계급 어촌 마을이었다. 그러다 예술가들이 모여들기 시작해 보헤미안의 거주지가 되었다. 그러다 다시 게이들의 목적지가 되었다. 오늘날 프로빈스타운은 오래된 어부의 오두막집에 사는 남자들이 전업으로 〈인어공주〉 속 마녀 우르술라 분장을 하고 여름에 마을을 점령한 관광객들에게 커널링구스에 관한 노래를 불러주는 곳이다.

내가 프로빈스타운을 선택한 이유는 매력적이면서도 복잡하지 않아서였다. (다소 오만하게도) 이곳에서 보낸 첫 24시간 동안 이 장소의 핵심 역학을 파악했다고 느꼈다. 이번에는 내 기자 특유의 호기심을 너무 자극하지 않는 곳으로 가겠다고 마음먹었다. (예를 들어) 발리를 선택했다면 곧 발리 사회가 어떻게 돌아가는지 파악하려 애쓰고 사람들을 인터뷰하기 시작하면서 이내 미친 듯이 정보를 빨아들이는 평소의 상태로 되돌아갔을 것이다. 나는 압력을 낮출 수 있는 아름다운 연옥을 원했고, 그 이상은 바라지 않았다.

부동산 중개인 팻이 나를 차에 태우고 해변 별장으로 향했다. 바다와 가까웠고, 프로빈스타운 중심에서는 걸어서 40분 거리였다(사실 옆 마을인 트루로에 거의 붙어 있었다). 네 개의 셋집으로 나뉘는 소박한 목조주택이었다. 내가 머물 곳은 왼쪽 구석에 있었다. 팻에게 모뎀을 치우고(갑자기 정신이 나가서 인터넷에 연결되는 장치를 사 올 수도 있으므로) 텔레비전에 달린 케이블을 전부 빼달라고 부탁했다. 방은 두 개였다. 집 밖에는 짧은 자갈길이 있었고, 그 끝에서 광대하고 탁 트인 따스한 바다가 나를 기다리고 있었다. 팻이 행운을 빌어주었고 나는 홀로 남았다.

가방에서 책들을 꺼내 들춰보기 시작했다. 무슨 책을 집어 들어도 관심이 생기지 않았다. 책을 내려놓고 바다로 걸어갔다. 성수기가 막 시작될 무렵이어서 어느 쪽을 바라보아도 몇 마일 내에 사람이 여섯 명뿐이었다. 갑자기 확신이 들었다(살면서 이런 확신은 몇 번밖에 경험할 수 없다). 내가 전적으로 옳은 일을 했다는 확신. 너무 오랫동안 내 시선을 트위터 피드처럼 아주 빠르고 일시적인 것에 고정하고 살았다. 속도가 빠른 것에 시선을 고정하면 근심에 빠지고 흥분하게 되며, 움직이고 손을 흔들고 고함치지 않으면 쉽게 휩쓸려버릴 것 같은 기분이 든다. 반면 지금은 아주 오래되고 영속적인 것을 바라보고 있었다. 나는 생각했다. 이 바다는 내가 태어나기 훨씬 전부터 이곳에 있었고, 나의 사소한 걱정이 잊힌 뒤에도 오래도록 이곳에 존재할 거라고. 트위터는 온 세상이 나 자신과 내 작은 자아에 푹 빠져 있다는 느낌을 준다. 세상은 나를 사랑하고, 나를 싫어하고, 지금 이 순간 나에 대해 말하고 있다. 바다는 온 세상이 온화하고 축축하고 우호적인 무관심으로 나를 맞이하고 있다는 느낌을 준다. 바다는 내가 아무리 크게 소리쳐도 결코 맞대응하지 않을 것이다.

아주 오랫동안 그곳에 서 있었다. 내가 그렇게 가만히 있다는 사실, 화면을 내리지 않고 정지해 있다는 사실이 왠지 충격적으로 느껴졌다. 마지막으로 이런 기분을 느낀 적이 언제인지 떠올려보려 했다. 청바지 밑단을 걷어 올리고 바다에 들어가 프로빈스타운을 향해 걸었다. 물은 따뜻했고, 발이 모래에 조금씩 빠졌다. 자그마한 물고기가 창백할 만큼 하얀 내 다리 옆을 지나갔다. 내 앞에서 게들이 모래를 파고 들어가는 것을 보았다. 15분가량 지났을 때쯤 눈을 떼지 못할 만큼 이상한 광경이 보였다. 바라볼수록 더 혼란스러워졌다. 한 남자가 바다 한가운데 서 있었다. 배 위에 있지도 않았고, 물에 떠 있는 그 어떤 장치도 보이지 않았다. 그러나 그는 먼바다에 꼿꼿이 서 있었다. 심하게 탈진해서 헛것이 보이는 게 아닌가 싶었다. 그에게 손을 흔들었다. 그 사람도 내게 손을 흔들었다. 그때 그가 돌아서서 양 손바닥을 펼치고 바다 쪽을 향해 섰다. 그렇게 아주 오랫동안 그곳에 서 있었고, 나도 그를 바라보며 그만큼 오래 서 있었다. 그러다 그 사람이 바다 위에 떠서 내 쪽으로 걸어오기 시작했다.

그는 내 당황한 얼굴을 보고 상황을 설명해주었다. 프로빈스타운에 밀물이 들어오면 해변 위로 물이 차오르는데, 잘 보면 물 밑의 모래가 평평하지 않다는 것이다. 수면 아래 둑이나 섬처럼 모래가 쌓인 곳들이 있어서, 그곳을 따라 걸으면 다른 사람이 보기에 마치 물 위를 걷는 듯한 기이한 인상을 준다고 했다. 그날 이후 몇 주와 몇 달이 지나는 동안, 그 남자가 종종 대서양 한복판에 서서 손바닥을 펼치고 몇 시간이나 움직임 없이 서 있는 모습을 보았다. 손바닥을 편 채 바다를 바라보고 미동도 없이 서 있는 것이, 페이스북과 정반대 같다고 생각했다.

마침내 친구 앤드루네 집을 찾았다. 앤드루의 개 중 한 마리가 뛰쳐나와 나를 반겼다. 함께 식사를 하러 거리로 나왔다. 앤드루는 1년 전에 핸드폰도 대화도 없는 긴 침묵 수행을 가졌는데, 내게 이 행복감이 오래가지 않으니 잘 즐기라고 했다. 그리고 주의를 산만하게 하는 것들을 옆으로 치워두면 그동안 내가 어디로부터 주의를 돌리고 있었는지도 알게 될 거라고 말했다. 앤드루, 역시 넌 호들갑이 심해. 내가 말했고, 우리 둘 다 웃음을 터뜨렸다.

이후에 상점가를 따라 걸으며 도서관과 마을회관, 에이즈 추모비, 컵케이크 가게, 그날 밤에 있을 공연 전단을 나눠주는 드래그 퀸drag queen을 지났을 때 어디선가 노랫소리가 들려왔다. '왕관과 닻the Crown and Anchor'이라는 술집에서 사람들이 피아노 주위에 모여 유명 뮤지컬 넘버를 노래하고 있었다. 술집 안으로 들어갔다. 이 낯선 사람들과 함께 우리는 〈에비타〉와 〈렌트〉의 사운드트랙을 거의 다 불렀다. 함께 노래하는 모르는 사람들 사이에 서 있는 것과, 화면을 통해 모르는 사람들과 상호 작용하는 것의 크나큰 차이에 다시 한번 충격을 받았다. 전자는 자아를 없앴고, 후자는 자아를 쿡쿡 찌르고 쑤셨다. 우리의 마지막 곡은 〈완전히 새로운 세상A Whole New World〉이었다.

새벽 2시에 혼자 집으로 걸어 돌아왔다. 내가 인생 대부분을 쳐다보며 보낸 빛나는 파란색 화면, 나를 계속 경계하게 하는 그 파란 불빛과, 내 주위에서 서서히 희미해지는 자연의 빛의 차이를 생각했다. 자연의 빛은 이렇게 말하는 것 같았다. 하루가 끝났어. 이제 쉬어. 해변의 집은 텅 비어 있었다. 나를 기다리는 문자도, 음성 메시지도, 이메일도 없었다. 아니, 있다 하더라도 나는 3개월 동안 알지 못할 것이었다. 침대에 기어올라 내가 기억하는 한 가장 깊은 잠에 빠져들었다. 잠에서 깨어난 것은 15시간 후였다.

몽롱하게 압력이 빠지면서 기진맥진함과 고요함이 뒤섞인 느낌에 취해 일주일을 보냈다. 카페에 앉아 모르는 사람에게 말을 걸었다. 프로빈스타운 도서관과 책방 세 곳을 돌아다니며 읽을 책들을 더 많이 골랐다. 랍스터를 얼마나 많이 먹었냐면, 만약 랍스터가 진화해 자의식이 생긴다면 나를 산업적 규모로 자신들을 말살한 스탈린 같은 인물로 기억할 것이었다. 400년 전에 순례자들이 처음으로 미국 땅을 밟은 곳까지 쭉 걸어갔다. (여기저기 돌아다닌 순례자들은 별다른 것을 찾지 못했다. 그리고 남쪽으로 더 내려가 플리머스록Plymouth Rock에 다다랐다).

이상한 것들이 의식 위로 올라오기 시작했다. 내가 어린아이였던 1980년대와 1990년대 노래의 도입부가 머릿속에 계속 울려 퍼졌다. 브로스Bros의 〈비둘기 속의 고양이Cat Among the Pigeons〉나 오션 컬러 신Ocean Colour Scene의 〈우리가 기차를 탄 날The Day We Caught the Train〉처럼 아주 오랫동안 떠올리지 않은 곡들이었다. 스포티파이Spotify를 쓸 수 없었기 때문에 이 노래들을 처음부터 끝까지 들을 방법이 없었다. 그래서 해변을 걸으며 직접 노래를 불렀다. 몇 시간마다 내 안에서 낯선 감각이 꿀렁꿀렁 흐르는 것이 느껴졌고, 스스로에게 물었다. 이게 뭐지? 아, 맞다. 평온함이었지. 하지만 내가 한 거라곤 두 개의 금속 덩어리를 놓고 온 것뿐이었다. 이게 왜 그렇게 생경할까? 마치 산통으로 악을 쓰는 두 아기를 몇 년 동안 안고 있다가 유모가 아기들을 대신 맡아주어서 아기들의 비명과 구토가 눈앞에서 사라진 듯한 느낌이었다.

모든 것이 느긋해졌다. 평소에는 거의 한 시간마다 뉴스를 확인하며 불안을 일으키는 불확실한 정보를 끊임없이 접하고 그것들을 그러모아 일종의 의미를 만들어내려 노력했다. 프로빈스타운에서는 그렇게 할 수가 없었다. 아침마다 신문 세 종을 사서 자리에 앉아 신문을 읽었다. 그리고 다음 날까지 어떤 뉴스가 있는지 알 수 없었다. 깨어 있는 내내 정신없이 뛰어다니는 대신, 일어난 일에 대해 심도 있는 엄선된 정보를 제공받았고, 그다음에는 내 주의를 다른 데로 돌릴 수 있었다. 프로빈스타운에 도착하고 얼마 지나지 않은 어느 날, 한 남자가 총기를 들고 메릴랜드에 있는 한 신문사에 찾아가 기자 다섯 명을 살해했다. 기자로서 그건 분명 내게 중요한 사안이었고, 평소였다면 사건이 발생하자마자 친구들에게 문자를 받았을 것이며, 소셜미디어에서 몇 시간 동안 사건을 따라가며 뒤범벅된 설명을 모아 서서히 그림을 완성해나갔을 것이다. 프로빈스타운에서는 학살이 일어난 다음 날 죽은 나무를 통해, 알아야 할 모든 명확하고 비극적인 정보를 10분 만에 파악할 수 있었다. 갑자기, 물리적인 신문(범인이 목표물로 삼은 바로 그것)이 비범한 현대적 발명품이자 우리 모두에게 필요한 발명품처럼 보였다. 그리고 내가 평소에 뉴스를 소비하는 방식이 공포를 유도한다는 것을 깨달았다. 그와 달리 이 새로운 방식은 관점을 유도했다.

프로빈스타운에 도착한 첫째 주에 무언가가 발생한 것 같았다. 그것이 더 많은 관심과 연결을 향해 내 수용체를 천천히 열어젖히고 있는 기분이었다. 무슨 일이 벌어진 거지? 나는 훗날 코펜하겐을 찾았을 때에야 프로빈스타운에 머문 첫 두 주(그리고 내가 그렇게 느낀 이유)를 이해하기 시작했다.

쏟아지는 정보, 짧아지는 집중 시간

수네 레만Sune Lehmann의 아들들이 그의 침대로 뛰어올랐고, 그는 배 속의 요동과 함께 무언가가 잘못됐음을 알았다. 매일 아침 두 아들은 또 하루를 맞이했다는 기쁨으로 신나게 소리를 지르며 그와 아내에게 뛰어들었다. 부모가 된 모습을 상상할 때 동경하며 떠올리는 그런 장면이었고, 수네는 두 아들을 무척 사랑했다. 깨어 있고 살아 있다는 아이들의 기쁨에 자신이 황홀해해야 한다는 사실을 수네 본인도 알았다. 그러나 매일 아침 아이들이 나타날 때마다 그는 본능적으로 손을 뻗었다. 아이들을 향해서가 아니라, 차가운 물건을 향해서였다. 그가 내게 말했다. "손을 뻗어서 핸드폰을 붙잡고 이메일을 확인했어요. 이 놀랍고 멋지고 사랑스러운 생명체들이 내 침대에 기어오르고 있는데도 말이에요."

이 생각을 할 때마다 그는 부끄러워졌다. 수네는 물리학 교육을 받았지만, 곧 (그가 응용수학 및 컴퓨터공학과 교수로 있는 덴마크 공대에서) 물리학뿐만 아니라 본인에게 무슨 일이 벌어지고 있는지도 조사해야 한다고 판단했다. "제 집중력이 어떻게 사라지고 있는지에 사로잡혔어요." 그가 내게 말했다. "어째서인지 인터넷 사용을 통제할 수 없다는 것을 깨닫고 있었죠." 그는 자신이 소셜미디어에서 미국 대선 같은 사건의 사소한 정보들을 몇 시간이고 생각없이 훑으며 아무것도 얻지 못하고 있음을 알게 되었다. 이 사실은 부모뿐만 아니라 과학자로서의 그에게도 영향을 미치고 있었다. 수네는 이렇게 말했다. "제가 깨달은 건, 어떤 면에서 제 직업은 모두와 다른 생각을 하는 일인데, 내가 모두와 똑같은 정보만 얻을 수 있는 환경에 있었다는 것, 모두와 똑같은 생각을 하고 있었다는 것이었어요."

수네는 자신이 경험한 집중력 저하가 주변의 많은 사람에게도 일어나고 있다고 느꼈다. 그러나 한편으로는, 역사의 많은 지점에서 사람들이 사실 그저 나이를 먹고 있을 뿐인데 자신이 처참한 사회적 쇠퇴를 경험하고 있다고 착각했다는 사실 또한 알았다. 자신의 개인적 쇠퇴를 인간종의 쇠퇴로 혼동하는 것은 늘 유혹적인 일이다. 당시 30대 후반이었던 수네는 이렇게 자문했다. '내가 심술궂은 영감이 된 걸까, 아니면 세상이 정말로 변하고 있는 걸까?' 그래서 그는 유럽 전역의 과학자들과 함께 다음 질문에 답하고자 사상 최대 규모의 과학 실험을 시작했다.[6] 인간 집단으로서 우리의 집중력 지속 시간은 정말 줄어들고 있을까?

연구팀은 제일 먼저 분석 가능한 정보 출처의 목록을 작성했다. 가장 명백한 출처는 트위터였다. 트위터는 2006년에 서비스를 시작했고 수네는 이 작업을 2014년에 시작했기 때문에 8년간의 자료를 이용할 수 있었다. 트위터에서는 사람들이 어떤 주제를 이야기하고 있고 그 주제들을 얼마나 오래 논하는지를 추적할 수 있다. 연구팀은 자료를 대대적으로 분석하기 시작했다. 사람들은 트위터에서 한 주제를 얼마나 오래 이야기할까? 집단 차원에서 어느 한 주제에 집중하는 시간이 달라졌을까? 가까운 과거와 비교했을 때, 사람들이 자신을 사로잡은 주제(트렌드에 오른 해시태그)를 논하는 시간이 늘거나 줄었을까? 연구팀은 2013년에는 가장 많이 논의된 상위 50개 주제에 한 주제가 17.5시간 동안 머물렀으나 2016년에는 그 시간이 11.9시간으로 줄었다는 사실을 발견했다. 이는 곧 우리가 트위터에서 어느 하나에 점점 더 짧게 집중한다는 뜻이었다.

연구팀은 생각했다. 그래, 놀라운 결과야. 하지만 트위터만의 별난 특징일 수도 있잖아. 그래서 이들은 전 영역의 자료를 들여다보기 시작했다. 사람들이 구글에서 무엇을 검색하는지 살펴보았다. 검색 전환율이 어떻게 되지? 영화표 판매량을 분석했다. 어떤 영화가 히트한 후에 사람들이 그 영화를 보러 얼마나 오래 영화관을 찾았지? 온라인 커뮤니티인 레딧Reddit을 연구했다. 레딧 게시판에서 화제가 얼마나 오래 이어졌지? 이 모든 자료가 시간이 갈수록 우리가 개별 주제에 점점 덜 집중하고 있음을 보여주었다(흥미롭게도 유일한 예외는 위키피디아였는데, 위키피디아에서는 어느 주제에 대한 관심도가 꾸준히 유지되었다). 연구팀이 살펴본 거의 모든 자료에서 똑같은 패턴이 나타났다. 수네가 말했다. "우리는 무척 다양한 시스템을 검토했습니다… 그리고 모든 시스템에 점점 가속화되는 추세가 있음을 확인했습니다." 실제로 "유행의 최고조에 다다르는 속도가 더 빨라졌"고, "다시 하락하는 속도도 더욱 빨라졌"다.

과학자들은 이러한 변화가 얼마나 오래전부터 발생했는지 알고 싶었고, 정말로 충격적인 사실을 발견했다. 이들은 도서 수백만 권의 내용을 전부 스캔하는 구글 북스를 자료로 활용했다. 수네와 그의 연구팀은 책 본문에 새로운 표현과 주제가 등장했다가 사라지는 것을 파악할 수 있는 수학적 기법을 사용해(학술 용어로는 '엔그램n-gram을 탐지하다'라고 한다) 1880년대부터 오늘날까지 쓰인 책들을 분석하기로 했다. 과거의 해시태그를 찾아내는 것과 비슷하다. 컴퓨터는 새로 등장한 문구(예를 들면 '할렘 르네상스'나 '노딜 브렉시트no-deal Brexit')를 탐지해 그 문구가 얼마나 오래 논의되고 또 얼마나 빨리 사라지는지를 파악할 수 있다. 이는 과거의 사람들이 새로운 주제를 얼마나 오래 이야기했는지 확인하는 한 방법이었다. 사람들이 지루함을 느끼고 다음으로 넘어가는 데 얼마나 걸렸을까? 자료를 살펴본 연구팀은 그래프가 놀라울 만큼 트위터의 그래프와 비슷하다는 사실을 발견했다. 130년이 넘는 기간 동안, 주제들이 등장했다 사라지는 속도가 10년 단위로 점점 빨라졌다.

수네는 이 결과를 보고 이렇게 생각했다고 한다. "젠장, 진짜였잖아… 무언가가 변하고 있어. 늘 똑같은 게 아냐." 이 연구는 집단으로서 우리의 집중력 지속 시간이 실제로 줄어들고 있음을 보여준 세계 최초의 증거였다. 결정적으로, 이러한 변화는 인터넷 탄생 이후부터가 아니라 나와 우리 부모님, 우리 조부모님의 삶 내내 벌어지고 있었다. 물론 인터넷은 이러한 추세를 급속화했다. 하지만 연구팀은 인터넷이 유일한 원인이 아님을 발견했다.

수네와 그의 동료들은 이러한 변화를 일으킨 요인이 무엇인지 알고 싶어서 복잡한 수학 모델을 만들었다. 기후과학자들이 날씨 변화를 제대로 예측하기 위해 구축하는 시스템과 비슷하다(연구팀이 이 모델을 어떻게 만들었는지에 대한 자세한 기술적 설명은 이들이 발표한 연구 보고서에 나와 있다). 이 모델은 자료에 어떤 변화를 가해야 연구팀이 입증한 집중력의 쇠퇴와 비슷한 방식으로 자료가 점점 빠르게 오르내리는지를 파악할 수 있게 제작되었다. 연구팀은 매번 이러한 변화를 일으킬 수 있는 하나의 메커니즘이 있음을 발견했다. 그저 시스템에 정보를 더욱 채우기만 하면 되었다. 정보를 더 많이 주입할수록 사람들이 개별 정보에 집중하는 시간이 줄었다.

"왜 이러한 가속화가 발생하는지를 보여주는 매우 흥미로운 설명입니다." 수네가 말했다. "그저 오늘날의 시스템에 정보가 더 많은 겁니다. 100년 전을 생각해보면, 뉴스가 이동하는 데 말 그대로 시간이 걸렸어요. 노르웨이의 피오르에 크나큰 재앙이 발생했다면 피오르에 있는 사람들이 오슬로까지 내려와야 했고, 누군가가 그에 관한 기사를 작성해야 했습니다." 그러면 그 기사는 아주 천천히 전 세계로 퍼져나갔다. 2019년에 발생한 뉴질랜드 대학살과 비교해보라. 당시 타락한 인종차별주의자가 모스크에서 무슬림을 죽이기 시작했을 때 그 상황은 "말 그대로 실시간 방송"되었고, 전 세계 모든 사람이 그 영상을 시청할 수 있었다.

수네는 이에 관해 오늘날 우리가 "소방 호스로 물을 들이켜고 있"다고 생각할 수 있다고 말했다. "너무 많은 것이 쏟아지고 있어요." 우리는 정보에 절여졌다. 서던캘리포니아 대학의 마틴 힐버트Martin Hilbert 박사와 카탈로니아 개방대학교의 프리실라 로페즈Priscilla López 박사가 이와 관련된 미가공 수치를 분석했다.[7] 85쪽 분량의 신문을 읽는 모습을 상상해보자. 1986년에 인간에게 쏟아지는 정보(텔레비전과 라디오, 독서)를 모두 합치면 대략 85쪽 분량의 신문을 매일 40종 읽는 것과 같았다. 두 사람은 2007년에 그 양이 하루 174종의 신문을 읽는 것과 맞먹는 수준으로 증가했음을 발견했다(2007년 이후로 정보의 양이 더 늘지 않았다면 무척 놀라운 일일 것이다). 이 같은 정보량의 증가가 전 세계의 속도가 빨라지고 있다는 느낌을 유발하는 요인이다.

이러한 변화가 어떤 영향을 미칠까요? 내가 묻자 수네가 빙긋 웃었다. "속도는 기분을 좋게 해주는 면이 있습니다… 우리가 속도에 빠지는 건 그게 좋기 때문이기도 하잖아요. 온 세상과 연결되었다고 느끼고, 어느 주제에 관해 무엇이든 알아내고 배울 수 있다고 느끼게 되니까요." 그러나 우리는 자신이 노출되는 정보량의 엄청난 팽창과 정보가 들이닥치는 속도를 아무 대가 없이 얻을 수 있다고 생각했다. 그건 착각이다. "점점 진이 빠지게 됩니다." 수네가 말했다. "더욱 중요한 것은, 우리가 모든 차원에서 깊이를 희생하고 있다는 겁니다… 깊이는 시간을 요구합니다. 깊이는 사색을 요구해요. 모든 것을 다 따라잡아야 하고 늘 이메일을 보내야 한다면 깊이를 가질 시간이 없어져요. 관계에서의 깊이도 시간이 필요합니다. 에너지가 필요해요. 오랜 기간을 필요로 하죠. 거기에 전념해야 해요. 주의력도 필요하고요. 깊이를 요구하는 모든 것이 악화되고 있어요. 그게 우리를 점점 더 표면 위로 끌어올리고 있고요."

수네의 논문에서 연구 결과를 요약한 문장 하나가 머릿속에서 계속 덜컹거렸다. 우리가 집단적으로 "주의력 자원의 더욱 빠른 소진"을 경험하고 있다는 것이었다. 이 문장을 읽었을 때 내가 프로빈스타운에서 어떤 경험을 한 것인지 깨달았다. 나는 살면서 처음으로 내 주의력 자원의 범위 내에서 생활하고 있었다. 내가 실제로 처리하고, 생각하고, 숙고할 수 있는 만큼의 정보만 받아들였다. 그 이상은 하지 않았다. 나는 정보의 소방 호스를 잠갔다. 그 대신 내가 선택한 속도로 물을 홀짝이고 있었다.

수네는 잘 웃는 상냥한 덴마크인이지만 이러한 추세가 미래에 어떻게 전개되느냐고 묻자 몸이 굳고 미소가 깊은 주름으로 바뀌었다. "가속화는 매우 오래전부터 진행되었고, 당연히 우리는 그게 어딘지는 몰라도 한계에 점점 가까워지고 있습니다." 수네가 말했다. "이러한 가속화는 무한정 진행될 수 없습니다. 상황이 바뀌는 속도에는 물리적 한계가 있어요. 어느 시점에는 반드시 멈출 수밖에 없습니다. 하지만 현재로서는 속도가 느려지지 않을 것으로 보입니다."

나와 만나기 직전 수네는 페이스북의 창립자인 마크 저커버그Mark Zuckerberg의 사진 한 장을 보았다. 그가 어느 방의 앞쪽에 서 있었고, 방 안에 있는 사람들은 전부 가상현실 헤드셋을 쓰고 있었다. 저커버그는 실제 현실에 서 있는 유일한 사람이었고, 미소 띤 얼굴로 사람들을 바라보며 자랑스러운 듯 주변을 천천히 걷고 있었다. 수네는 이렇게 말했다. "그 사진을 보고 이렇게 생각했어요. 제기랄, 미래에 대한 은유잖아." 수네는 추세를 바꾸지 못하면 "상류층은" 주의력이 처한 위험을 "매우 잘 인식해" 자신의 한계 내에서 살아갈 방법을 찾고 나머지 사회 구성원은 "조종에 저항할 자원이 적어서 컴퓨터 속 세상에 살며 점점 더 남에게 조종되는" 사회가 올 것이라 우려한다.

이 모든 것을 알게 된 수네는 자기 삶을 탈바꿈했다. 트위터를 제외한 모든 소셜미디어를 끊었고, 트위터는 일주일에 한 번 일요일에만 확인한다. 텔레비전 시청도 중단했다. 더 이상 소셜미디어로 뉴스를 보지 않고, 대신 신문을 구독했다. 책도 더 많이 읽는다. "아시겠지만, 자제력과 관련된 모든 문제는 한번 고친다고 영원히 고쳐지는 게 아니에요." 수네가 말했다. "가장 먼저 깨달아야 하는 건 그게 계속되는 싸움이라는 거예요." 그러나 그는 이러한 노력이 삶을 대하는 방식에 철학적 변화를 일으켰다고 말했다. "보통 우리는 쉬운 길로 가고 싶어 해요. 하지만 우리가 행복할 때는 약간 어려운 일을 할 때거든요. 핸드폰이 생기면서 사람들은 늘 중요한 것보다는 쉬운 것을 제안하는 물건을 언제나 주머니에 넣고 다니게 된 거예요." 수네가 나를 보며 미소 지었다. "나 자신에게 더 어려운 것을 선택할 기회를 주고 싶었어요."

속도를 낮출 때 집중력에 생기는 일

수네의 연구는 선구적인 것이므로 우리에게 기초 증거만을 제공해준다. 그러나 더 깊이 파 내려가면서 이와 관련해 이해를 돕는 두 가지 과학 조사를 발견했다. 흥미롭게도 첫 번째는 우리가 정말로 속독을 배울 수 있는지를 조사한 연구에서 나왔다. 여러 과학 연구팀이 수년간 다음 질문의 답을 구했다. 인간이 글을 진짜진짜 빠른 속도로 읽게 할 수 있을까? 연구팀들은 그럴 수 있음을 알게 되었다. 그러나 여기에는 언제나 대가가 따른다.[8] 연구원들은 평범한 사람들을 데려다 평소보다 훨씬 빠르게 글을 읽게 했다. 훈련과 연습을 거치면 속독은 어느 정도 가능하다. 사람들은 글자를 빠르게 훑고 자신이 보고 있는 내용을 기억할 수 있다. 그러나 읽은 내용을 검사하면 글을 빨리 읽을수록 이해한 내용이 적다는 사실을 발견하게 된다. 빠른 속도는 곧 적은 이해를 뜻한다. 다시 과학자들은 전문 속독가들을 연구했다.[9] 그리고 전문가들이 평범한 사람들보다 명백히 낫긴 하지만 결과는 비슷하다는 것을 알게 되었다. 이 연구 결과는 인간이 정보를 흡수하는 속도에 최대한도가 존재하며, 그 벽을 부수려고 하면 그저 정보를 이해하는 뇌의 능력이 파괴될 뿐이라는 사실을 보여주었다.

이 연구를 실시한 과학자들은 글을 빨리 읽게 하면 복잡하거나 어려운 내용을 붙잡고 늘어질 확률이 훨씬 낮아진다는 사실 또한 알게 되었다.[10] 사람들은 매우 단순한 문장을 선호하기 시작한다. 이 내용을 읽으면서 나 자신의 습관을 돌아보았다. 종이 신문을 읽을 때 나는 '왜 칠레에 폭동이 일어났지?' 같은 아직 이해하지 못한 내용에 더 자주 이끌린다. 그러나 똑같은 신문을 온라인으로 읽을 때는 보통 모르는 이야기를 건너뛰고, 내가 이미 아는 내용과 관련이 있어서 대충 훑어볼 수 있는 단순한 기사를 클릭한다. 이 사실을 알고 난 뒤 우리가 점점 더 삶을 속독하고 있는 것이 아닐까, 점점 더 적은 정보만을 받아들이며 여기에서 저기로 허겁

지겹 건너뛰고 있는 것은 아닐까 하는 생각이 들었다.

인터넷 없이 지낸 여름의 어느 날, 천천히 책을 읽고 천천히 식사를 하고 천천히 마을을 산책하고 나서 내가 일상에서 일종의 정신적 시차로 고통받고 있는 것이 아닌가 생각했다. 집에서 멀리 떨어진 시간대로 비행하면 너무 빠르게 이동해서 주변 세상과 내 속도가 안 맞는다는 느낌이 든다. 영국의 작가 로버트 콜빌Robert Colville은 우리가 "거대한 가속"의 시대를 살고 있다고 말하며, 수네처럼 그도 기술뿐만 아니라 거의 모든 것이 점점 빨라지고 있다고 주장한다. 실제로 삶의 여러 중요한 요소가 속도를 높이고 있다는 증거가 있다. 사람들은 1950년대보다 훨씬 빠르게 말하고,[11] 도시 사람들은 겨우 20년 만에 걸음을 10퍼센트 더 빠르게 걷기 시작했다.[12]

보통 이러한 가속화는 축하해야 할 것으로 선전된다. 블랙베리의 첫 광고 슬로건은 '할 가치가 있는 일은 빨리하는 것이 좋다'였다. 구글 직원들 사이의 비공식 모토는 '빠르지 않으면 망한 것'이다.

그러나 이러한 사회적 액셀 밟기가 집중력에 미치는 영향을 과학자들이 알게 된 두 번째 방법이 있다. 속도를 높일 때가 아니라 일부러 속도를 낮출 때 집중력에 무슨 일이 벌어지는지를 연구한 것이다. 이 주제와 관련해 가장 훌륭한 전문가 중 한 명은 내가 잉글랜드 석세스에서 인터뷰를 한 윈체스터 대학의 학습과학 교수 가이 클랙스턴Guy Claxton이다. 그는 광범위한 과학 연구에서 드러난 것처럼 요가나 태극권, 명상 같은 의도된 느린 수련을 할 때 집중력에 무슨 일이 발생하는지 분석했고, 주의력이 상당히 개선된다는 사실을 증명했다. 그에게 이유를 물었다. 그는 "우리의 인지 능력에 맞추려면 세상을 좁혀야" 한다고 말했다. 너무 빨리 움직이면 우리 능력에 부담이 되고, 결국 능력이 저하된다. 그러나 인간 본성에 알맞은 속도로 이동하는 연습을 하면(이러한 속도를 일상에 적용하면) 집중력이 훈련되기 시작한다. "이러한 이유로 앞에서 말한 수련이 사람들을 똑똑하게 만드는 겁니다. 주문을 흥얼거리거나 주황색 가운을 입는 건 중요한 요소가 아니에요." 그는 느린 속도는 집중력을 키우고 빠른 속도는 집중력을 흩뜨린다고 설명했다.

프로빈스타운에서 나도 어느 정도 그의 말을 실감했다. 그래서 느린 수련을 시도해보기로 했다. 처음으로 요가 선생님 스테판 피시텔리Stefan Piscitelli를 만나러 갔을 때 나는 이렇게 말했다. "스티븐 호킹에게 요가를 가르치는 기분일 거예요. 그것도 호킹 사망 이후에요." 나는 오로지 읽고 쓰고 가끔 걷게끔 만들어진, 움직이지 못하는 살덩어리라고 설명했다. 선생님이 웃으며 말했다. "어디까지 할 수 있나 한번 보죠." 그렇게 매일 한 시간씩 선생님의 지도 아래 전에는 해본 적 없는 방식으로 천천히 몸을 움직였다. 처음에는 말도 못 하게 지겨워서 정치나 철학 문제로 선생님과 논쟁을 벌이려 했다. 그럴 때마다 선생님은 나를 다시 부드럽게 이끌며 한 번도 시도해본 적 없는 이상한 프레첼 같은 자세를 취하게 했다. 그 여름이 끝날 무렵 나는 한 시간 동안 침묵을 지킬 수 있었고, 물구나무를 설 수 있게 되었다. 나중에는 가끔 선생님의 지도를 받으며 20분씩 명상을 했다. 명상은 살면서 여러 번 시도해봤지만 늘 흐지부지된 수련이었다. 명상을 하면 일종의 느림이 온몸에 퍼져나가는 것이 느껴졌다. 심장박동이 느려지고, 평소에는 늘 굽어 있던 어깨가 부드럽게 펴지는 것을 느꼈다.

그러나 느림을 통해 신체의 이완을 느낄 때에도 이후에는 늘 죄책감이 끓어올랐다. 나는 생각했다. 늘 빠르게 달리며 스트레스에 시달리는 친구들에게 이걸 어떻게 설명하지? 어떻게 하면 우리 모두가 삶을 바꿔서 이런 기분을 더 많이 느낄 수 있지? 갈수록 빨라지는 세상에서 어떻게 속도를 늦추지?

멀티태스킹의 함정

나 자신에게 질문 하나를 던지기 시작했다. 정말로 삶이 가속화되었다면, 우리가 그 무엇에도 점점 집중하지 못할 만큼 정보에 압도되고 있다면, 반발이 왜 이렇게 적었을까? 왜 명료하게 사고할 수 있는 수준으로 속도를 낮추려 노력하지 않았을까? 얼 밀러Earl Miller 교수를 인터뷰하러 갔을 때 그 답의 (오직) 시작점을 발견할 수 있었다.[13] 그는 신경과학 분야에서 전 세계 최고의 상들을 받았고, 내가 매사추세츠 공대MIT에 있는 그의 사무실로 찾아갔을 때는 최첨단 두뇌 연구를 진행하고 있었다. 그는 우리가 한계를 인정하고 그 한계 내에서 살아가려 노력하는 대신 일제히 거대한 망상에 빠져들었다고 직언했다.

그리고 모든 인간이 이해해야 하는 사실, 자신이 앞으로 설명할 모든 내용의 근원이 되는 중요한 사실이 하나 있다고 말했다. 그건 바로 "우리 뇌는 동시에 한두 개의 생각밖에 하지 못"한다는 것이다. 그렇다. "우리는 매우매우 단순합니다." 우리는 "인지 능력이 매우 제한적"이다. 그것은 "뇌의 근본적인 구조" 때문이며, 이 구조는 앞으로도 변하지 않을 것이다. 그러나 우리는 이 사실을 인정하지 않고 미신을 만들어냈다고, 얼이 내게 말했다. 그 미신의 내용은 사람들이 실제로 동시에 세 가지, 다섯 가지, 열 가지를 생각할 수 있다는 것이다. 이 미신을 사실로 둔갑하기 위해 우리는 애초에 인간에게 적용하고자 한 것이 아니었던 용어를 하나 빌려왔다. 1960년대에 컴퓨터 과학자들은 프로세서가 여러 개라서 동시에 두 가지(또는 그 이상)의 작업을 처리할 수 있는 기계를 발명했다. 그리고 이러한 기계의 성능에 '멀티태스킹'이라는 이름을 붙였다. 우리는 이 개념을 가져와 인간에게 적용했다.

사람들이 동시에 여러 가지를 사고할 수 있다는 생각이 착각이라는 얼의 주장을 들었을 때 나는 발끈했다. 그의 주장이 사실일 리 없다고 생각했다. 나부터 동시에 여러 가지 일들을 처리해왔으니까. 사실, 나는 자주 그렇게 한다. 머릿속에 가장 먼저 떠오른 사례는 다음과 같다. 나는 이메일을 확인하면서 책의 다음 원고에 대해 생각하고 그날 있을 인터뷰를 계획한다. 한 화장실 변기에 앉아 이 모든 것을 다 처리한다(이 이미지를 떠올리게 해서 죄송하다). 이게 뭐가 공상이라는 건지?

일부 과학자들은 내 최초의 직감을 편들었다. 즉 이들은 사람이 동시에 여러 복잡한 작업을 수행할 수 있다고 믿었다. 그래서 사람들을 연구실로 불러서 동시에 여러 가지 일을 처리하게 한 다음 그 일을 얼마나 잘해내는지 관찰했다. 그러나 이 과학자들이 발견한 사실은, 자신이 동시에 여러 가지 일을 수행하고 있다고 생각할 때 사실 사람들은 (얼이 설명한 것처럼) "저글링"을 하고 있다는 것이다. "이 일 저 일을 전환하고 있는 겁니다. 자신이 그러고 있다는 사실은 알아채지 못해요. 뇌가 그 사실을 가려서, 의식에서는 아주 매끄러운 경험을 하게 되거든요. 하지만 실제로는 여러 작업 사이를 오가면서 순간순간 뇌를 재설정하고 있는 겁니다. 거기에는 대가가 따르고요."

그는 이러한 끊임없는 전환이 세 가지 방식을 통해 집중력을 저하한다고 설명했다. 그 첫 번째 방식은 전환 비용 효과라는 이름으로 불린다.[14] 여기에는 방대한 과학적 증거가 있다. 자신이 소득 신고를 하고 있는데 문자가 하나 와서 그 문자를 확인하고(5초간 힐끗 보는 것뿐이다) 다시 소득 신고로 되돌아간다고 상상해보자. 얼은 그 순간 "뇌가 한 작업에서 다른 작업으로 이동하면서 재설정되어야" 한다고 말했다. 우리는 방금 무엇을 하고 있었는지 떠올려야 하고, 무슨 생각을 하고 있었는지 떠올려야 한다. "그리고 거기에는 약간의 시간이 필요합니다." 여러 증거는 이러한 상황이 발생할 때 "사람들의 수행 능력이 떨어지고 속도가 느려"진다는 사실을 보여준다. "이 모든 것이 전환의 결과입니다."

일하려고 노력하는 와중에 문자를 자주 확인한다면 문자를 쳐다보는 찰나의 시간뿐만 아니라 이후 집중력을 되찾는 데 들어가는 시간까지 잃어버리는 것이며, 이 시간은 훨씬 길 수 있다. 얼은 말했다. "실제로 생각하는 데 긴 시간을 쓰는 게 아니라 작업 전환에 시간을 쓴다면, 뇌가 시간을 낭비하고 있는 겁니다." 즉 스크린 타임 기능이 하루 핸드폰 사용 시간이 네 시간이라고 알려준다면, 사실 우리는 집중력을 상실함으로써 그보다 훨씬 긴 시간을 잃고 있다는 뜻이다.

얼이 이렇게 말했을 때 나는 생각했다. 그렇겠지, 하지만 그건 분명 대수롭지 않은 영향이고, 집중력의 사소한 방해물일 거야. 하지만 관련 연구를 찾아 읽으면서 일부 과학 연구에서 그 영향력이 놀라울 만큼 강력하다는 사실을 알게 되었다. 예를 들어 휴렛팩커드Hewlett-Packard가 의뢰한 한 소규모 연구는 두 가지 상황에 놓인 휴렛팩커드 직원들의 IQ를 확인했다. 먼저 연구팀은 직원들이 정신이 산만해지거나 방해받지 않을 때 IQ를 검사한 뒤 다시 이들이 이메일과 전화를 받고 있을 때 IQ를 검사했다. 연구 결과 단순히 이메일과 전화를 받는 행위 같은 "기술의 방해"가 직원들의 IQ를 평균 10점 떨어뜨리는 것으로 드러났다. 이것이 얼마나 커다란 차이인지 알려드리겠다.[15] 단기적 차원에서 IQ 10점 하락은 대마초를 피웠을 때 IQ에 가해지는 타격의 두 배다. 즉 업무 수행의 측면에서 볼 때 문자와 페이스북 메시지를 자주 확인하느니 책상에서 마약을 하는 게 낫다는 의미다.

연구는 상황이 점점 악화된다는 것을 보여준다. 전환이 집중력을 저하하는 두 번째 방식을 우리는 '폭망' 효과라 부를 수 있을지 모른다. 여러 업무 사이를 오가면 그러지 않았을 때는 없었을 실수들이 생기기 시작한다. 얼은 그 이유를 이렇게 설명했다. "인간의 뇌는 실수를 잘합니다. 업무 사이를 오갈 때 뇌는 살짝 뒤로 돌아가서 일이 어디서 끝났는지를 파악하고 짚어내야 합니다." 그리고 뇌는 그 작업을 완벽하게 해내지 못한다. 작은 문제들이 생기기 시작한다. "깊이 사고하는 데 시간을 쓰지 못하고, 생각이 점점 피상적으로 변합니다. 실수를 바로잡고 뒤로 돌아가는 데 너무 많은 시간을 쓰고 있기 때문에요."

멀티태스킹이 가능하다는 생각의 세 번째 대가는 중장기적으로만 알아차릴 수 있다. 이 대가에는 창의력 유출이라는 이름을 붙일 수 있을지 모른다. 우리는 훨씬 덜 창의적으로 변할 가능성이 높다. "새로운 생각과 혁신은 어디서 나오죠?" 얼이 물었다. 새로운 생각과 혁신은 뇌가 보고 듣고 배운 것에서 새로운 연결을 만들 때 나온다. 방해받지 않는 자유로운 시간이 주어지면 우리의 정신은 자동으로 그때까지 흡수한 모든 정보를 돌아볼 것이고, 그 정보들 사이에서 새로운 관련성을 끌어낼 것이다. 이 모든 것은 사람들이 의식하지 못하는 사이 일어나지만 바로 이러한 과정을 통해 "새로운 생각이 튀어나오고, 관련이 없다고 믿었던 생각들이 갑자기 관계를 맺게" 된다. 이렇게 새 아이디어가 탄생한다. 그러나 얼은 "작업을 전환하고 실수를 바로잡으며 정보 처리에 많은 시간을" 쓴다면, 뇌가 "떠오르는 관련성을 따라 새로운 장소에 도착하고 진정으로 독창적이고 창의적인 생각을 할" 기회가 그만큼 줄어든다고 설명했다.

그날 이후 나는 네 번째 결과에 대해 알게 되었다. 더 적은 증거에 근거한 이 결과에는 기억 감소 효과라는 이름을 붙일 수 있다. UCLA의 한 연구팀은 사람들에게 동시에 두 가지 작업을 시키고 그 영향을 추적했다. 실험 이후 이들은 한 번에 한 가지 일만 한 사람들만큼 자신이 한 일을 기억하지 못했다.[16] 아마도 자기 경험을 기억으로 바꾸는 데는 정신적 여유와 에너지가 필요한데, 그 에너지를 빠른 속도로 일을 전환하는 데 쓰느라 그만큼 기억하고 학습하는 정보량이 줄어드는 것으로 보인다.

그러므로 여러 증거에 따르면 전환에 시간을 많이 쓰는 사람은 더 느리고, 실수가 잦고, 덜 창의적이며, 자신이 하는 일을 잘 기억하지 못한다. 나는 알고 싶었다. 사람들은 이러한 전환을 얼마나 자주 할까? 나와 인터뷰를 한 캘리포니아 어바인 대학의 정보과학 교수 글로리아 마크는 미국인 노동자가 평균 3분에 한 번 주의가 분산된다는 사실을 발견했다.[17] 여러 다른 연구는 미국인 대다수가 계속해서 방해받고 여러 업무 사이를 오간다는 사실을 보여준다.[18] 오늘날의 평균적인 사무직 노동자는 근무시간의 40퍼센트를 자신이 '멀티태스킹'을 한다고 믿으며 보낸다. 즉 이들은 자기 집중력에서 이 모든 대가를 치르고 있는 것이다. 한 연구는 사무직 노동자 대다수가 일반적인 하루에 방해받지 않는 시간이 한 시간도 안 된다는 점을 발견했다.[19] 나는 이 수치를 여러 번 다시 확인한 후에야 이 사실을 받아들일 수 있었다. 사무직 노동자 대부분에게 방해받지 않는 시간이 단 한 시간도 주어지지 않는 것이다. 이러한 상황은 지위와 상관없이 발생하는데, 예를 들어 〈포춘〉에서 선정한 500대 기업의 CEO가 방해받지 않고 보내는 하

루 평균 시간은 겨우 28분이다.[20]

이 문제는 미디어에서 논의될 때마다 '멀티태스킹'이라는 이름으로 묘사된다. 그러나 이 오래된 컴퓨터 용어를 사용하는 것은 옳지 않다고 생각한다. 나는 멀티태스킹 하면 아기에게 젖을 먹이는 동시에 업무 전화를 받으면서 요리 중인 음식에 불이 붙지 않게 애쓰는 1990년대의 싱글맘이 떠오른다(1990년대에 구린 시트콤을 많이 봤다). 업무 전화를 받으면서 문자를 확인하는 사람은 떠오르지 않는다. 내 생각에 우리는 이제 핸드폰을 습관적으로 사용해서, 업무 전화를 받으면서 엉덩이를 긁는 것을 멀티태스킹으로 생각하지 않듯이, 일하면서 동시에 핸드폰을 확인하는 행동을 더 이상 멀티태스킹으로 여기지 않는다. 그러나 그건 멀티태스킹이다. 일할 때 핸드폰을 켜두고 10분에 한 번씩 문자를 받는 것 또한 전환의 한 형태이며, 그 대가 또한 나타나기 시작한다. 카네기 멜론 대학의 인간 컴퓨터 상호작용 연구소는 한 연구에서 학생 136명을 데려다 시험을 보게 했다. 일부는 시험 중에 핸드폰을 꺼야 했고, 일부는 핸드폰을 켜둔 채 중간중간 문자 메시지를 받았다. 문자를 받은 학생들은 시험 성적이 평균 20퍼센트 더 나빴다.[21] 비슷한 시나리오를 따른 다른 연구들은 성적이 평균 30퍼센트 더 나쁘다는 결과를 내놓았다.[22] 내게 이 결과는 스마트폰을 가진 거의 모든 사람이 20에서 30퍼센트의 능력을 잃고 있다는 뜻으로 보인다. 인간종 전체에서 그건 엄청난 양의 지적 능력이다.

얼은 이것이 얼마나 큰 손해를 끼치는지 알고 싶다면 전 세계에서 가장 빠른 속도로 증가하는 사망 원인 중 하나가 무엇인지 보면 된다고 말했다. 그 원인은 바로 부주의 운전이다. 유타 대학의 인지 신경과학자인 데이비드 스트레이어David Strayer 박사는 상세 연구를 통해 실험 참가자들에게 운전 시뮬레이터를 작동하게 하고 이들이 핸드폰 문자 수신 같은 방해를 받을 때 얼마나 안전하게 운전하는지를 관찰했다. 그 결과 참가자들의 운전 능력이 손상되는 정도는 술을 마셨을 때와 "매우 유사"한 것으로 드러났다.[23] 이 결과를 깊이 곱씹어볼 필요가 있다. 지속적인 주의 산만은 취할 때까지 술을 마시는 것만큼이나 길 위에서의 집중력에 나쁜 영향을 미친다. 사방에 존재하는 방해 요소는 그냥 거슬리기만 하는 것이 아니라 우리의 목숨을 앗아간다. 오늘날 자동차 사고 다섯 건 중 약 한 건이 부주의한 운전자 때문에 발생한다.[24]

얼은 내게 증거가 명확하다고 말했다. 일을 제대로 처리하고 싶다면 한 번에 한 가지에만 집중하는 방법 외에 다른 대안은 없다. 이 모든 사실을 알게 되었을 때 나는 집중력을 잃지 않고 정보의 쓰나미를 흡수하고자 했던 나의 바람이 매일 맥도날드 햄버거를 먹으면서 늘씬하기를 바라는 것만큼 불가능한 꿈임을 깨달았다. 얼은 인간 뇌의 크기와 능력이 4만 년간 크게 바뀌지 않았으며, 앞으로도 좀처럼 개선되지 않을 거라고 말했다. 그러나 사람들은 이 사실을 착각한다. 캘리포니아 주립대학의 심리학 교수 래리 로젠Larry Rosen은 보통의 청소년과 청년이 자신이 동시에 여섯 개나 일곱 개의 미디어를 시청할 수 있다고 진심으로 믿는다는 것을 발견했다.[25] 우리는 기계가 아니다. 기계의 논리에 따라 살아갈 수 없다. 우리는 인간이며, 기계와 다르게 작동한다.

이 모든 사실을 알게 되자 내가 프로빈스타운에서 기분이 몹시 좋았던(정신적으로 많이 회복되었던) 또 다른 중요한 이유를 깨달았다. 아주 오래간만에 처음으로, 나는 한 번에 하나에만 오랫동안 집중하고 있었다. 정신력이 어마어마하게 강해진 것 같았는데, 내가 정신의 한계를 존중하고 있었기 때문이다. 현재 우리가 뇌에 대해 아는 정보를 고려했을 때 오늘날 집중력 문제가 실제로 과거의 어느 시점보다 심각하다는 결론을 내려도 되겠느냐고 얼에게 물었다. 그가 답했다. "물론이고 말고요." 그는 우리 문화가 "산만함의 결과로 인지 능력 저하의 절체절명의 고비"를 만들어냈다고 본다.

얼의 말은 받아들이기 쉽지 않았다. 위기 상황이라고 생각하는 것과, 전 세계 최고의 신경과학자 중 한 명에게 우리가 사고력 퇴화의 "절체절명의 고비"에 있다는 말을 듣는 것은 다른 문제다. 얼은 말했다. "현재 우리가 할 수 있는 최선은 주의를 산만하게 하는 것들을 최대한 없애는 겁니다." 대화 중에 그는 우리 모두가 당장 오늘부터 나아질 수 있다는 낙관적인 말을 했다. "뇌는 근육과 같습니다. 어떤 부위를 많이 사용하면 할수록 연결이 강화되고, 더 능숙해지게 되지요." 그는 집중력에 어려움을 겪고 있다면 10분간 한 가지 작업만 수행한 다음 1분간 이런저런 것들에 정신을 팔고, 다시 10분간 한 가지 작업에 집중하는 식으로 해보라고 말한다. "이렇게 하면 이 과정이 점점 익숙해지고, 뇌도 여기에 점점 능숙해집니다. 이 행동과 관련된 [신경 회로의] 연결을 강화하고 있는 거거든요. 얼마 안 지나 15분, 20분, 30분, 어쩌면 그 이상 집중할 수 있을 겁니다… 일단 해보세요. 연습하세요… 천천히 시작하세요. 연습하면 결국 해낼 수 있습니다."

얼은 이렇게 하려면 주의를 분산하는 요인들과 자신을 (점점 더 긴 시간) 분리해야 한다고 말한다. 그리고 "의지력으로 한 번에 하나에만 집중하려 하는 것"은 실수라고 말했다. "우리를 부르는 정보에 저항하는 것은 너무 어려운 일이거든요." 어떻게 하면 사회 전체가 그 방법을 찾을 수 있느냐고 묻자, 얼은 자신은 사회학자가 아니니 다른 곳에서 그 답을 찾으라고 말했다.

불필요한 정보를 걸러내지 못하는 뇌

오늘날 인간 뇌에 과부하를 주는 것은 전환뿐만이 아니다. 나는 과부하의 또 다른 요소가 있음을 알게 되었다. 캘리포니아 대학의 신경학 및 생리학, 정신의학 교수인 애덤 개절리Adam Gazzaley가 샌프란시스코의 카페에서 이를 이해하는 데 도움을 주었다. 그는 우리의 뇌를 문지기가 지키고 선 나이트클럽으로 생각해야 한다고 설명했다. 문지기의 일은 한 번에 한 가지만 일관성 있게 사고할 수 있도록 그 순간 사람들에게 쏟아지는 자극(교통 소음, 길 건너편에서 싸우는 커플, 옆 사람 주머니에서 울리는 핸드폰)을 대부분 걸러내는 것이다. 문지기의 존재는 매우 중요하다. 자기 목표에 집중하려면 불필요한 정보를 걸러내는 필터링 능력이 필수적이다. 그리고 우리 머릿속의 문지기는 강하고 다부지다. 뇌에 쳐들어오려는 사람들을 한 번에 두 명이나 네 명, 어쩌면 여섯 명까지 물리칠 수 있다. 문지기는 많은 일을 할 수 있다. 이 일을 하는 뇌 부위는 전전두엽이라는 이름으로 알려져 있다.

그러나 애덤은 오늘날 이 문지기가 전례 없는 방식으로 포위되었다고 생각한다. 전에 없던 전환에 더해, 뇌는 과거의 그 어느 때보다 더 미친 듯이 정보를 걸러내야만 한다. 소음처럼 단순한 문제를 생각해보자. 시끄러운 방 안에 앉아 있으면 집중력이 악화되고 작업의 질이 낮아진다는 방대한 과학적 증거가 있다. 예를 들어 시끄러운 교실에 있는 아이들은 조용한 교실에 있는 아이들보다 집중력이 낮다.[26] 그러나 오늘날에는 많은 사람이 탁 트인 사무실에서 일하고, 붐비는 도시에서 잠들고, 지금 이 순간 우리가 앉아 있는 곳처럼 비좁은 카페에서 심한 소음에 둘러싸여 자판을 두드리고 있다. 소음 공해의 증가는 여러 사례 중 하나일 뿐이다. 현재 사람들은 자신과 타인의 집중력을 요구하며 시끄럽게 울려대는 여러 방해 요소에 둘러싸여 산다. 애덤은 문지기가 정신을 산란하게 하는 방해물을 막기 위해 "훨씬 고되게" 일해야 하는 이유가 바로 이 때문이라고 말했다. 문지기는 지쳤다. 그래서 전보다 훨씬 많은 정보가 문지기를 지나 머릿속에 들어오고 생각의 흐름을 방해한다.

그 결과, 대체로 문지기는 전만큼 정보를 걸러내지 못한다. 그는 나가떨어졌고, 나이트클럽은 평소처럼 춤을 추지 못하게 방해하는 난폭한 개자식들로 가득해졌다. "우리에게는 본질적 한계가 있습니다." 애덤이 덧붙였다. "그 한계를 무시하고 하고 싶은 일을 전부 해낼 수 있는 척할 수도 있지만, 그 한계를 인정하고 더 나은 삶을 살아갈 수도 있지요."

프로빈스타운에서 보낸 첫 2주간 마침내 이 광기에서 벗어났다고 느꼈다. 나는 전환과 필터링으로 내게 정신적 압박을 가하지 않는 단순한 세상으로 떠나왔다. 나의 여름이 평온함의 오아시스이자 다르게 사는 방법의 한 사례가 될 거라고 생각했다. 컵케이크를 먹고 모르는 사람과 함께 웃음을 터뜨렸다. 가볍고 자유로웠다.

그때 예상치 못한 일이 벌어졌다. 14일째 되는 날, 이곳에 온 뒤 매일 아침 그랬듯 잠에서 깨어나자마자 아이폰을 잡으려 탁자로 손을 뻗었다. 있는 것은 내 멍청한 핸드폰이었고, 이 핸드폰에는 내가 넘어졌을 때 가장 가까운 병원을 알려주는 기능만 있을 뿐 아무 메시지도 없었다. 멀리서 바다가 내게 속삭이는 소리가 들렸다. 고개를 돌리니 그동안 간절히 읽고 싶었던 책들이 나를 기다리고 있었다. 어떤 강렬한 감각이 일었다. 무슨 감각인지 파악할 수 없었다. 그 순간, 지난 몇 년간 내가 경험한 가장 최악의 한 주가 시작되었다.

2장

몰입의 손상

스키너의 비둘기와 미하이의 화가, 무엇이 되고 싶은가

일상 속에서 우리 다수는 그저 쓰러짐으로써
산만함에서 벗어나려 한다.
텔레비전 앞에 드러누움으로써
하루치의 과부하에서 벗어나려 하는 것이다.

정신 건강이 급격하게 악화된 첫째 날, 해변을 걸으며 멤피스에서부터 쭉 거슬렸던 광경을 바라보았다. 거의 모두가 핸드폰을 들여다보고 있었다. 사람들은 프로빈스타운을 그저 셀카 배경으로 사용하는 듯했고, 좀처럼 고개를 들어 바다나 서로의 얼굴을 바라보지 않았다. 그러나 이번에 내가 느낀 근질거림은 이렇게 외치지 않았다. '당신들은 삶을 낭비하고 있어, 그 망할 놈의 핸드폰 좀 내려놔.' 그 대신 이렇게 외쳤다. '그 핸드폰 내놔! 내 거야!'

오디오북이나 음악을 들으려고 아이팟을 켤 때마다 노이즈캔슬링 헤드폰도 켜야 했고, 헤드폰에서는 '요한의 아이폰을 찾고 있습니다. 요한의 아이폰을 찾고 있습니다'라는 소리가 흘러나오곤 했다. 블루투스는 내 아이폰과 연결되려 했지만 그러지 못했고, 그럴 때면 슬픈 듯이 이렇게 말했다. '연결될 수 없습니다.' 이게 바로 내가 느낀 기분이었다. 프랑스의 철학자 시몬 드 보부아르Simone de Beauvoir는 무신론자가 되었을 때 온 세상이 침묵에 잠긴 듯했다고 말했다. 나 또한 핸드폰이 사라지자 세상의 큰 부분이 사라진 기분이었다. 내 핸드폰을 되찾고 싶었다. 이메일을 되찾고 싶었다. 그 둘을 동시에 하고 싶었다. 해변에 있는 집에서 나올 때마다 본능적으로 핸드폰이 잘 있나 주머니를 만져보았고, 핸드폰이 없음을 깨달을 때면 늘 당혹스러움을 느꼈다. 마치 신체의 일부를 잃어버린 것 같았다. 잔뜩 쌓아놓은 책들을 바라보며 어떻게 10대와 20대 때는 며칠이고 침대에 누워 쭉 책만 읽을 수 있었는지를 생각했다. 그때와 달리 프로빈스타운에서는 지나치게 들뜬 상태로 허겁지겁 책을 읽고 있었다. 블로그를 훑으며 핵심 정보를 찾듯이 찰스 디킨스를 훑고 있었던 것이다. 나의 독서는 정신없이 여기저기서 정보를 추출했다. 그래, 이해했어. 이 아이는 외톨이구나. 그래서 요점은? 어리석은 행동임을 알았지만 멈출 수 없었다. 요가는 내 몸의 속도를 늦추었지만 정신의 속도는 늦출 수가 없었다.

나는 어쩔 줄 몰라 우스울 정도로 커다란 의료기기 핸드폰을 꺼내 거대한 버튼들을 두드리기 시작했다. 속절없이 핸드폰을 쳐다보았다. 어렸을 때 본 새끼 잃은 펭귄에 관한 야생 다큐멘터리의 한 장면이 떠올랐다. 펭귄은 새끼가 다시 살아나기를 바라며 몇 시간이나 부리로 죽은 새끼를 쪼았다. 그러나 아무리 버튼을 쿡쿡 눌러도 두툼한 내 지터벅은 인터넷에 접속하지 못했다.

주위를 돌아보면 애초에 내가 핸드폰을 내던진 이유를 떠올릴 수 있었다. 프로빈스타운의 서쪽 끝에 있는 사랑스러운 작은 카페 헤븐에 앉아 에그 베네딕트를 먹었다. 옆자리에 20대 중반쯤으로 보이는 남자 둘이 있었다. 나는《데이비드 코퍼필드》를 읽는 척하며 뻔뻔하게 그들의 대화를 엿들었다. 두 사람이 앱에서 만났고, 실제로는 이번이 첫 만남인 것이 분명했다. 둘의 대화에는 좀 이상한 점이 있었는데, 처음에는 그게 무엇인지 파악하지 못했다. 그러다 두 사람은 사실 전혀 대화를 나누고 있지 않다는 것을 깨달았다. 금발인 남자가 약 10분간 자기 얘기를 했다. 그러면 검은 머리 남자가 10분간 자기 얘기를 했다. 이런 식으로 두 사람은 번갈아가며 서로의 말을 끊었다. 나는 두 시간 동안 두 사람 옆에 앉아 있었는데, 둘 중 누구도 상대방에게 질문을 던지지 않았다. 어느 시점에 검은 머리 남자가 자기 형이 한 달 전에 세상을 떠났다고 말했다. 금발인 남자는 '정말 안타깝네요'라는 피상적인 말조차 건네지 않고 다시 자기 얘기로 돌아갔다. 두 사람이 자기 페이스북 정보 업데이트를 서로에게 번갈아 읽어주기 위해 만났다 해도 전혀 차이가 없었을 것이다.

가는 곳마다 자신을 방송할 뿐 다른 정보는 수신하지 않는 사람들로 둘러싸이는 느낌이었다. 주의가 부패하면 나르시시즘이 된다는 생각이 들었다. 주의가 자기 자신과 자기 자아에만 집중된 상태가 바로 나르시시즘이다. 내가 이 말을 하며 우월감을 느끼는 것은 결코 아니다. 내가 그 주에 인터넷의 무엇이 가장 그리웠는지를 설명하려니 무척 민망하다. 평소에는 매일(때로는 하루에도 몇 번씩) 내 팔로어가 몇 명인지 확인하려고 트위터와 인스타그램에 들어갔다. 피드나 뉴스, 잡담이 아니라, 그저 내 상태만 확인했다. 팔로어 수가 늘면 기분이 좋았다. 자기 주식 잔고를 확인하고 어제보다 조금 더 부자가 되었음을 알게 된, 돈에 집착하는 수전노처럼 말이다. 스스로에게 이렇게 말하는 것 같았다. 봤지? 널 팔로우하는 사람이 늘었어. 너는 중요한 사람이야. 사람들이 말하는 내용은 그립지 않았다. 내가 그리운 것은 그저 팔로어 수와, 그 숫자가 늘고 있다는 감각이었다.

내가 터무니없는 것들을 두려워하기 시작했음을 발견했다. 프로빈스타운을 떠나 배를 타고 보스턴으로 돌아갔을 때 어떻게 친구네 집으로 가서 핸드폰과 노트북을 되찾을지를 계속 고민했다. 부두에 택시가 없으면 어떡하지? 발이 묶이는 게 아닐까? 핸드폰을 다시는 찾지 못하는 걸까? 그동안 살면서 많은 중독을 경험했고, 내가 느끼는 기분이 무엇인지 알았다. 그건 사라지지 않는 공허감을 없애줄 무언가를 간절히 원하는 중독자의 갈망이었다.

어느 날 잘 마른 통통한 해초를 베개 삼아 해변에 누워 책을 읽으려고 노력하다가, 느긋하게 쉬지도 집중하지도 못하고 그토록 오랫동안 구상한 소설을 쓰기 시작하지도 못하는 나 자신을 불같이 비난하기 시작했다. 스스로에게 계속 이렇게 말했다. 넌 지금 파라다이스에 있어. 핸드폰은 내다 버렸어. 이제 집중해. 빌어먹을 자식아, 집중하라고. 그로부터 1년 뒤, 수년간 방해에 관해 연구해온 글로리아 마크 교수를 인터뷰하면서 이 순간을 돌이켜보았다. 그는 일상에서 너무 오랜 시간 방해를 받으면 모든 외부의 방해에서 벗어났을 때 스스로를 직접 방해하기 시작한다고 설명했다. 나는 이런저런 것들을 바라보며 계속 어떻게 묘사해서 트윗을 올릴지 생각했고, 그 트윗에 사람들이 뭐라고 답할지 상상했다.

내가 20년 넘게 온종일 수많은 사람과 신호를 주고받았다는 사실을 깨달았다. 문자, 페이스북 메시지, 전화 통화. 이 모든 작은 방식을 통해 세상은 이렇게 말하는 듯했다. 널 보고 있어. 네 얘기를 듣고 있어. 우리는 네가 필요해. 내 신호에 답해줘. 신호를 더 많이 보내줘. 이제 그 신호들은 사라졌고, 이제는 세상이 이렇게 말하고 있는 것 같았다. 넌 중요하지 않아. 끈질기게 이어지는 신호의 부재는 곧 의미의 부재를 나타내는 듯했다. 해변과 서점, 카페에서 종종 사람들과 대화를 나누었고 대부분 친절했지만, 내가 잃어버린 인터넷에서의 대화와 비교하면 그 대화들은 사교의 온도가 낮은 느낌이었다. 낯선 사람은 '하트'를 퍼부으며 당신 정말 멋지다고 말해주지 않는다. 수년간 나는 가늘고 끈질긴 인터넷의 신호에서 삶의 큰 의미를 얻었다. 이제 그 신호들은 사라지고 없었고, 그것들이 사실상 얼마나 보잘것없고 부족한지를 알 수 있었다. 그러나 여전히 그 신호들이 그리웠다.

이제 나는 선택에 직면해 있었다. 스스로에게 말했다. 너는 그 세상을 떠나서 진공 상태를 만들었어. 그 세상을 멀리하고 싶다면 진공을 무언가로 채워야 해. 나는 (비참함에 시달린 이후인) 셋째 주에야 그 방법을 찾기 시작했다. 그리고 1960년대에 심리학의 새로운 분야를 열었으며 내가 수년간 공부했던 한 비범한 인물의 연구로 되돌아감으로써 불쾌함에서 벗어날 방법을 찾았다. 그는 중대한 발전을 이뤄냈다. 인간이 자기 집중력에 접근할 방법을 발견한 것인데, 이렇게 하면 큰 수고라고 느끼지 않고도 긴 시간 집중하는 일이 가능했다.

어떻게 그럴 수 있는지 이해하려면, 먼저 그가 이 방법을 발견한 이야기를 듣는 것이 도움이 되리라 생각한다. 나는 이후에 캘리포니아 클레어몬트에 살고 있는 그를 찾아갔을 때 자세한 이야기를 들을 수 있었다. 이야기는 여덟 살 난 소년이었던 그가 제2차 세계대전이 한창일 때 나치의 폭격을 피해 홀로 이탈리아의 해변 도시로 달아난 데서 시작된다.

수십억 사용자에게 적용된 기술

미하이는 달려야 했다. 그러나 어디로 가야 할지 알 수 없었다. 공습경보가 익숙한 비명을 지르며 마을 사람들에게 곧 하늘에 나치의 비행기가 나타날 것이라고 경고했다. 이 비행기들은 독일에서 아프리카로 날아가고 있었고, 만약 날씨가 나빠서 아프리카까지 날아가지 못하면 차선책을 따를 것임을 마을에 사는 모두가(심지어 미하이 같은 어린아이도) 알았다. 그 차선책은 바로 폭탄을 이 작은 마을에 떨어뜨리는 일이었다. 미하이는 가장 가까운 방공호에 들어가려 했지만 이미 그곳은 사람들로 가득했다. 그래서 그는 바로 옆에 있는 정육점에 가야겠다고, 그곳에 숨을 수 있을 거라고 생각했다. 정육점은 셔터가 내려져 있었다. 어른 몇 명이 간신히 열쇠를 찾아냈고, 모두가 서둘러 그 안으로 들어갔다.

어둠 속에서 무언가가 천장에 매달려 있는 모습이 보였다. 고기가 천장에 매달려 있었다. 그러나 짐승의 고기가 아니었다. 모양이 달랐다. 눈이 점차 어둠에 익숙해지면서 사람들은 그것이 두 남성의 사체임을 깨달았다. 정육점 주인 두 명이 고기 거는 고리에 매달려 축 늘어져 있었다. 미하이는 더 깊숙한 곳으로 도망치다 천장에 매달린 또 다른 남자의 사체와 부딪쳤다. 이들은 파시스트와 결탁했다는 의심을 받고 살해당한 사람들이었다. 공습경보가 여전히 울리고 있었고, 미하이는 시체와 함께 몸을 숨겼다.

이 소년이 보기에 어른들의 세상은 한참 전부터 정신이 나간 것 같았다. 미하이 칙센트미하이Mihaly Csikszentmihalyi는 1934년에 유고슬라비아 국경과 가까운 이탈리아 마을인 피우메에서 태어났다. 그의 아버지는 헝가리 정부의 외교관이어서 미하이는 사람들이 일상적으로 서너 개 언어를 구사하는 동네에서 자라났다. 미하이의 가족은 거대하고 때로는 터무니없는 프로젝트를 떠올리는 사람들이었다. 그의 형 중 한 명은 러시아에서 오스트리아까지 행글라이더를 타고 이동한 최초의 인물이었다. 그러나 미하이가 여섯 살 때 전쟁이 시작되었고 "붕괴가 일어났"다고 말했다. 그는 거리에서 놀 수 없었기에 집 안에서 놀이의 세계를 만들어냈다. 장난감 병정을 가지고 상상 속의 전쟁에서 움직임 하나하나를 섬세하게 계획하며 몇 주간 이어지는 정교한 전투를 벌였다. 수많은 밤을 냉랭한 방공호에서 담요를 두르고 겁에 질린 채 보냈다. 그는 그때를 회상하며 "실제로 무슨 일이 벌어졌는지 절대 모르실 겁니다"라고 말했다. 아침에 공습경보가 해제되면 사람들은 점잖게 다시 일을 하러 갔다.

이탈리아는 갈수록 위험해지고 있었다. 그래서 미하이의 가족은 그를 국경 너머에 있는 오파티야라는 해변 마을로 데려갔다. 그러나 얼마 지나지 않아 오파티야는 사방이 포위되었다. 게릴라가 내려와 침략자와 손잡았다고 의심되는 사람을 전부 죽였고, 나치가 공중에서 폭격을 퍼부었다. "어디도 안전하지 않았어요." 미하이가 내게 말했다. "내가 살 수 있는 안정된 세상을 그 어디에서도 찾을 수 없었죠." 전쟁이 끝날 무렵 유럽은 폐허가 되어 있었고 그의 가족은 모든 것을 잃었다. 형들 중 한 명이 전투에서 사망했다는 통지를 받았고, 또 다른 형인 모리츠는 스탈린 정권에 붙잡혀 시베리아 강제수용소로 끌려갔다. 미하이는 훗날 이렇게 회상했다. "열 살이 되었을 무렵 어른들은 좋은 삶을 사는 방법을 모른다고 확신하게 되었습니다."[1]

전쟁이 끝난 후 미하이와 그의 부모님은 결국 난민 수용소에 살게 되었다. 수용소는 지저분했고 아무런 희망도 품을 수 없었다. 이렇게 삶이 무너져 내리던 어느 날, 미하이는 수용소에 있는 다른 소년들과 보이스카우트를 결성하라는 말을 들었고, 친구들과 함께 황야를 돌아다니기 시작했다. 그리고 가파른 오르막을 기어오를 때나 험준한 협곡을 통과할 때처럼 어려운 활동을 할 때 가장 살아 있는 기분을 느낀다는 사실을 깨닫게 되었다. 그는 이 경험이 자신을 살렸다고 생각한다.

미하이는 13살 때 학교를 그만두었다. 유럽 문명을 벼랑에서 떨어뜨린 어른들의 지혜가 무슨 도움이 될지 알 수 없었기 때문이다. 그는 로마로 향했고, 파괴되고 굶주린 이 도시에서 통역사로 일하기 시작했다. 다시 산맥으로 돌아가고 싶었기에 오랫동안 스위스에 갈 돈을 모았다. 15살에 마침내 취리히행 기차에 오를 수 있었고, 알프스로 향하는 교통편을 기다리다가 심리학 강의 광고를 보았다. 강연자는 스위스의 전설적인 정신분석가 카를 융Carl Jung이었다. 미하이는 융의 견해에는 그리 끌리지 않았지만 인간 정신의 작동 방식을 과학적인 방법으로 탐구한다는 생각에 전율을 느꼈다. 그는 심리학자가 되기로 마음먹었지만 유럽에서는 심리학 학위를 딸 수 없었다. 그리고 영화에서나 봤던 멀고 먼 나라, 바로 미국에서 심리학을 공부할 수 있다는 사실을 알게 되었다.

수년간 돈을 모은 끝에 미하이는 결국 미국에 도착했으나, 끔찍한 충격이 그를 기다리고 있었다. 어느 유명한 과학자가 집대성한 거창한 생각 하나가 미국 심리학을 장악하고 있었던 것이다. B. F. 스키너B. F. Skinner라는 이름의 이 하버드 대학 교수는 이상한 사실을 발견함으로써 학계의 유명 인사가 되어 있었다. 우리는 어디에 주의를 기울일지 자유롭게 결정할 수 있는 듯 보이는 동물 한 마리(예를 들면 비둘기나 쥐, 돼지)를 데려다 그게 뭐든 우리가 선택한 것에 집중하게 만들 수 있다. 그 동물이 우리의 변덕에 순종하도록 만들어진 로봇인 것처럼, 그 동물이 집중하는 대상을 통제할 수 있다. 스키너가 실행한 방법 중 우리도 시도해볼 수 있는 사례 하나는 다음과 같다. 먼저 비둘기 한 마리를 데려온다. 비둘기를 새장에 넣는다. 배고플 때까지 내버려둔다. 그리고 버튼을 누르면 새장 안에 씨앗을 내놓는 모이통을 설치한다. 비둘기들은 많이 움직인다. 미리 선택해둔 행동(예를 들면 고개를 위로 쳐들거나 왼쪽 날개를 펼치는 행동)을 비둘기가 할 때까지 기다리다가, 바로 그 순간

씨앗을 준다. 다시 비둘기가 그 행동을 할 때까지 기다리고, 더 많은 씨앗을 준다.[2]

이 과정을 몇 번 거치면 비둘기는 씨앗이 먹고 싶을 때 우리가 선택한 행동을 수행해야 한다는 사실을 재빨리 습득할 것이고, 그 행동을 여러 번 하기 시작할 것이다. 제대로 다룬다면 우리가 보상을 주기로 선택한 움직임이 비둘기의 관심을 좌우할 것이다. 비둘기는 강박적으로 고개를 쳐들거나 왼쪽 날개를 펼칠 것이다. 이 사실을 발견한 스키너는 이걸 어디까지 밀고 나갈 수 있을지 알고 싶었다. 이 강화 훈련을 이용해 동물을 얼마나 정교하게 설계할 수 있을까? 그는 매우 멀리까지 나아갈 수 있음을 알게 되었다. 우리는 비둘기가 탁구를 치게 만들 수 있다. 토끼가 동전을 집어서 돼지 저금통에 넣게 만들 수 있다. 돼지가 청소기를 돌리게 만들 수 있다. 보상만 제대로 하면, 많은 동물이 자신에게 아무런 의미도 없는 복잡한 대상에 주의를 집중할 것이다.

스키너는 이 원칙으로 인간의 행동을 거의 설명할 수 있다고 확신했다. 우리는 자신이 자유로운 존재라고 믿는다. 자신이 선택을 내린다고, 어디에 주의를 기울일지 결정하는 복잡한 정신을 가졌다고 믿는다. 그러나 그건 다 환상이다. 우리와 우리의 집중력은 그동안 살면서 경험한 강화 훈련의 총합일 뿐이다. 스키너는 인간에게 정신(우리가 자유의지를 가진 인간으로서 스스로 선택을 내린다는 의미에서의 정신)이 없다고 생각했다. 사람들은 그게 무엇이든 현명한 설계자가 선택한 방식으로 재설계될 수 있다. 오랜 시간이 지난 후, 인스타그램의 설계자들은 이렇게 물었다. 만약 우리가 사용자에게 '하트'와 '좋아요'를 줘서 셀카 찍는 행동을 강화한다면, 씨앗을 더 먹기 위해 강박적으로 왼쪽 날개를 펼친 비둘기처럼 사용자들도 강박적으로 사진을 찍기 시작할까? 인스타그램의 설계자들은 스키너의 핵심 기술을 수십억 사용자에게 적용했다.

미하이는 이러한 생각이 미국 심리학을 지배하고 있으며 미국 사회에도 크나큰 영향을 미치고 있음을 알게 되었다. 스키너는 〈타임〉지 1면을 장식하는 스타였다. 그가 얼마나 유명했는지, 1981년에는 대학 교육을 받은 미국인의 82퍼센트가 그를 알고 있을 정도였다.

미하이가 보기에 이것은 인간 심리를 바라보는 암울하고 제한적인 관점이었다. 물론 성과는 있었다. 그러나 미하이는 이러한 관점이 인간으로 사는 의미를 대부분 놓치고 있다고 생각했다. 그는 긍정적이고 자양분이 되며, 공허한 기계적 반응 이상의 것을 낳는 인간 심리를 탐구하고 싶었다. 그러나 미국 심리학에는 이렇게 생각하는 사람이 많지 않았다. 먼저 미하이는 자신이 보기에 인간의 가장 훌륭한 성취 중 하나인 예술 활동에 대해 연구하기로 했다. 이때까지 그가 목격한 것은 파멸이었으므로, 이제는 창조를 연구해야 할 때였다. 그래서 그는 시카고에서 한 무리의 화가들을 설득해 수개월에 걸쳐 그들의 작업을 지켜보기로 했다. 이들이 자기 삶을 바치기로 결정한 목표가 기저의 어떤 심리적 과정에서 동력을 얻는지 알아내기 위해서였다. 그는 예술가들이 하나의 이미지에 집중하며 정성스레 주의를 기울이는 모습을 관찰했다.

무엇보다 미하이를 놀라게 한 것은, 창작 중인 예술가들에게 시간이 사라진 듯 보인다는 점이었다. 이들은 거의 최면에 빠진 사람처럼 보였다. 다른 곳에서는 쉽게 볼 수 없는 깊은 형태의 집중이었다.

그때 미하이는 당황스러운 사실을 발견했다. 그림에 수많은 시간을 쏟은 예술가들은 작업을 마쳤을 때 자기 결과물을 의기양양하게 바라보거나 자랑하거나 칭찬을 구하지 않았다.[3] 거의 모두가 그 그림을 치워놓고 다음 작업에 착수했다. 인간이 어떤 행동을 하는 이유는 그저 보상을 얻고 처벌을 피하기 위해서라는 스키너의 생각이 옳다면 이들의 행동은 말이 되지 않았다. 그들은 작업을 끝마쳤다. 즐길 수 있는 보상이 그곳에, 바로 눈앞에 있다. 그러나 창작하는 사람들은 대체로 보상에 관심이 없는 듯 보였다. 심지어 돈조차 그들의 관심을 끌지 못했다. 훗날 미하이는 한 인터뷰어에게 이렇게 말했다. "작업이 끝나면 그 대상, 그 결과물은 그들에게 별로 중요치 않았습니다."

미하이는 예술가들이 실제로 무엇에서 동력을 얻는지 알고 싶었다. 그들이 하나의 대상에 그토록 오랫동안 집중할 수 있는 이유는 무엇일까? "화가들의 마음을 강렬하게 사로잡는 것"이 "그림 그리는 과정 자체"와 관련이 있다는 사실이 그에게 점점 더 분명해졌다.[4] 하지만 그게 뭐지? 이 현상을 더욱 잘 이해하기 위해 미하이는 다른 활동을 하는 성인들을 연구하기 시작했다. 이들은 장거리 수영을 하고, 암벽을 등반하고, 체스를 두는 사람들이었다. 처음에 미하이는 오로지 비전문가만 관찰했다. 이들은 종종 몸이 불편하고 지치고 심지어 위험한 활동을 했는데, 아무 보상이 없어도 그 활동을 사랑했다. 미하이는 이처럼 비상한 집중력을 끌어내는 활동을 할 때 어떤 기분인지 물었다. 그리고 이러한 활동의 종류가 무척 다양한데도 사람들이 자기 기분을 묘사하는 방식이 놀라울 만큼 비슷하다는 사실을 발견했다. 한 단어가 몇 번이고 계속 튀어나왔다. 사람들은 자꾸 이런 말을 했다. "흐름에 올라탔어요."[5]

암벽을 등반하는 사람이 말했다. "암벽 등반의 신비는 암벽을 오르는 데 있어요. 정상에 도착하면 다 끝나서 기분이 좋지만 사실은 영원히 오를 수 있으면 좋겠다고 생각해요. 암벽 등반을 하는 이유는 오르는 행동에 있어요. 시를 쓰는 이유가 쓰는 행위에 있듯이요. 정복해야 할 존재는 자기 안에 있는 것뿐이에요… 글 쓰는 행위가 시의 이유예요. 등반도 마찬가지죠. 내가 흐름 속에 있음을 인식하는 거예요. 흐르는 것의 목표는 계속 흐르는 거예요. 정상이나 유토피아를 기대하는 것이 아니라, 흐름 안에 머무는 거예요. 위로 올라가는 게 아니라 계속해서 흐르는 거예요. 그 흐름을 지속하기 위해 위로 오르는 거죠."[6]

미하이는 이 사람들이 그때까지 과학자들이 연구하지 않은 인간의 핵심 본능을 묘사하고 있을지 모른다고 생각했다. 그는 이러한 상태에 '몰입'이라는 이름을 붙였다. 몰입은 하고 있는 일에 너무 푹 빠진 나머지 모든 자아 감각을 잃은 상태, 시간이 사라진 듯한 상태, 경험 그 자체의 흐름을 탄 상태를 뜻한다. 몰입은 우리가 아는 것 중 가장 깊은 형태의 집중 상태다. 미하이가 사람들에게 몰입에 대해 설명하고 이런 상태를 경험해본 적이 있냐고 묻자,

그들 중 85퍼센트가 적어도 한 번은 그런 느낌을 인식한 적이 있다고 답했으며, 종종 그 순간이 인생에서 가장 좋은 때였다고 말했다. 사람들을 몰입하게 한 행위가 뇌 수술인지 기타 연주인지 맛있는 베이글을 굽는 것인지는 중요치 않았다. 사람들은 경탄하며 자신이 경험한 몰입 상태를 설명했다. 미하이 본인도 전쟁으로 박살 난 도시의 마룻바닥에서 장난감 병정들로 치열한 전쟁 놀이를 하던 어린 시절과, 13살 때 난민 수용소 근처에 있는 언덕과 산맥을 오르던 때를 돌이켜보았다.

잊혀진 몰입의 즐거움

미하이는 인간이 제대로 안을 파고 들어가면 내면에서 집중력의 유정을 만날 수 있음을 발견했다. 그때가 되면 집중력이 오랜 시간 솟구쳐 흘러서 어려운 작업을 고통 없이, 실제로 즐겁게 수행할 수 있었다. 그렇다면 분명한 문제는 어딜 파고 들어가야 하는가였다. 어떻게 몰입 상태를 끌어낼 수 있지? 사람들 대다수는 느긋하게 힘을 빼면 몰입에 빠져들 수 있으리라고 생각한다. 라스베이거스에 있는 수영장 옆에 누워 칵테일을 홀짝이는 자신을 떠올리는 것이다. 그러나 미하이는 실제 이완으로는 좀처럼 몰입 상태에 빠질 수 없다는 사실을 발견했다. 우리는 다른 길을 통해 몰입에 도달해야 한다.

미하이의 연구는 몰입의 다양한 측면을 규명했지만, 내가 보기에 (꼼꼼히 여러 번 읽었다) 몰입 상태에 빠져들기 위해 알아야 할 내용은 다음 세 가지로 요약할 수 있다. 가장 먼저 해야 할 것은 '이 캔버스에 그림을 그릴 거야', '이 언덕을 뛰어오를 거야', '아이에게 수영을 가르칠 거야'처럼 명확하게 정의된 목표를 선택하는 것이다. 그 목표를 추구하겠다고 마음먹고, 그러는 동안 다른 목표는 옆에 치워둬야 한다. 몰입은 한 번에 하나만 할 때, 다른 모든 것은 접어두고 한 가지만 하기로 할 때 찾아온다. 미하이는 정신을 산만하게 하는 요소와 멀티태스킹이 몰입을 방해하며, 한 번에 두 개 이상의 일을 하려 하는 사람은 절대 몰입 상태에 이를 수 없음을 발견했다. 몰입은 한 가지 사명에 모든 지적 능력을 쏟아부을 것을 요구한다.

둘째로, 자신에게 의미 있는 일을 해야 한다. 이는 집중력에 관한 기본 사실이다. 우리는 자신에게 유의미한 것에 주의를 기울이도록 진화했다. 앞에서 인용한 의지력의 최고 전문가 로이 바우마이스터는 이렇게 말했다. "개구리는 자신이 먹을 수 있는 파리를 자신이 먹을 수 없는 돌보다 훨씬 많이 쳐다볼 겁니다." 개구리에게 파리는 유의미하고 돌은 그렇지 않다. 그러므로 파리에게 쉽게 주의를 기울이고, 돌에는 좀처럼 주의를 기울이지 않는다. 로이 바우마이스터는 말한다. "그건 뇌의 설계 때문입니다… 뇌는 자신에게 중요한 일에 집중하도록 만들어졌어요." 결국 "온종일 자리에 앉아 돌을 쳐다보는 개구리는 굶주리게 될 것"이다. 어떤 상황에서든 내게 의미 있는 일에는 주의를 기울이기 더 쉽고, 무의미해 보이는 일에는 더 어렵다. 의미를 못 느끼는 일을 하려고 애쓰고 있다면 집중력은 자주 미끄러지고 빠져나갈 것이다.

셋째로, 능력의 한계에 가깝지만 능력을 벗어나지는 않는 일을 하는 방법이 도움이 된다. 선택한 목표가 너무 손쉬우면 우리는 자동 조종 모드에 돌입한다. 반면 목표가 너무 어려우면 초조해지고 평상심을 잃어서 몰입에 빠져들지 못한다. 중급 수준의 경험과 재능을 가진 암벽 등반가를 떠올려보자. 그 사람이 마당 뒤에 있는 오래된 벽돌담을 기어오른다면 너무 쉬워서 몰입할 수 없을 것이다. 갑자기 킬리만자로산맥의 산등성이를 오르라는 말을 듣는다면 역시 기겁해서 몰입할 수 없을 것이다. 그에게 필요한 이상적인 목표는 마지막으로 오른 산보다 약간 더 높고 어려운 산이다.

그러므로 몰입 상태가 되려면 단일한 목표를 택해야 하고, 그 목표가 반드시 자신에게 유의미해야 하고, 능력의 한계까지 스스로를 밀어붙여야 한다. 이 조건을 충족해서 몰입에 빠져들면 쉽게 알아차릴 수 있는데, 몰입은 특별한 정신 상태이기 때문이다. 몰입한 사람은 자신이 오로지 현재에 머무는 기분을 느낀다. 자의식이 사라지는 상태를 경험한다. 자아가 소멸해 목표와 내가 하나되는 느낌과 비슷하다. 내가 기어오르는 암벽이 곧 내가 되는 것이다.

나와 만났을 때 미하이는 87세였고, 그때까지 50년 넘게 몰입을 연구했다. 그는 전 세계의 과학자들과 함께 몰입이 실제로 존재하는 깊은 집중 상태임을 보여주는 탄탄하고 폭넓은 과학적 증거를 쌓았다. 또한 몰입을 더 많이 경험할수록 몰입을 더욱 잘 느낀다는 사실을 증명했다.[7] 미하이의 연구가 있기 전까지 미국의 심리학은 상황이 틀어질 때(정신적으로 괴로울 때)나 B. F. 스키너의 영악한 관점에만 초점을 맞췄다. 미하이는 '긍정 심리학'을 주창했다. 우리는 삶을 더욱 가치 있게 만드는 일에 초점을 맞추고 그것들을 북돋을 방법을 찾아야 한다.

내게는 이러한 불일치가 오늘날의 세계를 정의하는 갈등 중 하나의 토대가 된 것으로 보였다. 현재 우리가 사는 세상을 장악한 기술은 인간 정신의 작동 방식에 대한 B. F. 스키너의 관점에 기초한다. 임의적 보상을 간절히 열망하게끔 생명체를 훈련시킬 수 있다는 스키너의 통찰이 우리의 환경을 지배하고 있다. 우리 다수가 보상을 얻기 위해 기괴한 춤을 추도록 훈련된 새장 속 새들과 비슷하며, 그러면서도 자신이 스스로 그러한 행동을 선택했다고 믿는다. 내가 프로빈스타운에서 본 강박적으로 인스타그램에 셀카를 올리던 남자들은 이제 내게 식스팩과 피나콜라다가 있는 스키너의 비둘기처럼 보이기 시작했다. 이처럼 표면적 수준의 자극이 주의를 빼앗는 문화에서 미하이의 깊이 있는 통찰, 즉 우리 내면에는 오랜 시간 집중하고 그 상태를 즐길 힘이 있으며, 그 힘이 흐를 수 있는 적절한 환경만 갖춰진다면 우리가 더욱 행복하고 건강해지리라는 통찰은 잊히고 말았다.

이 사실을 알고 나서 내가 끊임없이 산만했을 때 짜증뿐만 아니라 약해지는 기분을 느낀 이유를 이해하게 되었다. 마음 한편으로 사람들은 자신이 집중하지 못할 때 가장 큰 능력 하나를 쓰지 못하고 있음을 안다. 몰입에 굶주린 우리는 자신의 일부만 남아, 어딘가에서 자신이 되었을지도 모를 모습을 감지한다.

나이를 먹은 미하이에게 기이한 일이 벌어졌다. 제2차 세계대전이 끝난 뒤 그의 형 모리츠는 러시아에 있는 스탈린 강제수용소인 굴라크에 끌려갔고, 이처럼 굴라크로 사라진 사람들은 보통 다시는 소식을 들을 수 없었다. 모두가 모리츠가 죽었으리라 생각했는데, 오랫동안 소식이 없던 모리츠가 다시 나타났다. 마침내 해빙기 소련으로 풀려난 모리츠는 일거리를 찾으려고 고군분투했다. 굴라크의 생존자들은 그 자체로 수상쩍은 사람 취급을 받았다. 모리츠는 스위스에서 박사 학위를 받았지만 결국 기차의 화부로 고용되었다. 그는 불평하지 않았다.

모리츠가 80대가 되었을 때 미하이가 헝가리 부다페스트로 가서 형을 다시 만났다. 모리츠의 몰입 능력은 가장 잔혹한 방식으로 파괴되었지만, 미하이는 형이 말년에 인생 처음으로 자신이 늘 사랑했던 것을 추구하고 있음을 알게 되었다. 모리츠는 크리스털에 매료되었다. 이 반짝거리는 돌들을 수집하기 시작했고, 모든 대륙의 표본을 모아두었다. 수집상을 찾아갔고 행사에 참석했으며 관련 잡지를 읽었다. 미하이가 찾아간 모리츠의 집은 천장부터 바닥까지 크리스털이 가득 찬 박물관 같았고, 이 돌들의 광휘를 돋보이게 할 특수 조명이 설치되어 있었다. 모리츠가 어린아이 주먹만 한 크기의 크리스털을 미하이에게 건네주며 말했다. "어제 이걸 보고 있었어. 현미경 아래 이걸 놓을 때가 아침 9시였지. 바깥은 꼭 오늘처럼 화창했어. 돌을 계속 돌려가면서 모든 틈과 균열, 안팎에 형성된 10여 개의 결정을 들여다봤어… 그때 고개를 들고 폭풍이 오나 보다 생각했어. 하늘이 너무 깜깜했거든… 그러다 깨달은 거야. 구름이 덮인 게 아니라 해가 지고 있다는 걸. 저녁 7시가 된 거였어." 미하이도 크리스털이 멋지다고 생각했지만 한편으로는 의아했다. 열 시간이나?

그때 미하이는 깨달았다. 모리츠는 그 돌들을 읽어내는 법을, 돌이 어디서 왔고 어떤 화학 성분으로 구성되었는지 파악하는 법을 알았던 것이다. 모리츠에게 그건 자기 능력을 사용할 기회였다. 그에겐 바로 이 행동이 몰입을 일으켰다. 미하이는 평생 몰입이 우리를 어떻게 구원할 수 있는지를 연구했다. 은은하게 빛나는 크리스털을 함께 바라보면서, 이제 그는 굴라크에서 굶어 죽을 뻔한 형의 얼굴에서 그 실례를 보았다.

인생의 끝에서 무엇을 돌아보게 될까

미하이는 몰입을 연구할수록 몰입의 또 다른 중요한 측면을 알게 되었다. 몰입은 무척이나 연약하고 쉽게 깨졌다. 미하이는 이렇게 말했다. "우리 내면과 외부 환경의 많은 힘들이 몰입을 방해한다."[8] 1980년대 후반, 미하이는 화면을 바라보는 일이 평균적으로 가장 낮은 수준의 몰입 활동 중 하나임을 발견했다.[9] (그는 "놀라울 만큼 다양한 오락 기기에 둘러싸였음에도… 우리 대다수는 지루함과 막연한 좌절감을 느낀다"라고 경고했다.[10]) 그러나 프로빈스타운에서 이 사실을 곰곰이 생각해보던 나는 내 기기의 화면을 전부 치웠는데도 여전히 근본적인 실수를 범하고 있음을 깨달았다. 미하이는 이렇게 설명했다. “좋은 삶을 살려면, 안 좋은 요소를 없애는 법만으로는 충분하지 않습니다. 우리에겐 긍정적인 목표도 필요합니다. 그게 아니라면 계속할 이유가 어디 있겠어요?”[11]

일상 속에서 우리 다수는 그저 쓰러짐으로써 산만함에서 벗어나려 한다. 텔레비전 앞에 드러누움으로써 하루치의 과부하에서 벗어나려 하는 것이다. 그러나 오직 휴식으로만 산만함에서 도망친다면, 본인이 애써서 추구하는 긍정적인 목표로 산만함을 대체하지 않는다면, 얼마 지나지 않아 다시 산만함으로 이끌릴 것이다. 산만함에서 벗어나는 더욱 강력한 방법은 자신만의 몰입을 찾는 것이다.

그래서 프로빈스타운에서 보낸 둘째 주말에 이렇게 자문했다. 이곳에 온 이유가 뭐야? 끊임없는 ‘좋아요’와 리트윗과 공유라는 스키너식 강화와 핸드폰에서 도망치기 위해서만은 아니잖아. 너 글 쓰러 여기 왔잖아. 글쓰기와 독서는 내 삶에서 늘 몰입의 중요한 원천이었다. 나는 오랫동안 소설의 아이디어를 키워왔고, 시간이 나면 언젠가는 집필에 착수하리라고 생각했다. 자, 이제 시간이 있잖아. 파고들어. 그 안에 몰입이 있는지 보는 거야. 소설 집필은 미하이가 말한 몰입 생성 모델과 맞아떨어지는 듯 보였다. 다른 목표를 옆으로 치워두어야 했고, 내게 의미 있는 일이었으며, 안전지대의 한계에 있으면서도 (바라건대) 그 밖으로 벗어나지는 않았다. 그래서 셋째 주의 첫날, 안절부절못하는 초조함 속에서 집 한구석에 있는 소파에 앉았다. 긴장하며 친구 임티아즈가 빌려준 낡고 고장 난 노트북을 열었다. 그리고 내 소설의 첫 문장을 썼다. 다시 두 번째 문장을 썼다. 문장이 한 문단이 되었고, 다시 한 페이지가 되었다. 힘들었다. 딱히 즐겁지 않았다. 그러나 내 습관을 다시 훈련해야 한다고 생각하며 다음 날에도 똑같이 했다. 그렇게 날마다 계속되었다. 힘겹게 싸웠다. 스스로를 단련시켰다.

네 번째 주가 끝날 무렵 몰입 상태가 찾아오기 시작했다. 그리고 다섯째 주, 여섯째 주까지 이어졌다. 이내 나는 글쓰기에 굶주려 부리나케 노트북으로 달려가고 있었다. 미하이가 묘사한 모든 것이 그곳에 있었다. 자아의 상실, 시간의 상실, 내가 전보다 더 커다란 무언가로 성장하고 있다는 느낌. 몰입을 통해 힘든 시기와 좌절을 헤쳐나가고 있었다. 몰입이 내 집중력의 잠긴 문을 열어주었다.

하루의 초반에 몰입을 세 시간 하면, 나머지 시간에 느긋하고 열린 태도로 다른 활동을 할 수 있다는 사실을 알아차렸다. 나는 갑갑해하거나 짜증 내거나 핸드폰을 갈구하지 않고 해변을 따라 걷고 사람들과 수다를 떨고 책을 읽었다. 몰입이 내 몸을 이완하고 정신을 열어주는 듯했는데, 아마도 내가 최선을 다했음을 자각했기 때문일 것이다. 전과는 다른 리듬에 몸을 맡기고 있는 기분이었다. 그때, 주의력을 되찾으려면 주의를 산만하게 하는 방해물들을 제거하는 방법만으로는 충분치 않다는 사실을 깨달았다. 그렇게 하면 그저 텅 비게 될 뿐이다. 우리는 주의를 산만하게 하는 것들을 제거하고, 몰입의 원천으로 그 자리를 대체해야 한다.

프로빈스타운에서 3개월을 보내면서 9만 2000단어 분량의 소설을 썼다. 형편없는 소설일지도 몰랐지만 개의치 않았다. 내가 그 이유를 명확하게 깨달은 것은 프로빈스타운을 떠나기 직전의 어느 날이었다. 그날 나는 바닷물이 내 발 위로 찰랑거릴 수 있도록 해변에 접이식 의자를 펼쳐놓고《전쟁과 평화》3권을 완독했다. 마지막 장을 덮으면서, 온종일 그곳에 앉아 있었다는 사실을 깨달았다. 이런 식으로 몇 주 동안 날마다 독서를 해왔다. 문득 이런 생각이 들었다. 돌아왔어! 내 뇌가 돌아왔어! 내 뇌가 고장 났을까 봐, 이 실험으로 내가 영원히 퇴화하는 멍청이라는 사실만 드러날까 봐 두려웠었다. 그러나 이제는 회복이 가능하다는 것을 알 수 있었다. 안도감에 눈물이 흘렀다.

마음속으로 생각했다. 다신 이메일로 돌아가고 싶지 않아. 다신 내 핸드폰으로 돌아가고 싶지 않아. 그게 무슨 시간 낭비야! 무슨 인생 낭비냐고! 이 느낌은 그때까지 느낀 그 어떤 것보다 강렬했다. 인터넷처럼 형체가 없는 것을 무겁다고 묘사하는 방식이 이상해 보일 수 있지만, 그 순간 내게는 그렇게 느껴졌다. 마치 전에는 내 등에 육중한 무게를 지고 있다가 마침내 그 무게를 내려놓은 기분이었다.

그러나 즉시 이 모든 생각이 불편해지면서 죄책감이 들었다. 집으로 돌아가서 사람들에게 이 느낌을 설명하면 내 말이 어떻게 들릴까? 해방처럼 들리지는 않을 것이다. 놀리는 말로 들릴 것이다. 나는 일상에서 벗어나 더없이 행복한 방식으로 몰입에 빠져드는 데 성공했지만, 프로빈스타운에서의 상황은 내가 아는 모든 사람의 삶과 근본적으로 달랐기에(그 시간이 너무나도 큰 특권이었기에) 나는 한동안 여기에 다른 사람에게 도움 될 만한 점이 조금이라도 있는지 고민했다. 그리고 이러한 경험이 의미 있으려면 모두가 이 경험을 일상에 통합할 수 있어야 한다는 것을 깨달았다. 이후 나는 이곳과는 매우 다른 장소에서 그 방법을 알게 되었다.

미하이에게 작별 인사를 할 때 그의 상태가 좋지 않다는 걸 분명히 알 수 있었다. 미하이는 눈이 무거웠고, 내게 최근 몸이 아팠다고 말했다. 대화를 나누는 도중에 작은 개미들이 그의 책상 위를 줄지어 가로지르기 시작했는데, 그는 말을 멈추고 한동안 그 개미들을 바라보았다. 미하이는 80대 후반이었고, 인생의 끝을 향해 다가가고 있는 듯 보였다. 그러나 내게 이렇게 말할 때는 그의 두 눈이 반짝였다. "삶을 돌아봤을 때 최고의 경험은, 산맥을 오르던 때에 한 것이었어요… 산을 오르면서, 정말로 어렵고 위험하지만 내가 할 수 있는 범위 내에 있는 일을 했을 때의 경험이요." 그때 나는 생각했다. 죽음을 향해 갈 때 '좋아요'나 리트윗 같은 강화요인들을 떠올리지는 않을 것이다. 우리는 몰입을 경험한 순간을 떠올릴 것이다.

그 순간 우리 모두가 두 가지 강력한 힘, 즉 분열과 몰입 사이에서 하나를 선택할 수 있다는 생각이 들었다. 분열은 우리를 더 작고 얄팍하고 분노하게 만든다. 몰입은 우리를 더 크고 깊고 차분하게 만든다. 분열은 우리를 위축시킨다. 몰입은 우리를 확장한다. 스스로에게 물었다. 조악한 보상 때문에 춤추는 데 주의력을 낭비하는 스키너의 비둘기가 되고 싶은지, 자신에게 정말로 중요한 것을 찾아냈기에 집중할 수 있는 미하이의 화가가 되고 싶은지.

3장

잠들지 못하는 사회

수면의 질이 떨어지면
세상은 모든 면에서 더 흐릿해진다

이들은 강력한 신경안정제를 코뿔소에게 쏜다고 설명했다.

이들이 코뿔소가 당황해서 비틀거리다

땅으로 쓰러지는 모습을 묘사할 때, 나는 속으로 생각했다.

어, 나도 매일 그렇게 잠드는데.

내가 눈을 뜨고 처음 들은 것은 저 멀리 바다에서 철썩이는 파도 소리였다. 태양이 침대에 밀려들며 나를 빛으로 적시는 것이 느껴졌다. 프로빈스타운에서 매일 아침 이럴 때마다 몸에서 이상한 감각이 느껴졌다. 그것이 무엇인지 깨닫는 데 한 달이 넘게 걸렸다.

사춘기가 지난 이후 줄곧 수면을 힘들게 빠져들었다가 겨우겨우 빠져나오는 상태로 여겼다. 때로는 새벽 1시에서 3시 사이에 침대로 향했고, 곧장 베개를 쌓아 굽은 어깨를 받쳤다. 그리고 그날 있었던 모든 일과 다음 날 아침에 일어나 해야 할 일, 걱정스러운 온갖 세상사가 머릿속에서 펼쳐지는 동안 곤두선 신경을 가라앉히려 애썼다. 이 머릿속 뇌우에서 정신을 돌리기 위해 보통은 노트북으로 시끄러운 텔레비전 프로그램을 봤다. 때로는 이 방법이 나를 재워주었으나 대개는 새로운 불안의 물결을 일으켰고, 그러면 다시 몇 시간 동안 이메일을 보내거나 자료를 조사하기 시작했다. 결국에는 거의 매일 밤 멜라토닌 젤리를 섭취하고 쓰러지듯 잠들었다.

언젠가 짐바브웨에서 업무의 일환으로 치료를 위해 코뿔소를 기절시켜야 하는 공원 관리인들과 대화를 나눈 적이 있다. 이들은 강력한 신경안정제를 코뿔소에게 쏜다고 설명했다. 이들이 코뿔소가 당황해서 비틀거리다 땅으로 쓰러지는 모습을 묘사할 때, 나는 속으로 생각했다. 어, 나도 매일 그렇게 잠드는데.

약물의 힘을 빌려 쓰러지고 나면 예닐곱 시간 뒤에 시끄러운 3인조 알람 소리에 잠에서 깨어났다. 먼저 'BBC 월드 서비스'를 틀어주는 라디오 알람이 그날의 공포스러운 뉴스로 나를 마구 흔들어 깨웠고, 10분이 지나면 핸드폰이 시끄럽게 땡땡거렸으며, 다시 10분이 지나면 또 다른 알람 시계가 울부짖었다. 세 개의 알람에도 잠에서 깨지 않는 능력이 다 소진되고 나면 휘청거리며 자리에서 일어나 소 몇 마리를 죽일 수 있을 만큼의 카페인을 몸에 때려 부었다. 나는 항상 피로의 벼랑 끝에서 살았다.

프로빈스타운에서는 밤이 찾아오면 나의 작은 집으로 돌아왔고, 그곳에는 나를 자극하는 소음도, 더 큰 세계로 들어가는 문도 없었다. 보통은 침실로 들어가 누웠는데, 쌓아둔 책 옆에 있는 작은 독서등이 침실의 유일한 광원이었다. 침대에 누워 책을 읽으며 그날의 격한 감정들이 몸에서 천천히 빠져나가는 기분을 느꼈고, 그러는 동안 의식이 서서히 잦아들었다. 화장실 선반에 넣어둔 멜라토닌을 몇 달째 먹지 않았다는 사실을 깨달았다.

어느 날 알람 없이 아홉 시간을 자고 일어난 후 커피가 마시고 싶지 않다는 것을 알아차렸다. 너무나도 생경한 감각이어서, 사각팬티 차림으로 끊지 않는 주전자를 멍하니 바라보며 잠시 그대로 서 있었다. 그러다 마침내 내가 느끼는 것이 무엇인지 알게 되었다. 나는 아주 개운한 상태로 잠에서 깬 것이었다. 몸이 무겁지 않았다. 정신이 초롱초롱했다. 몇 주가 지나면서 이제 매일이 이렇다는 것을 깨달았다. 내가 마지막으로 이런 기분을 느낀 기억은 어린아이 때였다.

아주 오랫동안 기계의 리듬에 따라 살려고 노력했다. 배터리가 고장 날 때까지 밤이고 낮이고 끝없이 돌아갔다. 이제 나는 태양의 리듬에 따라 살고 있었다. 하늘이 캄캄해지면 서서히 속도를 늦추다 마침내 휴식에 들었고, 해가 떠오르면 자연스럽게 일어났다.

이러한 생활이 몸에 대한 나의 이해에 변화를 일으키고 있었다. 몸이 평소에 내가 허용하던 정도보다 잠을 훨씬 많이 원한다는 것, 약물의 도움 없이 잠든 날에는 꿈이 더욱 생생하다는 사실을 알 수 있었다. 잔뜩 움츠려 있던 몸과 마음이 서서히 긴장을 풀고 원기를 회복하는 듯했다.

이러한 변화가 내가 지난 몇 년간보다 훨씬 오래 더 명료하게 사고할 수 있는 이유 중 하나일지 궁금했다. 우리의 몸이 갈망하는 수수께끼 같은 긴 무의식의 시간(그리고 우리가 너무나도 자주 부인하는 시간)이 집중력에 어떤 영향을 미치는지에 대한 최상의 과학적 증거들을 탐구해보기로 마음먹었다.

잠들지 않고 깨어 있을 때 가장 먼저 사라지는 것

1981년, 보스턴의 한 연구소에서 젊은 연구원이 하룻밤과 그다음 날 내내 사람들을 못 자게 하고 있었다. 여기저기서 하품이 터져 나오는 긴 시간이었다. 이 연구원의 일은 사람들이 의식을 유지하게 하면서 그들에게 과제를 내는 것이었다. 사람들은 먼저 숫자를 더해야 했고, 그다음에는 카드를 분류해야 했으며, 다시 기억력 검사에 참여했다. 예를 들면 연구원은 사람들에게 사진 한 장을 보여주었다가 치운 뒤 이렇게 물었다. 방금 보여드린 사진 속의 자동차는 무슨 색깔이었죠? 금속 테 안경을 쓰고 저음의 목소리를 가졌으며, 키가 크고 팔다리가 긴 남자인 찰스 체이슬러Charles Czeisler는 이때까지 수면 연구에 전혀 관심이 없었다. 의학 교육을 받을 때는 사람이 잠들면 정신의 '스위치가 꺼지는 것'이라고 배웠다. 우리 대부분도 수면을 이렇게 이해한다. 수면은 전적으로 수동적인 과정이자, 그 어떤 결과도 발생하지 않는 정신의 사각지대다. 찰스는 어깨를 으쓱했다. 스위치가 꺼진 사람을 누가 연구하고 싶겠어? 그는 자신이 훨씬 더 중요하게 여긴 주제를 연구하고 있었다. 그가 하던 일은 특정 호르몬이 하루 중 언제 우리 몸에 분비되는지를 알아보는 전문 연구였다. 그러려면 사람들을 계속 깨워놔야 했다.

그러나 시간이 흐르면서 찰스는 무언가를 알아차리지 않을 수 없었다. 하버드 대학 강의실에서 그는 내게 사람들이 잠들지 않고 깨어 있을 때 "가장 먼저 사라지는 것 중 하나가 바로 집중력"

이라고 말했다. 그는 실험 참가자들에게 무척 기초적인 과제를 내주었는데, 시간이 흐를수록 사람들은 과제 수행 능력을 잃었다. 그들은 방금 들은 내용을 기억하지 못했고, 매우 단순한 카드 게임에 주의를 기울이지 못했다. 찰스는 말했다. "수행 능력이 이렇게 퇴화한다는 데 큰 충격을 받았습니다. 기억력을 요구하는 과제의 평균 수행 능력이 20퍼센트나 30퍼센트 감소한다고 말하는 것과, 우리 뇌가 너무 둔해져서 무언가에 답하는 데 열 배의 시간이 걸린다고 말하는 것은 서로 다릅니다." 사람들이 잠들지 못하는 동안 그들의 집중력은 낭떠러지로 떨어지는 듯 보였다. 실제로 19시간을 내리 깨어 있으면 술에 취한 것만큼 인지 능력이 손상된다(집중하거나 명료하게 사고할 수 없다). 찰스는 하룻밤을 꼬박 새우고 다음 날까지 깨어 있었던 실험 참가자들이 자극에 반응하는 데 4분의 1초가 아닌 4초나 5초, 6초가 걸린다는 사실을 발견했다. 그가 말했다. "정말 놀라운 결과였습니다."

찰스는 궁금해졌다. 이유가 뭐지? 그는 연구 주제를 수면으로 바꾸고 향후 40년간 여러 핵심적인 발견을 이뤄내며 이 문제의 세계적 선구자가 되었다. 현재 그는 보스턴의 대형 병원 중 한 곳에서 수면 문제 전문 병동을 운영하고 하버드 의대에서 학생들을 가르치며 보스턴 레드삭스에서 미 비밀경호국에 이르는 다양한 단체에서 자문을 맡고 있다. 그는 사회적 차원에서 현재 우리가 잠을 완전히 잘못 자고 있으며, 이로써 우리의 집중력이 망가지고 있다고 믿는다.

그는 해가 갈수록 이 문제가 더욱 시급해진다고 경고했다. 오늘날 미국인의 40퍼센트가 만성 수면 부족으로, 하루에 최소한으로 필요한 수면 시간인 일곱 시간을 채우지 못한다. 영국에서는 놀랍게도 인구의 23퍼센트가 하루에 채 다섯 시간을 못 잔다. 우리 중 겨우 15퍼센트가 개운함을 느끼며 잠에서 깨어난다. 이는 새로운 현상이다. 1942년 이후로 평균 수면 시간이 한 시간이나 줄어들었다. 아동은 지난 1세기 동안 하루 수면 시간이 평균 85분 줄었다.[1] 정확한 감소 규모를 두고 과학적 논쟁이 벌어지고 있지만, 국립수면재단National Sleep Foundation은 지난 100년간 수면 시간이 20퍼센트 감소했다고 추정했다.

어느 날 찰스는 아이디어를 하나 떠올렸다. 그는 사람들이 피곤할 때 자신이 '순간적 주의 상실'이라 칭한 상태를 경험하는 것은 아닌지 궁금했다. 순간적 주의 상실이 찾아오면 처음에는 약 몇 분의 1초간 집중력을 잃는다. 이것이 사실인지 확인하고자 찰스는 눈의 초점을 추적해 사람들이 무엇에 집중하는지 확인하는 동시에, 뇌를 스캔했다. 뇌에서 무슨 일이 벌어지는지 알 수 있는 정교한 기술을 이용해 피곤하지만 정신이 또렷한 사람들을 연구하기 시작했다. 그리고 놀라운 사실을 발견했다. 실제로 우리는 피곤할 때 순간 집중력을 상실하는데, 아주 단순한 이유 때문이다. 찰스의 말에 따르면 사람들은 자신이 깨어 있거나 잠들어 있거나 둘 중 하나라고 생각한다. 그러나 찰스는 두 눈을 뜨고 주변을 바라볼 때에도 (부지불식간에) '국소 수면' 상태에 빠질 수 있음을 알게 되었다(이 상태의 이름이 국소 수면인 이유는 뇌의 국소 부위만 잠들기 때문이다). 이러한 상태에서 본인은 정신이 또렷하고 지적 능력이 온전하다고 생각하지만 사실은 그렇지 않다. 책상에 앉아 있고 겉으로는 깨어 있는 듯 보여도 뇌의 일부는 잠들어 있으며, 이때 우리는 지속적으로 사고할 수 없다. 찰스는 이러한 상태에 빠진 사람들을 연구한 뒤 "놀랍게도 사람들은 때때로 눈을 뜨고서도 앞에 있는 것을 보지 못"한다는 사실을 발견했다.

그는 수면 부족이 특히 어린이에게 심각한 영향을 미친다는 것을 알게 되었다. 성인은 잠이 부족하면 보통 꾸벅꾸벅 조는 반면, 아이들은 보통 행동 과잉 상태가 된다. 찰스는 이렇게 말했다. "우리는 아이들의 수면을 만성적으로 빼앗고 있습니다. 그러니 아이들이 다양한 수면 부족 증상을 보이는 것도 놀라운 일이 아니에요. 그리고 그중 가장 심각한 증상은 집중력 상실입니다."

이와 관련해 수많은 과학 연구가 실시되었으며 잠을 적게 자면 집중력이 낮아진다는 폭넓은 합의가 이뤄졌다. 나는 이 문제에 관해 최첨단 연구를 진행해온 신경과학 및 심리학 교수 록산느 프리처드Roxanne Prichard를 인터뷰하러 미니애폴리스 대학으로 향했다. 2004년에 전임 교수가 되어 학생들을 가르치기 시작했을 때 록산느를 가장 놀라게 한 점은 "청년들이 완전히 소진되어 있다는 사실"이었다. 학생들은 강의실 조도가 낮아지자마자 자주 잠들어버렸고, 깨어 있는 상태로 무언가에 집중하는 일을 눈에 띄게 힘들어했다. 록산느는 학생들의 수면 시간을 조사하기 시작했다. 그리고 일반적인 학생의 수면의 질이 군인이나 신생아를 돌보는 부모만큼이나 낮다는 사실을 발견했다.[2] 그 결과 학생 대다수가 "수면 욕구와 끊임없이 싸우고… 자신의 신경 자원을 이용하지 못하고 있"었다.

록산느는 신체에 수면이 필요한 이유를 가르치기로 마음먹었다. 그러나 곧 자신이 이상한 위치에 처했음을 알게 되었다. 학생들은 자신이 지칠 대로 지쳤음을 잘 알았다. "문제는 학생들이 사실상 사춘기 이후로 이 상태에 적응해버렸다는 것"이었다. 학생들은 자기 부모와 조부모 역시 만성 수면 부족에 시달리는 모습을 지켜봐왔다. "이들은 성장하면서 탈진했다가 [카페인이나 다른 각성제 같은] 약물을 통해 정상으로 돌아오는 데 익숙해졌습니다. 저는 늘 지쳐 있는 상태가 정상이라고 말하는 현재의 흐름과 싸우고 있어요." 록산느는 학생들에게 몇몇 실험 결과를 보여주기 시작했다. 이러한 실험에서는 화면에 띄운 사진을 바꾸거나 실험 참가자에게 공을 던지는 방식으로 무언가에 반응하는 속도를 측정한다. "반응 속도가 가장 빠른 사람들은 잠을 가장 많이 잔 사람들이에요." 록산느는 학생들이 수면 시간이 적을수록 보거나 반응하는 것도 적다는 사실을 알려준다. 이는 "푹 쉬었을 때 능률이 더 좋다는 것"을 보여주는 여러 방법 중 하나다. "즉 무언가를 하는 데 시간이 더 적게 걸리고, 과제를 하는 동안 그저 깨어 있기 위해 화면이나 탭을 여섯 개씩 띄워놓을 필요가 없다는 것이죠."

처음에 찰스와 록산느를 비롯한 수면 전문가들과 대화를 나누고 나서 생각했다. 그래, 나쁘겠지. 하지만 이들은 진짜로 피곤한 사람들, 완전히 나가떨어진 소수의 집단을 말하고 있는 걸 거야. 그러나 전문가들은 수면 시간이 그리 많이 줄지 않아도 이런 부정적인 영향이 생길 수 있다고 거듭 설명했다. 록산느는 18시간 내

내 깨어 있다면(아침 6시에 일어나 자정까지 깨어 있다면) 하루가 끝날 무렵의 반응 속도는 혈중알코올농도가 0.05일 때와 같다는 사실을 보여주었다. 록산느는 이렇게 말했다. "거기서 세 시간 더 깨어 있으면 법적으로 처벌 가능한 혈중알코올농도[에 상당하는 상태]가 됩니다." 찰스는 이렇게 설명했다. "많은 사람이 이렇게 말해요. '난 밤을 꼬박 새우지는 않으니까 괜찮아.' 하지만 매일 두어 시간씩 적게 자고 이 상황이 계속 이어지면 한두 주가 지난 후에는 밤을 꼬박 새운 상태와 같은 수준으로 수행 능력이 손상됩니다. 그러니까 한두 주 동안 하루에 네다섯 시간을 자면 그렇게 될 수 있다는 뜻이죠." 찰스의 설명을 들으며 나는 우리 중 40퍼센트가 그 아슬아슬한 경계 위에 살고 있다는 사실을 떠올렸다.

"잘 자지 않으면 우리 몸은 그 상황을 위기로 해석합니다." 록산느가 말했다. "잠을 빼앗겨도 살 수는 있습니다. 잠을 줄이지 않으면 아마 아이들을 키울 수 없을 거예요. 허리케인에서 살아남을 수도 없을 거고요. 우리는 분명 잠을 줄일 수 있어요. 하지만 거기에는 대가가 따라요. 그 대가는 바로 몸에서 교감신경계가 활성화된다는 거예요. 그럼 우리 몸은 이렇게 생각해요. '어, 잠을 줄이고 있네. 비상 상황인 게 분명해. 그러니 비상 상황에 대비할 수 있도록 온갖 생리적 변화를 일으켜야겠어. 혈압을 올리자.[3] 패스트푸드가 당기게 만들어야지.[4] 빠르게 에너지를 보충할 수 있도록 당도 더 당기게 만들 거야. 심박도 올릴 거고…' 이 모든 변화는 나는 대기 상태라고 말하는 것과 같습니다." 우리의 몸은 자신이 왜 깨어 있는지 모른다. "뇌는 우리가 빈둥거리면서 드라마 〈시트 크릭Schitt's Creek〉을 보느라 잠을 안 자고 있다는 걸 몰라요. 우리가 잠을 안 자는 이유를 모르죠. 하지만 그 결과로 일종의 생리적 비상벨이 울리는 겁니다."

이 신체적 비상 상황에서 뇌는 눈앞의 단기적 집중력만 줄이는 것이 아니다. 장기적 형태의 집중력을 위한 자원 또한 줄인다. 잠을 잘 때 우리의 정신은 그날 경험한 일에서 연결 고리와 패턴을 찾아내기 시작한다. 이 활동은 창의력의 핵심 자원 중 하나이며, 이것이 바로 잠을 많이 자는 기면병 환자들의 창의력이 훨씬 뛰어난 이유다.[5] 수면 부족은 기억력에도 나쁜 영향을 미친다. 오늘 밤 우리가 잠에 들면 정신은 그날 배운 내용을 장기 기억으로 옮기기 시작한다.[6] 내가 뉴욕 대학에서 인터뷰한 소아청소년 정신의학과 교수 그자비에 카스테야노스Xavier Castellanos는 쥐에게 미로를 학습하게 한 뒤 그날 밤 쥐의 뇌에서 무슨 일이 벌어지는지 관찰할 수 있다고 설명했다.[7] 그러면 쥐의 뇌에서 미로의 길을 하나하나 되짚어가며 장기 기억으로 바꾸는 것을 확인할 수 있다. 잠을 적게 잘수록 이러한 과정이 적게 발생하고, 그만큼 기억해낼 수 있는 정보도 적어진다.

이러한 효과는 어린이에게 특히 강력하다. 충분히 자지 못한 아이들은 빠른 속도로 집중력에 문제를 보이기 시작하며, 종종 조증 상태에 빠진다.[8]

오랫동안 기술적 해결책을 통해 충분한 수면이 주는 혜택을 취할 수 있을 거라 믿었다. 가장 간단한 방법은 카페인 섭취다. 언젠가 거짓이 거의 분명한 엘비스 프레슬리의 일화를 들은 적이 있다. 말년의 몇 년간 엘비스의 담당의가 정맥에 직접 카페인을 주사하는 방식으로 엘비스를 깨웠다는 내용이었다. 그 이야기를 들었을 때 나는 끔찍하다고 생각하지 않았다. 나는 이렇게 생각했다. 그렇게 해줄 내 담당의는 여태 어디에 있는 거야? 내가 잠이 부족하긴 하지만 커피와 코카콜라 제로, 레드불로 만회하고 있다고 오랫동안 믿어왔다. 그러나 내가 이런 음료들을 마실 때 사실상 무엇을 하고 있었는지를 록산느가 설명해주었다. 우리 뇌에는 온종일 아데노신이라는 이름의 화학물질이 쌓이고, 이 아데노신이 우리에게 졸립다는 신호를 보낸다. 카페인은 이 아데노신의 양을 파악하는 수용체를 차단한다. "저는 이 현상을 연료계 위에 포스트잇을 붙이는 것에 비유합니다. 카페인을 마심으로써 스스로에게 연료를 주는 것이 아닙니다. 그저 연료가 얼마나 텅 비었는지를 알아차리지 못할 뿐이죠. 카페인이 없어지면 두 배로 피곤해집니다."

잠을 적게 잘수록 세상은 모든 면에서 더 흐릿해진다. 집중력도 나빠지고, 깊이 사고하고 관련성을 찾아내는 능력도 줄어들고, 기억력도 감소한다. 찰스는 사회에서 그 밖의 다른 변화가 발생하지 않는다 해도, 수면 시간의 감소 자체만으로 집중력이 실제로 위기에 처했음은 증명되었다고 설명했다. "이러한 변화를 막지 못하고 그저 지켜만 보는 경험은 매우 슬픈 일입니다." 그가 말했다. "충돌 사고가 벌어지는 것을 바라만 보는 기분이에요."

내가 만난 모든 전문가가 이러한 변화가 집중력 저하의 원인 중 하나라고 설명했다. 산드라 쿠이Sandra Kooij 박사는 유럽에서 성인

ADHD를 연구하는 최고의 전문가 중 한 명으로, 헤이그에서 나와 인터뷰를 나눌 때 다음과 같이 직설적으로 말했다. "현재 서구 사회는 다소 ADHD의 특징을 보이는데, 그건 우리 모두 수면이 부족하기 때문입니다… 그 영향은 엄청납니다. 여기에는 어떤 의미가 있어요. 우리 모두가 안달복달하고, 충동적이고, 차가 막히면 바로 짜증을 냅니다. 주변 어디서나 이런 모습을 볼 수 있죠… 이건 실험실에서 연구하고 증명한 사실입니다. 사람들은 자신이 명료하게 사고한다고 생각하지만, 사실은 그렇지 않아요. 우리는 자기 능력보다 훨씬 명료하지 못합니다." 그리고 덧붙였다. "잠을 더 잘 자면 많은 문제가 줄어듭니다. 기분장애나 비만, 집중력 문제 같은 것들이요… 잠이 많은 피해를 복구해줍니다."

숙취 같은 느낌

이 모든 사실을 알게 되자 몇 가지 질문이 생겼다. 첫 번째 질문은 이것이었다. 수면 부족으로 집중력이 이렇게 나빠지는 이유가 뭐지? 놀랍게도 이 질문은 비교적 최근의 연구 과제다. 록산느는 이렇게 말했다. "제가 수면을 논문 주제로 선택한 1998년에는 수면의 이유를 밝힌 연구가 많지 않았어요. 수면이 무엇인지 알았고 우리 모두가 잠을 자지만… 수면은 어떤 면에서 불가사의해요. 인간이 인생의 3분의 1을 세상에 참여하지 않는 무의식 상태로 보낸다는 것… 이것이 수수께끼였죠. 자원 낭비처럼 보이니까요."

젊은 시절 찰스는 수면이 수동적인 과정이므로 연구할 가치가 없다는 말을 들었다. 그러나 그는 수면이 놀라울 만큼 적극적인 과정임을 알게 되었다. 우리가 잠들면 뇌와 몸에서 온갖 다양한 활동이 펼쳐지며, 이 활동들은 사람들이 제대로 기능하고 집중하는 데 반드시 필요하다. 몸에서 발생하는 일 중 하나는, 수면 중에 우리의 뇌가 낮 동안 쌓인 찌꺼기를 청소한다는 것이다. 록산느는 내게 "서파 수면slow-wave sleep이 발생하면 뇌척수액의 경로가 넓어져서 뇌의 대사 부산물을 제거"한다고 설명했다. 매일 밤 우리가 잠들면 뇌는 액체로 헹궈진다. 이 뇌척수액은 뇌에서 독성 단백질을 씻어내 간으로 보내고, 간에서 이 독소를 없앤다. "학생들에게 설명할 때 저는 이 독성 단백질을 뇌세포의 똥이라고 부릅니다. 집중이 잘 안 될 때는 머릿속에 뇌세포 똥이 너무 많이 돌아다니는 것일 수 있어요." 이러한 사실은 우리가 피곤할 때 "숙취 같은 느낌"이 드는 이유를 설명해준다. 말 그대로 머리가 독소로 꽉 막히는 것이다.

이처럼 긍정적인 의미의 브레인워싱은 오로지 사람들이 잠들었을 때만 발생한다. 로체스터 대학의 메이켄 네더가드Maiken Nedergaard 박사는 한 인터뷰에게 이렇게 말했다.[9] "뇌가 이용할 수 있는 에너지에는 한계가 있습니다. 그리고 뇌는 서로 다른 두 기능 상태, 즉 깨어 있는 상태로 의식을 유지하느냐, 아니면 잠든 상태로 정화하느냐 중 하나를 선택할 수밖에 없는 듯해 보입니다. 집에서 파티를 여는 일에 빗대서 생각해볼 수 있습니다. 우리는 손님을 맞이하거나 집을 깨끗하게 치울 수 있지만, 이 두 가지를 동시에 할 순 없어요." 뇌가 반드시 필요한 이 정화 작용을 거치지 못하면 점점 독소가 쌓여서 갈수록 집중이 힘들어진다. 일부 과학자는 이러한 이유로 수면이 부족한 사람이 장기적 측면에서 치매에 걸릴 확률이 더 높다고 본다. 록산느는 우리가 잠잘 때 "복구되고 있는 것"이라고 말한다.

수면 중에 발생하는 또 다른 변화는 에너지가 다시 차올라 회복된다는 것이다. 찰스는 이렇게 말했다. "전전두엽은 뇌에서 판단을 담당하는 부위로, 수면 시간 감소에 특히 민감해 보입니다… 하룻밤만 잠을 못 자도 전전두엽 부위가 뇌의 주요 에너지원인 포도당을 사용하지 않는 모습을 볼 수 있습니다. 완전히 무감각해지는 거예요." 에너지원을 보충하지 않으면 우리는 명료하게 사고할 수 없다.

그러나 수면 중에 발생하는 과정 중 내게 가장 흥미로운 발견은 꿈이며, 꿈 역시 중요한 기능을 수행한다는 사실을 알게 되었다. 나는 정신의학 교수인 토어 닐슨Tore Nielsen을 인터뷰하러 몬트리올로 향했다. 그는 사람들에게 종종 자신이 "꿈의 직업"을 가졌다고 말하고 그게 뭔지 맞춰보라고 한다. 사람들이 여러 직업을 대고 나면(카레이서? 초콜릿 감식가?) 그는 자신이 몬트리올 대학에서 꿈 연구소를 운영하고 있다고 말한다. 그는 내게 이 분야의 일부 과학자가 "어떤 방식으로든 꿈이 깨어 있는 시간에 발생한 사건에 감정적으로 적응하는 데 도움을 준다"라고 믿는다고 말했다. 우리는 꿈을 꿀 때 스트레스를 받은 순간을 다시 떠올릴 수 있는데, 이번에는 스트레스 호르몬이 몸에 흘러들지 않는다. 시간이 흐르면서 과학자들은 이러한 경험으로 스트레스 관리가 더 쉬워진다고 생각하게 되었고, 우리가 알다시피 스트레스가 잘 관리되면 집중이 더 잘된다. 토어는 이 이론을 뒷받침하는 증거도 있고 반박하는 증거도 있으며, 더 많은 정보를 알아야 확실한 결론을 내릴 수 있다는 점을 강조한다.

그러나 만약 이 이론이 사실이라면, 우리에겐 문제가 생긴 것이다. 사람들이 꿈을 점점 적게 꾸고 있기 때문이다. 꿈은 대체로 빠른 안구 운동 수면rapid-eye movement sleep(렘수면)이라는 이름의 단계에서 발생한다. 토어는 이렇게 말했다. "가장 길고 강력한 렘수면은 수면 주기가 시작되고 일곱 시간에서 여덟 시간 무렵에 발생합니다. 그러므로 수면을 대여섯 시간으로 줄이면 길고 강력한 렘수면을 하지 못할 확률이 높죠." 토어의 말을 들으니 궁금증이 생겼다. 사회와 문화가 꿈을 꿀 시간이 없을 만큼 정신없이 바빠진다는 말은 무슨 의미일까?

사람들은 초조하고 잠 못 들수록 멜라토닌이나 알코올, 앰비언Ambien 같은 약물에 의지해 곯아떨어지고 있다. 미국인 900만 명(성인 인구의 4퍼센트)이 처방받은 수면제를 먹고 있고, 이보다 훨씬 많은 사람이 내가 수년간 그랬듯 처방전 없이 살 수 있는 수면보조제를 사용하고 있다. 그러나 록산느는 단도직입적으로 말했다. "약물로 유도한 수면은 일반 수면과 똑같지 않습니다." 수면은 뇌와 신체가 많은 활동을 수행하는 적극적 과정임을 기억하자. 약이나 알코올로 유도한 수면에서는 이런 활동 중 다수가 아예 발생하지 않거나 훨씬 적게 발생한다. 인위적으로 수면을 유도하는 다양한 방식은 몸에 여러 영향을 미칠 수 있다. 록산느는 멜라토닌 5밀리그램(미국에서 처방전 없이 판매되는 멜라토닌의 일반 복용량이다)을 섭취할 때 "멜라토닌 수용체를 망가뜨릴 위험"을 감수하는 것이며, 그렇게 되면 멜라토닌 없이 잠들기가 더욱 어려워질 것이라고 말했다.

더 강한 약물은 더 강력한 영향을 미친다. 앰비언을 비롯해 병원에서 처방받는 다른 진정제에 대해 록산느는 이렇게 경고한다. "수면은 많고 많은 신경전달물질이 중요한 균형을 이룬 상태입니다. 인위적으로… 그중 하나를 강화하면 수면의 균형이 깨집니다." 그렇게 되면 렘수면이 줄고 꿈을 덜 꾸게 될 확률이 높으며, 이 중요한 단계에서 얻을 수 있는 모든 혜택을 잃게 된다. 그러면 온종일 피곤에 절어 있기 쉬운데, 바로 이러한 이유로 수면제가 온갖 원인의 사망 위험을 높이는 것이다. 예를 들면 수면제를 먹은 사람은 자동차 사고를 당할 확률이 더 크다.[10] 록산느는 이렇게 말했다. "수술받고 회복한 사람, 그러니까 마취에서 깨어난 사람은 '아, 너무 개운해'라고 말하지 않아요." 약물의 도움을 받아 잠드는 행위는 가벼운 마취제를 맞는 일과 같다. 그때 우리의 몸은 필요한 만큼 쉬거나 정화하거나 원기를 회복하거나 꿈을 꾸지 못한다.

록산느는 수면제 사용이 타당한 몇 가지 경우가 있다고 말했다. 예를 들면 가족의 사망으로 정신적 외상을 입었을 때는 단기간 수면제를 복용하는 방법이 도움이 될 수 있다. 그러나 그는 수면제가 "불면증의 해결책은 결코 아니며," 그러므로 의사들이 장기간에 걸쳐 수면제를 처방해서는 안 된다고 경고했다.

수면과 관련해서 현재 사회가 얼마나 망가졌는지를 보여주는 증거는, 이 위기 상황을 가장 심각하게 경고해야 할 의사들이 의사 자격을 취득하느라 수면 부족에 시달린다는 점이다. 의사들은 수련의 일부로서 극도로 힘든 24시간 교대 당직 근무를 서야 한다. 배우 키퍼 서덜랜드Kiefer Sutherland가 연기한 잭 바우어Jack Bauer가 테러리스트를 잡느라 잠들지 못하는 텔레비전 드라마 〈24〉가 방영된 이후, 학생들은 이 근무를 "잭 바우어 한다"라고 칭한다. 이러한 근무 형태는 환자들을 위험에 빠트린다. 그러나 우리가 만든 문화에서는 수면에 관해 가장 잘 알아야 할 사람들이 우리만큼이나 잠을 미루는 데 열심이다.

잠든 사람은 아마존에 접속하지 않는다

나의 두 번째 질문은 이것이었다. 수면 부족이 그렇게 해롭다면, 그리고 우리 모두가 어느 정도는 그 사실을 알고 있다면, 우리는 왜 잠을 적게 자는 것일까? 우리는 왜 자신의 가장 기본적인 욕구 중 하나를 포기하는 것일까?

이 문제를 두고 방대한 과학적 논의가 진행되고 있으며, 많은 요소가 영향을 미치는 것으로 보인다. 그중 일부는 이 책의 후반부에 다시 등장할 것이다. 뜻밖에도 한 요인은 우리가 물리적 빛과 맺는 관계다. 찰스가 이에 관해 몇 가지 중요한 발견을 했다.

19세기까지 거의 모든 인간의 삶은 주로 해의 뜨고 짐에 따라 이루어졌다. 사람의 자연스러운 리듬은 해의 움직임과 일치하도록 진화했다. 우리는 동이 틀 무렵 기운이 솟아오르고, 캄캄해지면 졸려 한다. 거의 대부분의 인간 역사상 이 주기는 지켜졌다. 인간은 불을 지필 수 있었지만 그뿐이었다. 찰스는 그 결과 인류가 해조류나 바퀴류처럼 빛의 변화에 매우 민감하게끔 진화했다고 말한다. 그러나 전구의 개발로 갑자기 사람들은 빛을 통제할 수 있게 되었으며, 이러한 힘이 우리 내부의 리듬을 뒤죽박죽으로 만들기 시작했다.

한 가지 분명한 사례가 있다. 인간은 해가 지기 시작할 무렵 활력이 솟게끔(찰스의 말에 따르면 "잠을 깨우는 힘이 밀려"들게끔) 진화했다. 이 사실은 우리 조상들에게 큰 도움이 되었다. 캠핑을 하러 갔는데 해가 지기 시작한다고 상상해보자. 그때 각성되는 느낌이 밀려드는 것은 매우 유용한데, 그러면 너무 어두워지기 전에 텐트를 칠 수 있기 때문이다. 마찬가지로 조상들은 태양 빛이 약해지는 순간 새로운 활력이 솟아오른 덕분에 안전하게 자기 부족에게 돌아와 그날 해야 할 일들을 마칠 수 있었다. 그러나 오늘날 인간은 빛을 통제한다. 해가 지는 시간을 결정할 수 있다. 자겠다고 마음먹는 순간까지 계속 환한 빛을 켜두거나 침대에서 핸드폰으로 텔레비전 프로를 볼 경우, 조명이나 핸드폰을 끌 때 사람들은 의도치 않게 이 신체 반응을 일으킨다. 인간의 몸은 갑작스러운 빛의 감소를 일몰로 여기고 우리가 다시 동굴로 돌아올 수 있도록 신선한 활력을 불어넣는다.

찰스는 말한다. "오늘날 이처럼 잠을 깨우는 힘은 해가 지는 6시 이전인 오후 서너 시가 아니라, 밤 10시나 11시, 아니면 자정에 밀려듭니다. 잠을 잘지 말지 결정하는 시간에 잠을 깨우는 활력이 생기는 겁니다. 아침에 일어나면 피곤해서 죽을 것만 같죠. 오늘 밤에는 기필코 더 많이 자겠다고 맹세합니다. 하지만 저녁에는 피곤하지가 않아요." 왜냐하면 침대에서 노트북으로 또다시 텔레비전 프로를 보고 또 똑같은 신체 반응을 일으키기 때문이다. "이 활력은 무척 강력해요. 그러니 사람들은 '난 괜찮은데?'라고 생각하죠. 아침에 있었던 일은 이미 흐릿해지는 거예요." 그가 다른 인터뷰어에게 말했듯, 찰스는 "조명을 켤 때마다 수면에 영향을 미치는 약물을 무심코 삼키는 것"이라 생각한다.[11] 이러한 영향은 날마다 이어진다. "이것이 바로 수면 부족의 확산에 크게 일조하는 요인입니다. 우리는 갈수록 더 늦은 시간까지 빛에 노출되고 있거든요." 실제로 미국인의 90퍼센트가 침대에 눕기 한 시간 이전에 밝게 빛나는 전자기기를 들여다본다. 오늘날 사람들은 50년 전보다 인공조명에 열 배 더 노출된다.[12]

내가 케이프코드에서 훨씬 잘 잔 이유 중 하나가 자연스러운 리듬에 가까워졌기 때문일지 궁금했다. 프로빈스타운은 해가 지면 마을이 무척 깜깜해지며, 내가 머물던 집 근처에는 인공조명이 거의 없고 가로등조차 드물었다. 그동안 살았던 모든 지역의 하늘을 밝히던 희뿌연 주황색 공해는 사라지고 없었고, 달과 별만이 은은하게 빛나고 있었다.

그러나 찰스는 훨씬 큰 맥락에서 들여다봐야만 수면 위기를 제대로 이해할 수 있다고 말했다. 그는 언뜻 보면 사람들이 하는 행동은 미친 짓이라고 말한다. "우리는 아이들에게서 영양을 빼앗지 않습니다. 그럴 생각은 하지 않아요. 그런데 왜 우리는 아이들에게서 잠을 빼앗고 있는 걸까요?" 그러나 더 큰 그림에서 보면 이 사실은 씁쓸하게도 이해가 된다. 찰스는 소비자본주의적 가치의 지배를 받는 사회에서 "수면은 커다란 문제"라고 말했다. "잠든 사람은 돈을 쓰지 않습니다. 아무것도 소비하지 않아요. 아무 상품도 생산하지 않고요." 그는 이렇게 설명한다. "지난 [2008년의] 경기 침체 당시… 사람들은 크게 줄어든 생산량과 소비량에 대해 논의했어요. 만약 모두가 [과거처럼] 자는 데 지금보다 몇 시간을 더 쓴다면, 사람들은 아마존에 접속해 있지 않을 겁니다. 물건을 사지 않을 거예요." 찰스는 인간이 건강에 적합한 수면 시간으로 돌아가면(모두가 내가 프로빈스타운에서 잔 만큼 잔다면) "경제체제에 지진이 발생할 것"이라고 말했다. "지금의 경제체제는 잠이 부족한 사람들에게 의존하고 있기 때문이에요. 집중력 부진은 로드킬일 뿐이에요. 그저 사업의 대가일 뿐이죠." 나는 이 책 집필이 끝나갈 때쯤에야 이 주장의 중요성을 제대로 이해하게 되었다.

이 모든 것은 수면에 관한 마지막 중요한 질문으로 이어진다. 어떻게 이 위기를 해결할 수 있을까? 해결책에는 여러 층위가 있다. 첫 번째는 개인적인 해결책이다. 찰스의 설명처럼, 우리는 잠들기 전에 노출되는 빛의 양을 크게 줄여야 한다. 찰스는 침실에 인공조명이 하나도 없어야 하며, 적어도 침대에 눕기 두 시간 전부터는 전자기기 화면에서 나오는 블루라이트를 피해야 한다고 본다.

또한 모든 수면 전문가가 말했듯 사람들은 핸드폰과 다른 관계를 맺을 필요가 있다. 록산느는 이렇게 말했다. "많은 사람에게 핸드폰은 아기와 같아요. 그래서 우리는 새내기 부모처럼 굽니다. 밤새워 지켜봐야 해. 주의를 기울여야 해. 깊게 자지 않을 거야. 아니면 우리는 신고 전화를 기다리는 소방수처럼 행동합니다." 사람들은 "무슨 일이 생긴 것은 아닌지" 확인하려고 늘 좀 긴장해 있다. 록산느는 밤에 자신이 보거나 들을 수 없는 다른 방에서 핸드폰을 충전해야 한다고 말한다. 그리고 침실은 적정 온도여야 하는데, 거의 추울 만큼 서늘해야 한다. 잠들기 위해서는 심부 체온이 낮아져야 하기 때문이며, 체온을 낮추기 힘들수록 잠들기까지의 시간도 길어진다.

전부 유용한(그리고 비교적 잘 알려진) 팁이다. 그러나 나와 대화를 나눈 모든 전문가가 인정했듯이, 사람들 대다수는 이것만으로는 충분치 않다. 우리는 끊임없이 우리에게 스트레스와 자극을 주입하는 문화에 살고 있다. 사람들에게 이 팁들을 알려주고, 충분한 수면이 주는 건강상의 이익을 설명할 수는 있다. 그러면 사람들은 동의하며 이렇게 말할 것이다. "앞으로 24시간 동안 내가 해야 할 일을 전부 알려줄까요? 이런 나한테 잠까지 아홉 시간을 자라고요?"

집중력 개선을 위해 해야 하는 여러 가지 시도들을 알게 되면서, 현재 우리가 명백한 역설 속에 살고 있음을 깨달았다. 우리가 해야 하는 많은 일이 따분할 만큼 뻔하다. 속도를 늦추고, 한 번에 한 가지 일만 하고, 잠을 더 자면 된다. 모두가 이 사실을 어느 정도는 알고 있는데도 실제로는 정반대로 하고 있다. 속도를 높이고, 전환을 더 많이 하고, 잠을 적게 잔다. 우리는 해야 한다고 생각하는 행동과 할 수 있다고 느껴지는 행동 사이의 괴리 속에 산다. 그렇다면 중요한 질문은 이것이다. 무엇이 그 괴리를 만드는가? 사람들은 왜 명백히 집중력을 개선해줄 행동들을 하지 못하는가? 어떤 힘이 우리를 막고 있는가? 나는 이 질문의 답을 알아내는 데 남은 여정의 많은 부분을 할애했다.

4장

소설의 수난 시대

긴 텍스트를 읽는 능력이 떨어지면 벌어지는 일

아네의 연구는 사람들이 화면으로 글을 읽을 때
“대충 훑어보는 경우가 많”다는 사실을 발견했다.
우리는 정보를 재빨리 훑어서 필요한 내용을 뽑아내려 한다.
(…) 읽기는 더 이상 다른 세상으로의 즐거운 침잠이 아니라,
붐비는 슈퍼마켓을 마구 뛰어다니며 필요한 물건을 잡아채서
빠져나가는 행위에 가까워진다.

프로빈스타운의 서쪽 끝에는 '팀의 헌책방'이라는 이름의 멋진 서점이 있다. 그곳에 들어서자마자 여기저기 쌓인 낡은 책들이 풍기는 큼큼한 곰팡내를 들이마시게 된다. 나는 그해 여름 거의 하루걸러 한 번 그곳에 가서 읽을 책을 또 한 권 샀다. 책방에는 금전등록기 앞에서 일하는 똑똑한 젊은 여성이 한 명 있었고, 나는 그와 대화를 나누기 시작했다. 그리고 그곳에 갈 때마다 그가 전과 다른 책을 읽고 있음을 알아차렸다. 어떤 날은 블라디미르 나보코프Vladimir Nabokov였고, 어떤 날은 조지프 콘래드Joseph Conrad였으며, 또 어떤 날은 셜리 잭슨Shirley Jackson이었다. 내가 말했다. 우와, 정말 빨리 읽으시네요. 그가 대답했다. 아, 아니에요. 처음 한두 챕터만 읽어서 그래요. 내가 물었다. 정말요? 왜요? 그가 말했다. 집중을 못 해서 그런 것 같아요. 시간이 많고 책을 읽고자 하는 욕구가 있는 지적인 젊은 여성이 지금껏 쓰인 최고의 책들에 둘러싸여 있었다. 그러나 그는 겨우 한두 챕터를 읽고 나면 고장 난 엔진처럼 집중력이 퍼져버렸다.

내 지인 중에도 똑같은 말을 한 사람이 셀 수 없이 많다. 〈로스앤젤레스 타임스〉에서 30년 넘게 서평가와 편집자로 일한 데이비드 울린David Ulin을 처음 만났을 때 그는 긴 시간 숙독하는 능력을 잃었다고 말했다. 차분히 책을 읽으려 할 때마다 자꾸 울려대는 온라인 대화에 정신을 빼앗겼기 때문이다. 그는 평생을 책과 함께한 놀라울 만큼 똑똑한 사람이다. 그의 말에 나는 무척 당황스러웠다.

화면의 열세

오늘날 재미로 책을 읽는 미국인의 수는 사상 최저를 기록하고 있다. 미국인 2만 6000명으로 구성된 표본을 연구하는 미국 시간 사용 조사American Time Use Survey는 2004년에서 2017년 사이에 재미로 독서를 하는 비율이 남성은 40퍼센트, 여성은 29퍼센트 줄었음을 발견했다.[1] 여론조사 기업인 갤럽은 한 해에 책을 한 권도 읽지 않은 미국인 비율이 1978년과 2014년 사이에 세 배로 뛰었음을 확인했다.[2] 현재 미국인의 약 57퍼센트가 1년간 책을 단 한 권도 읽지 않는다. 이러한 경향은 점점 커져 2017년에 미국인의 하루 평균 독서 시간은 17분[3], 하루 평균 핸드폰 사용 시간은 5.4시간이 되었다.[4] 복잡한 소설은 특히 수난을 겪고 있다. 현대 역사상 처음으로, 오로지 재미로 문학을 읽는 사람 수가 미국인의 절반에도 못 미친다.[5] 미국만큼 철저히 연구되지는 않았지만 영국을 비롯한 다른 국가도 비슷한 추세로 보인다.[6] 2008년과 2016년 사이에 영국 소설 시장 규모가 40퍼센트 줄었다. 단 한 해 동안(2011년) 페이퍼백 소설 판매량이 26퍼센트나 폭락했다.[7]

미하이 칙센트미하이는 자신의 연구를 통해 사람들이 살면서 경험하는 가장 단순하고 흔한 형태의 몰입 중 하나가 독서이며, 다른 형태의 몰입과 마찬가지로 독서 역시 끊임없이 주의를 산만하게 하는 문화 속에서 점점 사라져가고 있음을 알게 되었다. 많은 사람에게 독서는 자신이 경험하는 가장 깊은 형태의 집중 상태다. 사람들은 독서를 통해 차분하고 침착하게 인생의 긴 시간을 한 가지 주제에 바치고, 그 주제가 우리의 정신에 스며들게 한다. 독서는 지난 400년간 가장 깊이 있는 인류 사상의 대부분을 이해하고 설명하는 도구였다. 그리고 이 경험은 현재 나락으로 떨어지는 중이다.

프로빈스타운에서 내가 그저 책을 더 많이 읽는 게 아니라 전과 다르게 읽는다는 사실을 알아차렸다. 나는 내가 고른 책에 더욱 깊이 침잠하고 있었다. 무척 긴 시간 동안(때로는 온종일) 책 속에서 길을 잃었고, 읽은 내용을 더 많이 이해하고 기억하고 있다고 느꼈다. 해변에 펼친 접이식 의자에서 책을 한 권 한 권 읽어 나가면서, 지난 5년간 정신없이 전 세계를 오갈 때보다 더 멀리 여행하고 있는 기분이었다. 나는 나폴레옹 전쟁터에서 싸우고 있다가 미국 남부의 노예가 되었고, 다시 아들이 살해되었다는 소식을 듣지 않으려 애쓰는 이스라엘인 어머니가 되었다. 이때를 되돌아보다가 10년 전에 읽었던 책 한 권을 생각하기 시작했다. 그 책은 바로 니콜라스 카Nicholas Carr의 《생각하지 않는 사람들》로, 점점 커지는 집중력 위기의 중요한 측면을 사람들에게 알린 획기적인 책이다. 니콜라스 카는 우리가 인터넷으로 자리를 옮기면서 독서 방식이 바뀌는 것 같다고 경고했다. 그래서 나는 이 책이 출간된 이후 무엇이 더 발견되었는지 알아보기 위해 그에게 정보를 준 핵심 전문가 중 한 명을 만나러 갔다.

아네 망엔Anne Mangen은 노르웨이 스타방에르 대학에서 문해력을 연구하는 교수로, 20년간 이 주제를 연구하면서 결정적 사실을 증명했다고 설명했다. 독서는 우리에게 특정 방식의 읽기를 훈련시키는데, 바로 오랜 시간 한 가지에 집중하는 선형적 방식의 읽기다. 아네는 화면을 통한 읽기가 이와는 다른 방식, 즉 정신없이 넘기면서 초점을 옮기는 방식의 읽기를 훈련시킨다는 사실을 알아냈다. 아네의 연구는 사람들이 화면으로 글을 읽을 때 "대충 훑어보는 경우가 많"다는 사실을 발견했다. 우리는 정보를 재빨리 훑어서 필요한 내용을 뽑아내려 한다. 그러나 아네는 사람들이 이 행동을 오래 지속하면 "이러한 훑어보기가 번져 나가게" 된다고 말했다. "점차 우리가 종이에 쓰인 글을 읽는 방식에까지 영향을 미치기 시작합니다… 이러한 행동이 거의 디폴트 상태가 되는 거죠." 내가 프로빈스타운에 막 도착해 디킨스의 책을 읽으려고 할 때 겪은 경험이 바로 이것이었다. 나는 디킨스보다 먼저 달려 나가고 있었다. 디킨스의 책이 뉴스 기사인 듯이 핵심 사실을 내놓으라고 다그치고 있었던 것이다.

이러한 변화는 읽기와 다른 관계를 맺게 한다. 읽기는 더 이상 다른 세상으로의 즐거운 침잠이 아니라, 붐비는 슈퍼마켓을 마구 뛰어다니며 필요한 물건을 잡아채서 빠져나가는 행위에 가까워진다. 이러한 전환이 일어나면(화면을 읽는 방식이 독서에 영향을 미치면) 우리는 독서 자체의 즐거움을 잃게 되고, 독서는 매력을 잃는다.

다른 연쇄반응도 나타난다. 아네는 실험을 통해 사람들을 두 집단으로 나눈 뒤 한 집단에게는 종이책으로 정보를 제공하고, 다른 한 집단에게는 똑같은 정보를 화면으로 제공했다.[8] 그다음 모두에게 방금 읽은 내용을 질문했다. 이렇게 하면 화면으로 정보를 본 사람들은 내용을 더 적게 이해하고 기억한다는 사실을 알 수 있다. 여기에는 54개 연구에서 나온 폭넓은 과학적 증거가 존재하며[9], 아네는 이러한 현상을 '화면의 열세'라 일컫는다고 설명해주었다. 책과 화면에서 나타나는 이해의 차이가 얼마나 크냐면, 초등학생의 경우 1년 동안 성장하는 독해력의 3분의 2에 맞먹는다.[10]

아네의 말을 들으며 독서의 붕괴가 어떤 면에서는 집중력 감퇴의 증상이자 원인임을 깨달았다. 이러한 변화는 나선의 형태를 띤다. 우리는 책에서 화면으로 이동하기 시작하면서 책에서 나오는 더 깊은 형태의 읽기 능력을 잃기 시작했고, 결국 책을 더욱더 안 읽게 되었다. 몸무게가 늘면 운동하기가 점점 더 어려워지는 것과 비슷하다. 아네는 우리가 그 결과 "긴 텍스트를 읽는 능력"을 잃고 있지는 않은지, 또한 "인지적 참을성과… 인지적으로 힘겨운 텍

스트를 다루는 지구력 및 능력"을 잃고 있지는 않은지 우려스럽다고 말했다. 하버드 대학에서 인터뷰를 할 때 한 교수는 학생들에게 짧은 책조차 읽히기 힘들어서 갈수록 책 대신 팟캐스트나 유튜브 영상을 알려주고 있다고 말했다. 이곳은 하버드다. 나는 깊은 형태의 집중이 이토록 크고 빠르게 위축되는 세상에서 무슨 일이 벌어질지 궁금해졌다. 가장 깊은 층위의 사고가 점점 더 적은 사람에게만 가능해져서 마침내 오페라나 배구처럼 극소수의 취미가 되면 무슨 일이 벌어질까?

우리가 소셜미디어에서 세상을 바라보는 방식

이 질문들을 고찰하면서 프로빈스타운의 거리를 떠돌다가, 내가 어느 유명한 개념을 되새기고 있음을 알게 되었다. 니콜라스 카가 저서에서 다른 방식으로 숙고한 이 개념을[11], 나는 이전까지 한 번도 제대로 이해한 적이 없었다. 1960년대에 캐나다의 교수인 마셜 매클루언Marshall McLuhan은 텔레비전의 등장이 우리가 세상을 바라보는 방식을 크게 바꾸어놓았다는 이야기를 많이 했다. 그는 이러한 변화가 너무 깊고 강력해서 제대로 파악하기가 어렵다고 말했다. 그리고 이 현상을 한 문장으로 압축하려는 노력에서 "미디어는 메시지다"라고 설명했다.[12] 내 생각에 그가 전하고자 한 의미는 다음과 같다. 우리는 신기술이 등장했을 때 그 기술을 배관으로 여긴다. 누군가가 그 배관의 한쪽 끝에 정보를 부으면,

우리는 다른 한쪽 끝에서 필터 없이 그 정보를 그대로 받아들인다. 그러나 사실은 그렇지 않다. 그것이 종이에 인쇄된 책이든 텔레비전이든 트위터든, 새 미디어가 등장해 사람들이 그 미디어를 쓰기 시작할 때마다 사람들은 고유의 색깔과 렌즈를 가진 새 고글을 쓰는 것과 같다. 우리가 쓰는 각각의 고글은 세상을 다른 방식으로 바라보게 한다.

그러므로 예를 들어 텔레비전을 보기 시작하면, (퀴즈쇼 〈운명의 수레바퀴Wheel of Fortune〉든 드라마 〈더 와이어The Wire〉든) 특정 프로그램의 메시지를 흡수하기 이전에 이미 세상을 텔레비전과 비슷한 것으로 바라보게 된다. 이러한 이유로 매클루언이 새로운 미디어(인간이 의사소통하는 새로운 방식)가 나타날 때마다 그 안에 메시지가 담겨 있다고 말한 것이다. 신기술은 자연스럽게 우리가 새로운 규칙에 따라 세상을 바라보게 한다. 매클루언은 정보가 사람들에게 도달하는 방식이 정보 자체보다 더 중요하다고 주장했다. 텔레비전은 우리에게 세상은 빠르고, 중요한 것은 표면과 겉모습이며, 세상만사는 한꺼번에 일어난다고 가르친다.

그렇다면 소셜미디어에서는 사람들이 어떤 메시지를 받아들이는지, 그 메시지는 종이책에서 받아들이는 메시지와 무엇이 다를지 궁금해졌다. 먼저 트위터에 대해 생각해봤다. 로그인한 사람이 도널드 트럼프Donald Trump든 버니 샌더스Bernie Sanders든 부바 더 러브 스펀지Bubba the Love Sponge든 상관없이, 트위터에 접속하면 이 미디어를 통해 메시지를 읽고 그 메시지를 팔로어에게 전송하게 된다. 그 메시지는 무엇일까? 첫째, 어느 하나에 오래 관심을 기울여서는 안 된다. 우리는 280자로 된 짧고 단순한 발언을 통해 세상을 이해할 수 있고, 이해해야만 한다. 둘째, 우리는 매우 빠른 속도로 세상을 해석하고 자신 있게 이해해야 한다. 셋째, 가장 중요한 것은 우리의 짧고 단순하고 신속한 발언에 사람들이 즉시 동의하고 박수를 보내느냐다. 성공한 발언은 많은 사람이 즉시 박수갈채를 보내는 발언이며, 성공하지 못한 발언은 사람들이 즉시 무시하거나 비난하는 발언이다. 트윗을 올리는 사람은 어떤 말을 하기 이전에 이미 자신이 어느 정도는 이 세 가지 전제에 동의하고 있다고 말하는 것이다. 그 사람은 이러한 고글을 쓰고 세상을 바라보고 있다.

페이스북은 어떨까? 이 미디어에 담긴 메시지는 무엇일까? 첫째, 우리의 삶은 다른 사람에게 전시하기 위해 존재하며, 편집한 자기 삶의 하이라이트를 친구들에게 보여주는 일을 매일의 목표로 삼아야 한다. 둘째, 중요한 것은 우리가 시간과 공을 들여 편집하고 신중하게 고른 하이라이트에 사람들이 즉시 '좋아요'를 누르느냐다. 셋째, 우리가 어떤 사람의 편집된 하이라이트를 자주 보고 그 사람도 우리의 하이라이트를 본다면 그 사람은 우리의 '친구'다. 이것이 바로 친구의 의미다.

인스타그램은 어떨까? 첫째, 중요한 것은 우리가 겉으로 어떻게 보이느냐다. 둘째, 중요한 것은 우리가 겉으로 어떻게 보이느냐다. 셋째, 중요한 것은 우리가 겉으로 어떻게 보이느냐다. 넷째, 중요한 것은 사람들이 우리의 겉모습을 좋아하느냐다(생각 없이 쉽게 말하거나 비꼬는 게 아니다. 이게 정말로 인스타그램의 메시지다).

소셜미디어를 하면 내가 세상과, 그리고 나 자신과 어긋나 있다는 기분을 느끼는 핵심 이유 중 하나를 깨달았다. 나는 이 모든 생각(이 미디어들이 암시하는 메시지)들이 틀렸다고 생각한다. 트위터에 대해 생각해보자. 사실 세상은 복잡하다. 세상을 제대로 고찰하려면 보통은 긴 시간 동안 한 가지에 주의를 기울여야 하며, 길게 말할 수 있는 공간이 필요하다. 말할 가치가 있는 내용 중 280자로 설명할 수 있는 것은 드물다. 어떤 생각에 대한 나의 반응이 즉각적일 때, 내가 그 주제에 대해 수년간 전문 지식을 쌓아온 사람이 아니라면 그 반응은 얄팍하고 별 볼 일 없을 가능성이 크다. 사람들이 즉시 나에게 동의하느냐 아니냐는 내가 하는 말이 옳은지를 보여주는 지표가 아니다. 그건 스스로 생각해야 하는 문제다. 현실은 트위터와 정반대인 메시지를 택해야만 분별력 있게 이해할 수 있다. 세상은 복잡하며, 지속적으로 주의를 기울여야 이해 가능하다. 세상은 천천히 사고하고 파악해야 한다. 가장 중요한 진실은 처음에는 인기를 얻지 못한다. 나는 살면서 트위터에서 가장 성공적으로 활동했을 때(팔로어와 리트윗의 측면에서)가 인간으로서 가장 쓸모없을 때였다는 사실을 깨달았다. 그때의 나는 관심이 필요했고, 지나치게 단순했으며, 독설을 잘 퍼부었다. 물론 트위터에서 이따금 통찰을 얻기도 한다. 그러나 이것이 정보를 흡수하는 지배적 방식이 되면 사고의 질이 급속히 낮아질 것이다.

인스타그램도 마찬가지다. 나도 남들처럼 아름다운 사람들을 보는 걸 좋아한다. 그러나 삶에서 가장 중요한 것이 이러한 겉모습(자기 복근이나 비키니 입은 모습으로 사람들에게 인정받는 것)이라는 생각은 불행의 비결이다. 우리가 페이스북에서 상호작용하는 방식도 똑같다. 시기하며 남의 사진과 자랑과 불만을 뜯어보는 것, 남들도 자신에게 그러길 바라는 것은 우정이 아니다. 사실 우정의 정반대라 할 수 있다. 친구가 된다는 것은 서로의 눈을 바라보고 이 세상에서 무언가를 함께하는 것, 폭소와 따뜻한 포옹, 기쁨, 슬픔, 춤을 주고받는 것이다. 페이스북은 텅 빈 가짜 우정으로 우리의 시간을 장악함으로써 종종 우리에게서 이 모든 것을 빼앗아간다.

이런 생각을 한 끝에, 나는 해변 별장의 방구석에 쌓아둔 종이책으로 돌아가기로 했다. 궁금했다. 종이책이라는 매체에 담긴 메시지는 뭐지? 글자가 구체적 의미를 전달하기 전부터 책은 우리에게 많은 이야기를 한다. 먼저, 삶은 복잡하다. 삶을 이해하고 싶다면 깊이 숙고할 시간을 충분히 마련해야 하며, 속도 또한 늦춰야 한다. 둘째, 다른 걱정을 제쳐두고 한 가지에 주의를 기울이며 한 문장 한 문장, 한 쪽 한 쪽을 따라가는 경험은 가치 있는 일이다. 셋째, 다른 사람들이 살아가고 생각하는 방식은 깊이 사고해볼 만하다. 다른 이들에게도 우리처럼 복잡한 내면의 삶이 있다.

내가 책이라는 매체에 담긴 메시지에 동의한다는 사실을 알게 되었다. 나는 이 메시지들이 옳다고 생각한다. 이 메시지가 인간 본성의 가장 훌륭한 면(깊이 집중하는 순간이 많은 삶이 좋은 삶이라는 사실)을 북돋는다고 생각한다. 이러한 이유로 독서는 내게 자양분이 된다. 한편 나는 소셜미디어라는 매체에 담긴 메시지에는 동의하지 않는다. 그 메시지들은 주로 내 본성의 추하고 얄팍한 면을 강화한다. 이러한 이유로 소셜미디어에서 시간을 보내면 (심지어 그들의 규칙에 따라 '좋아요'와 팔로우 수를 늘리며 잘해내고 있을 때조차) 지치고 불행해진다. 나는 책을 많이 읽을 때의 내 모습을 좋아한다. 소셜미디어에서 많은 시간을 보내는 내 모습은 싫어한다.

그러나 내가 혼자 너무 흥분한 게 아닐지 걱정스러웠다. 어쨌거나 이건 내 예감일 뿐이었으니까. 그래서 심리학 교수인 레이먼드 마Raymond Mar를 인터뷰하러 요크 대학을 찾았다. 레이먼드는 독서가 사람들의 의식에 미치는 영향을 가장 많이 연구한 사회과학자 중 한 명으로, 그의 연구는 이 문제에 접근하는 독특한 방식을 마련했다.

소설 읽기의 장기적 효과

어린 시절 레이먼드는 독서에 집착했다. 그러나 독서가 우리의 사고방식에 어떤 영향을 미치는지 알아봐야겠다는 생각은 대학원생이 될 때까지도 그의 머릿속에 떠오르지 않았다. 그러던 어느 날, 그의 멘토였던 키스 오틀리Keith Oatley 교수가 그에게 생각 하나를 심어주었다. 우리는 소설을 읽을 때 다른 사람의 머릿속에 있는 경험에 푹 빠져든다. 사회적 상황을 그려보고, 깊고 복잡하게 타인과 그들의 경험을 상상한다. 키스 오틀리 교수는 그러므로 소설을 많이 읽으면 책 밖에서도 실제로 타인을 더욱 잘 이해할 수 있을지 모른다고 말했다. 어쩌면 소설은 타인과 공감하는 능력(우리가 가진 가장 풍성하고 귀중한 형태의 집중)을 키워주는 일종의 공감

체육관일지 모른다. 두 사람은 이 문제를 함께 과학적으로 연구해 보기로 했다.

이 주제는 연구하기가 까다롭다. 과학자들은 사람들에게 읽을 거리를 준 다음 바로 그들의 공감 능력을 검사하는 기법을 개발했다. 그러나 레이먼드가 보기에 이 기법에는 결함이 있었다. 독서가 우리에게 영향을 미친다면 더 오랜 기간에 걸쳐 우리를 바꿔놓을 것이다. 환각제처럼 삼키면 바로 몇 시간 동안 그 효과를 경험하는 것이 아니다.

레이먼드는 동료들과 함께 독서의 장기적 효과가 있는지 파악할 수 있는 기발한 3단계 실험을 고안했다. 실험 참가자들은 연구실로 이동해 여러 이름으로 된 목록을 보았다. 이름 중 일부는 유명한 소설가였고 일부는 유명한 비소설 작가였으며, 일부는 작가가 아닌 무작위 인물이었다. 참가자들은 먼저 소설가의 이름에 동그라미를 친 다음, 비소설 작가의 이름에 동그라미를 쳤다. 레이먼드는 살면서 소설을 많이 읽은 사람은 소설가의 이름을 더 많이 알 거라고 판단했다. 또한 이제 그에게는 비소설을 즐겨 읽는 사람들로 구성된 흥미로운 비교군이 있었다.

레이먼드는 모두에게 두 가지 검사를 실시했다. 그가 처음 사용한 기법은 때때로 자폐를 진단하는 데 사용되기도 한다. 참가자들은 사람들의 눈 주변을 찍은 사진을 보고 '이 사람은 무슨 생각을 하고 있을까요?'라는 질문에 답해야 한다. 이는 타인의 감정 상태를 드러내는 미묘한 신호를 얼마나 잘 읽는지 측정하는 방법이다. 두 번째 검사에서 참가자들은 자리에 앉아 실제 상황에 있는 실제

인물들의 영상을 시청했다. 예를 들어 방금 스쿼시를 친 남자 두 명이 대화를 나누는 영상을 본 참가자들은 다음 질문에 답해야 했다. 무슨 일이 벌어지고 있나요? 누가 시합에서 이겼나요? 두 사람은 어떤 관계인가요? 두 사람은 어떤 감정 상태인가요? 레이먼드와 다른 연구원들은 정답을 알고 있었기에 참가자 중 누가 사회적 신호를 가장 잘 읽고 파악하는지 알아낼 수 있었다.

실험 결과는 명확했다. 소설을 많이 읽을수록 다른 사람의 감정을 잘 읽어냈다. 막대한 영향이었다. 이것은 그저 교육을 잘 받았다는 증거가 아니었다. 비소설 독서는 공감 능력에 영향을 미치지 못했기 때문이다.

레이먼드에게 물었다. 이유가 뭐죠? 그는 독서가 "독특한 의식 형태"를 만들어낸다고 말했다. "책을 읽을 때 사람들은 종이 위의 단어를 향해 관심을 바깥으로 돌립니다. 동시에 그 내용을 머릿속에서 상상하면서 내면을 향해 엄청난 주의를 쏟습니다." 눈을 감고 아무거나 상상하려고 애쓰는 행동과는 다르다. "그때 사람들의 관심은 구조화되어 있습니다. 그러나 종이 위의 단어를 향해 바깥으로 기울었다가, 그 단어의 의미를 향해 내면으로 기우는 것을 오가는 매우 독특한 상태에 있지요." 독서는 "바깥을 향한 관심과 내면을 향한 관심을 결합하는 방법"이다. 특히 소설을 읽을 때 우리는 다른 사람의 삶을 상상한다. 레이먼드는 그때 우리가 "다양한 인물과 그들의 동기, 목표를 이해하려 애쓰고, 그런 다양한 요소를 따라가려 노력"한다고 말한다. "그것은 일종의 연습입니다. 그때 아마 사람들은 현실에서 실제 인물을 이해하려 할 때와 똑같은 인지 과정을 사용할 겁니다." 소설을 읽을 때 우리가 다른 인물을 어찌나 잘 가장하는지, 현재 가상현실 시뮬레이터라는 이름으로 판매되는 기기보다 소설이 훨씬 나을 정도다.

레이먼드는 우리 각자가 오늘날 인간으로 산다는 것의 작은 일부만을 경험할 뿐이라고 말했다. 그러나 소설을 읽으면 다른 사람의 경험을 들여다보게 된다. 그 경험은 소설을 내려놓은 뒤에도 사라지지 않는다. 나중에 현실에서 사람을 만나면 그들의 삶을 더욱 잘 상상할 수 있다. 사실 정보를 읽으면 아마 더 박식해지겠지만, 이처럼 공감 능력이 길러지지는 않는다.

지금까지 수십 가지의 다른 연구가 레이먼드가 발견한 핵심 효과를 그대로 보여주었다. 레이먼드에게 그의 연구에서 드러난 소설의 영향만큼 공감 능력을 키워주는 약물이 개발된다면 어떨지 물었다. 그는 말했다. "부작용이 없다면 상당히 인기 있는 약이 될 것 같은데요." 그와 이야기를 나눌수록 공감은 사람이 가진 가장 복잡한 형태의 주목이자 가장 소중한 주의력 중 하나라는 생각이 들었다. 인류 역사에서 가장 중요한 발전 중 다수가 곧 공감 능력의 발전이었다. 다른 인종 집단도 자신들처럼 감정과 능력, 꿈이 있다는, 적어도 일부 백인의 깨달음. 그동안 자신들이 여성에게 행사한 권력이 불합리하고 심각한 고통을 낳는다는 일부 남성의 깨달음. 동성애가 이성애와 다르지 않다는 많은 이성애자의 깨달음. 공감은 발전을 가능케 하고, 인간적인 공감의 폭을 넓힐 때마다 우리는 우주를 조금씩 더 열어젖히게 된다.

그러나 레이먼드가 누구보다 먼저 지적하듯이, 이 결과는 매우 다르게 해석될 수 있다. 소설 읽기가 오랜 기간에 걸쳐 공감 능력을 키우는 것일 수도 있지만, 이미 공감 능력이 뛰어난 사람들이 소설 읽기에 더 끌리는 것일 수도 있다. 이러한 가능성 때문에 그의 연구는 논란과 반박이 많다. 레이먼드는 소설 읽기가 공감 능력을 강화한다는 점과 공감 능력이 뛰어난 사람이 소설 읽기에 끌린다는 점이 둘 다 사실일 가능성이 크다고 말했다. 그러나 소설 읽기가 실제로 큰 영향을 미친다는 단서가 있다고 덧붙였다. 그의 한 연구에서 동화책을 많이 읽는 아이(아이보다는 부모의 선택이다)가 타인의 감정을 더 잘 읽는다는 사실을 발견한 것이다.[13] 이 결과는 이야기 경험이 실제로 공감 능력을 확장한다는 것을 암시한다.

소설 읽기가 공감력을 강화한다고 믿을 근거가 있다면, 오늘날 소셜미디어처럼 소설을 크게 대체하고 있는 형식이 우리에게 어떤 영향을 미치는지도 알려져 있을까? 레이먼드는 잘난 체하며 소셜미디어를 비웃고 도덕적 공황 상태(어떤 유해한 요소가 사회의 가치와 안녕을 위협한다는 믿음 때문에 사회 전반이 두려움을 느끼는 상태－옮긴이)에 빠지기 쉽지만, 자신은 그러한 사고방식을 어리석게 여긴다고 말했다. 그리고 소셜미디어에도 장점이 많다는 사실을 강조했다. 그는 자신이 설명하는 효과가 종이책에만 한정된 것이 아니라, 사회를 모방한 복잡한 서사에 몰입하는 경험과 관련이 있다고 말했다. 그의 연구는 긴 텔레비전 시리즈 또한 종이책만큼 큰 영향을 미친다는 결론을 보여주었다. 그러나 여기에는 문제가 하나 있다. 또 다른 그의 연구는 동화책을 읽거나 영화를 보는 아이들이 공감 능력이 더 좋지만, 길이가 짧은 텔레비전 프로그램을 보는 아이들은 그렇지 않다는 점을 발견했다.[14] 내가 보기에 이 연구 결과는 우리가 소셜미디어에서 목격하는 현상과 일치하는 듯 보인다. 토막 난 파편을 통해 세상을 바라볼 때는 무언가에 오랜 시간 집중할 때만큼 공감이 나타나지 않는다.

레이먼드와 대화를 나누며 생각했다. 사람들은 자신이 노출되는 목소리의 결을 내면화한다. 타인의 내면에 대한 복잡한 이야기에 오랜 시간 노출되면 이 이야기가 우리의 의식 패턴을 다시 형성한다. 우리는 더욱 통찰력 있고 개방적이고 공감을 잘하는 사람이 될 것이다. 반면 소셜미디어를 장악한 단절된 비명과 분노의 파편에 하루에 몇 시간씩 노출되면 우리의 사고 역시 그렇게 될 것이다. 내면의 목소리는 더 상스럽고 시끄러워질 것이며, 부드럽고 온화한 생각에 전만큼 귀 기울이지 못할 것이다. 우리는 자신이 사용하는 기술에 주의를 기울여야 한다. 시간이 갈수록 우리의 의식이 그 기술의 모습으로 변하게 될 것이기 때문이다.

레이먼드에게 작별 인사를 건네기 전에, 소설 읽기가 인간의 의식에 미치는 영향을 왜 그렇게 긴 시간을 들여 연구했는지 물었다. 이 질문을 하기 전까지 그는 자기 연구 방법을 상세히 설명하는 데이터 긱geek이었다. 그러나 이 질문에 답할 때는 그의 얼굴에서 딱딱함이 사라졌다. "우리는 모두 파국적 종말로 향하고 있는 물과 진흙으로 된 행성에 살고 있잖아요. 이 문제들은 혼자서 해결할 수 없어요." 그가 말했다. "이게 제가 공감 능력이 무척 중요하다고 생각하는 이유예요."

5장

딴생각에 대한 새로운 연구가 말해주는 것

우리 정신을 배회하게 뒀을 때 생기는 이점

딴생각을 하면 죄책감을 느꼈다.

그러나 그것은 틀린 생각이었다.

실제로 딴생각은 다른 형태이자 반드시 필요한 형태의 집중이다.

100년도 더 전부터 전문가들이 주의 집중을 생각하는 방식을 강력하게 지배해온 하나의 이미지(은유)가 있다. 수만 명이 빽빽하게 들어찬 할리우드볼(미국의 대규모 야외 공연장 – 옮긴이)을 떠올려보자. 관객들이 천천히 입장하며 공연이 시작되길 기다리는 동안 극장은 웃고 시끄럽게 떠드는 소리로 혼잡하다. 그때 갑자기 조명이 꺼지고 무대 위에 스포트라이트가 켜진다. 이 조명은 비욘세나 브리트니 스피어스, 저스틴 비버 같은 인물을 비춘다. 떠들썩하던 극장이 돌연 고요해지고, 공간의 초점이 한 인물과 그의 엄청난 힘으로 모여든다. 1890년에 현대 미국 심리학의 창시자인 윌리엄 제임스William James는 여태껏 이 주제에 관해 쓰인 가장 영향력 있는(적어도 서구에서는) 텍스트에서 '집중이 무엇인지는 모두가 안다'라고 말했다.[1] 그에 따르면 집중은 스포트라이트다. 우리 식으로 설명하자면, 비욘세가 무대 위에 홀로 등장하고 우리 주변의 모든 사람이 사라지는 듯 보이는 순간이다.

당시 제임스는 다른 이미지 역시 제시했고 여러 심리학자가 집중을 다른 방식으로 사고하려 시도했지만, 그때 이후로 집중에 대한 연구는 주로 스포트라이트에 대한 연구였다. 곰곰이 생각해보니 내가 집중에 대해 생각하는 방식도 이 이미지에 사로잡혀 있었다. 집중은 보통 주위 환경에서 무엇인가를 선택해서 그것에 주의를 기울이는 능력으로 정의된다. 그러므로 내가 집중이 흐트러졌다고 말할 때 그 의미는 초점을 맞추고 싶은 한 가지로 집중력의 스포트라이트를 좁히지 못한다는 뜻이었다. 책을 읽고 싶지만 핸드폰이나 바깥에서 대화를 나누는 사람들, 또는 일에 대한 걱정에서 집중의 빛이 사그라들지 않는 것이다. 주의 집중을 이런 식으로 생각하는 방식은 매우 타당하지만, 나는 사실 이것이 우리가 제대로 기능하기 위해 필요한 집중력의 한 가지 형태일 뿐임을 알게 되었다. 이 밖에도 논리적 사고에 필수적인 다른 형태의 집중력들이 있으며, 이러한 집중력들은 현재 우리의 스포트라이트보다 더 큰 위험에 처해 있다.

케이프코드로 달아나기 전에는 정신적 토네이도 속에 살았다. 팟캐스트를 듣거나 통화를 하지 않고서는 절대 산책을 나서지 않았다. 상점에서 핸드폰을 보거나 책을 읽지 않고 2분 이상 기다리는 일도 절대 없었다. 모든 순간을 자극으로 채우지 않는다는 생각은 나를 패닉에 빠트렸고, 그러지 않는 사람을 보면 이상하다고 생각했다. 기차나 버스를 타고 이동할 때 여섯 시간 동안 그저 자리에 앉아 아무것도 하지 않고 창밖을 바라보는 사람을 보면 다가가 이렇게 말하고 싶은 충동이 들었다. "귀찮게 해서 죄송합니다.

제가 상관할 일은 아니지만 그냥 확인하고 싶어서요. 살아 있는 시간이 한정되어 있다는 거, 죽음을 카운트다운 하는 시계가 끊임없이 째깍거리고 있다는 거, 지금 아무것도 안 하고 보내는 이 여섯 시간이 다시는 돌아오지 않는다는 거 알고 계시죠? 그리고 죽으면 죽음이 영원히 이어진다는 거 알고 계신 거 맞죠?" (내가 지금 이 책을 정신병원에서 쓰고 있지 않다는 사실에서 알 수 있듯이 실제로 이런 적은 없다. 하지만 생각은 했다)

그래서 프로빈스타운에서도 정신을 산만하게 하는 요소들을 다 없애면 한 가지 이득을 얻을 거라고 생각했다. 나는 많은 자극을 더 오랜 시간 받아들이고 내가 흡수한 것을 더 간직하게 될 것이다! 더 긴 책을 읽을 수 있을 것이다! 그리고 실제로도 그렇게 되었다. 그러나 예상치 못한 일도 함께 벌어졌다. 어느 날 집에 아이팟을 두고 나와서 그냥 해변을 따라 걷기로 했다. 나는 두 시간 동안 걸으며 내 스포트라이트를 어느 하나에 고정하지 않고 생각이 이리저리 떠다니게 두었다. 해변에 있는 작은 게들에게서 어린 시절의 기억으로, 몇 년 뒤에 집필할지도 모를 책들에 대한 아이디어로, 삼각 수영복 차림으로 햇볕을 쬐고 있는 남자들의 몸으로 내 정신이 배회하는 것이 느껴졌다. 내 의식은 수평선에서 아래위로 일렁이는 보트들처럼 표류했다.

처음에는 죄책감을 느꼈다. 스스로에게 이렇게 말했다. 넌 여기 집중하려고, 집중에 대해 배우려고 온 거야. 지금 네가 신나게 하고 있는 건 그 정반대야. 정신의 긴장이 풀어지고 있다고. 하지만 나는 계속했다. 얼마 지나지 않아 나는 매일 이러고 있었고, 정처

없이 거니는 시간은 세 시간에서 네 시간으로, 가끔은 다섯 시간으로 늘어났다. 평소에는 상상도 할 수 없는 일이었다. 그러나 그때 나는 어린 시절 이후로 가장 창의력이 넘쳤다. 머릿속에서 아이디어들이 샘솟았다. 집에 돌아와 그것들을 적어 내려가면서, 평소의 한 달보다 이 세 시간 동안 창의적인 생각을 더 많이 했음을(서로 다른 요소의 관련성을 더 많이 찾았음을) 깨달았다. 더 짧은 단위로도 딴생각을 하기 시작했다. 독서를 마치면 20분간 그 자리에 앉아 내용을 생각하고 바다를 멍하니 바라보았다.

이상하게도 스포트라이트가 완전히 사라지게 두었더니 설명하기는 힘들었지만 사고력과 집중력이 향상되는 것 같았다. 어떻게 그럴 수 있지? 지난 30년간 바로 이 주제, 즉 딴생각에 대한 연구가 쏟아져 나왔음을 알게 되었을 때에야 나는 이 상황을 제대로 이해하기 시작했다.

딴생각 중에 우리 뇌에 벌어지는 일

1950년대에 워싱턴주에 있는 애버딘이라는 작은 마을에서 고등학교 화학 교사인 스미스 씨가 학생 중 한 명인 마커스 라이클Marcus Raichle이라는 10대 소년 때문에 골치를 앓고 있었다.[2] 스미스 씨는 소년의 부모를 불러 소년이 나쁜 짓을 한다고 엄중히 설명했다. "아드님은 딴생각을 하는 습관이 있습니다." 그가 말했다. 이것이 학교에서 할 수 있는 최악의 행동 중 하나임은 모두가 아는 사실이다.

그로부터 30년 뒤 소년은 바로 이 주제, 스미스 씨라면 용납하지 않았을 이 주제의 크나큰 발전에 공헌했다. 마커스는 저명한 신경과학자가 되어 과학 분야에서 손꼽는 영예인 카블리 상을 받았다. 1980년대에 그의 연구실 바로 옆에서 인간 뇌에서 발생하는 일을 파악하는 완전히 새로운 방식인 PETpositron emission tomography(양전자방출 단층촬영) 스캔이 발전하고 있었고, 그와 동료들이 처음으로 이 기술을 연구에 적용했다. 미주리 세인트루이스에 있는 워싱턴 의대로 그를 인터뷰하러 간 나는 바로 그 장소에서 있었다. 마커스는 처음으로 이 신기술을 사용한 과학자 중 한 명이었고, 안에 환자가 누운 기기의 전원을 켜면 전례 없는 방식으로 살아 있는 인간의 뇌를 들여다볼 수 있었다.

수련을 받을 때 마커스는 사람이 집중하지 않는 순간 머릿속에 일어나는 일을 우리가 이미 잘 알고 있다는 확신에 찬 말을 들었다. 인간의 뇌는 "몸을 움직이지 않을 때의 근육과 마찬가지로 그 안에서 아무것도 하지 않고 얌전하게 가만히 누워 있"다. 그런데 어느 날 마커스가 이상한 점을 발견했다. PET 기기 안에 환자가 누워 있었고, 환자는 마커스가 과제를 주기를 기다리며 딴생각을 하고 있었다. 환자에게 줄 과제를 준비하며 언뜻 기기를 쳐다본 마커스는 혼란에 빠졌다. 환자의 뇌는 의대 교수들의 말처럼 정지해 있지 않은 듯 보였다. 움직임은 뇌의 한 부위에서 다른 부위로 이동한 상태였지만, 여전히 뇌는 활발하게 활동 중이었다. 깜짝 놀란 마커스는 이 현상을 상세히 연구하기 시작했다. 그는 우리가 별다른 일을 하고 있지 않다고 생각할 때 더 활발히 움직이는 뇌 부위에 '디폴트 모드 네트워크'라는 이름을 붙였다. 그리고 사람들이 아무것도 안 하는 듯 보일 때 뇌에서 무슨 일이 발생하는지를 분석하면서 영상에서 이 부위가 밝아지는 모습을 눈으로 직접 확인했다. 그는 촬영된 영상을 보며 이렇게 말했다. "맙소사, 여기 있어. 모든 게 다. 말도 안 돼."

이 결과는 뇌에서 벌어지는 일에 대한 과학자들의 생각에 패러다임 전환을 불러왔고, 이로써 전 세계에서 수십 가지 주제의 과학 연구가 폭발적으로 증가했다. 딴생각의 과학에 대한 관심이 돌연 급증한 것도 그중 하나였다. 이 연구들은 이런 질문을 던졌다. 우리의 생각이 눈앞의 초점에 고정되지 않고 자유롭게 떠다닐 때 무슨 일이 벌어지는가? 뭔가가 벌어지고 있다는 사실은 확인할 수 있지만, 그 내용이 도대체 무엇일까? 수십 년간 논의가 진행되면서 일부 과학자는 디폴트 모드 네트워크가 딴생각 중에 가장 활성화되는 뇌 부위라고 생각하게 되었고, 일부 과학자는 이 주장에 강력 반대하게 되었다. 이 논쟁은 여전히 진행 중이다. 그러나 마커스의 연구 결과로 애초에 인간의 정신이 왜 방황하는지, 그로써 발생 가능한 유익이 무엇인지에 대한 연구가 크게 늘었다.

이를 더욱 잘 이해하기 위해 퀘벡 몬트리올에 있는 맥길 대학에서 신경학 및 신경외과 교수인 네이선 스프렝Nathan Spreng을, 잉글랜드 요크에 있는 요크 대학에서 심리학 교수인 조너선 스몰우드Jonathan Smallwood를 인터뷰했다. 두 사람은 지금까지 이 문제를 가장 깊게 연구한 인물이다. 비교적 신생 분야이기에 일부 기본 개념은 여전히 논란이 분분하며 앞으로 더 많은 사실이 밝혀질 것이다. 그러나 두 사람은 수십 가지의 과학 연구를 통해 (내가 보기에는) 딴생각 중에 발생하는 세 가지 핵심 현상을 발견했다.

먼저, 우리는 딴생각 중에 천천히 세상을 이해하고 있다. 조너선이 예를 하나 들어주었다. (지금 여러분이 하고 있는 것처럼) 책을 읽을 때 우리는 분명히 개별 단어와 문장에 집중하지만, 정신의 작은 일부는 언제나 배회하고 있다. 우리는 이 단어들이 자기 삶과 무슨 관련이 있는지 생각한다. 이 문장들이 내가 앞 장에서 말한 내용과 무슨 관련이 있는지 생각한다. 내가 다음에 말할지 모를 내용에 대해 생각한다. 내가 하는 말이 모순으로 가득한지, 또는 결국 한 점으로 모일지 궁금해한다. 갑자기 어린 시절의 기억이나 지난주에 텔레비전에서 본 내용을 떠올리기도 한다. 조너선은 "사람들은 핵심 주제를 이해하기 위해 책의 여러 다른 부분을 하나로 합칩니다"라고 말했다. 이것은 독서에서의 결함이 아니다. 이것이 바로 독서다.[3] 지금 정신이 배회하게 두지 않는다면 스스로에게 이해되는 방식으로 이 책을 읽을 수 없을 것이다. 우리가 책의 내용을 이해하려면 방황할 정신적 공간이 반드시 필요하다.

독서만 그런 것이 아니다. 삶도 그렇다. 딴생각은 상황을 이해하는 데 반드시 필요하다.[4] 조너선은 내게 "딴생각을 하지 못하면 다른 수많은 것들이 사라질 겁니다"라고 말했다. 그는 딴생각을 많이 할수록 더욱 체계적인 목표를 세우고[5] 더 창의적이며[6], 끈기 있는 장기적 결정을 더 잘 내린다는 사실[7]을 발견했다. 정신이 표류하면서 천천히 무의식적으로 삶을 이해하도록 내버려둔다면 우리는 이러한 일들을 더 능숙하게 해낼 수 있다.

둘째, 딴생각을 할 때 우리의 정신은 서로 다른 것들을 새로 연결하기 시작하며, 종종 이 과정에서 문제의 해결책이 떠오른다. 네이선은 이렇게 말했다. "제 생각에 해결하지 못한 문제가 있을 때 (여유 공간이 주어지면) 뇌가 적절한 답을 찾으려 하는 것 같습니다." 그리고 내게 유명한 사례를 알려주었다. 19세기의 프랑스 수학자 앙리 푸앵카레Henri Poincaré는 수학의 난제 중 하나로 씨름하고 있었고, 오랜 시간 숫자 하나하나에 자신의 스포트라이트를 비추었으나 진전이 없었다. 그러던 어느 날, 여행을 떠나 버스 계단을 오르던 앙리 푸앵카레에게 섬광처럼 문제의 해답이 떠올랐다. 그는 초점의 스포트라이트를 끄고 정신이 배회하게 두었을 때에야 떨어진 조각을 이어붙여 마침내 문제의 답을 찾아낼 수 있었다. 실제로 과학과 공학의 역사를 살펴보면 많은 위대한 발견이 집중이 아니라 딴생각을 할 때 나왔다.

"창의력은 뇌에서 새로운 무언가가 등장하는 것이 아닙니다." 네이선이 말했다. "창의력은 이미 그곳에 있었던 두 가지를 새롭게 연결하는 거예요." 딴생각은 "생각이 꼬리를 물고 더욱 활짝 펼쳐지게 하고, 이를 통해 더 많은 연결이 이뤄"진다. 계속 자신이 풀고자 했던 수학 문제에만 초점을 두었거나 정신이 완전히 산만했다면 앙리 푸앵카레는 해결책을 떠올리지 못했을 것이다. 그가 답을 떠올리는 데는 딴생각이 필요했다.

셋째, 딴생각을 하는 동안 우리의 정신은 (네이선의 표현에 따르면) "머릿속 시간 여행"을 떠나 과거를 더듬고 미래를 예측하려 한다. 정신은 눈앞의 사안만 생각해야 한다는 압박에서 자유로워지면 다음에 일어날지 모를 일들을 생각하기 시작하며, 이는 미래를 대비하는 데 도움이 된다.

두 과학자를 만나기 전까지 나는 딴생각(내가 프로빈스타운에서 너무나도 많이, 너무나도 즐겁게 했던 것)이 주의 집중의 정반대라고 생각했고, 이러한 이유로 딴생각을 하면 죄책감을 느꼈다. 그러나 그것은 틀린 생각이었다. 실제로 딴생각은 다른 형태이자 반드시 필요한 형태의 집중이다. 네이선은 우리가 하나의 스포트라이트로 주의를 좁혀 한 가지에만 초점을 맞추는 데 "일정량의 에너지"가 필요하고, 그 스포트라이트를 꺼도 "우리는 여전히 그 에너지를 갖고 있"다고 말했다. 그저 다른 사고방식에 "에너지를 더 많이 할당할 수 있는 것"이다. "그러니 주의력이 꼭 낮아지는 것은 아니며," 다른 중요한 형태의 사고로 "자리를 옮기는 것일 뿐"이다.

이 사실은 내가 자라면서 습득한 생산성에 대한 사고방식을 크게 뒤흔들었다. 온종일 컴퓨터 앞에 앉아 스포트라이트를 비추듯 글자를 두드리는 데만 집중하면 열심히 일한 좋은 하루를 보냈다는 기분이 든다. 그날 저녁에는 내 생산성에 약간 청교도적인 자부심이 차오르는 것이 느껴진다. 우리 문화 전체가 이러한 믿음 위에 세워져 있다. 우리의 상사는 우리가 하루 종일 책상 앞에 앉아 있는 모습을 보고 싶어 하는데, 이것이 바로 상사가 생각하는 일이기 때문이다. 이러한 사고방식은 아주 어린 나이부터 사람들에게 주입되어서, 마커스 라이클처럼 아이들은 학교에서 공상에 빠지면 야단을 맞는다. 내가 프로빈스타운의 해안가를 목적 없이 배회한 날에 스스로 생산적이라고 느끼지 못했던 것은 바로 이러한 이유 때문이었다. 나는 내가 해이해져서 게으름을 피운다고, 방종하게 굴고 있다고 생각했다.

그러나 이 모든 것을 연구한 네이선은 생산적인 사람이 되려면 그저 가능한 한 스포트라이트를 좁히려고 해서는 안 된다는 사실을 알게 되었다. 그는 말했다. "저는 매일 산책을 나가서 정신이 일종의 정리를 하게끔 내버려둡니다… 의식에서 생각을 온전히 통제하는 방식이 꼭 생산적인 사고방식이라고 생각하지 않아요. 느슨한 연상 패턴이 독특한 통찰로 이어질 수 있습니다." 마커스도 이에 동의했다. 그는 내게 눈앞에 있는 것에 집중하는 행위는 "소화해야 할 원재료"를 제공하지만, "어느 시점이 되면 거기서 한 발짝 물러나야" 한다고 말했다. 그는 경고했다. "오로지 외부 세계에만 정신없이 바쁘게 초점을 맞추면 뇌가 현재 일어나고 있는 일을 소화할 기회를 놓치게 됩니다."

그의 말을 들으면서 내가 기차에서 본 몇 시간이나 창밖을 바라보던 사람들을 생각했다. 나는 속으로 그들이 생산적이지 못하다고 여겼다. 그러나 소화할 짬도 내지 않고 정신없이 여러 권의 책에 메모를 남기던 나보다, 그들이 더 의미 있고 생산적이었을 수도 있다는 사실을 이제 깨달았다. 교실에서 딴생각을 하며 멍하니 창밖을 내다보는 아이는 가장 쓸모 있는 생각을 하고 있을지 모른다.

그때까지 읽었던 우리가 여러 작업 사이를 빠르게 오가고 있다는 내용의 과학 연구들을 돌이켜보다가, 현재의 문화에서 사람들이 늘 집중하지 못할 뿐만 아니라 딴생각도 하지 않는다는 사실을 깨달았다. 우리는 불만족스러운 부산함 속에서 끊임없이 겉만 훑는다. 내가 이에 관해 묻자 네이선은 고개를 끄덕이며 자신 또한 핸드폰이 원치 않는 알림을 보내지 않게 하는 방법을 알아내려 늘 애쓴다고 말했다. 정신을 산만하게 하는 디지털 방해는 "자기 생각에서 주의를 멀어지게 하고 디폴트 모드 네트워크를 억압"한다. "저는 우리 모두가 이처럼 끊임없이 유발된 자극에 얽매이는 환경에서 여러 방해 요소 사이를 쉼 없이 오간다고 생각합니다." 이러한 상황에서 멀어지지 않는다면 "생각의 흐름이 모조리 억압될 것"이다.

그러므로 현재 사라질 위기에 처한 것은 스포트라이트 같은 집중뿐만이 아니다. 딴생각 또한 사라질 위기에 처해 있다. 이 두 가지 위기가 생각의 질을 떨어뜨리고 있다. 딴생각을 하지 않으면 세상을 이해하기 힘들어지며, 그 결과로 불안하고 혼란한 상태가 되면 우리는 그다음에 찾아오는 방해 요소에 더욱더 취약해진다.

중대한 발견을 통해 이 모든 연구 분야의 문을 연 마커스 라이클은 나와 인터뷰를 나눌 때 80세의 나이로 막 교향악단 활동을 그만둔 상태였다. 그는 오보에 연주자였고, 가장 좋아한 연주곡은 드보르자크의 9번 교향곡이었다. 그는 생각 자체를 생각할 때 교향악에 빗대보라고 말했다. "교향악에는 바이올린 두 섹션과 비올라, 첼로, 베이스, 목관, 금관, 타악기가 필요하지만 이 모든 악기가 하나로서 기능합니다. 그 안에는 리듬이 있어요." 삶에는 스포트라이트 같은 집중을 위한 공간도 필요하지만, 그것 하나만으로는 솔로 오보에 연주자가 텅 빈 무대에서 홀로 베토벤을 연주하려 하는 것과 마찬가지다. 딴생각이 있어야 우리는 다른 악기들을 살려 아름다운 음악을 만들어낼 수 있다. 나는 내가 집중하는 법을 배우기 위해 프로빈스타운에 왔다고 생각했다. 그러나 실제로 내가 배우고 있었던 것은 생각하는 법이었음을, 생각하는 데는 스포트라이트 같은 집중 외에 훨씬 많은 것이 필요함을 알게 되었다.

이제 나는 아무 기기도 들지 않고 긴 산책을 가려고 노력하는데, 산책을 할 때면 오랫동안 마커스가 말한 은유를 생각한다. 며칠 전에는 그 은유를 더 밀고 나아갈 수 있을지 궁금해졌다. 만약 생각이 다양한 종류의 사고를 필요로 하는 교향악 같은 것이라면 현재 우리의 무대는 침략당한 상태다. 박쥐의 머리를 물어뜯어서 관객에게 뱉는 그런 헤비메탈 밴드 중 하나가 무대를 습격했고, 교향악단 앞에 서서 악을 지르고 있다.

그러나 딴생각을 다룬 연구를 더 깊이 파헤치면서 방금 설명한 내용에 예외가 하나 있음을, 그리고 그 예외가 사소한 것이 아님을 알게 되었다. 아마 여러분도 이 예외를 실제로 경험해보았을 것이다.

2010년, 하버드의 과학 교수 댄 길버트Dan Gilbert와 매슈 킬링스워스Matthew Killingsworth 박사가 통근과 텔레비전 시청, 운동 등 다양한 일상 활동을 할 때 사람들이 어떤 기분을 느끼는지 연구하고자 앱 하나를 개발했다. 이 앱은 무작위 시간에 사람들에게 이렇게 물었다. '지금 무엇을 하고 계십니까?' 그런 다음 그때 본인이 느끼는 기분을 평가해달라고 요청했다. 댄과 매슈가 추적한 내용 중

하나는 사람들이 스스로 딴생각을 얼마나 한다고 생각하는가였다. 내가 막 알게 된 모든 내용을 고려하면 두 사람의 발견은 무척 충격적이었다. 우리 문화에서 딴생각을 할 때 사람들은 대체로 다른 그 어떤 활동을 할 때보다 자신이 행복하지 않다고 평가한다. 심지어 집안일조차 딴생각보다 더 높은 수준의 행복도와 연관된다. 두 사람은 '딴생각을 하는 마음은 불행한 마음이다'라는 결론을 내렸다.[8]

이 연구 결과에 대해 많이 생각했다. 그렇게 긍정적인 효과가 많다는 사실이 입증되었는데도 딴생각은 왜 우리를 기분 나쁘게 만들까? 여기에는 이유가 있다. 딴생각은 쉽게 반추로 빠진다. 대다수 사람이 어느 순간에는 이런 기분을 느끼는데, 집중하기를 멈추고 마음이 표류하게 내버려두면 스트레스를 일으키는 생각에 갑갑해지는 것이다. 프로빈스타운으로 오기 전의 내 삶의 여러 순간들을 돌이켜보았다. 기차에서 미친 사람처럼 일하고 일하고 또 일하며, 가만히 앉아 창밖을 바라보는 사람들에게 머릿속으로 혀를 차고 있었을 때 내 정신 상태는 어땠었나? 지금 돌아보면 나는 자주 스트레스와 불안으로 가득 찼다. 생각을 가라앉히려고 시도했다면 아마 그런 나쁜 감정들이 밀려들었을 것이다. 이와 달리 프로빈스타운에서는 스트레스가 없었고 편안하다고 느꼈다. 그래서 딴생각이 자유롭게 떠다니며 긍정적인 영향을 미칠 수 있었던 것이다.

스트레스가 적고 안전한 상황에서 딴생각은 선물이자 기쁨, 창조적 힘이 될 것이다. 스트레스가 많고 위험한 상황에서 딴생각은 고통이 될 것이다.

긴 상점가에서 조금 떨어진 프로빈스타운 중심의 해변에 가면 우스꽝스러울 만큼 커다란 파란색 나무 의자 하나가 바다 쪽을 바라보고 있다. 높이가 2.5미터는 되어서 마치 거인을 기다리고 있는 것 같다. 나는 종종 그 의자에 앉았다. 어둠이 내리면 나는 아주 자그마해 보였고, 마을에서 친구가 된 사람들과 거기에 앉아 이야기를 나누었다. 가끔 우리는 아무 말 없이 그저 빛이 바뀌는 모습을 바라보았다. 프로빈스타운의 빛은 내가 가본 그 어떤 곳의 빛과도 다르다. 프로빈스타운은 바다 한가운데에 있는 얇고 긴 모래톱이며, 그 해변에 앉으면 동쪽을 바라보게 된다. 해는 우리 뒤쪽에서 서쪽으로 기운다. 그러나 빛은 앞쪽으로, 우리 앞의 바다로 흘러들며 얼굴에 반사된다. 두 태양의 노을빛에 잠기는 듯하다. 나는 내가 만난 사람들과 함께 그 빛을 바라보며, 그들에게, 태양에게, 또 바다에게 마음이 전에 없이 활짝 열리는 것을 느꼈다.

다시, 딴생각에 실패하다

프로빈스타운에 도착하고 10주째 되던 어느 날, 친구 앤드루네 집에서 내 발치에 앉은 앤드루의 강아지 보이와 함께 앉아 있었다. 이따금 바다를 내다보며 소설을 읽다가 앤드루가 의자에 자기 노트북을 활짝 연 채로 놓고 나갔음을 알아차렸다. 화면에는 인터넷 브라우저가 떠 있었다. 암호도 없었다. 월드와이드웹이 나를 향해 빛나고 있었다. 나는 생각했다. 지금 인터넷을 볼 수 있어. 원하는 것은 전부 볼 수 있다고. 소셜미디어도, 이메일도, 뉴스도. 그 생각이 마음을 무겁게 했고, 나는 앤드루의 집을 빠져나왔다.

그러나 시계는 계속 움직였고, 이곳에서의 시간이 2주밖에 남지 않았음을 곧 깨달았다. 온라인에 접속해 보스턴에 돌아가서 묵을 호텔을 예약해야 한다는 사실을 알고 있었다. 프로빈스타운 도서관에는 누구나 사용할 수 있는 컴퓨터 여섯 대가 쪼르르 늘어서 있다. 여러 번 그 공간을 지나쳤는데, 그럴 때마다 그곳이 누군가 실수로 문을 열어놓은 화장실 칸인 것처럼 시선을 돌려버리곤 했다. 나는 인터넷에 접속해 2분 만에 호텔을 예약한 뒤 이메일을 열었다. 무슨 일이 벌어질지 내가 잘 알고 있다고 생각했다. 평소에는 아침부터 한밤중까지 이메일을 처리하는 데 하루에 약 30분을 썼다(때로는 그 시간이 대폭 늘어나기도 한다). 그러므로 계산을 해보면, 내가 인터넷을 떠나 있는 동안 35시간만큼의 이메일이 쌓였을 것이고, 앞으로 몇 달간 밀린 이메일 더미 속을 힘겹게 헤치고 나아가야 할 터였다(집을 떠나기 전에 절대 연락이 되지 않을 것이라는 내용의 자동응답을 설정해두었다). 나는 그러고 싶지 않았다. 그래야 한다는 생각만으로도 진이 다 빠졌다.

그러나 이상한 일이 벌어졌다. 초조하게 수신함을 열어 이메일들을 훑어보았다. 별게 없었다. 나는 두 시간 만에 이메일을 전부 확인했다. 세상은 아무렇지 않다는 듯 어깨를 으쓱하고 나의 부재를 받아들이고 있었다. 이메일이 이메일을 낳는다는 것, 내가 멈추면 이메일도 멈춘다는 것을 깨달았다. 이 사실을 알고 마음이 차분하게 가라앉았다고 말하고 싶지만, 사실 나는 상처받았다. 내 자아가 뜨개질바늘에 찔려 터진 기분이었다. 그때, 나의 시간을 원하는 이 모든 열광적 요구가 나를 중요한 사람으로 느끼게 해줬음을 알게 되었다. 갑자기 이메일을 보내서 내 이메일을 되찾고 싶다는, 다시 나를 필요한 사람으로 느끼고 싶다는 욕구가 밀려들었다. 트위터 피드를 열었다. 트위터 팔로어 수는 떠나기 전 그대로였다. 그 누구도 나의 부재를 눈치채지 못했다. 나는 도서관에서 나와 프로빈스타운에서 내게 자양분이 되어준 것들로 돌아왔다. 긴 시간 몰입해 글을 썼고, 바닷물이 두 발을 적셨으며, 친구들과 앉아 밤새 대화를 나누었다. 내 자아에 난 상처를 잊으려고 애썼다.

프로빈스타운에서의 마지막 날, 케이프코드의 끝의 끝에 있는, 모래로 된 누런 끄트머리인 롱포인트Long Point에서 배를 타고 바다로 나갔다. 바다에서 내가 여름을 보낸 곳을 순례자 기념탑부터 히아니스 지역까지 전부 조망할 수 있었다. 지평선을 한번 훑는 것으로 내 여름의 경계를 바라볼 수 있다는 것이 이상하게 느껴졌다. 삶의 그 어느 때보다 더 고요하고 중심이 잡힌 기분이 들었다.

다시 돌아가서 원래 살던 대로 살 수는 없다고, 등대가 만든 그늘에 앉아 생각했다. 어렵지 않다. 이번 여름이 어떻게 해야 하는지를 보여주었다. 나는 스스로를 단절시킴으로써 사전 약속을 실행했다. 이제는 일상에서 사전 약속을 할 수 있다. 이미 장비를 갖춰두었다. 내 노트북에는 프리덤Freedom이라는 이름의 프로그램이 깔려 있다. 사용법도 어렵지 않다. 프로그램을 다운로드하고, 5분에서 일주일까지 내가 지정한 시간 동안 특정 웹사이트나 인터넷 전체에 접속하지 못하게 해달라고 하면 된다. 버튼을 누르면 무슨 짓을 해도 노트북으로 온라인에 접속할 수 없다. 그리고 핸드폰을 위해서는 케이세이프kSafe라는 장치를 마련했다. 케이세이프도 단순하다. 뚜껑이 열리는 작은 플라스틱 금고다. 핸드폰을 안에 넣고 뚜껑을 닫은 다음 다이얼을 돌려 얼마나 오랫동안 핸드폰을 가두고 싶은지 설정하면 된다. 그러면 끝이다. 뚜껑이 잠겨서 망치로 상자를 부숴야만 핸드폰을 꺼낼 수 있다. 이 두 장치를 사용하면 어디에서든 프로빈스타운을 재현할 수 있다고 나 자신에게 말했다. 어쩌면 하루에 10분이나 15분은 핸드폰이나 노트북의 인터넷을 사용할 수 있을 거야.

그날 저녁, 작은 산처럼 쌓인 책들을 나눠주고 보스턴행 페리에 올랐다. 돌아오는 길에 지독한 뱃멀미를 해서, 온라인 세계로의 귀환에 대한 내 감정을 보여주는 조잡한 비유처럼 느껴졌다. 다음 날 친구에게서 핸드폰을 돌려받은 뒤 호텔 방 침대에 누워 핸드폰을 멍하니 쳐다보았다. 이상할 만큼 생경했다. 심지어 애플의 폰트마저도 낯설어 보였다. 앱들을 이리저리 넘기며 여러 프로그램과 웹사이트를 들여다봤다. 소셜미디어를 보며 이제는 싫다고 생각했다. 트위터를 넘겨보며 흰개미 둥지 위에 서 있는 기분을 느꼈다. 고개를 들었을 때는 세 시간이 지나 있었다.

핸드폰을 두고 식사를 하러 나갔다. 돌아오니 사람들이 내 이메일과 문자에 답하기 시작하고 있었고, 나도 모르게 살짝 내 존재를 확인받는 느낌이 들었다. 몇 주 뒤 소셜미디어에 게시물을 올리기 시작했고, 내가 지난여름보다 더 거칠고 못되게 변하는 것을 느꼈다. 비난조로 토를 달았다. 프로빈스타운에서 느꼈던 복잡성과 연민이 더 얄팍한 무언가로 대체되고 있는 것을 느꼈다. 가끔은 내가 하는 말이 마음에 들지 않았다. 그러다 리트윗과 '좋아요'를 보며 서서히 인정받는 느낌이 들었다. 내가 프로빈스타운에서 단선적이고 낙관적인 교훈을 얻었다고 말하고 싶지만, 그건 거짓말일 것이다. 실제로 일어난 일은 더 복잡했다. 나는 8월에 프로빈스타운을 떠나 프리덤과 케이세이프를 사용했으나 두 장치는 서서히 내 삶에서 사라졌고, 12월이 되자 내 아이폰의 스크린타임은 내가 핸드폰을 하루에 네 시간씩 사용한다고 알려주고 있었다. 그 시간에는 도시에서 구글맵으로 길을 찾거나 팟캐스트와 라디오, 오디오북을 들은 시간도 포함되어 있다고 되뇌었다. 그러나 이 사실을 생각할 때마다 수치스러웠다. 맨 처음으로 완전히 돌아간 것은 아니었지만 분명히 나는 정신을 산만하게 하고 나를 방해하는 것들로 서서히 미끄러져 들어가고 있었다.

내가 실패자처럼 느껴졌다. 무언가가 나를 끌어내리고 있다는 강렬한 기분이 들었다. 그럴 때면 이렇게 생각했다. 너는 변명을 늘어놓고 있어. 이렇게 된 건 다른 누구도 아닌 네 탓이야. 이건 너의 실패야. 약해진 기분이 들었다. 프로빈스타운에서 많은 통찰을 얻었는데, 그것들이 더 커다란 무언가, 내가 아직 확실히 이해하지 못한 무언가에 쉽게 부서지는 허약한 것들이라는 느낌이 들었다.

내가 진짜로 원하는 행동을 하지 못하게 막는 것이 무엇인지 알고 싶었다. 그리고 그 답은 우리가 그동안 믿도록 유도된 것보다 더욱 복잡하며 다양한 측면이 있다는 점을 발견했다. 나는 그 측면 중 하나를, 실리콘밸리에 갔을 때 알게 되었다.

6장

우리를 추적하고 조종하는 테크 기업들

집중력 파괴는 그들의 사업 모델이다

그는 구글이 그저 “어떻게 하면 사람들을 더 많이 참여시킬 수 있을까?”
라는 질문만 하도록 대다수 직원을 몰아가고 있다는 사실을 발견했다.
참여도가 높다는 말은 곧 집중력을 더 많이 빨아들이고
사람들을 더 많이 방해한다는 뜻이었다.

제임스 윌리엄스는 내가 프로빈스타운에서 근본적인 실수를 하나 했다고 말했다. 그는 수년간 구글의 전략 전문가로 일하다 섬뜩함을 느낀 뒤 인간의 주의력을 연구하고 실리콘밸리에서 자신의 동료들이 무엇을 한 것인지 알아내고자 옥스퍼드 대학으로 떠났다. 그는 내게 디지털 디톡스가 "해결책이 아니"라고 말했다. "일주일에 이틀씩 바깥에서 방독면을 쓰는 노력이 환경오염의 해결책이 아닌 것과 마찬가지예요. 개인 차원에서는 단기간 특정 효과를 볼지 몰라요. 하지만 지속 불가능하고, 시스템의 문제를 해결하지도 못하죠." 그는 광범위한 사회에서 거대한 침략 세력이 우리의 주의력을 크게 바꿔놓고 있다고 말했다. 그리고 "실제로는 환경의 변화만이 진정한 차이를 만들 수 있는" 상황에서 개인의 절제가 주요 해결책이라 말하는 것은 "문제를 개인에게 떠넘기는 것"이라고 말했다.

오랫동안 나는 이 말의 의미를 제대로 이해하지 못했다. 집중력과 관련된 문제에서 우리 각자가 자기 행동을 바꾸려 하지 않는다면 환경 변화가 무슨 소용 있겠는가? 이 질문의 답은 오늘날 우리가 사는 세상의 핵심 측면을 디자인한 여러 사람을 만나면서 서서히 분명해졌다. 샌프란시스코의 언덕과 팰로앨토의 덥고 건조한 거리에서, 나는 오늘날 기술이 여섯 가지 방식으로 집중력을 훼손한다는 것과, 우리가 극복해야 할 하나의 근본적 힘이 이 방식들을 통합한다는 사실을 알게 되었다.

이 여정의 초기에 나를 이끌어준 사람 중 하나는 또 한 명의 전前 구글 엔지니어인 트리스탄 해리스Tristan Harris였다. 수년간 나와 인터뷰를 나눈 이후 그는 넷플릭스의 인기 다큐멘터리 〈소셜 딜레마〉에 출연해 전 세계적 유명세를 얻었다. 이 다큐멘터리는 소셜미디어가 얼마나 파괴적일 수 있는지를 광범위하게 다루었다. 나는 이 다큐멘터리가 크게 다루지 않은 것, 즉 소셜미디어가 집중력에 미치는 영향을 알아내고 싶었다. 그 영향을 이해하려면, 트리스탄 개인의 이야기와 전 세계의 집중 패턴을 바꾸고 있는 기구의 심장부에서 그가 목격한 현상을 아는 것이 도움이 되리라 생각한다.

세계 최고의 마술사가 들려준 이야기

1990년대 초, 캘리포니아의 샌타로자라는 마을에서 바가지머리를 하고 밝은 금색의 나비넥타이를 맨 작은 소년이 마술을 배우고 있었다. 트리스탄이 처음으로 제일 쉬운 마술 하나를 시도한 것은 일곱 살 때였다. 그는 사람들에게 동전을 하나 달라고 했다. 그러면 휙! 동전이 사라졌다. 마술을 몇 개 더 숙달한 그는 초등학교 교실에서 마술쇼를 열었다. 그리고 기쁘게도 산속에서 열리는 마술 캠프에 참가할 학생으로 선발되었다. 캠프에서 그는 일주일간 전문 마술사에게 마술을 배울 것이었다. 그에게는 제다이 수련 캠프의 현실판처럼 보였다.

이 어린 나이에 트리스탄은 마술의 가장 중요한 사실을 알게 되었다. 그는 훗날 이렇게 설명했다. "마술은 사실 집중력의 한계에 관한 겁니다."[1] 마술사의 일은 (본질적으로는) 우리 주의의 초점을 조종하는 것이다. 사실 그 동전은 사라지지 않았다. 우리의 관심이 다른 데 쏠렸을 때 마술사가 동전을 옮겼기 때문에 우리의 초점이 원래 자리로 돌아왔을 때 깜짝 놀라게 되는 것이다. 마술을 배우는 일은 곧 다른 사람의 주의를 그들도 모르는 사이에 조종하는 방법을 배우는 일이다. 트리스탄은 일단 마술사가 관객의 초점을 통제할 수 있으면 원하는 것은 무엇이든 할 수 있음을 깨달았다. 그가 캠프에서 배운 내용 중 하나는 마술에 얼마나 잘 넘어가느냐가 지능과는 아무 관련이 없다는 것이었다. 훗날 그는 이렇게 말했다. "그보다는 더 미묘한 요소와 관련이 있습니다. 약점과 한계, 맹점, 또는 우리가 갇힌 편견 같은 것들이요."[2]

즉 마술은 인간 정신의 한계를 연구하는 것이다. 사람들은 자신이 주의를 통제한다고 생각한다. 다른 사람이 내 주의를 건드리면 알아챌 거라고, 또 바로 저항할 수 있을 거라고 생각한다. 그러나 현실에서 우리는 잘 속는 고깃덩어리이며, 마술사가 파악할 수 있는 예측 가능한 방식으로 속아 넘어간다.

트리스탄은 마술사들을 점점 잘 알게 되고 결국 세계 최고의 마술사 중 한 명인 데런 브라운Derren Brown과 친구가 되면서, 놀라우면서도 당황스러운 사실을 알게 되었다. 마술사는 우리를 자기 꼭두각시로 만들어버릴 만큼 우리의 주의를 조종할 수 있다. 마술사는 무엇이든 자신이 원하는 대로 만들 수 있는데, 그러는 내내 우리는 본인이 자유의지를 행사하고 있다고 생각한다. 트리스탄이 처음 이 이야기를 했을 때 나는 그의 말이 과장이라고 생각했다. 그러자 트리스탄이 또 다른 마술사 친구인 제임스 브라운James Brown을 소개해주며 자기 말이 무슨 뜻인지 그가 알려줄 거라고 말했다. 예를 하나 들겠다. 제임스는 함께 자리에 앉은 뒤 내게 평범한 카드 한 벌을 보여주었다. 그리고 말했다. 보이죠? 카드 중 일부는 붉은색, 일부는 검은색이고, 전부 섞여 있습니다. 그러고 나서 제임스는 카드의 색깔이 자기 쪽을 향하게 돌렸고, 나는 카드의 내용을 더 이상 볼 수 없었다. 그는 내가 카드 색을 보지 않은 채로 카드를 검은색과 붉은색으로 깔끔하게 나누게 하겠다고 말했다. 누가 봐도 불가능한 일이었다. 카드를 보지도 않고 어떻게 분류한단 말인가?

제임스는 내게 자기 눈을 보라고 말했다. 그리고 오로지 내 자유의지를 이용해 다음 카드를 왼쪽에 놓을지 오른쪽에 놓을지 말하라고 했다. 그래서 나는 대중없고 변덕스럽게 지시를 내렸다. 왼쪽, 왼쪽, 오른쪽… 마지막에 제임스는 포개놓은 카드를 들어

내게 보여주었다. 한쪽에는 붉은색 카드가, 다른 한쪽에는 검은색 카드가 가지런히 쌓여 있었다.

황당했다. 어떻게 이럴 수 있지? 결국 제임스는 자신이 내 선택을 미묘하게 이끌었다고 설명했다. 그리고 다시 한번 재현하면서 이번에는 좀 더 대충 해서 내가 알아차릴 수 있나 보겠다고 말했다. 제임스가 대놓고 알려주어야 했지만, 마침내 나는 알아차렸다. 다음 카드를 어디에 놓을지 고르라고 말할 때 제임스는 자기 눈으로 아주 미세하게 왼쪽 또는 오른쪽을 가리켰고, 나는 매번 무의식적으로 그가 이끄는 선택을 내렸다. 제임스는 모두가 그렇게 한다고 말했다. 나중에 트리스탄은 내게 이것이 바로 마술의 핵심이라고 설명했다. 우리는 사람들을 조종할 수 있고, 사람들은 그 사실을 알지도 못한다. 내가 카드 앞에서 그랬듯이, 사람들은 자신이 자유롭게 선택을 내렸다고 맹세할 것이다.

어느 날 아침, 샌프란시스코의 자기 사무실에서 트리스탄이 내 쪽으로 몸을 기울이고 말했다. "마술사가 어떻게 마술을 할 수 있을까요? 사람들의 강점을 알 필요가 없기 때문이죠. 마술사는 그저 우리의 약점만 알면 됩니다. 사람들은 자기 약점을 얼마나 잘 알고 있을까요?" 내가 내 약점을 잘 알고 있다고 믿고 싶었다. 그러나 트리스탄은 지그시 고개를 저었다. "사람들이 정말로 자기 약점을 잘 안다면 마술은 불가능할 겁니다."

마술사는 이런 약점을 이용해 사람들에게 기쁨과 즐거움을 준다. 어른으로 성장한 트리스탄은 우리의 약점을 파악해 우리를 조종하는 또 다른 집단의 일원이 되었다. 그러나 그들에게는 매우 다른 목표가 있었다.

"백만장자 메이커"

트리스탄이 '설득적 기술 연구소Persuasive Technologies Lab'라는 비밀스러운 장소에서 열리는 강의의 소문을 처음 들은 때는 스탠퍼드 대학의 1학년생이었던 2002년이었다. 소문에 따르면 그곳은 과학자들이 사람들의 행동을 그들이 알지도 못하는 사이에 바꿀 수 있는 기술을 설계하는 곳이었다. 트리스탄은 10대 때 코딩에 푹 빠져 있었고, 이미 애플에서 인턴으로 일하며 오늘날까지 많은 전자기기에서 사용되는 코드를 설계한 경험이 있었다. 알고 보니 화제가 된 이 비밀스러운 강의의 목적은 20세기 동안 다른 사람의 행동을 바꾸는 방법에 관해 과학자들이 알아낸 내용을 전부 이해하고, 학생들이 이러한 설득 형식을 코드에 통합하는 방법을 알아내는 것이었다.

이 강의를 맡은 사람은 B. J. 포그B.J. Fogg라는 이름의 따뜻하고 낙관적인 모르몬교도 행동과학자였다. 그는 매일 강의를 시작하기 전에 폭신한 개구리와 원숭이 인형을 꺼내 학생들에게 소개한 다음 우쿨렐레를 연주했다. 수업을 잠시 쉬거나 마무리하고 싶으면 늘 장난감 실로폰을 쳤다. B. J.는 학생들에게 컴퓨터가 사람보다 훨씬 설득력 있을 수 있다고 설명했다. 그는 컴퓨터가 "인간보다 끈기 있고 익명성을 더 제공할" 수 있으며, "인간이 갈 수 없거나 환영받지 못하는 곳에 갈" 수 있다고 믿었다.[3] 그리고 곧 컴퓨터가 온종일 우리를 끈질기게 설득해 모두의 삶을 바꿀 거라고 확신했다. 이전에 그는 "마인드컨트롤의 심리학"을 다루는 강의를 맡은 적이 있었다.[4] 이번에는 트리스탄과 다른 학생들에게 사람을 조종하고 그들에게 자신이 원하는 행동을 하게 만드는 방법에 관해 지금껏 알려진 수백 가지의 심리학적 통찰과 속임수를 설명하는 책들을 읽게 했다. 그 책들은 보물상자였다. 많은 책이 B. F. 스키너의 철학에 바탕을 두고 있었다. 내가 이전에 알게 되었듯, 스키너는 행동에 적절한 "강화"를 제공해 비둘기와 쥐, 돼지에게 자신이 원하는 것은 무엇이든 시킬 수 있음을 발견한 인물이었다. 수년간 유행에 뒤처져 있던 그의 발상이 다시 엄청난 영향력을 행사하고 있었다.

"그게 제 안의 마술을 일깨웠어요." 트리스탄이 말했다. "이렇게 생각했죠. 우와, 정말로 사람들의 행동을 통제하는 눈에 보이지 않는 규칙들이 있구나. 사람들의 행동을 통제하는 규칙이 있다면, 그게 바로 권력이에요. 마치 아이작 뉴턴이 물리법칙을 발견한 것 같았어요. 누군가가 내게 코드를 보여준 것 같았죠. 사람들에게 영향을 미치는 방법에 관한 코드요. 주말에 학교 도서관에 앉아 이 책들을 읽으며 격하게 밑줄을 치던 생각이 나요. 그때 저는 이렇게 생각했어요. 맙소사, 정말로 이럴 수 있다니 믿기지가 않아." 트리스탄은 자신이 완전히 흥분에 도취되었었다며 이렇게 말했다. "솔직히 말하면 그때 제 머릿속에서는 아직 윤리의 경종이 울리지 않았던 것 같아요."

수업 중에 트리스탄은 마이크 크리거Mike Krieger라는 이름의 청년과 팀을 이뤄 앱을 설계하는 과제를 했다. 그는 전부터 계절성 정서 장애라는 개념에 대해 생각해오고 있었다. 계절성 정서 장애란 오랫동안 음울한 날씨가 이어지면 쉽게 우울해지는 상태를 의미한다. 두 사람은 기술이 어떻게 계절성 정서 장애를 완화할 수 있을지 고민했다. 그리고 '햇빛 보내기Send the Sunshine'라는 이름의 앱을 구상했다. 두 친구는 이 앱을 통해 서로 연결되기로 선택할 수 있고, 앱은 두 사람의 위치와 그곳의 온라인 기상 예보를 추적할 수 있었다. 친구에게는 햇빛이 부족하고 나에게는 어느 정도 햇빛이 있다는 사실을 앱이 알게 되면, 앱은 나에게 태양 사진을 찍어 친구에게 전송하라는 알림을 보냈다. 이 앱은 누군가가 나를 신경 쓴다는 사실을 알려주었고 내 쪽으로 햇빛을 보내주었다. 다정하고 단순했으며, 마이크와 케빈 시스트롬Kevin Systrom이라는 다른 수강생이 온라인 사진 공유의 힘에 대해 생각하게 하는 원동력이 되었다. 이들은 이미 B. F. 스키너에게서 얻은 이 수업의 다른 핵심 교훈, 즉 즉각적인 강화 요소가 필요하다는 생각을 하고 있었다. 사용자의 행동을 끌어내고 싶으면 사용자가 즉시 '하트'와 '좋아요'를 받을 수 있게 해야 한다. 두 사람은 이러한 원칙들을 이용해 새로운 앱을 출시했다. 그리고 인스타그램이라는 이름을 붙였다.

이 강의는 B. J.가 가르친 기술을 이용해 사람들의 삶의 방식을 바꾸려는 학생들로 가득했고, B. J.는 순식간에 "백만장자 메이커"라는 별명을 얻었다.[5] 그러나 무언가가 트리스탄의 마음을 불편하게 만들기 시작했다. 얼마 지나지 않아 그는 자신이 이메일을 강박적으로 확인하고 있다는 사실을 알아차렸다. 그는 아무 생각 없이 메일을 확인하고 또 확인했고, 집중할 수 있는 시간이 줄어들었음을 느꼈다. 그리고 자신이 사용하던 이메일 앱이 "수많은 장치 위에서 작동하고, 매우 강력하고, 짜증 나고, 심한 스트레스를 주고, 사람들 삶의 엄청난 시간을 망친다는 것"을 깨달았다고 말했다. 그는 설득적 기술 연구소에서 사람들을 조종하는 방법을 배웠지만, '나도 다른 기술 설계자들에게 조종당하고 있는 걸까?'라는 난처한 질문을 던지게 되었다. 그 설계자들이 어떻게 자신을 조종하고 있는지는 알지 못했지만, 이 상황에 이상함을 느끼기 시작했다. B. J.는 학생들에게 이러한 힘을 선한 목적으로만 사용해야 한다고 가르쳤고, 학기 내내 학생들이 이런 윤리적 문제로 토론을 벌이게 했다. 그러나 트리스탄은 의문을 품기 시작했다. 이 비밀, 이 코드가, 현실에서 정말 윤리적으로 사용되고 있을까?

어떻게 하면 20억 명의 주의를 빼앗을 수 있을까

트리스탄이 참석한 마지막 수업에서 학생들은 설득적 기술이 미래에 어떻게 사용될 수 있을지 논의했다. 한 그룹이 눈길을 끄는 계획을 내놓았다. 그들은 이렇게 물었다. '미래에 지구에 사는 모든 사람의 프로필을 수집할 수 있다면 어떻게 될까?'[6] 설계자는 사람들이 소셜미디어에 제공하는 모든 정보를 추적해 자세한 프로필을 만들 수 있었다. 그 프로필은 젠더나 나이, 관심사 같은 단순한 정보가 아니라 더 심오한 것이었다. 그것은 사람들의 성격과 기질, 그들을 설득하는 가장 좋은 방법을 알아내는 심리학적 프로필이 될 터였다. 그 프로필은 사용자가 낙천주의자인지 비관주의자인지, 새로운 경험에 개방적인지, 과거의 향수에 잘 빠지는지를 알아낼 것이다. 사람들이 가진 수십 가지의 특성을 파악할 것이다.

이 수업은 소리 내어 물었다. 만약 사람들에 대해 그만큼 많이 알게 된다면 어떻게 그들을 겨냥할 수 있을까? 어떻게 하면 그들을 변화시킬 수 있을까? 정치인이나 기업이 사람들을 설득하고 싶으면 소셜미디어 기업에 대가를 지불하고 한 사람 한 사람을 정확히 겨냥해 자신들의 메시지를 전달할 수 있었다. 새로운 아이디어의 탄생이었다. 몇 년 뒤 도널드 트럼프의 선거 캠프에서 케임브리지 애널리티카Cambridge Analytica라는 기업에 돈을 주고 정확히 그 일을 벌였다는 사실이 밝혀졌을 때, 트리스탄은 스탠퍼드에서의 마지막 수업을 떠올렸을 것이다. "그 수업을 듣고 기겁을 했어요." 트리스탄이 말했다. "그때 이렇게 말했던 게 기억나요. 이거 완전 걱정스러운데."

그러나 트리스탄은 선한 일을 할 수 있는 기술의 힘을 깊이 믿었다. 그래서 스탠퍼드에서 배운 내용을 이용해 딱 봐도 좋은 목적을 가진 앱을 설계했다. 그는 웹이 주의력을 뜯어내는 여러 방식 중 하나를 멈추고자 했다. 예를 들어 당신이 CNN 홈페이지에 들어간다고 해보자. 당신은 잘 모르는 주제인 북아일랜드에 관한 뉴스 기사를 읽기 시작한다. 보통은 새로운 창을 열고 정보를 구글링하기 시작할 것이다. 그리고 자기도 모르는 사이 토끼굴에 빠지고, 완전히 다른 주제의 기사와 영상(보통은 피아노를 연주하는 고양이) 속에서 길을 잃었다가 30분 후에 빠져나올 것이다. 트리스탄의 앱은 이런 상황에서 다르게 행동할 수 있도록 설계되었다. 어느 문구(예를 들어 '북아일랜드')를 드래그하면 단순한 팝업창이 하나 떠서 그 주제를 짧게 요약한 정보를 보여주는 것이다. 홈페이지에서 다른 것을 클릭할 필요도 없고, 토끼굴에 빠지지도 않는다. 우리의 주의력은 지켜진다. 이 앱은 성과를 냈다. 〈뉴욕타임스〉를 비롯한 수천 개의 웹사이트에서 사용되기 시작했고, 얼마 지나지 않아 구글에서 앱 전체를 구매하겠으며 트리스탄과 함께 일하고 싶다는 엄청난 제안을 보내왔다. 그러면 트리스탄이 자신의 앱을 구글의 웹 브라우저인 크롬Chrome에 통합할 수 있고, 사람들이 덜 산만해지게 만들 수 있다는 뜻이었다. 트리스탄은 기회를 붙잡았다.

그는 2011년이라는 역사의 한순간에 구글에서 일한다는 사실이 어떤 의미였는지를 전달하기가 쉽지 않다고 생각한다. 당시 구글은(트리스탄은 팰로앨토에 있는 구글 본부인 구글플렉스에서 일했다) 매일 10억 명의 사람들이 세상을 헤쳐 나가는 방법을, 그들이 무엇을 보고 무엇을 보지 않을지를 끊임없이 재구성하고 있었다. 훗날 트리스탄은 한 청중에게 이렇게 말했다. "어느 방에 걸어 들어간다고 생각해보세요. 그 방은 제어실인데, 100명 정도 되는 한 무리의 사람들이 작은 다이얼이 달린 책상 위로 고개를 숙이고 있어요. 바로 이 제어실이 10억 명의 생각과 감정을 결정해요. 공상 과학 소설처럼 들리겠지만 이런 곳이 지금도 실제로 존재해요. 제가 이걸 아는 건, 저도 그런 제어실 중 한곳에서 일했기 때문이에요."[7]

한동안 트리스탄은 구글의 이메일 시스템인 지메일Gmail 개발 작업에 투입되었다. 그를 통제 불가능하게 만들었던 앱, 그가 자신이 알지 못하는 교묘한 기술이 사용되고 있을지 모른다고 의심했던 바로 그 앱이었다. 심지어 이 앱을 직접 개발하고 있을 때에도 그는 강박적으로 이메일을 확인하며 집중력을 잃었고, 새로운 메시지를 확인할 때마다 원래 집중하던 내용으로 돌아가는 데 오랜 시간이 걸린다는 사실을 인지했다. 그는 어떻게 하면 우리의 집중력에 공격을 퍼붓지 않는 이메일 시스템을 설계할 수 있을지 고심하기 시작했다. 그러나 이 아이디어를 동료들과 논의하려 할 때마다 대화가 이어지지 않고 끊기곤 했다. 곧 그는 구글에서 성공이 주로 '참여도engagement'로 측정된다는 사실을 알게 되었는데, 참여도는 사용자의 시선이 상품에 머문 시간으로 정의되었다. 참여도가 높으면 좋은 것, 참여도가 낮으면 나쁜 것이었다. 이유는 단순했다. 사람들이 핸드폰을 더 오래 들여다볼수록 그들이 보는 광고도 많아지고, 그만큼 구글이 버는 돈도 늘어난다. 트리스탄의 동료들은 저마다 기술의 방해와 씨름하는 점잖은 사람들이었지만 구글의 유인책은 한쪽 방향으로만 나아가는 듯했다. 구글의 직원은 언제나 최대한 많은 사람을 '참여'시키는 상품을 개발해야 하는데, 참여는 더 많은 수익을, 이탈은 더 적은 수익을 의미하기 때문이다.

시간이 갈수록 트리스탄은 구글을 비롯한 거대 테크 기업들이 아무렇지 않게 10억 명 인구의 주의력을 좀먹고 있다는 사실에 충격을 받았다. 어느 날 그는 한 엔지니어가 신이 나서 하는 말을 들었을 것이다. "이메일이 올 때마다 핸드폰이 울리게 하면 어때?"[8] 모두가 전율했을 것이다. 그리고 몇 주 뒤 전 세계의 핸드폰이 주머니 속에서 울리기 시작했고, 점점 더 많은 사람이 지메일을 전보다 더 들여다보게 되었다. 엔지니어들은 늘 사람들의 시선을 프로그램에 끌어와 붙잡아둘 방법을 찾아 헤맸다. 트리스탄은 엔지니어들이 사람들의 삶을 방해하는 요소를 더 많이 제안하고(더 많은 진동과 더 많은 알림, 더 많은 술수) 그에 대해 축하받는 모습을 매일 지켜보았을 것이다.

구글과 지메일의 사용자가 급증하면서, 트리스탄은 동료들에게 묻기 시작했다. "어떻게 하면 20억 명의 마음을 윤리적으로 설득할 수 있을까요? 어떻게 하면 20억 명의 주의력을 윤리적으로 조직할 수 있을까요?" 그러나 그는 구글이 그저 "어떻게 하면 사람들을 더 많이 참여시킬 수 있을까?"라는 질문만 하도록 대다수 직원을 몰아가고 있다는 사실을 발견했다.[9] 참여도가 높다는 말은 곧 집중력을 더 많이 빨아들이고 사람들을 더 많이 방해한다는 뜻이었다. 이러한 상황은 계속 이어졌고, 매주 더 나은 기술이 개발되었다. 함께 샌프란시스코를 걷고 있던 어느 날 트리스탄이 말했다. "바깥에서 보면 상황이 무척 나빠 보이죠. 그런데 안에서 보면 상황은 훨씬 더 나빠요." 트리스탄은 깨닫기 시작했다. 집중하지 못하는 것은 우리의 잘못이 아니다. 디자인 때문이다. 우리의 산만함은 그들의 연료다.

지메일 팀에서 강도 높게 일한 뒤, 트리스탄은 구글이 사람들의 집중력에 무슨 짓을 하고 있는지 질문하는 문제에 관해 "대화가 이뤄지지 않"는다는 사실을 알게 되었다. 그는 실리콘밸리 전역에서 일하고 있는 친구들을 만났고, 친구들이 일하는 거의 모든 회사에서 우리의 집중력을 강탈하려 하고 있었다. 트리스탄이 말했다. "지난 몇 년간 정말로 우려되기 시작한 것은, 처음에는 더 나은 세상을 만들 수 있다는 생각으로 이 업계에 들어온 친구들이 [이제는] 인간 본성을 조종하는 군비 경쟁에 휘말려 있다는 거예요."

트리스탄이 내놓을 수 있는 수십 가지 사례 중 하나를 들자면, 그의 친구인 마이크와 케빈은 인스타그램을 출시하고 얼마 지나지 않아 "필터를 추가했"다. "그게 쿨한 거였으니까요. 필터를 사용하면 사진을 찍자마자 더 아름답게 만들 수 있었죠." 여기서부터 누가 "사진을 더 잘 미화하는 필터를 제공"할 수 있는지를 두고 스냅챗 등의 기업과 경쟁이 시작될 것이며, 그 결과 사람들이 자기 몸을 바라보는 방식이 크게 바뀌어서 오늘날 앱의 필터와 비슷해 보이기 위해 성형수술을 하는 사람들이 나타나리라는 생각을 그들은 하지 못했을 거라고, 트리스탄은 확신한다. 그는 친구들이 일으킨 변화가 그들이 예측하거나 통제할 수 없는 방식으로 세상을 변화시키는 광경을 보았다. 그가 말했다. "기술을 설계하는 방식에 세심한 주의를 기울여야 하는 이유는, 설계자들이 그 매체에 온 세상을 밀어 넣으면 다른 한쪽에서 완전히 다른 세상이 나오기 때문이에요."

그러나 트리스탄은 이러한 변화를 불러일으키는 기구의 중심에 있었고, 제어실의 닫힌 문 뒤에서 다이얼이 최대로 설정되는 모습을 보았다.

구글플렉스의 한복판에서 몇 년을 보낸 트리스탄은 더 이상 참을 수 없었고, 회사를 그만두기로 마음먹었다. 그는 마지막 의사표시로서 슬라이드쇼를 준비해 동료들에게 이 문제를 생각해보자고 호소했다. 첫 번째 슬라이드에는 이렇게만 쓰여 있었다. "저는 우리가 세상을 더 산만하게 만들고 있다는 사실이 우려됩니다." 그는 다음과 같이 설명했다. "산만함은 제게 중요한 문제입니다. 시간은 우리가 삶에서 전부니까요… 그런데 이곳에서는 수많은 시간이 불가사의하게 사라집니다." 그는 지메일의 수신함 사진을 보여주었다. "피드도 막대한 양의 시간을 삼켜버립니다." 그는 페이스북 피드 사진을 보여주었다. 그리고 미국의 13세 이상 17세 이하 어린이들이 깨어 있는 동안 문자 메시지를 평균 6분에 한 개씩 보낸다는 사실을 언급하며 구글(을 비롯한 다른 기업)이 의도치 않게 "우리 아이들의 집중력을 파괴"하고 있다는 사실이 우려된다고 말했다. 그는 사람들이 "끊임없이 핸드폰을 확인하는 트레드밀" 위에서 살아가고 있다고 경고했다.[10]

트리스탄은 질문했다. 우리는 이러한 방해 요소가 명료하게 사고하고 집중하는 능력을 떨어트린다는 사실을 안다. 그런데 왜 방해 요소를 더욱 늘리고 있는가? 왜 사람들을 더 방해할 방법을 끊임없이 찾고 있는가? "생각해봅시다." 그가 동료들에게 말했다. "우리는 이 상황을 바로잡아야 한다는 막대한 책임감을 느껴야 합니다." 모든 인간에게는 타고난 취약점이 있다. 구글은 악의적인 마술사처럼 그러한 취약점을 이용하는 것이 아니라 취약점을 존중해야 한다. 트리스탄은 그 시작점으로 몇 가지 소소한 변화를 제안했다. 새 이메일이 올 때마다 알림을 보내는 대신 전부 묶어서 하루에 한 번 알림을 보낼 수 있다. 그러면 24시간 뉴스를 끊임없이 확인하는 게 아니라 아침에 신문 한 종을 읽는 것과 같을 것이다. 친구가 올린 새 사진을 클릭하라고 사용자를 유도할 때마다 사진을 클릭하는 사람은 평균 20분이 지난 후에야 원래 하던 일로 돌아간다는 사실을 (같은 화면 위에서) 경고할 수 있다. 사진을 보는 데 몇 초밖에 안 걸릴 거라고 생각하겠지만 사실은 그렇지 않다는 것을 그들에게 알려줄 수 있다.

트리스탄은 집중을 심각하게 방해할 요소를 클릭할 때마다 사용자에게 잠시 멈추고 확인할 기회를 주자고 제안했다. 정말 이걸 하고 싶습니까? 이것이 얼마나 많은 시간을 빼앗아갈지 아십니까? 그는 "인간은 잠시 멈추고 생각을 할 때 다른 결정을 내립니다"라고 말했다.

트리스탄은 동료들에게 그들이 매일 내리는 결정의 무게감을 알려주려 애쓰고 있었다. "우리는 사람들의 삶을 방해하는 요소를 매일 110억 개 이상 구현합니다. 이건 말이 안 돼요!" 그는 구글플렉스에 앉아 있는 사람들이 전 세계의 핸드폰 알림 중 50퍼센트 이상을 제어한다고 설명했다. "우리가 일으키고 있는 군비 경쟁 때문에 기업들이 사람들의 시간을 빼앗을 이유가 더 많아지고 있습니다. 이 사실이 일상의 침묵과 사고력을 파괴하고 있습니다." 그는 물었다. "우리가 사람들에게 무슨 짓을 하고 있는지, 우리는 정말로 인지하고 있습니까?"

거의 제정신이 아니라 할 만큼 대담한 행동이었다. 세상을 바꾸고 있는 기구의 심장부에서, 똑똑하고 재능 있지만 아직 29살인 낮은 직급의 엔지니어가, 회사 전체의 방향에 대놓고 이의를 제기하고 있었다. 이건 마치 1975년에 엑손모빌ExxonMobil의 한 하급 간부가 전 직원 앞에서 녹고 있는 북극 빙하 사진을 보여주며 자신들 때문에 지구온난화가 발생하고 있다고 말하는 것이나 다름없었다. 실리콘밸리에서 일하는 모두가 구글에 입사해 위로 올라서려고 앞다투어 경쟁하고 있었다. 그러나 영원히 구글에서 일하며 큰돈을 벌 수 있었던 트리스탄은 자기 직업의 사망 진단서라 할 수 있는 것을 작성하고 있었다. 누군가가 어딘가에서는 이 말을 해야 한다고 믿었기 때문이었다.

트리스탄은 이 슬라이드쇼를 동료들과 공유한 뒤 힘없이 귀가했다. 그런데 뜻밖의 일이 벌어졌다.

시간이 흐를수록 점점 더 많은 구글 직원이 트리스탄의 슬라이드쇼를 공유했다. 다음 날, 그의 슬라이드쇼에 열광하는 동료들의 메시지가 밀려들었다. 알고 보니 그가 잠재된 분위기를 건드린 것이었다. 이러한 상품을 직접 설계한다고 해서 다른 사람보다 이 상품에 덜 중독되는 것은 아니다. 구글플렉스의 직원들도 방해 요소의 쓰나미가 자신에게 밀려드는 것을 느낄 수 있었다. 그들도 자신이 세상에 무슨 일을 벌이고 있는지 진지한 대화를 나누고 싶어 했다. 특히 직원들은 트리스탄이 제기한 다음 질문에 이끌렸다. '우리가 스트레스를 최소화하고 차분한 정신 상태를 만드는 방향으로 [우리의 상품을] 설계한다면 어떻게 될까요?'

반발도 어느 정도 있었다. 동료 몇 명은 신기술이 나올 때마다 그 기술이 세상을 망칠 거라고들 말하는 공황 상태가 발생한다고 말했다. 어쨌거나 소크라테스도 기록이 사람들의 기억력을 파괴할 거라고 말했으니까. 우리는 종이책에서 텔레비전에 이르는 모든 신기술이 젊은이들의 정신을 망가뜨릴 것이라는 말을 들었지만, 오늘날 우리는 이렇게 잘 있고 세상은 살아남았다. 또 다른 동료들은 자유지상주의적 관점에서 트리스탄의 제안이 정부 규제를 초래할 것이라 말했다. 그들이 보기에 이러한 규제는 사이버 공간의 정신에 반하는 행동이었다.

이 슬라이드쇼가 구글 내부에 어찌나 큰 소란을 일으켰는지, 트리스탄은 오로지 그를 위해 마련된 특별한 직위를 맡아달라는 요청을 받았다. 구글이 그에게 자사 최초의 "설계 윤리학자" 역할을 제안한 것이다. 트리스탄은 열광했다. (사람들이 귀 기울이게 할 수만 있다면) 막대한 변화를 일으킬 수 있는 곳에서 우리 시대의 가장 어려운 문제들을 숙고할 기회였다. 처음으로 그는 낙관적인 기분을 느꼈다. 이 새로운 직위 발령이 구글이 이 문제를 진심으로 탐구하려 한다는 의미라고 생각했다. 그는 동료 직원들이 이 문제에 열의를 보인다는 것을 알았고, 상사들의 선의를 믿었다.

트리스탄은 책상 하나를 배정받았고, 그곳에서 사실상 생각만

하면 되었다. 그래서 그는 많은 것들이 미치는 영향을 조사하기 시작했다. 예를 들어 그는 스냅챗이 10대를 사로잡는 방식을 살펴보았다. 스냅챗에는 '스트릭streak'이라는 기능이 있는데, 이 기능을 통해 (거의 언제나 10대인) 두 친구는 매일 연락을 주고받는다. 이렇게 매일 연락이 이어지면 스트릭도 길어지기 때문에, 사람들은 200일이나 300일, 400일까지 스트릭을 늘리려 하고, 이 스트릭은 이모티콘으로 가득한 화사한 색감의 화면 위에 표시된다. 하루라도 연락을 빼먹으면 스트릭은 다시 0으로 돌아간다. 사회적으로 연결되고자 하는 10대의 욕망을 이용해 아이들을 중독시키는 완벽한 방법이다. 스트릭을 늘리기 위해 매일 스냅챗을 열면, 보통 몇 시간이나 스크롤을 내리며 앱에 빠져들게 된다.

그러나 구글의 상품이 사람들의 삶을 덜 방해할 수 있는 구체적인 제안을 떠올리고 상사 앞에서 발표할 때마다, 트리스탄은 사실상 이런 반응을 들었다. "이건 어려워, 이건 너무 복잡해, 이건 우리 수지 타산에 안 맞아."[11] 트리스탄은 자신이 핵심 모순에 부딪히고 있음을 깨달았다. 이 기업들은 사람들이 핸드폰을 더 오래 들여다볼수록 더 많은 돈을 벌었다. 그게 전부였다. 실리콘밸리에서 일하는 이들은 사람들의 집중 시간을 끝장내려고 전자기기나 웹사이트를 설계한 것이 아니었다. 이들은 혼란을 심고 우리를 멍청하게 만들려는 조커가 아니다. 이들도 명상과 요가에 많은 시간을 쓴다. 자신이 설계하는 웹사이트와 전자기기를 자녀가 사용하지 못하게 하거나, 아이들을 전자기기 없는 몬테소리 학교에 보내기도 한다. 그러나 이들의 사업 모델은 사회 전체의 집중 시간을 장악해야만 성공을 거둘 수 있다. 엑손모빌이 고의로 북극의 빙하를 녹이려 하는 것이 아니듯, 집중력 파괴도 이들의 목표가 아니다. 그러나 집중력 파괴는 현 사업 모델의 불가피한 결과다.

트리스탄이 이런 부정적인 영향을 경고했을 때 구글의 대다수 직원이 공감하고 동의를 표했다. 그러나 대안을 제시하면 대화 주제를 바꾸었다. 이게 얼마나 큰돈이 걸린 문제인지 알려드리자면, 구글의 창립자 중 한 명인 래리 페이지Larry Page의 개인 재산은 1020억 달러이고, 그의 동료인 세르게이 브린Sergey Brin의 개인 재산은 990억 달러이며, 이들의 동료인 에릭 슈미트Eric Schmidt의 개인 재산은 207억 달러다. 이 돈은 구글의 기업 자산과 별개이며, 이 글을 쓰는 지금 구글의 자산은 1조 달러에 달한다. 이 세 남자의 재산을 합치면 석유 부호국인 쿠웨이트의 전 국민 재산과 건물, 은행 예금을 전부 합친 금액과 비슷하며, 구글의 자산은 대략 멕시코나 인도네시아의 전체 자산과 비슷하다. 이들에게 사람들을 산만하게 만들지 말라고 말하는 것은 석유 기업에 석유를 시추하지 말라고 하는 것과 같았다. 즉, 이들은 그런 말을 듣고 싶어 하지 않았다. 트리스탄은 사람들의 집중력을 개선할 "윤리적 결정을 내릴 수조차 없"음을 깨달았다. "왜냐하면 사업 모델과 유인책이 대신 결정을 내려주고 있기 때문입니다."[12] 몇 년 후 그는 미국 상원에서 이렇게 진술했다. "제가 실패한 이유는 [현재로서는] 기업들이 변화할 적절한 유인책이 없기 때문입니다."[13]

트리스탄은 설계 윤리학자로 2년을 일했다. 훗날 그는 한 청중에게 회사를 그만둘 무렵 "완전히 절망했"다고 말했다. "말 그대로 출근해서 종일 위키피디아를 읽고 이메일을 확인하고 아무 아이디어도 떠올리지 못하던 날들이 있었습니다. 관심경제 같은 막대한 힘과 그 왜곡된 유인책을 한번 알게 되면 이렇게 생각하게 됩니다. 이렇게 거대한 시스템을 어떻게 바꿀 수 있지? 정말로 절망적이었어요. 우울했습니다."[14] 그래서 결국 그는 구글을 그만두고 내게 한 말처럼 "모든 것이 주의를 차지하려는 경쟁"인 실리콘밸리로 나섰다. 그 외롭던 시간에 그는 우울해하고 방황하던 또 다른 사람, 자신이 당신과 나와 우리가 아는 모든 이에게 한 행동에 죄책감을 느끼던 사람과 팀을 이루려 하고 있었다.

무한 스크롤 속에서 사라지는 시간

여러분은 아마 아자 래스킨Aza Raskin의 이름을 들어본 적 없을 테지만, 그는 우리의 삶에 직접 개입해왔다. 실제로 그는 우리가 오늘 시간을 어떻게 보내느냐에도 영향을 미칠 것이다. 아자는 실리콘밸리의 최고 엘리트 집단에서 성장했다. 자신들이 세상을 더 나은 곳으로 만들고 있다는 확신이 절정에 달했을 때였다. 그의 아버지는 스티브 잡스Steve Jobs와 함께 애플 매킨토시를 개발한 제프 래스킨Jef Raskin이었는데, 그가 매킨토시를 만들 때 중심에 둔 원칙은 사용자의 주의력이 신성하다는 점이었다. 제프는 기술의 책무가 사람들을 고양해 더 높은 목표를 성취하게 만드는 것이라고 믿었다. 그는 아들에게 이렇게 가르쳤다. "기술의 목적이 뭘까? 우리는 왜 기술을 만들까? 우리가 기술을 만드는 이유는 기술이 우리 안의 가장 인간적인 면을 끌어내 확장하기 때문이야. 그게 붓의 목적이야. 첼로도 그렇고, 언어도 그래. 이 기술들은 전부 우리 안의 어떤 면을 넓혀줘. 기술은 우리를 초인으로 만들어주는 게 아냐. 우리를 더욱더 인간적으로 만들어주는 거지."[15]

아자는 조숙한 어린 코더가 되었고, 열 살 때 처음으로 사용자 인터페이스에 대한 강연을 했다. 20대 초반이 되었을 무렵에는 최전선에서 최초의 인터넷 브라우저를 설계하고 있었고, 파이어폭스Firefox의 크리에이티브 책임자였다. 그는 업무의 일환으로 웹의 작동 방식을 뚜렷하게 바꿔놓은 기능을 설계했다. 그 기능의 이름은 '무한 스크롤'이었다. 나이가 있는 독자는 인터넷이 여러 페이지로 나뉘어 있었던 시절을 기억할 것이다. 그때는 한 페이지의 맨 밑에 도착하면 버튼을 클릭해서 다음 페이지로 넘어가야 했다. 적극적인 선택이었다. 이 버튼은 잠시 멈추고 생각할 시간을 주었다. 내가 계속해서 이걸 보고 싶은가? 아자는 더 이상 이 질문이 필요 없는 코드를 설계했다. 페이스북을 열었다고 상상해보자. 우리가 읽을 상당한 양의 상태 업데이트가 다운로드된다. 손가락을 움직여 아래로 스크롤을 내린다. 그러다 맨 밑에 도착하면 상당한 양의 내용이 또다시 자동으로 다운로드된다. 다시 맨 밑에 도착하면 엄청난 양이 또다시 알아서 다운로드되고, 그렇게 영원히 이어진다. 절대로 끝을 볼 수 없다. 스크롤은 무한히 계속된다.

아자는 자신의 설계가 자랑스러웠다. "처음에는 정말 좋은 발명처럼 보여요." 그가 말했다. 그는 자신이 모두의 삶을 더 손쉽게 만들고 있다고 믿었다. 접근의 속도와 효율이 높아지는 일은 늘 진보라고 배워왔다. 그의 발명은 순식간에 인터넷 전체로 퍼졌다. 오늘날 모든 소셜미디어와 수많은 웹사이트가 무한 스크롤의 한 형태를 사용한다. 그러나 그때 아자는 주위 사람들이 변하는 모습을 목격했다. 사람들은 끊임없이 화면을 내리며 전자기기에서 손을 떼지 못했다. 어느 정도는 그가 설계한 코드 때문이었다. 아자 본인도 끝없이 스크롤을 내리다 나중에야 자신이 본 내용이 쓸데없는 정보임을 깨닫곤 했고, 자신이 인생을 잘 살고 있는 것인지 고민했다.

32살이었던 어느 날, 아자는 자리에 앉아 계산 하나를 했다. 보수적으로 추산하면 무한 스크롤은 트위터 같은 웹사이트에서 시간을 50퍼센트 더 많이 보내게 만든다[16](아자는 이 시간이 훨씬 더 길어지는 사람도 많으리라 생각한다). 그는 낮게 어림잡은 이 수치를 이용해, 수십억 명이 여러 소셜미디어에서 시간을 50퍼센트 더 많이 보낸다는 것이 사실상 어떤 의미인지 알아내고자 했다. 계산을 마친 그는 총합을 멍하니 바라보았다. 그가 발명한 기능의 결과로, 총 20만 명이 넘는 인간의 삶(태어나서 죽기까지의 모든 순간)이 매일 화면을 스크롤 하는 데 쓰이고 있다. 이 시간들은 무한 스크롤이 없었다면 다른 활동에 쓰였을 것이었다.

내게 이 이야기를 할 때도 여전히 그는 다소 아득한 듯 보였다. "이 시간이 그냥 사라져버리는 겁니다. 인생 전체가 휙 하고 사라져요. 이 시간을 기후위기 해결에 썼을 수도 있고, 가족과 함께하거나 사회적 유대감을 강화하는 데 썼을 수도 있어요. 그게 뭐든 더 좋은 삶을 사는 데 쓸 수 있었죠. 이건 그냥…" 그는 말끝을 흐렸다. 나는 내 어린 대자인 애덤과 그의 10대 친구들이 스크롤을 내리고 내리고 또 내리는 모습을 떠올렸다.

아자는 "자신이 더러워진 것 같은 기분"이라고 말했다. "우리가 하는 이 일들은 실제로 세상을 바꿀 수 있습니다. 그렇다면 즉시 다음과 같은 질문이 따라옵니다. 우리는 어떤 식으로 세상을 바꿨지?" 그는 사용하기 더 쉬운 기술을 만드는 일이 곧 세상을 더 낫게 만드는 일이라고 생각했음을 깨달았다. 그리고 이렇게 생각하기 시작했다. "설계자와 기술 전문가로서 얻은 가장 큰 배움 중 하나는, 무언가를 사용하기 쉽게 만드는 것이 꼭 인간성에도 좋은 건 아니라는 거예요." 그는 돌아가신 아버지와, 더 나은 사람이 될 자유를 주는 기술을 만들고자 노력했던 아버지의 헌신을 생각했다. 그리고 자신이 아버지의 비전에 따라 살고 있는지 자문했다. 그는 실리콘밸리에서 일하는 자기 세대의 기술자들이 사실은 "우리를 찢고 해체하고 부수는 기술을 만들고 있"는 것은 아닌지 묻기 시작했다.

아자는 무한 스크롤과 유사한 기능을 계속 설계했고, 갈수록 마음이 불편해졌다. 그는 "제 심장이 쿵 떨어진 건 우리가 이 일에서 점점 성공을 거두고 있을 무렵이었어요"라고 말했다. 그는 소셜미디어 사용이 늘면서 사람들이 공감 능력을 잃고 화와 적대감을 더 많이 표출한다고 느꼈다. 당시 그는 포스트소셜Post-Social이라는 이름의 앱을 설계해서 운영하고 있었다. 포스트소셜은 사람들이 전자기기를 내려놓고 현실에서 더 많이 교류할 수 있도록 돕는 소셜미디어 웹사이트였다. 그는 다음 개발 단계로 넘어가기 위해 자금을 모으려 하고 있었는데, 모든 투자자가 알고 싶어 하는 정보는 오로지 '이 앱으로 사람들의 주의를 얼마나 많이, 얼마나 자주, 하루에 몇 번이나 사로잡을 것인가?'였다. 아자는 어떻게 하면 사람들의 시간을 빨아먹을지만 고민하는 그런 사람이 되고 싶지 않았다. 그러나 "우리가 맞서 싸우려 애쓰던 모든 것으로 우리 상품을 다시 잡아당기는 중력을 느낄 수 있었"다.

그 아래에 깔린 시스템의 논리가 아자의 눈에는 훤히 들여다보였다. 실리콘밸리는 자신들에게 "중대하고 고매한 목표"가 있다고 선전한다. "그 목표가 온 세상 사람을 연결하는 거든 뭐든 간에요. 하지만 매일 하는 일을 보면 그 목표는 그저 사용자 수를 늘리는 거예요." 사실 그들이 파는 것은 사람들의 주의를 붙드는 능력이다. 이 문제를 논의하려 하면 아자는 노골적인 거부에 부딪혔다. "우리가 빵을 굽고 있었다고 해봅시다." 그가 말했다. "우리에겐 엄청나게 멋진 빵이 있었어요. 비밀스러운 재료로 만든 빵이었죠. 그런데 갑자기 우리가 전 세계에 빵을 무료로 나눠주고 있고, 모두가 그 빵을 먹고 있는 거예요. 그때 함께 일하는 과학자 중 한 명이 다가와서 이렇게 말하는 거죠. 그나저나 이 비밀스러운 재료가 암을 유발하는 것 같습니다. 그러면 어떻게 할까요? 아마 대부분 이렇게 말할 겁니다. 그럴 리가 없어요. 연구가 더 필요해요. 아마 사람들이 다른 데서 하는 행동 때문일 거예요. 다른 요인 때문일 거라고요."

아자는 이 산업의 전 영역에서 비슷한 위기를 겪고 있는 사람을 계속해서 만났다. "무척 힘든 시기를 보내는 사람들을 많이 목격했습니다." 그는 실리콘밸리에서 일하는 이들이 자신이 만든 결과물에 이용당하다가 거기서 벗어나려 애쓰는 모습을 지켜보았다. 나는 이처럼 반대 의사를 표하는 사람을 여럿 만나면서 이들의 나이가 정말 어리다는 생각을 했다. 장난감을 직접 개발한 뒤 그 장난감이 세상을 정복하는 모습을 바라보는 어린아이들처럼 보였다. 모두가 자신이 개발한 프로그램에 저항하려고 앞다투어 명상을 하고 있었다. 아자는 다음과 같은 사실을 깨달았다. "아이러니 중 하나는, 비반응적인 의사 결정을 내릴 수 있도록 정신적 공간을 마련하는 마음챙김 워크숍이 페이스북과 구글에서 무척이나 인기를 끈다는 겁니다. 그들이 바로 이 세상이 마음을 챙길 수 없게 하는 가장 큰 가해자인데 말이죠."

목소리를 내기 시작한 트리스탄과 아자는 카산드라보다 더하다는 조롱을 받았다. 그러나 그때 실리콘밸리 전역에서 현재 우리가 사는 세상을 구축해온 사람들이 차례로 자신도 비슷한 감정을 느낀다고 공개 선언하기 시작했다. 예를 들어 페이스북의 초창기 투자자 중 한 명인 숀 파커Sean Parker는 청중 앞에서 페이스북의 제작자들이 처음부터 "어떻게 하면 사람들의 시간과 주의력을 가능한 한 많이 소비할 수 있지?"라는 질문을 던졌다고 말했다. "이들이 사용한 기술은 정확히 저 같은 해커가 떠올릴 법한 것이었습니다. 인간 심리의 취약한 부분을 이용하는 거니까요… 투자자와 제작자, 그러니까 저와 마크 [저커버그], 인스타그램을 만든 케빈 시스트롬은 전부 이 사실을 잘 알고 있었어요. 그런데도 계속 밀고 나갔고요." 그는 덧붙였다. "이 기술이 우리 아이들의 뇌에 어떤 영향을 미치고 있을지는 신만이 아실 겁니다."[17] 페이스북의 성장 담당 부사장이었던 차마스 팔리하피티야Chamath Palihapitiya는 한 연설에서 페이스북이 너무 부정적인 영향을 미치기 때문에 자기 자녀에게는 "그 쓰레기를 사용하지 못하게" 한다고 말했다.[18] 아이폰을 공동 개발한 토니 파델Tony Fadell은 이렇게 말했다. "종종 식은 땀을 흘리며 잠에서 깨어나 이런 생각을 합니다. 우리가 세상에 뭘 내보낸 거지?" 그는 자신이 "사람들의 뇌를 날려버리고 재설정"할 수 있는 "핵폭탄" 생산에 일조한 것은 아닐지 우려했다.[19]

많은 실리콘밸리 내부자들이 상황이 갈수록 악화될 것이라 예측했다. 업계의 가장 유명한 투자자 중 한 명인 폴 그레이엄Paul Graham은 이렇게 말했다. "이런 것들을 만들어내는 기술 발전 형식에 일반적인 기술 발전과는 다른 법을 적용하지 않는다면, 이 세상은 앞으로 40년간 지난 40년보다 더욱 심각한 중독 상태에 빠질 것입니다."[20]

언젠가 제임스 윌리엄스(내가 만난 전前 구글 전략가)는 일류 기술 설계자 수백 명 앞에서 강연을 하며 "현재 자신이 설계하고 있는 세상에 살고 싶은 분이 얼마나 계십니까?"라는 단순한 질문을 던졌다. 강연장은 침묵에 휩싸였다. 사람들은 주위를 둘러보았다. 손을 든 사람은 아무도 없었다.

7장

산만함에 불을 지피다

집중하지 못하는 사회는
어떻게 위험에 빠졌나

우리가 핸드폰을 내려놓으려 할 때마다 이 사이트들은
우리의 과거 행동을 통해 학습한 내용들을 조금씩 내놓으며
우리가 계속 스크롤을 내리게 만든다.
종이책이나 텔레비전 같은 오래된 기술은
이런 식으로 우리를 겨냥하지 못한다.

트리스탄은 현재 기술이 작동하는 방식의 더 심각한 문제(와 이 방식이 우리의 집중력을 훼손하는 이유)를 이해하고 싶다면, 단순해 보이는 질문에서 시작하는 것이 좋다고 말했다.

우리가 뉴욕에 왔는데, 친구 중 누가 근처에 있어서 같이 시간을 보낼 수 있는지 알고 싶다고 해보자. 우리는 페이스북을 연다. 페이스북 웹사이트는 친구의 생일, 우리가 태그된 사진, 테러 공격 등 우리에게 많은 정보를 알려줄 테지만 현실에서 만나고 싶은 사람이 물리적으로 얼마나 가까이에 있는지는 알려주지 않는다. '친구를 만나고 싶어요. 근처에서 나와 만날 수 있는 사람은 누가 있나요?' 같은 버튼은 없다. 기술적으로 어려운 일이 아니다. 우리가 페이스북을 열었을 때 어떤 친구가 근처에 있는지, 또는 누가 그 주에 한잔하거나 식사를 같이 하고 싶어하는지 알려주는 기능을 설계하는 것은 페이스북에는 무척 쉬운 일일 것이다. 단순한 코드로 그렇게 할 수 있다. 트리스탄과 아자, 그의 동료들은 아마 하루 만에 코딩할 수 있을 것이다. 그리고 이 기능은 엄청난 인기를 끌 것이다. 아무 페이스북 사용자에게나 물어보라. 페이스북이 끝없이 스크롤을 내리게 하는 대신 현실에서 친구를 더 많이 만나게 해주면 좋겠습니까?

그러니까, 이 기능은 손쉽게 만들 수 있고 사용자들도 좋아할 것이다. 그런데 왜 없는 걸까? 왜 시장은 이 기능을 제공하지 않을까? 트리스탄과 그의 동료들은 그 이유를 이해하려면 한 걸음 뒤로 물러서서 페이스북과 다른 소셜미디어 기업의 사업 모델을 이해해야 한다고 설명했다. 이 단순한 질문을 계속 따라가다 보면 현재 우리가 직면한 많은 문제의 근원을 알게 된다.

테크 기업이 무언가 공짜로 제공할 때

페이스북은 우리가 화면으로 페이스북을 들여다보는 시간만큼 돈을 벌며, 우리가 화면을 내려놓을 때마다 돈을 잃는다. 페이스북이 이렇게 돈을 버는 방식은 두 가지다. 실리콘밸리에서 사람들을 만나기 전까지 나는 순진하게도 그중 더 명백한 방식에 대해서만 생각했다. 앞에서 썼듯이, 페이스북을 오래 들여다볼수록 확실히 광고도 더 많이 보게 된다. 광고주들은 우리의 시선을 얻는 대가로 페이스북에 돈을 지불한다. 그러나 페이스북이 우리가 계속 스크롤을 내리기를 바라는 한편 안간힘을 다해 로그오프를 막으려 하는 더 미묘한 두 번째 이유가 있다. 처음 이 이유를 들었을 때 나는 약간 비웃음이 났는데, 너무 얼토당토않게 들렸기 때문이다. 그러나 샌프란시스코와 팰로앨토에서 일하는 사람들과 쭉 대화를 나누며 이 이유에 회의감을 표할 때마다, 그들은 나를 마치 처음으로 섹스에 대해 자세히 알게 된 1850년대의 이모처럼 바라보았다. 그리고 내게 물었다. 그러면 그게 어떻게 돌아간다고 생각했어요?

페이스북이나 스냅챗, 트위터에서 메시지를 보내고 상태 업데이트를 할 때마다, 또는 구글에서 무언가를 검색할 때마다 사람들이 하는 모든 말이 스캔되고 분류되고 저장된다. 이 기업들은 우리의 프로필을 축적해서 우리를 겨냥하려는 광고주에게 판매한다. 예를 들어 2004년부터 우리가 지메일을 사용하면 구글의 자동 시스템이 우리의 사적인 이메일을 전부 스캔해 개개인의 '광고 프로필'을 생성하고 있다. 우리가 이메일로 어머니에게 기저귀를 사야 한다고 말한다면, 지메일은 우리가 아기를 키운다는 정보와 우리에게 바로 아기용품 광고를 띄워야 한다는 사실을 알게 된다. 우리가 이메일에 '관절염'이라는 단어를 쓴다면 구글은 우리에게 관절염 치료제를 판매하려 할 것이다. 트리스탄이 스탠퍼드에서 들은 강의의 마지막 날에 예측한 바로 그 과정이 시작되고 있었다.

아자는 이 과정을 설명하며 "페이스북과 구글 서버 내부에 우리를 본뜬 작은 저주 인형이 있는 모습"을 상상해보라 말했다. "처음에 이 인형은 우리와 그리 비슷하지 않습니다. 인간의 표준 모델 같은 거예요. 하지만 그때부터 이들은 우리의 클릭 흔적 [즉 우리가 클릭하는 모든 것]과 우리가 잘라낸 발톱, 우리가 떨어뜨린 머리카락[즉 우리가 검색하는 모든 내용, 우리 온라인 생활의 모든 자잘한 정보들]을 수집하기 시작합니다. 이들은 우리가 별로 중요하게 여기지 않는 메타데이터를 전부 재구성하고, 저주 인형은 점점 우리와 닮아갑니다. [그때 예를 들어] 우리가 유튜브에 나타나면, 그 인형을 깨워서 인형에 수십만 개의 영상을 시험해보며 인형이 어떤 영상에 반응하고 움직이는지를 봅니다. 어떤 영상이 반응을 끌어낸다는 사실을 알게 되면 우리에게 그 영상을 보여주는 겁니다." 너무 무시무시한 이미지여서 나는 잠시 말을 멈췄다. 아자가 설명을 이어갔다. "참고로, 이들은 지구에 사는 인간 네 명 중 한 명꼴로 이런 인형을 갖고 있습니다."

현재 이 저주 인형들은 조악할 때도 있고 놀라울 만큼 구체적일 때도 있다. 우리 모두가 온라인에서 무언가를 찾아본 경험이 있을 것이다. 나는 얼마 전 실내 운동용 자전거를 사려고 했는데, 그로부터 한 달 후에도 구글과 페이스북이 끝없이 실내용 자전거 광고를 띄워서 '이미 샀다고!'라고 외치고 싶을 지경이었다. 그러나 이 시스템은 매년 더욱 정교해지고 있다. 아자는 이렇게 말했다. "이 시스템이 얼마나 좋아지고 있냐면, 저는 강연을 할 때마다 청중에게 페이스북이 여러분의 대화를 엿듣고 있다고 생각하는 분이 얼마나 있느냐고 물어봅니다. 인터넷에 뜨는 광고가 너무 정확할 때가 있잖아요. 전날 오프라인에서 친구에게 우연히 말하기 전까지 한 번도 언급한 적 없는 그런 구체적인 물건의 광고요. 요즘은 보통 청중의 절반에서 3분의 2 정도가 손을 듭니다. 그런데 진실은 더 오싹해요. 페이스북이 우리 이야기를 엿들은 다음 정확히 겨냥해서 광고를 띄우는 게 아닙니다. 우리를 본떠 만든 모델이 너무 정확해서, 마술이라 생각할 만큼 정확하게 우리를 예측하고 있는 겁니다."

내가 들은 설명에 따르면, 테크 기업이 무언가를 공짜로 제공한다면 그건 언제나 저주 인형을 더욱 정교하게 만들기 위함이다. 구글맵은 왜 공짜일까? 저주 인형이 우리가 매일 가는 곳의 자세한 정보를 알아낼 수 있기 때문이다. 스마트 스피커인 아마존 에코와 구글 네스트 허브는 왜 생산 단가보다 훨씬 저렴한 약 30달러(25파운드)에 판매될까? 더 많은 정보를 모을 수 있기 때문이다. 즉 저주 인형이 우리가 화면에서 검색하는 내용뿐만 아니라 집에서 말하는 내용까지 포함할 수 있기 때문이다.

이것이 바로 우리가 살면서 너무 많은 시간을 보내는 웹사이트들을 만들고 유지하는 사업 모델이다. 이 시스템을 칭하는 전문 용어(뛰어난 하버드 대학 교수 쇼샤나 주보프Shoshana Zuboff가 만들었다)는 '감시 자본주의'다.[1] 그의 연구 덕분에 우리는 현재 일어나고 있는 많은 일들을 이해할 수 있게 되었다. 물론 광고와 마케팅은 지난 100여 년 동안에도 점점 더 정교해지고 있었다. 그러나 이 시스템은 그야말로 비약적인 발전이다. 옥외 광고판은 우리가 지난 목요일 새벽 3시에 구글에 무엇을 검색했는지 몰랐다. 잡지 광고는 우리가 페이스북이나 이메일에서 친구들에게 말한 내용을 전부 수집해 상세한 프로필을 만들지 않았다. 아자는 내게 이렇게 말하며 이 시스템을 이해시키려고 했다. "체스를 둘 때 내가 당신보다 앞서서 당신의 수를 전부 예측한다고 상상해봐요. 당신을 이기는 건 식은 죽 먹기일 거예요. 이게 바로 전 인류의 규모로 일어나고 있는 일이에요." 때로는 구체적인 관행 중 일부가 법으로 금지되기도 한다. 예를 들어 2017년에 유럽연합은 인터넷 사용자를 추적하는 일부 방식을 차단했다(이 지역에서는 더 이상 우리의 지메일을 스캔할 수 없다). 그러나 더 광범위한 침략적 시스템이 유지되고 있다.

이 모든 사실을 이해하면 화면을 내려놓고 친구와 가족을 만나라고 제안하는 버튼이 없는 이유를 알 수 있다. 그 버튼은 우리의 스크린타임을 극대화하는 대신 얼굴을 마주 보는 시간을 극대화할 것이다. 트리스탄은 말했다. "사람들이 페이스북에 들어와서 그날 밤 친구들과 할 재미있는 일을 찾은 다음 금방 다시 나간다면 페이스북의 주가는 어떻게 될까요? 현재 사람들이 페이스북에서 보내는 시간은 하루 평균 50분 정도예요. [하지만] 페이스북이 그런 버튼을 만든다면, 사람들은 페이스북에서 하루에 고작 몇 분도 보내지 않을 거예요. 훨씬 더 만족스러운 방식으로요." 페이스북의 주가는 폭락할 것이며, 그들에게 그건 재앙일 것이다. 이것이 바로 이러한 웹사이트들이 최대한 정신을 산만하게 만들도록 설계되는 이유다. 이들은 돈을 더 많이 벌기 위해 우리의 주의력을 흩뜨려야 한다.

트리스탄은 내부에서 이러한 유인책이 실제로 어떻게 작동하는지를 지켜보았다. 그는 내게 다음 상황을 상상해보라고 말했다. 한 엔지니어가 사람들의 집중력을 개선하거나 친구들과 더 많은 시간을 보내게 하는 약간의 수정을 제안한다. "그러면 무슨 일이 벌어지냐면, 2주에서 4주 후에 게시판에 관련 지표에 대한 리뷰가 올라옵니다. 관리자는 이렇게 말할 겁니다. '이봐, 왜 사이트에서 보낸 시간이 3주 전보다 낮아졌어? 아, 우리가 이 기능을 추가해서 그런 걸 거야. 이 기능 다시 없애고, 수치가 회복되는지 보자고.'" 이건 음모론이 아니다. KFC가 사람들이 프라이드치킨을 더 많이 먹길 바란다는 말이 음모론이 아닌 것처럼 말이다. 이건 우리가 구축해서 계속 허용하고 있는 유인 구조의 당연한 결과일 뿐이다. 트리스탄은 말한다. "그들의 사업 모델은 스크린타임이지, 우리의 일생이 아니에요."

기술은 누구의 이익을 위해 설계되는가

트리스탄과 그의 친구 및 동료, 비평가에게 그의 이야기를 듣던 이 시점에, 나는 말하기도 민망할 만큼 단순한 사실을 깨달았다. 오랫동안 내 집중력 악화의 원인이 나 자신의 탓이거나 하나의 기술로서의 스마트폰 자체에 있다고 생각했다. 내가 아는 대부분의 사람들도 그렇게 생각한다. 우리는 핸드폰이 등장해 자신을 파괴했다고 되뇐다. 나는 모든 스마트폰이 똑같을 거라고 생각했다. 그러나 트리스탄은 진실이 더욱 복잡하다는 사실을 보여주었다. 물론 스마트폰의 등장으로 우리 삶을 방해하는 요소가 어느 정도 많아졌겠지만, 우리의 집중 시간이 입는 가장 큰 피해는 좀 더 미묘한 데서 온다. 문제는 스마트폰 자체가 아니다. 문제는 스마트폰의 앱과 노트북에서 여는 웹사이트가 설계되는 방식이다.

트리스탄은 전 세계에서 가장 똑똑한 사람들이 우리의 주의력을 최대한 많이 빼앗으려는 의도로 우리가 가진 핸드폰과 그 핸드폰에서 실행되는 프로그램을 설계한다는 사실을 알려주었다. 그는 이러한 설계가 불가피한 것이 아님을 사람들이 이해하길 바란다. 나는 이 점을 여러 번 곱씹어야 했다. 내가 그에게서 알게 된 모든 정보 중 이것이 가장 중요해 보였기 때문이다.

우리의 집중력을 좀먹는 현재의 기술 작동 방식은 과거나 지금이나 선택의 결과다. 이 방식은 실리콘밸리의 선택이며, 실리콘밸리가 그렇게 하도록 허용하는 사회 전반의 선택이다. 과거에 인간은 다른 선택을 내릴 수 있었고, 현재에도 다른 선택을 내릴 수 있다. 트리스탄은 이러한 기술을 전부 그대로 보유하면서, 최대한 우리를 산만하게 하는 방향으로 설계하지 않을 수 있다고 말했다. 실제로 우리는 정반대의 목표를 가지고 이 기술들을 설계할 수 있다. 집중력을 유지해야 하는 사람들을 최대한 존중하고, 사람들을 최소한으로 방해하는 것이다. 더 중요하고 유의미한 목표에서 사람들을 떼어놓는 것이 아니라, 그러한 목표 성취를 돕도록 기술을 설계할 수 있다.

이 사실은 내게 큰 충격이었다. 문제는 핸드폰이 아니라 현재 핸드폰이 설계되는 방식이다. 문제는 인터넷이 아니라 현재 인터넷이 설계되는 방식과, 그 방식의 설계자들에게 제공되는 유인책이다. 우리는 자신의 핸드폰과 노트북, 소셜미디어 계정을 계속

보유하면서 집중력을 훨씬 잘 발휘할 수 있다. 이것들이 다른 종류의 유인책 위에서 설계된다면 말이다.

트리스탄은 이렇게 다르게 바라보기 시작하면 다른 방향의 길, 현재의 위기에서 빠져나가는 길이 열린다고 믿는다. 핸드폰과 인터넷의 존재가 문제의 유일한 동인이라면 우리는 큰 곤경에 빠진 것이다. 한 사회로서 우리는 절대 이러한 기술을 버리지 않을 것이기 때문이다. 그러나 많은 문제의 동인이 핸드폰과 인터넷, 그리고 그 안에서 열리는 웹사이트의 현재 설계 방식이라면 이 기술들이 다르게 작동할 수 있는 다양한 방식이 존재할 것이며, 이 방식을 통해 우리 모두가 매우 다른 상황에 놓이게 될 것이다.

이런 식으로 관점을 바꾼다면 이 문제를 기술에 찬성하느냐 아니냐의 논쟁으로 바라볼 수 없으며, 그런 식의 논쟁은 우리의 집중력을 빼앗는 사람들의 잘못을 눈감아주는 것과 같다. 진짜 논쟁은 이것이어야 한다. 어떤 기술이, 어떤 목적에서, 누구의 이익을 위해 설계되는가?

그러나 트리스탄과 아자가 이러한 웹사이트들이 최대한 우리의 집중력을 방해하도록 설계된다고 말했을 때, 나는 여전히 그 방식을 제대로 이해하지 못했다. 두 사람의 주장은 지나친 것처럼 들렸다. 그 방식을 이해하기 위해서는 먼저 당황스러울 만큼 기본적인 내용부터 학습해야 했다. 페이스북 피드를 열면 친구들과 그들의 사진, 뉴스 기사 같은 다양한 정보가 뜬다. 2008년에 처음 페이스북에 가입했을 때 나는 순진하게도 이것들이 그저 친구들이 게시한 순서대로 뜨는 거라고 생각했다. 내가 친구 롭의 사진을 보고 있는 이유는 롭이 방금 막 그 사진을 올렸기 때문이고, 그다음으로 고모의 상태 업데이트가 나오는 이유는 고모가 롭 바로 이전에 업데이트했기 때문이라고 생각한 것이다. 또는 게시글이 무작위로 선택될지도 모른다고 생각했다. 그러나 시간이 흐르면서 나는 (우리 모두가 이 문제에 대해 더 잘 알게 되었듯이) 우리가 보는 내용이 알고리즘에 따라 결정된다는 사실을 알게 되었다.

페이스북(과 다른 모든 소셜미디어 기업)이 뉴스피드에서 우리가 볼 정보를 결정할 때, 이들에게는 보여줄 내용이 수천 가지나 있다. 그래서 이들은 우리가 무엇을 볼지 자동으로 결정하는 코드를 작성한다. 이들이 사용할 수 있는 알고리즘, 즉 우리가 무엇을 어떤 순서로 볼지 결정하는 방식은 무척 다양하다. 우리를 행복하게 만들 정보를 보여주도록 설계된 알고리즘도, 우리를 슬프게 만들 정보를 보여주도록 설계된 알고리즘도 있을 수 있다. 친구들이 가장 많이 언급하는 정보를 보여줄 알고리즘도 있을 수 있다. 이렇게 설계 가능한 알고리즘의 목록은 길게 이어진다.

이들이 실제로 사용하는 알고리즘은 때에 따라 다르지만 일관된 핵심 원칙이 하나 있다. 소셜미디어는 우리가 화면을 계속 들여다보게 만들 정보를 보여준다. 그게 다다. 우리가 화면을 더 많이 들여다볼수록 그들이 버는 돈도 늘어난다는 사실을 기억하자. 그러므로 알고리즘은 언제나 우리가 핸드폰을 내려놓지 않도록 우리의 시선을 사로잡을 정보를 파악해서 그 내용을 점점 화면에 들이붓는다. 알고리즘은 집중을 방해하도록 설계된다. 그러나 트리스탄은 이러한 원칙이 (매우 뜻밖에도, 그 누구도 의도하지 않았는데도) 또 다른 변화로 이어지며, 이 변화가 믿기 힘들 만큼 중대하다는 사실을 깨닫고 있었다.

비난은 조금 더 많이, 이해는 조금 더 적게

두 종류의 페이스북 피드를 상상해보자. 하나는 우리를 차분하고 행복하게 만드는 업데이트와 뉴스, 영상으로 가득하다. 다른 하나는 우리를 화나고 격노하게 만드는 업데이트와 뉴스, 영상으로 가득하다. 알고리즘은 둘 중 어느 피드를 선택할까? 우리가 차분해지길 원하는지 화를 내길 원하는지의 문제에서 알고리즘은 중립적이다. 그 문제는 알고리즘의 관심 밖이다. 알고리즘이 신경 쓰는 것은 단 하나, 즉 우리가 계속 스크롤을 내릴 것인지다. 안타깝게도 인간의 행동에는 기이한 특성이 하나 있다. 대체로 우리는 긍정적이고 잔잔한 것보다 부정적이고 충격적인 것을 훨씬 오래 바라본다.[2] 우리는 길가에서 꽃을 나눠주고 있는 사람보다 자동차 사고를 훨씬 오래 구경할 것이다. 사고로 훼손된 신체보다 꽃이 훨씬 큰 기쁨을 주는데도 말이다. 과학자들은 오랜 기간에 걸쳐 다양한 맥락에서 이를 증명해왔다. 행복한 사람들과 화난 사람들이 모여 있는 사진을 보여주면 우리는 본능적으로 화난 얼굴부터 분간한다. 심지어 태어난 지 10주밖에 안 된 아기들조차 화난 얼굴에 다르게 반응한다.[3] 이 현상은 오래전에 심리학 분야에 알려졌고, 바탕에 방대한 증거가 있다. 이 현상은 '부정 편향'이라는

이름으로 불린다.[4]

이 타고난 인간 특성이 온라인에서 막대한 영향을 미친다는 증거가 점점 늘고 있다. 유튜브에서 알고리즘의 선택을 받고 싶다면 영상 제목에 어떤 단어를 넣어야 할까? (유튜브 트렌드를 감시하는 가장 훌륭한 웹사이트에 따르면) 그 단어들은 '증오, 말살, 혹평, 파괴'다.[5] 뉴욕 대학의 한 대규모 연구는 도덕적 분노를 자아내는 단어를 트윗에 하나 추가할 때마다 리트윗되는 비율이 평균 20퍼센트 증가하며, 리트윗 비율을 가장 많이 높이는 단어들은 '공격', '나쁜', '비난'이라는 사실을 발견했다.[6] 퓨리서치센터의 한 연구에 따르면 페이스북 게시물을 '분개한 반대 의견'으로 채울 경우 '좋아요' 수와 공유되는 횟수가 두 배로 는다.[7] 그러므로 우리를 화면 앞에 붙잡아두는 일이 무엇보다 중요한 알고리즘은 (의도는 없었지만 불가피하게) 우리를 화나고 격노하게 만드는 일을 무엇보다 중시한다. 분노를 많이 일으킬수록 참여도도 높아진다.

많은 사람이 많은 시간을 분노하는 데 쓰면 문화가 바뀌기 시작한다. 트리스탄이 말했듯이, 이러한 현상은 '증오를 습관화'한다. 증오가 우리 사회의 뼈대에 스며드는 모습을 목격할 수 있다. 내가 10대였던 때 영국에서 열 살인 두 어린이가 막 걸음마를 뗀 제이미 벌저Jamie Bulger라는 유아를 살해하는 끔찍한 범죄가 발생했다. 이에 당시 보수당 총리였던 존 메이저John Major는 우리가 "비난은 조금 더 많이, 이해는 조금 더 적게" 할 필요가 있다고 공개 발언했다.[8] 14살이었던 내가 총리의 말이 완전히 틀렸다고 생각했던 것이 기억난다. 악랄한 행동일지라도 (어쩌면 악랄한 행동일수록 더욱더) 사람들이 그렇게 행동한 이유를 이해하는 것이 언제나 더 낫다. 그러나 우리가 분노에 보상하고 자비에 벌을 주는 알고리즘의 장단에 맞춰 춤을 추면서, 오늘날 (비난은 더 하고 이해는 덜 하는) 이러한 태도는 좌파 우파 할 것 없이 모두의 반응이 되었다.

우리는 알고리즘에 대해 너무 모른다

2015년에 모타하레 에슬라미Motahhare Eslami라는 연구원이 일리노이 대학 팀의 일원으로서 평범한 페이스북 사용자들을 모아 페이스북 알고리즘이 작동하는 방식을 알려주었다.[9] 그는 페이스북이 사람들이 보는 정보를 어떻게 선택하는지 자세히 설명했다. 그리고 설명을 들은 사용자 중 62퍼센트가 피드가 필터링된다는 사실을 아예 몰랐으며 알고리즘의 존재에 깜짝 놀랐다. 한 사용자는 이를 영화 〈매트릭스〉에서 주인공 네오가 자신이 컴퓨터 시뮬레이션 속에 살고 있음을 깨달은 순간에 빗댔다.

내가 이 책을 쓰기 시작한 2018년 이후, 특히 트리스탄의 노력 덕분에 이 문제에 대한 인식이 크게 높아졌다. 그러나 내가 친척 여러 명에게 전화를 걸어 알고리즘이 무엇인지 아느냐고 물었을 때, 10대를 포함한 그 누구도 안다고 답하지 않았다. 이웃에게도 물어보았다. 이웃들은 나를 멀뚱히 바라보았다. 대다수가 이 문제를 안다고 여기기 쉽지만, 내 생각에 그건 사실이 아니다. 그리고 우리가 이 문제를 빠삭하게 안다고 해도, 그것만으로는 아무런 보호도 되지 않는다.

지금껏 알게 된 증거를 종합해 다시 분류했을 때, 내가 인터뷰한 사람들이 현재 이 시스템이 집중력을 훼손하는 여섯 가지 방식을 보여주었음을 알 수 있었다(8장에서 이 주장에 반박하는 과학자들을 만나볼 것이다. 이어지는 내용을 읽을 때 그중 일부는 논란이 많다는 사실을 기억하길 바란다).

첫째, 이 웹사이트와 앱들은 우리의 정신을 길들여 잦은 보상을 갈망하게 만들도록 설계된다. 우리가 '하트'와 '좋아요'를 갈구하게 만든다. 프로빈스타운에서 이러한 반응을 빼앗겼을 때 나는 상실감과 고통스러운 금단 증상을 겪었다. 트리스탄은 한 인터뷰어에게 한번 이러한 강화에 길들여지면 "현실과 물리적 세계에 머물기가 무척 힘들"다고 말했다. "이만큼 잦은 보상을 즉각적으로 주지 않으니까요."[10] 이러한 갈망 때문에 우리는 이 시스템에 연결되지 않았을 때보다 핸드폰을 더 많이 집어 들게 된다. 달디단 리트윗의 황홀감을 얻으려고 일과 관계에서 벗어나게 된다.

둘째, 이 웹사이트들은 평소보다 전환을 더 자주 하게 만든다. 핸드폰을 집어 들거나 노트북에서 페이스북을 클릭해야 하기 때문이다. 그 과정에서 (1장에서 논의했듯이) 전환이 집중력에 일으키는 피해가 고스란히 발생한다. 앞에서 다룬 증거들은 이러한 전환이 술이나 약에 취하는 것만큼이나 우리의 사고력에 나쁜 영향을 미친다는 사실을 보여준다.

셋째, 이 웹사이트들은 (트리스탄이 말했듯) 우리를 "내침"하는 방법을 학습한다. 이들은 우리가 무엇에 반응하는지 아주 구체적으로 파악한다. 우리가 무엇을 즐겨 보고, 무엇에 흥분하고, 무엇에 화를 내고, 무엇에 격노하는지를 배운다. 우리의 개인적 트리거를, 구체적으로 무엇이 우리를 어지럽힐지를 배운다. 즉 우리의 집중력을 뚫고 들어올 수 있다는 뜻이다. 우리가 핸드폰을 내려놓으려 할 때마다 이 사이트들은 우리의 과거 행동을 통해 학습한 내용들을 조금씩 내놓으며 우리가 계속 스크롤을 내리게 만든다. 종이책이나 텔레비전 같은 오래된 기술은 이런 식으로 우리를 겨냥하지 못한다. 소셜미디어는 정확히 어느 지점을 뚫고 들어가야 하는지 안다. 우리가 가장 산만해지는 지점을 학습해 그곳을 겨냥한다.

넷째, 알고리즘의 작동 방식 때문에 이 웹사이트들은 우리를 자주 화나게 만든다. 과학자들은 수년 전부터 실험을 통해 분노 자체가 우리의 집중력을 망가뜨린다는 사실을 입증해오고 있다. 과학자들은 사람들이 분노하면 주변에서 벌어지는 논쟁에 평소만큼 집중하지 못하며[11] "정보 처리의 깊이가 얕아"짐을 발견했다.[12] 즉, 더 얄팍하고 부주의한 방식으로 사고하게 되는 것이다. 우리 모두가 이런 기분을 느낀 적이 있다. 분노로 온몸이 떨리면 아무것도 들리지 않는다. 이 웹사이트들의 사업 모델은 매일같이 우리의 분노를 부채질한다. 이들의 알고리즘이 퍼뜨리는 단어가 '공격, 나쁜, 비난'임을 떠올려보라.

다섯째, 이 웹사이트들은 우리를 화나게 만드는 것에 더해, 우리가 타인의 분노에 에워싸여 있다고 느끼게 만든다. 이 현상은 우리에게 다양한 심리 반응을 일으킬 수 있다. 캘리포니아의 보건총감으로 이 책의 뒷부분에서 만나게 될 네이딘 해리스Nadine Harris는 이렇게 설명했다. 어느 날 우리가 곰 한 마리의 공격을 받았다고 상상해보자. 그때 우리는 그날 저녁에 무엇을 먹을지, 집세를 어떻게 낼지와 같은 일상의 걱정에 주의를 기울이지 않을 것이다. 우리는 각성 상태가 된다. 우리의 주의력은 주변의 예상치 못한 위험을 살피는 상태로 바뀐다. 그로부터 몇 주가 지나면 일상사에 집중하기가 더욱 어려워진다. 이 문제는 곰에만 한정되지 않는다. 이 웹사이트들은 우리가 분노와 적대감으로 가득한 환경에 있다고 느끼게 만들고, 이로써 우리는 더욱 각성하게 된다. 이러한 상황에서 우리의 집중력은 위험을 찾는 상태로 바뀌고, 책을 읽거나 자녀와 함께 노는 활동처럼 더 느린 형태의 집중이 갈수록 힘들어진다.

여섯째, 이 웹사이트들은 사회 전체에 불을 지른다. 여러 단계로 구성된 이 현상은 우리의 집중력에 가해지는 가장 복잡한 형태의 피해이자, 내가 보기에 가장 해로운 피해다. 이에 대해 천천히 살펴보도록 하자.

집단의 집중력이 파괴됐을 때 생기는 일

우리는 개인으로서만 주의를 기울이는 것이 아니다. 하나의 사회로서 모두가 함께 주의를 기울이기도 한다. 다음이 한 사례다. 1970년대에 과학자들은 전 세계 사람들이 프레온가스라는 화학물질이 포함된 헤어스프레이를 사용하고 있다는 사실을 알게 되었다. 이렇게 사용된 프레온가스는 대기에 진입해, 아무도 의도치 않았으나 매우 치명적인 영향을 미쳤다. 태양 광선에서 우리를 보호해주는 대기권의 중요 부분인 오존층을 파괴했던 것이다. 과학자들은 시간이 지나면 프레온가스가 지구에 사는 생명체에 심각한 위협이 될 수 있다고 경고했다. 일반인들은 이 정보를 받아들인 뒤 그것이 사실임을 이해했다. 그리고 평범한 시민으로 구성된 활동가 집단이 프레온가스 사용 금지법을 요구했다. 활동가들은 시민에게 이것이 긴급한 문제임을 납득시켰고 이를 중요한 정치 사안으로 만들었다. 이 상황은 정치인에게 압박이 되었고, 이러한 압박은 정치인들이 프레온가스를 전면 금지할 때까지 계속해서 이어졌다. 인류가 이 위험에서 벗어날 수 있었던 방법은 과학 정보를 받아들이고, 이 정보를 거짓 정보와 구분하고, 힘을 합쳐 조치를 촉구하고, 정치인들을 압박해 행동에 나서게 하는 모든 단계에서 사회 전체가 주의를 기울였기 때문이다.

이런 식으로 한 사회로서 힘을 합쳐 문제를 파악하고 해결책을 찾아내는 우리의 능력을 이 웹사이트들이 심각하게 훼손하고 있다는 증거가 있다. 이 사이트들은 개인의 집중력뿐만 아니라 집단으로서의 집중력까지 파괴한다. 오늘날 소셜미디어에서는 거짓 주장이 진실보다 훨씬 빨리 퍼져나가는데, 알고리즘이 분노를 유발하는 내용을 더 빠르고 멀리 퍼뜨리기 때문이다. 매사추세츠 공대의 한 연구 결과에 따르면 트위터에서 가짜뉴스는 진짜 뉴스보다 여섯 배 더 빠르게 이동하며,[13] 2016년 미국 대선 당시 페이스북의 터무니없는 허위 사실이 주류 신문 19곳의 주요 뉴스를 다 합친 것보다 더 큰 영향을 미쳤다.[14] 그 결과, 우리는 늘 사실이 아닌 헛소리에 주의를 기울이도록 떠밀리고 있다. 만약 오늘날 오존층이 위험에 처한다면, 억만장자인 조지 소로스George Soros가 이 위험을 만들어냈다거나 오존층 자체가 존재하지 않는다거나 오존층에 구멍을 낸 것이 유대인의 우주 레이저라고 주장하는 편협한 이야기가 퍼져서 이를 경고하는 과학자들의 목소리가 묻혔을 것이다.

우리가 거짓말 속에서 길을 잃고 끊임없이 동료 시민에게 화를 내면 여기서부터 연쇄반응이 일어난다. 우리는 실제로 벌어지는 일을 이해하지 못한다. 이러한 상황에서는 우리가 집단으로서 직면한 문제를 해결할 수 없다. 이렇게 되면 문제는 더 커지고 악화된다. 그 결과 사회는 위험하게 느껴지기만 하는 것이 아니라, 실제로 더 위험해진다. 상황이 나빠지기 시작한다. 그리고 실제 위험이 커질수록, 우리는 더더욱 각성 상태가 된다.

어느 날 기욤 샬로Guillaume Chaslot라는 남자가 트리스탄을 찾아와 이러한 역학이 어떻게 작동하는지를 보여주었다. 기욤은 우리가 유튜브에서 영상을 볼 때 우리에게 영상을 추천하는 알고리즘을 설계하고 관리하는 엔지니어였다. 그는 닫힌 문 뒤에서 무슨 일이 벌어지고 있는지 트리스탄에게 알려주려고 했다. 페이스북과 마찬가지로 유튜브도 사용자의 시청 시간이 늘어날수록 더 많은 돈을 번다. 그래서 우리가 한 영상을 다 보면 다른 영상을 추천해서 자동 재생하도록 설계된 것이다. 이 영상들은 어떻게 선택될까?

유튜브에도 알고리즘이 있다. 그리고 이 알고리즘 또한 사용자가 잔인하고 충격적이고 극단적인 영상을 볼 때 시청 시간이 늘어난다는 사실을 알고 있다. 기욤은 이러한 운영 방식과 유튜브가 비밀로 덮어둔 자료를 보았고, 그것이 현실에서 어떤 식으로 드러나는지 지켜보았다.

우리가 홀로코스트에 관한 정보를 담은 영상을 본다면 유튜브는 이후로 여러 개의 영상을 더 추천할 것이며, 영상은 갈수록 더 극단적으로 변해서 우리가 다섯 개 정도의 영상을 시청한 뒤에는 결국 홀로코스트의 존재 자체를 부정하는 영상이 자동으로 재생될 것이다. 우리가 9.11에 관한 평범한 영상을 본다면 마찬가지로 유튜브는 결국 '9.11 트루서9.11 truther(9.11이 미국 정부가 꾸민 일이라는 음모론을 믿는 사람 – 옮긴이)'의 영상을 추천할 것이다. 알고리즘(또는 유튜브의 어떤 직원)이 홀로코스트를 부정하거나 9.11 트루서여서가 아니다. 알고리즘은 그저 사람들을 충격에 빠뜨리고 영상을 더 오래 보게 만들 내용을 선택할 뿐이다. 트리스탄은 이 사실을 들여다보기 시작한 뒤 다음과 같은 결론을 내렸다. "어디에서 시작하든 말도 안 되는 것에서 끝이 납니다."

알고 보니 기욤이 트리스탄에게 폭로한 내용처럼 그때까지 유튜브는 알렉스 존스Alex Jones와 그의 웹사이트 인포워즈InforWars의 영상을 150억 회나 추천하고 있었다. 존스는 악질 음모론자로, 2012년의 샌디훅 학살(샌디훅 초등학교에서 일어난 총기 난사 사건으로, 6-7세의 어린이 20명을 비롯해 총 26명이 사망했다 – 옮긴이)이 가짜이며 비통에 빠진 부모들은 사실 자녀가 없는 거짓말쟁이라고 주장한 적이 있다. 그 결과 일부 부모가 살해 협박에 시달려 이사를 해야 했다. 이 부모들이 존스를 고소하자 법정에서 그는 샌디훅 학살이 실제로 일어났음을 인정하며 이 사실을 부정했을 때 자신이 '일종의 정신병'을 앓고 있었다고 말했다.[15] 이는 지금껏 존스가 한 말도 안 되는 수많은 주장 중 하나일 뿐이다. 트리스탄은 이렇게 말했다. "한번 비교해봅시다. 〈뉴욕타임스〉와 〈워싱턴포스트〉, 〈가디언〉의 총 트래픽이 얼마나 될까요? 다 합쳐도 150억 번의 시청 횟수에는 한참 못 미칩니다."[16]

평범한 청소년들이 매일같이 이러한 쓰레기를 빨아들이고 있다. 이들이 핸드폰을 내려놓으면 분노가 즉시 사라질까? 증거는 많은 사람이 그렇지 않다는 사실을 보여준다. 한 대규모 연구에서 백인 민족주의자들에게 어떻게 급진화되었냐고 물었더니 다수가 그 원인으로 인터넷을 들며 유튜브가 자신에게 가장 큰 영향을 미친 웹사이트라고 말했다.[17] 트위터에서 활동하는 극우에 대한 또 다른 연구는 이들이 가장 많이 의존한 웹사이트가 유튜브임을 발견했다.[18] 트리스탄은 "유튜브를 시청하는 것만으로도 급진화될 수 있"다고 설명했다. 그는 저널리스트 데카 아이트켄헤드Decca Aitkenhead에게 유튜브 같은 기업은 우리가 "썩은 사과가 몇 개 섞여 있을 뿐"이라고 생각하길 바라며, 다음과 같은 질문은 던지지 않길 바란다고 설명했다. "우리의 시스템이 매일 크랭크를 돌리듯 조직적으로 급진화를 쏟아내고 있는 것은 아닐까요? 우리는 썩은 사과를 재배하고 있습니다. 우리는 썩은 사과 공장입니다. 우리가 썩은 사과 농장이에요."[19]

2018년에 나는 이러한 상황이 우리를 어디로 데려가는지 목격했다. 대통령 선거 운동 기간에 브라질에 방문했을 때였는데, 어느 정도는 나의 친구 라울 산티아고Raull Santiago를 만나기 위해서이기도 했다. 라울은 마약과의 전쟁을 다룬 나의 저서《비명을 쫓아서Chasing the Scream》의 브라질판을 집필할 때 알게 된 훌륭한 청년이다.

진짜 위협과 존재하지도 않는 위협

라울은 리우에서 최대 빈민가 중 한곳인 콤플레슈 도 알레망Complexo do Alemão에서 성장했다. 이 지역은 콘크리트와 양철과 전선으로 이루어진 거대하고 험준한 신전으로, 도시보다 훨씬 고도가 높은 언덕 꼭대기까지 펼쳐져 있어서 거의 구름 속에 있는 것처럼 보일 정도다. 좁은 콘크리트 골목이 뒤얽혀 있고 대충 걸쳐놓은 전깃줄이 전기를 공급하는 이곳에 최소 20만 명이 거주한다. 이 지역 사람들은 국가의 지원 없이 벽돌 하나하나를 직접 쌓아서 이 세상을 만들어냈다. 알레망의 골목에는 초현실적인 아름다움이 있다. 마치 알 수 없는 재앙이 지나간 뒤의 나폴리 같다. 어렸을 때 라울은 가장 친한 친구인 파비오와 함께 하늘 높이 연을 날리곤 했다. 이곳에서는 바다와 브라질 예수상까지 리우 시내 전체가 훤히 내려다보였다.

정부 당국은 알레망에 종종 탱크를 올려보냈다. 브라질 정부는 가난한 사람들에게 극단적인 폭력을 행사하겠다고 주기적으로 위협해 이들을 억압하고 관리했다. 라울과 파비오는 등굣길에 골목길에서 종종 시체를 목격하곤 했다. 경찰이 가난한 아이들에게 총을 쏜 뒤 그 아이들이 마약 밀매상이었다고 주장하고 마약이나 총을 시체에 숨겨둘 수 있음을 알레망에 사는 모두가 알았다. 사실상 경찰에게는 가난한 사람들을 살해할 면허가 있었다.

파비오는 언제나 이 모든 것에서 벗어날 가능성이 가장 큰 아이처럼 보였다. 수학을 잘했고, 어머니와 장애가 있는 누이를 위해 돈을 벌겠다고 굳게 결심했다. 파비오는 늘 거래에 능했다. 예를 들면 빈 병을 자신에게 팔라고 동네 술집들을 설득한 다음 병을 대량으로 되팔았다. 그러던 어느 날, 라울은 끔찍한 소식을 들었다. 이전의 수많은 아이들과 마찬가지로 파비오도 경찰이 쏜 총에 맞아 죽었다는 것이었다. 당시 파비오는 15살이었다.

라울은 친구들이 한 명씩 죽어나가는 모습을 그저 지켜볼 수만은 없다고 생각했다. 세월이 흐르면서 그는 대담한 행동을 하기로 마음먹었다. 콜레티보 파포 레토Coletivo Papo Reto라는 이름의 페이스북 페이지를 열어, 브라질 전역에서 경찰이 무고한 사람들을 죽이고 마약과 총을 시체에 몰래 넣어놓는 핸드폰 영상을 모았다. 영상이 널리 퍼지면서 이 페이지는 큰 성공을 거두었다. 전에는 경찰을 두둔하던 사람들도 경찰들의 실제 행동을 보고 이에 반대하기 시작했다. 이 일화는 3등 시민으로 취급되던 사람들이 인터넷을 통해 목소리를 찾고 힘을 모아 맞서 싸울 수 있음을 보여준 감동적인 이야기였다.

인터넷이 이렇게 긍정적인 영향을 미치고 있었지만 소셜미디어 알고리즘은 정반대의 효과를 내고 있었다. 브라질의 반민주적 세력에 힘을 실어주고 있었던 것이다. 전직 군인이었던 자이르 보우소나루Jair Bolsonaro는 원래 오랫동안 주변부에 위치한 인물이었다. 그는 주류에서 한참 벗어나 있었는데, 비도덕적인 발언을 계속하고 극단적인 방식으로 사람들을 공격했기 때문이다. 그는 브라질이 군부 독재하에 있을 때 무고한 시민을 고문한 사람들을 칭찬했다. 상원의 여성 의원들이 너무 못생겨서 강간하고 싶지도 않다고, 그들은 그럴 "가치"도 없다고 말했다.[20] 또한 아들이 게이인 것을 아느니 차라리 아들이 죽는 게 낫다고 말했다. 그때 유튜브와 페이스북이 브라질 국민이 뉴스를 접하는 주요 수단 중 하나가 되었다. 유튜브와 페이스북의 알고리즘은 분노를 유발하는 내용을 선호했고, 보우소나루의 세력이 극적으로 커졌다. 그는 소셜미디어 스타가 되었다. 대통령 선거에 출마하며 알레망 주민 같은 사람들을 대놓고 공격했고, 가난한 흑인 시민은 "번식"에조차 좋지 않으며 "동물원으로 돌아가야" 한다고 말했다.[21] 그는 경찰에게 더 큰 권력을 부여해 빈민가에 더욱 강화된 군사 공격을 가하겠다고, 즉 대량 학살의 면허를 주겠다고 공언했다.

브라질 사회는 긴급하게 해결해야 할 중대한 문제가 많았다. 그러나 소셜미디어 알고리즘은 극우파와 터무니없는 허위 정보에 힘을 실어주고 있었다. 선거 운동 기간에 알레망 같은 빈민가에 사는 많은 사람이 온라인에 퍼진 한 이야기를 깊이 우려했다. 보우소나루의 지지자들은 그의 주요 경쟁자인 페르난두 아다드

Fernando Haddad가 브라질의 모든 아이들을 동성애자로 만들려고 하며 이를 위해 교묘한 기술을 개발했다고 경고하는 영상을 만들었다. 이 영상에서는 한 아기가 젖병을 빨고 있었는데, 병에 이상한 점이 있었다. 젖병의 젖꼭지가 페니스 모양이었던 것이다. 인터넷에 유포된 이야기에 따르면, 아다드는 이 젖병을 브라질의 모든 유치원에 배포할 예정이었다. 이 이야기는 선거 기간에 가장 많이 공유된 뉴스 중 하나가 되었다. 빈민가의 거주민들은 분개하며 아이들에게 페니스 모양의 젖꼭지를 빨게 하는 사람을 뽑을 수는 없다고, 그러니 보우소나루에게 투표해야 한다고 주장했다. 알고리즘이 퍼뜨린 황당한 주장으로 나라 전체의 운명이 바뀌었다.

보우소나루가 예상 밖의 승리를 거두자 그의 지지자들은 "페이스북! 페이스북! 페이스북"이라고 연호했다.[22] 이들은 알고리즘이 해준 역할을 잘 알았다. 물론 브라질 사회의 여러 다른 요인이 작용했으며 알고리즘은 그중 하나일 뿐이지만, 신이 난 보우소나루의 지지자들이 가장 먼저 꼽은 요인은 페이스북이었다.

그로부터 얼마 지나지 않아 라울은 알레망의 자기 집에 있다가 폭발음 같은 소리를 들었다. 바깥으로 뛰쳐나가니 헬리콥터 한 대가 빈민가를 맴돌며 사람들에게 총을 쏘는 것이 보였다. 정확히 보우소나루가 공약한 종류의 폭력이었다. 라울은 겁에 질린 채 자녀들에게 집에 숨으라고 소리쳤다. 이후 나와 스카이프로 대화를 나눌 때 그는 내가 본 그 어느 때보다 동요하고 있었다. 이러한 폭력은 이 글을 쓰는 지금도 점점 확대되고 있다.

라울을 생각할 때면 분노로 작동되는 소셜미디어와 유튜브의 알고리즘이 집중력을 훼손하는 심각한 방식을 알 수 있었다. 이 효과는 폭포와 같다. 이 웹사이트들은 개인의 집중력을 망친다. 그다음 사람들의 머릿속에 기괴한 거짓 정보를 가득 채워 넣어서 자기 존재에 대한 진짜 위협(독재자가 자신들에게 총을 쏘겠다고 맹세하는 것)과 존재하지도 않는 위협(아이들이 페니스 모양의 젖병 때문에 게이가 되는 것)을 구분하지 못하게 만든다. 어떤 국가든 이러한 거짓 정보에 오래 노출되면 분노와 비현실 속에서 길을 잃어 문제를 이해하고 해결책을 찾는 일이 불가능해진다. 이는 곧 거리와 하늘이 실제로 더 위험해진다는 뜻이며, 이로써 우리는 과도한 각성 상태가 되고, 이 상태는 우리의 집중력을 더욱더 망가뜨린다.

이러한 추세가 계속된다면 이것이 우리 모두의 미래가 될 수 있다. 실제로 브라질에서 일어나는 일은 여러분과 나의 삶에 직접적인 영향을 미친다. 보우소나루는 지구의 허파인 아마존 우림을 극적으로 파괴하고 있다. 이러한 자연 파괴가 장기간 계속된다면, 우리는 더욱 심각한 기후재난에 봉착할 것이다.

샌프란시스코에서 나와 이 모든 문제를 논할 때 트리스탄은 손으로 머리칼을 넘기며 이렇게 말했다. "이 알고리즘들이 사회의 토양을 망가뜨리고 있어요… 우리에겐 사회구조가 필요해요. 그 구조를 망가뜨리면, 어느 날 눈을 떴을 때 무슨 일이 벌어질지 몰라요."

이 시스템은 (개인과 사회의 수준에서) 체계적으로 우리를 방해해 가고 싶은 곳으로 향하지 못하게 만든다. 구글의 전 전략가인 제임스 윌리엄스는 다음과 같이 상상해보라고 말했다. "우리에게

GPS가 있는데, 처음에는 잘 작동해요. 그런데 다음번에는 가고 싶은 곳에서 몇 길 건너편으로 우리를 안내해요. 그다음에는 아예 다른 마을로 안내하고요." 이는 전부 GPS에 자금을 대는 광고주들이 이렇게 하라고 돈을 냈기 때문이다. "그러면 아마 우리는 그 GPS를 계속 사용하지 않을 겁니다." 소셜미디어도 정확히 이런 식으로 작동한다. "우리에겐 가고 싶은 목적지가 있어요. 그런데 소셜미디어는 대부분 우리를 그곳으로 데려가지 않아요. 우리가 길에서 벗어나게 만들죠. 소셜미디어가 정보 공간이 아닌 물리적 공간에서 우리를 안내했다면, 우리는 이걸 계속 사용하지 않았을 거예요. 그 자체로 결함이 있으니까요."

트리스탄과 아자는 이 모든 효과가 합쳐져 일종의 "인류 퇴화"를 낳고 있다고 믿는다. 아자는 말했다. "저는 우리가 스스로를 역설계하는 과정에 있다고 생각합니다. 우리는 인간의 두개골을 열어서 우리를 제어하는 실을 찾은 다음, 그걸로 우리가 가진 마리오네트 인형의 실을 당기는 방법을 찾아냈어요. 한번 그렇게 하면, 머릿속의 실이 우연히 한 방향으로 홱 움직였을 때 우리의 팔도 홱 꺾이게 되고, 그러면 우리가 쥔 마리오네트 인형의 실도 홱 당기게 돼요… 이게 바로 현재 우리가 향하고 있는 시대의 모습입니다." 트리스탄은 현재 우리가 "인류의 집단적 퇴화와 기계의 진화"를 목격하고 있다고 생각한다.[23] 우리는 합리성과 지성, 집중력을 갈수록 잃어가고 있다.

아자가 말했다. "자신이 좋다고 생각하는 기술에 커리어 전체를 바쳤다고 상상해보세요. 그 기술은 민주주의를 강화하고 우리가 살아가는 방식을 바꿔요. 친구들은 내가 만든 그 기술들 덕분에 나를 높이 평가해요. 그런데 갑자기 평생을 바친 그 기술이 그저 무의미한 정도가 아니라, 내가 가장 사랑하는 것들을 완전히 파괴하고 있는 거예요."

아자는 낙천주의가 폭발하는 가운데 인류가 무언가를 만들었다가 자신이 만든 발명품을 더 이상 제어하지 못하는 이야기가 문학에 가득하다고 말했다. 프랑켄슈타인 박사가 만든 괴물 역시 그에게서 탈출해 살인을 저지른다. 아자는 전 세계의 유명한 웹사이트를 설계하는 엔지니어 친구들과 대화를 나누다 이 이야기를 떠올렸다. 그는 친구들에게 추천 알고리즘이 특정 내용을 추천하는 이유 같은 기본적인 질문을 던지곤 했다. 그는 이렇게 말했다. "친구들은 이런 식이었어요. 왜 알고리즘이 그런 것들을 추천하는지 나도 잘 몰라." 이들이 거짓말을 하는 게 아니다. 이들이 만든 기술은 실제로 이들이 온전히 이해하지 못하는 행동을 하고 있다. 아자는 친구들에게 늘 이렇게 말한다. "자기 발명품이 자신이 예측할 수 없는 행동을 하기 시작할 때, 우화에서는 그때가 바로 그 발명품의 작동을 멈추는 순간 아니야?"

트리스탄은 상원에서 증언하며 이렇게 물었다. "우리가 우리의 집중력을 퇴화시키고, 복잡성과 미묘한 차이를 이해하는 능력을 퇴화시키고, 공유된 진실을 퇴화시키고, 우리의 신념을 음모론적 사고로 퇴화시키면, 그래서 의제를 구축하고 공유해 문제를 해결할 수 없다면, 현재 전 세계의 가장 긴급한 문제들을 어떻게 해결할 수 있겠습니까? 이러한 상황이 현상을 이해하는 우리의 능력을 파괴하고 있습니다. 그 능력이 그 어느 때보다 필요한 시기에 말이죠. 제가 이곳에 온 이유는 유인책으로 인해 이 상황이 매일같이 나빠지고 있기 때문입니다."[24] 트리스탄은 이후 나에게 이 문제가 특히 염려스럽다고 말했다. 현재 인류가 그 어느 때보다 심각한 문제(우리가 기후위기를 불러와 생존에 꼭 필요한 생태계를 파괴하고 있다는 사실)에 직면해 있기 때문이다. 우리가 주의를 기울이지 못한다면, 지구온난화를 해결할 수 있다는 희망을 품을 수 있을까?

그래서 트리스탄과 아자는 더욱 긴급하게 묻기 시작했다. 현실에서 우리의 집중력을 빼앗는 시스템을 어떻게 바꿀 수 있을까?

8장

작고 얄팍한 해결책

'문제는 네 안에 있어'라는 말이 틀린 이유

다이어트 책은 비만 위기를 해결하지 못했고,
디지털 다이어트 책은 집중력 위기를 해결하지 못할 것이다.
우리는 이 문제에서 작동하는 더 거대한 세력을 이해해야 한다.

“그날 오후 제 딸과 함께 있었습니다.” 이스라엘계 미국인 기술 설계자인 니르 이얄Nir Eyal이 무언가 크게 잘못되었다는 생각이 들었던 어느 날을 회상하며 말했다. “우리에겐 아름다운 오후 계획이 있었어요.” 두 사람은 아빠와 딸이 함께 읽는 책을 보고 있었고, 이얄의 딸이 넘긴 페이지에는 다음과 같은 질문이 쓰여 있었다. ‘아무 초능력이나 가질 수 있다면 어떤 것을 고르고 싶나요?’ 딸아이가 고민에 빠져 있을 때 니르에게 문자가 왔다. “저는 딸아이에게 온전히 집중하지 않고 핸드폰을 보기 시작했습니다.” 니르가 고개를 드니 아이는 곁에 없었다.

어린 시절은 아이와 부모 사이의 작은 연결의 순간들로 이루어진다. 그 순간들을 놓치면 다시는 되찾을 수 없다. 니르는 큰 충격과 함께 깨달았다. “아이는 그게 뭐든 간에 제 핸드폰에 있는 게 자기보다 더 중요하다는 메시지를 읽었을 겁니다.”

이번이 처음은 아니었다. “저는 깨달았어요. 와, 방해 요소와의 관계를 진심으로 재고해봐야겠는데." 그러나 이러한 상황을 초래한 기술과 니르의 관계는 결정적인 면에서 여러분이나 나의 관계와 달랐다. 트리스탄처럼 니르도 스탠퍼드의 설득적 기술 연구소에서 B. J. 포그의 수업을 들었고, 실리콘밸리에서 가장 힘 있는 기업들과 협업하며 그들의 사용자가 '걸려들' 방법을 알아내는 일을 도왔다. 그러나 이제 그는 자신의 어린 딸에게도 똑같은 일이 벌어지는 광경을 목격하고 있었다. 딸아이는 그에게 "아이패드 시간! 아이패드 시간!"이라고 소리를 지르며 온라인에 접속하게 해달라고 요구했다.[1] 니르는 이 상황을 극복할 전략을 파악해야 한다는 것을 깨달았다. 딸아이를 위해, 자신을 위해, 그리고 우리 모두를 위해.

니르는 이 위기를 해결할 특별한 방법 하나를 제안하는데, 여기서 그 내용을 자세히 다루고자 한다. 이 방법은 트리스탄과 아자가 개발한 접근법과 크게 다르다. 니르의 접근법이 중요한 이유는, 전반적인 기술 산업이 어느 정도 자신들의 책임인 집중력 문제에 대해 그와 똑같은 접근법을 제시할 것이 분명하기 때문이다.

그의 머릿속에는 이미 자신이 해야 한다고 믿는 행동의 본보기가 있었다. 어렸을 때 니르는 심한 과체중이었다. 그가 이 말을 했을 때 나는 크게 놀랐는데, 현재 그는 근육질에 가까운 탄탄한 몸을 가졌기 때문이다. 니르는 '다이어트 캠프'에 보내졌고, 온갖 다이어트와 디톡스를 시도하며 설탕이나 패스트푸드 같은 음식을 전부 끊었다. 그러나 아무 소용이 없었다. 그러던 그때 마침내 니르는 깨달았다. "맥도날드를 탓하고 싶지만, 문제는 그게 아니었어요. 제가 먹고 있던 건 제 감정이었어요. 음식을 대응 기제로 삼고 있었던 거예요." 그는 이 사실을 깨닫자 "진짜 문제와 맞붙을" 수 있었다고 말했다. 자신의 불안과 불행을 마주해 맞서 싸웠고, 서서히 몸에 변화가 생기기 시작했다. "분명 음식에는 역할이 있었어요." 그가 말했다. "하지만 문제의 근본 원인은 아니었죠." 니르는 그때 자신이 중요한 교훈 하나를 배웠다고 말했다. "제게는 평생 나를 통제하는 것처럼 느껴지는 무언가가 있었고, 결국엔 제가 그걸 통제했어요."

니르는 앱과 전자기기에 점점 중독되는 과정을 극복하려면 모든 개개인이 각자 기술을 개발해 이러한 방해 요소에 굴복하는 자신의 내면에 저항해야 한다고 믿는다. 그는 그러려면 무엇보다 자기 마음을 들여다보고 애초에 왜 그것들을 강박적으로 사용하고 싶은지를 알아내야 한다고 주장한다. 그는 말했다. "(트리스탄과 아자 같은 사람들은) 이 기업들이 얼마나 나쁜지 이야기합니다. 그럼 저는 이렇게 말하죠. 그래서 뭘 시도해봤습니까? 안 그래요? 당신은 뭘 해봤죠? 보통은 아무것도 한 게 없습니다." 그는 개인의 변화가 "방어의 최전선"이어야 하며, "어느 정도의 성찰, 어느 정도의 자기 이해와 함께 시작되어야" 한다고 믿는다. 물론 환경이 바뀌었다는 사실도 인정한다. "사람들(평범한 기술 사용자들)이 아이폰을 만든 건 아닙니다. 그들의 잘못이 아니에요. 사람들 잘못이라고 말한 적은 결코 없습니다. 내 말은, 이게 우리의 책임이라는 거예요. 이 기기들은 어디 가지 않을 겁니다. 이런저런 형태로 우리 옆에 남을 거라고요. 그러면 우리에겐 무슨 선택지가 있을까요? 적응해야 합니다. 그게 우리의 유일한 선택지예요."

방해 금지 버튼만 누르면 모두 해결된다고?

그렇다면 어떻게 적응할 수 있을까? 우리는 무엇을 할 수 있을까? 니르는 사회과학 문헌을 쭉 살피며 개개인이 실천할 수 있는 변화의 증거를 찾기 시작했다. 그리고 본인이 생각하는 가장 좋은 해답을 자신의 저서《초집중》에 제시했다. 그가 이 문제에서 빠져나오게 도와준다고 믿는 특별한 수단이 하나 있다. 우리 모두에게는 '내적 트리거', 즉 나쁜 습관에 무릎 꿇게 하는 삶의 순간이 있다. 니르는 자신에게 그러한 순간이 "글을 쓸 때"임을 깨달았다. "글쓰기는 절대 수월해지지 않습니다. 언제나 어렵죠." 노트북 앞에 앉아 글을 쓰려고 하면 그는 지루함이나 스트레스를 느끼곤 했다. "글을 쓸 때는 이 모든 나쁜 감정들이 끓어오릅니다." 그럴 때면 내면에서 트리거가 눌렸다. 이런 불편한 감정에서 벗어나기 위해 그는 스스로에게 잠시 다른 할 일이 있다고 말하곤 했다. "가장 쉬운 건 이거예요. 진짜 빨리 이메일만 확인하자. 진짜 빨리 핸드폰 한 번만 열어보자. 떠올릴 수 있는 모든 핑계를 생각해냈어요." 그는 강박적으로 뉴스를 확인하며 훌륭한 시민은 마땅히 그래야 한다고 되뇌었다. 구글에서 글쓰기와 관련이 있을지도 모를 사실을 검색하다 보면 두 시간 뒤에는 토끼굴의 밑바닥에서 전혀 상관없는 것을 읽고 있었다.

"내적 트리거는 불편한 감정 상태입니다." 니르가 말했다. "핵심은 회피예요. '이 불편한 상태에서 어떻게 벗어나지?'가 핵심이죠." 그는 우리 모두가 자신의 내적 트리거를 탐구하고 고찰해 그것을 없앨 방법을 찾아야 한다고 생각한다. 그래서 마음을 들쑤시는 감정이나 지루함, 스트레스가 느껴질 때마다 내면에서 무슨 일이 벌어지고 있는지 파악했고, 포스트잇 한 뭉치를 집어 알고 싶은 내용을 그 위에 적었다. 그리고 오로지 글을 충분히 오래 쓴 다음에만 구글에서 그 내용을 검색했다.

이 방법은 니르에게 효과가 있었다. 이로써 그는 알게 되었다. "우리는 습관에 매여 있지 않습니다. 습관은 끊을 수 있어요. 언제나요. 우리는 습관을 바꿀 수 있어요. 그 방법은 내적 트리거가 무엇인지 이해하고, 어떤 행동을 하고 싶은 충동과 그 행동 사이에 일종의 틈을 만들어내는 겁니다." 그는 이와 비슷한 다양한 기술을 개발했다. 그는 우리 모두가 '10분 규칙'을 따라야 한다고 믿는데, 그 규칙이란 핸드폰을 확인하고 싶은 충동을 느꼈을 때 10분만 기다리는 것이다.[2] 또한 그는 우리가 '타임박스'를 만들어야 한다고 말하는데, 매일 할 일의 자세한 계획을 짜서 지켜야 한다는 뜻이다.[3] 그는 앱이 온종일 우리를 방해하고 우리의 집중력을 없애지 않도록 핸드폰의 알림 설정을 바꿀 것을 권하고, 핸드폰에서 앱을 최대한 지우되 남겨야 할 앱이 있다면 그 앱의 사용 시간을 미리 정해야 한다고 말한다. 또한 이메일 구독을 취소하고, 가능하다면 이메일의 '업무 시간'을 정해서 하루에 몇 번만 확인하고 나머지 시간에는 무시하라고 조언한다.[4]

니르는 이러한 제안들을 하며 이렇게 말했다. "사람들이 깨달을 수 있도록 힘을 실어주고 싶었어요. 보세요, 그리 힘들지 않은 일들이에요. 별로 안 어려워요. 해야 할 일이 무엇인지 알면 방해 요소를 꽤 쉽게 다룰 수 있죠." 그는 왜 더 많은 사람이 이렇게 하지 않는지 이해하지 못하는 것 같았다. "스마트폰을 가진 사람의 3분의 2가 알림 설정을 바꾸지 않아요. 이상하죠? 그렇지 않아요? 그렇게 어려운 일도 아니잖아요. 그냥 이런 것들을 하면 되는 거예요." 그는 기술 기업들을 비난하는 대신 개인으로서 자신이 무엇을 했는지 물어야 한다고 말한다. "논의의 시작은 이것이어야 해요. 자, 지금 당장 할 수 있는 시도를 다 해봤습니까? 그것부터 해볼 수 있을까요? … 알림 설정을 바꿔요! 봐요, 정말 간단한 일이잖아요. 5분마다 울리는 그 망할 페이스북 알림을 끄라고요! 하루 일정을 계획해보는 건 어때요? 우리 중 얼마나 많은 사람이 하루 일정을 계획하나요? '실제로 나는 내 시간에 무엇을 하고 싶지?'라고 묻는 대신, 뉴스나 트위터에서 하는 말이나 바깥세상에서 벌어지는 일들이 시간을 빼앗아가도록 그냥 놔두고 있잖아요."

니르의 설명을 들으면서 마음이 복잡해졌다. 그의 설명이 정확히 나를 프로빈스타운으로 보낸 논리임을 깨달았다. 마음속 깊은 곳에서 나도 이렇게 생각했다. 니르처럼 나도 문제는 나라고, 나 자신을 바꿔야 한다고 믿었다. 이런 생각은 분명 어느 정도 맞다. 나는 니르가 추천한 구체적 해결책이 전부 유용하다고 생각한다. 그의 저서를 읽은 뒤 모든 방법을 시도해보았고, 그중 많은 것이 작지만 실질적인 변화를 가져왔다.

그러나 그의 말에는 나를 불편하게 만드는 지점이 있었고, 한동안 나는 그 이유를 설명할 수 없었다. 확실히 니르의 접근법은 기술 기업이 집중력 문제에서 우리가 택하기를 바라는 접근법과 비슷하다. 기업들은 더 이상 이 문제를 부인할 수 없으므로 다른 방도를 취하기 시작했다. 이 문제를 자신들이 아닌 여러분과 내가 자제력을 더 발휘해서 해결해야 하는 개인의 문제로 바라보도록 우리를 슬며시 떠밀고 있는 것이다. 바로 이러한 이유에서 기업들은 우리의 의지력을 키워준다고 주장하는 도구들을 제공하기 시작했다. 모든 신형 아이폰에는 그날이나 그 주의 스크린타임을 알려주는 기능과 메시지의 알림을 막아주는 방해 금지 기능이 있다. 페이스북과 인스타그램도 이런저런 비슷한 기능을 내놓았다. 심지어 마크 저커버그는 트리스탄의 슬로건을 이용해 페이스북에서 보내는 시간이 '잘 쓴 시간'이 될 거라고 약속하기 시작했다. 그런데 그가 공언한 기능은 전부 자신의 동기에 어떤 문제가 있는지 성찰하는 니르 스타일과 비슷하다. 내가 이 장에서 니르에 대해 다루는 이유는 그가 특이한 인물이라서가 아니라, 여러분과 내가 당장 해야 하는 행동에 관한 실리콘밸리의 지배적 관점을 가장 솔직하게 내세우는 인물이라서다.

니르는 우리가 전자기기 사용을 멈출 수 있도록 기술 기업들이 많은 조치를 마련해두었다고 계속해서 주장했다. 이를 설명하기 위해 그는 자신이 들렀던 한 중역 회의실을 사례로 제시했다. 그곳에서 한 상사가 회의 중에 핸드폰을 꺼냈고, 결국 나머지 사람들도 아무렇지 않게 핸드폰을 꺼내 사용했다. "그게 왜 기술 기업의 책임인지 모르겠습니다. 오히려 기업 측에서는 '방해 금지'라는 아름답고 단순한 기술을 제공하고 있어요. 기업들은 우리에게 버튼을 줬습니다. 우리가 할 일은 그 버튼을 누르는 것뿐이에요. 애플이 무슨 책임을 더 지기를 바라는 겁니까? 동료들하고 회의를 할 거면 한 시간 동안 제발 그 '방해 금지' 버튼 좀 누르라고요! 그게 그렇게 어려워요?"

내가 이 접근법이 불편했던 이유를 니르가 방해 요소 통제법에 관한 책을 쓰기 몇 년 전에 출간한 또 다른 책을 읽고 나서 알게 되었다. 기술 설계자와 엔지니어를 대상으로 쓴 이 책의 제목은 '훅Hooked: 일상을 사로잡는 제품의 비밀'이다. 그는 이 책을 '인간 행동의 레시피'가 담긴 '요리책'이라고 설명한다.[5] 평범한 인터넷 사용자로서 이 책을 읽는 것은 이상한 경험이다. 마치 오래된 배트맨 영화에서 악당이 붙잡힌 뒤 자신이 저지른 죄를 하나씩 털어놓는 순간 같다. 니르는 말한다. "솔직히 인정하자. 우리는 모두 설득 산업에 종사한다. 혁신가들은 자신이 원하는 일을 사람들이 하도록 설득하는 제품을 만든다. 우리는 이 사람들을 사용자라 칭한다. 대놓고 말하지는 않지만, 마음속으로는 모든 사용자가 우리가 만드는 제품에 중독되기를 바란다."[6]

니르는 이렇게 할 수 있는 방법들을 제시하며 그 과정을 "정신 조작"이라 칭한다.[7] 그리고 그 목표가 인간 안에 "갈망을 만들어내는 것"이라 말하고, 그 방법의 본보기로 B. F. 스키너를 언급한다. 이 접근법은 그가 쓴 블로그 게시물 중 하나의 제목으로 요약

할 수 있다. '사용자를 낚고 싶은가? 그렇다면 그들을 미치게 만들어라.'[8]

설계자의 목표는 사용자를 계속 돌아오게 할 '내적 트리거'(이 단어를 기억하는가?)를 만들어내는 것이다.[9] 설계자가 자신이 겨냥하는 사람을 더욱 쉽게 떠올릴 수 있도록, 그는 "어떤 정보를 자기만 모르는 상황을 두려워하는" 줄리라는 이름의 사용자를 상상해 보라고 말한다.[10] 그리고 이렇게 말한다. "이제 우리에게 이용할 것이 생겼다! 두려움은 강력한 내적 트리거이며, 우리는 줄리의 두려움을 가라앉힐 해결책을 설계할 수 있다." 일단 이러한 감정을 이용하는 데 성공하면 "습관이 형성되고, 사용자는 줄에서 기다리면서 시간을 죽이고 싶을 때처럼 일상적인 상황에서 그 제품을 자동으로 사용하게 된다"라고, 니르는 만족스럽게 말한다.[11]

설계자는 여러분과 내가 '오랜 기간, 이상적으로는 남은 평생 그 행동을 반복하게' 만들어야 한다.[12] 니르는 이것이 사람들의 삶을 개선한다고 믿지만, 한편으로는 이렇게 말한다. "습관은 수익 발생에 매우 도움이 될 수 있다."[13] 그는 여기에 윤리적 선이 있어야 한다고 본다.[14] 어린이를 겨냥해서는 안 되며, 설계자 본인도 '자신이 제공하는 것을 즐겨야' 하고 자신이 만든 앱을 직접 사용해야 한다. 니르가 모든 규제에 반대하는 것은 아니다. 그는 일주일에 페이스북을 35시간 이상 사용하는 사람에게 팝업창을 띄워 지금 문제가 있음을 알려주고 도움받을 수 있는 곳을 연결하는 것이 법적 의무가 되어야 한다고 생각한다.

그러나 이 모든 내용을 읽는 동안 나는 마음이 괴로웠다. 앱 설계법을 다룬 니르의 '요리책'은 큰 성공을 거뒀다. 예를 들어 마이크로소프트의 선임 이사는 이 책을 추켜올리며 전 직원에게 읽게 했고, 현재 니르는 강연자로서 테크 콘퍼런스에서 큰 인기를 끌고 있다. 많은 앱이 그의 기술에서 영감을 얻어 제작되었다. 니르는 실리콘밸리가 "사람들을 미치게 만들"도록 이끈 사람 중 한 명이었지만, 나의 대자인 애덤 같은 사람이 실제로 기술에 미쳤을 때는 기술 기업이 아닌 개인의 행동을 바꾸는 일이 무엇보다 중요한 해결책이라고 말했다.

나는 니르에게 그의 두 저서가 우려스러울 만큼 부조화하는 듯 보인다고 말했다. 《훅》에서 그는 우리가 "완전히 중독"되어 또 기술로 문제를 해결할 때까지 "고통"스러워하게 만들 무척이나 강력한 시스템을 이야기한다. 그러나 《초집중》에서는 이러한 시스템 때문에 우리가 산만해진다고 느낄 때 개인적으로 가벼운 변화를 시도해야 한다고 말한다. 첫 번째 책에서는 우리를 낚는 데 사용하는 크고 강력한 힘을 설명하고, 두 번째 책에서는 우리를 곤경에서 꺼내줄 허술하고 가벼운 개인적 해결책을 설명한다.

"사실 저는 정확히 반대로 생각합니다." 니르가 대답했다. "제가 《훅》에서 말한 모든 것을, 엄지손가락 터치 한 번으로 끌 수 있어요. 다 꺼지게 할 수 있다고요."

그럼 케이크를 먹게 하세요

내가 니르의 접근법에 점차 불편함을 느낀 이유를 온전히 이해하게 된 것은 이 문제에 대해 여러 사람과 이야기를 나누면서였다. 그중 한 명이 샌프란시스코 주립대학의 경영학 교수 로널드 퍼서Ronald Purser였다. 그는 그때까지 들어본 적 없었던 "잔혹한 낙관주의"라는 개념을 소개해주었다. 잔혹한 낙관주의는 비만이나 우울, 중독처럼 우리 문화에 근본 원인이 있는 거대한 문제와 관련해 사람들에게 긍정적인 언어로 단순한 개인적 해결책을 제시하는 것을 말한다. 이 주장은 낙관적으로 들리는데, 문제를 금방 해결할 수 있다고 말하기 때문이다. 그러나 사실 이 주장은 잔혹한데, 이렇게 제시하는 해결책이 너무 제한적이고 근본 문제를 전혀 보지 못하기에 결국 대다수에게 별 도움이 안 되기 때문이다.

로널드는 역사학자 로런 벌랜트Lauren Berlant가 처음 이름을 붙인 이 개념의 사례를 여럿 제시했다. 내가 이 개념을 제대로 이해하기 시작한 것은 그가 또 다른 문제에 이 개념을 적용했을 때인데, 집중력과 관련이 있으면서도 별개인 이 문제는 바로 스트레스다. 잠시 시간을 들여 이 문제를 자세히 살펴보는 것이 좋을 듯하다. 집중력과 관련해서 니르(와 우리 대다수)가 어떤 실수를 하고 있는지 이해하는 데 도움이 될 것이기 때문이다.

로널드는 〈뉴욕타임스〉 기자가 쓴 한 베스트셀러에 대해 설명해주었다. 그 책은 독자들에게 '스트레스는 우리에게 부과되는 것이 아니다. 우리가 스스로에게 부과하는 것이다'라고 말한다.[15] 스트레스는 감정이다. 스트레스는 일련의 생각이다. 다르게 생각하는 법(재잘거리는 생각을 잠재우는 법)을 배우기만 하면 스트레스는 싹 사라질 것이다. 그러니 명상하는 법을 배워라. 당신의 스트레스는 마음을 챙기지 못하는 데서 온다.

이 메시지는 낙관적인 약속을 생생하게 전달한다. 그러나 로널드는 현실에서 스탠퍼드 경영대학원의 과학자들이 대규모 연구를 통해 미국에서 스트레스를 일으키는 주요 원인을 파악해오고 있음을 지적한다.[16] 그 원인은 '건강보험의 부족, 끊임없는 정리해고의 위협, 의사 결정에서 자유재량과 자율성의 부족, 긴 근무시간, 낮은 조직 공정성, 비현실적인 요구'다. 당뇨병을 앓고 있는데 건강보험이 없어서 인슐린을 구매하지 못한다면, 또는 동료들이 한 명씩 정리해고를 당하고 있고 다음번은 내 차례일 것이라는 끔찍한 기분이 든다면, 스트레스는 '우리가 스스로에게 부과하는 것'이 아니라 우리에게 부과되는 것이다.

로널드는 명상이 도움이 될 수 있다고 생각하고, 나도 이에 동의한다. 그러나 명상으로 스트레스와 굴욕감에서 벗어나라고 말하는 전형적인 베스트셀러는 "헛소리"다. "아이 네 명을 키우며 스리잡을 뛰는 히스패닉 여성에게 그렇게 말해보세요." 로널드는 스트레스가 그저 생각의 문제라고 말하는 사람들이 "특권을 가진 위치"에 있다고 말한다. "그 사람들은 쉽게 그렇게 말할 수 있습니다." 로널드가 사례로 제시한 한 기업은 일부에게 제공되는 건강보험 혜택을 삭감하는 동시에 직원에게 명상 수업을 제공해 앞에서 말한 〈뉴욕타임스〉 기자에게 좋은 평가를 들었다. 이는 분명 잔혹한 일이다. 문제의 해결책이 있다고 말한 다음(스트레스에 대해 생각하는 방식을 바꿔, 그럼 괜찮아질 거야!) 악몽 같은 현실에 그대로 내버려두는 것. 직원에게 인슐린은 주지 않을 거지만 사고방식을 바꾸는 법에 대한 수업은 제공할 겁니다. 마리 앙투아네트가 한 말인 "그럼 케이크를 먹게 하세요"의 21세기 버전이다. 그럼 이 순간에 머물게 하세요.

잔혹한 낙관주의는 처음에는 친절하고 낙관적으로 보이지만 종종 추악한 여파를 미친다. 잔혹한 낙관주의는 이 작고 얄팍한 해결책이 실패할 때 개인이 시스템을 탓할 수 없게 만들고, 결국 개인은 자기 자신을 탓하게 된다. 개인은 자신이 일을 다 망쳤다고, 자신이 못난 것이 문제라고 생각하게 된다. 로널드는 이러한 관점이 과로 같은 "스트레스의 사회 원인에서 주의를 돌리게" 하고, 순식간에 "피해자에게 책임을 전가"할 수 있다고 말했다. 잔혹한 낙관주의는 이렇게 속삭인다. 문제는 시스템에 있는 게 아냐. 문제는 네 안에 있어.

로널드의 말을 들으면서 다시 니르와 그가 대표하는 실리콘밸리의 접근법을 떠올렸다. 니르는 우리를 "낚고" 우리의 두려움을 이용하는, 심지어 우리를 "미치게" 만들도록 설계되었다고 본인 입으로 말하는 디지털 모델을 광고하고 홍보함으로써 생계를 꾸린다. 그리고 그 또한 그 모델에 걸려들었다. 그러나 그는 (재산과 이 시스템에 대한 지식의 측면에서) 대단한 특권을 가졌기에 자신만의 기술을 이용해 통제력을 어느 정도 되찾을 수 있었다. 이제 그는 우리 모두가 자신처럼 하는 것이 문제의 해결책이라고 생각한다.

우리가 더 심각한 문제를 걸고넘어지는 것보다 자기 자신을 탓하는 방식이 니르에게 더 편리하다는 사실(어쨌거나 그의 소득은 기술 산업에서 나온다)은 차치하고, 더 기본적인 차원을 살펴보자. 진실은, 그와 똑같이 하는 것이 다른 사람들에게는 그리 쉽지 않다는 것이다. 이것이 바로 잔혹한 낙관주의의 문제 중 하나다. 잔혹한 낙관주의는 보통 특수한 상황에서 발생한 특수한 사례를 가져다가 그것이 평범한 일인 양 행세한다. 막 실직해서 어떻게 하면 다음 주 화요일에 집에서 쫓겨나지 않을지를 고민하지 않는다면 명상을 통해 평정심을 찾기가 더 쉽다. 완전히 소진되고 스트레스에 휩싸여 또다시 스트레스로 가득할 다음 몇 시간을 버티게 해줄 위안이 절박하지 않다면, 다음번의 햄버거와 페이스북 알림, 마약성 진통제를 거부하기가 더 쉽다. (니르가 하듯이, 기술 산업 전체가 점점 그렇게 하고 있듯이) 사람들에게 이게 "꽤 쉬운" 문제라고, "그 방해 금지 버튼만 누르"면 된다고 말하는 것은 대다수의 삶의 현실을 무시하는 일이다.

게다가 가장 중요한 사실은, 사람들이 그래야 할 필요가 없다는 것이다. 잔혹한 낙관주의는 우리의 집중력을 망가뜨리는 시스템을 바꿀 수 없으므로 우리 개개인의 행동을 바꾸는 데 주력해야 한다는 주장을 당연시한다. 그러나 왜 우리가 이 시스템을 기정사실로 받아들여야 하는가? 우리를 "낚고" "미치게" 만들도록 설계된 프로그램이 가득한 환경을 왜 받아들여야 하는가?

화면 반대쪽 우리 자제력을 꺾는 사람들

니르가 어렸을 때 비만이었던 경험을 비유로 든 예를 떠올리자 이 문제를 더욱 명확하게 이해할 수 있었다. 잠시 이 비유를 자세히 살펴볼 필요가 있는데, 현재 우리가 어디서 잘못하고 있는지를 잘 보여주기 때문이다. 오늘날 우리에게는 놀라워 보일 수 있지만, 50년 전에는 서구 세계에 비만이 극히 드물었다. 당시에 해변에서 찍은 사진을 찾아보라. 오늘날의 기준에서 모두가 말랐다. 그러다 일련의 변화가 생겼다. 신선하고 영양가 높은 식품 공급 체계가 주로 가공된 정크푸드로 이뤄진 식품 공급으로 대체되었다. 전 인구가 받는 스트레스가 대대적으로 늘어, 먹는 것으로 스트레스를 푸는 행위가 더욱 매력적으로 변했다. 우리가 세운 도시는 걷거나 자전거를 타는 일이 거의 불가능했다. 즉 환경이 바뀌었고, (여러분이나 나의 개인적 실패가 아닌) 이러한 변화가 우리의 신체를 바꾸었다. 우리의 몸은 일제히 불어났다. 1960년에서 2002년 사이에 성인의 평균 몸무게는 약 11킬로그램이 늘었다.[17]

그러나 무슨 일이 벌어졌는가? 우리를 이렇게 만든 전반적인 변화를 인정하고 이 문제에 달려들어 비만을 피할 수 있는 건강한 환경을 만드는 대신, 우리는 다이어트 산업을 통해 스스로를 탓하라고 배웠다. 우리는 이렇게 생각하는 법을 익혔다. 내가 뚱뚱해진 것은 나 자신 때문이야. 내가 잘못된 음식을 선택했어. 욕심을 부렸고, 게을렀고, 내 감정을 제대로 처리하지 못했어. 내가 부족한 사람이야. 우리는 다음부터 칼로리를 더 잘 계산하겠다고 다짐했다(나도 그랬던 적이 있다). 주로 사회적인 원인에서 비롯된 위기 앞에서 우리 문화는 개개인을 위한 다이어트 계획과 책을 주요 해결책으로 내놓았다.

이러한 현실은 우리에게 어떤 영향을 미칠까? 이 문제를 연구한 과학자들은 우리 문화에서 다이어트를 통해 살을 뺀 사람의 95퍼센트가 1년에서 5년 이내에 전 몸무게로 되돌아간다는 사실을 발견했다.[18] 20명 중 19명꼴이다. 왜일까? (나를 비롯한) 사람들이 애초에 체중이 늘어난 이유를 거의 놓치고 있기 때문이다. 시스템에 대한 분석이 전혀 없다. 식품 공급 체계에 문제가 있어 이전 세대가 먹은 것과는 전혀 다른 중독적인 고가공 식품이 우리를 둘러싸고 있다는 이야기는 하지 않는다. 스트레스와 불안이 우리를 과식으로 몰고 가는 문제는 설명하지 않는다. 우리가 사는 도시에서는 어디든 가려면 강철로 된 박스에 몸을 욱여넣어야 한다는 사실은 다루지 않는다. 다이어트 책은 우리가 사는 사회와 문화가 매일같이 우리를 형성하고 밀어붙여 특정 방식으로 행동하게 만든다는 사실을 무시한다. 다이어트는 우리가 속한 환경을 바꾸지 않는다. 그리고 이 위기의 원인은 바로 이 환경에 있다. 다이어트가 끝나도 우리는 여전히 체중 증가를 유발하는 불건강한 환경에 산다. 우리가 만든 이러한 환경에서 체중을 감량하려고 노력하는 것은 끝없이 아래로 내려오는 에스컬레이터를 뛰어 올라가려고 노력하는 것과 같다. 몇몇 사람은 용맹스럽게 에스컬레이터 꼭대기까지 전력 질주할 수 있을지 모른다. 그러나 우리 대다수는 이게 다 자기 잘못이라고 느끼며 에스컬레이터 맨 밑에 서 있게 될 것이다.

니르 같은 사람들의 말에 귀 기울인다면, 우리가 체중 문제에 대응한 것과 똑같은 방식으로 집중력 문제에 대응해 결국 똑같이 처참한 결과에 다다르게 될까 봐 우려스럽다. 이러한 접근법을 밀어붙이는 것은 실리콘밸리뿐만이 아니다. 집중력 문제에 관해 현재 나와 있는 거의 모든 책(이 책의 자료 조사를 하면서 많이 읽었다)이 이 문제를 개인의 변화가 필요한 개인의 결함으로 묘사하고 있다. 이 책들은 디지털 다이어트 책이다. 그러나 다이어트 책은 비만 위기를 해결하지 못했고, 디지털 다이어트 책은 집중력 위기를 해결하지 못할 것이다. 우리는 이 문제에서 작동하는 더 거대한 세력을 이해해야 한다.

40여 년 전 비만 위기가 시작되었을 때 우리는 다른 방식으로 대응할 수 있었다. 환경의 변화 없이 개인이 자제력을 기르는 노력만으로는 니르처럼 20명 중 한 명꼴의 사례를 제외하면 좀처럼 효과가 없다는 증거에 귀를 기울일 수도 있었다. 정부 정책을 이용해 신선하고 영양가 높은 식품은 저렴하고 구하기 쉽게, 설탕이 잔뜩 들어간 정크푸드는 값비싸고 구하기 어렵게 만들 수 있었다. 사람들이 스트레스를 너무 많이 받은 나머지 먹는 걸로 스트레스를 풀게끔 만드는 요인들을 제거할 수도 있었다. 사람들이 쉽게 걷거나 자전거를 탈 수 있는 도시를 만들 수도 있었다. 아이들을 겨냥해 정크푸드를 광고함으로써 평생 갈 입맛을 길들일 수 없게 금지할 수도 있었다. 바로 이 때문에 노르웨이와 덴마크, 네덜란드처럼 어느 정도 이러한 조치를 취한 국가들에서 비만율이 낮고, 미국과 영국처럼 과체중인 개개인에게 자제력을 기르게 하는 데 주력한 국가들에서 비만율이 매우 높은 것이다.[19] 나 같은 사람들이 스스로를 부끄러워하고 굶기는 데 들인 에너지를 전부 이러한 정치적 변화를 요구하는 데 썼다면 오늘날 비만도 고통도 훨씬 적었을 것이다.

트리스탄은 기술을 둘러싼 생각에서도 이와 비슷한 변화가 필요하다고 본다. 미 상원에서 증언할 때 그는 이렇게 말했다. "자제력을 키우려고 노력할 수는 있겠지만, 화면 반대쪽에는 우리의 자제력을 꺾으려고 노력하는 천여 명의 엔지니어들이 있습니다." 이것이 바로 니르가 온전히 인정하지 않으려 하는 사실이다. 그 자신이 이러한 설계자 중 한 명인데도 말이다. 다시 한번 강조하겠다. 나는 그가 제시하는 여러 가지 조언에 찬성한다. 정말로 우리는 지금 당장 핸드폰을 꺼내서 알림을 꺼야 한다. 정말로 자신의 내적 트리거가 무엇인지 파악해야 한다. 나머지 조언들도 마찬가지다(트리스탄 또한 그렇게 해야 한다고 믿는다). 그러나 여기에서 출발해, 우리의 주의력을 침해하고 습격하도록 (어느 정도는 니르 본인이) 설계한 환경에서 집중할 수 있게 되는 것은 "꽤 쉬운" 일이 아니다.

니르와의 대화는 시간이 흐르면서 약간 격해졌다. 이 대화는 이 책에 실린 몇 없는 논쟁적 인터뷰 중 하나여서 공정성을 위해 대화의 전체 녹음 파일을 웹사이트에 올려두었으므로 독자들도 그의 대답을 (이곳에 싣지 못한 내용까지) 전부 들을 수 있다. 니르와의 대화는 내 생각을 더 명료하게 다듬어주었다. 그가 깨닫게 해준 것은 우리의 집중력을 되찾으려면 물론 개인적 해결책을 취해야 하지만 그것만으로는 대다수가 이 곤경에서 빠져나올 수 없음을 솔직하게 말해야 한다는 점이었다. 또한 우리는 우리의 집중력을 빼앗고 있는 세력에 함께 맞서 변화를 요구해야 한다.

지나치게 단순한 해결책을 제시해 사람들을 실패로 이끄는 잔혹한 낙관주의의 대안은 아무것도 바꿀 수 없다는 비관주의가 아니라, 진정성 있는 낙관주의다. 진정성 있는 낙관주의는 우리의 목표를 가로막는 장애물을 솔직하게 인정하고, 모두와 협력해 그 장애물을 하나씩 해체할 계획을 세운다.

그때 정말로 어려운 질문이 남았다는 사실을 깨달았다. 정확히 어떻게 그러기 시작할 수 있을까?

9장

근본적인 해결책을 처음으로 목격하다

저커버그는 왜 과학자들의 연구 결과를 무시했을까

우리의 이익(집중할 수 있고, 오프라인에서 만날 친구를 찾고,
어떤 사안을 차분하게 논의할 수 있는 것)과
소셜미디어 기업의 이익은 근본적으로 충돌한다.

기술의 작동 방식에 대해 많은 것을 알게 된 이후, 내게는 두 가지 명백하고 시급한 질문이 남았다. 첫째, 침략적인 기술이 우리의 집중력과 주의력을 훼손하는 것을 막기 위해 실제로 어떤 변화를 이뤄낼 수 있는가? 둘째, 어떻게 하면 현실에서 이 거대한 기업들이 그러한 변화를 도입하게 강제할 수 있는가?

트리스탄과 아자는 (본인의 경험 및 쇼샤나 주보프 교수의 핵심 연구를 통해) 오래 지속되는 해결책을 찾으려면 문제의 근본 원인으로 치고 들어가야 한다고 생각하게 되었다. 이러한 이유로 어느 날 아침 아자가 내게 이렇게 딱 잘라 말한 것이었다. "그냥 감시 자본주의를 금지하면 됩니다." 나는 잠시 말을 멈추고 그의 말을 이해해보려고 애썼다. 온라인에서 우리를 추적해 우리의 약점을 파악하고, 그 개인 정보를 최고 입찰자에게 판매해 그들이 우리의 행동을 바꿀 수 있게 하는 사업 모델을 정부가 전면 금지한다는 뜻이라고, 아자가 설명했다. 그는 이 모델이 "완전히 반민주적이고 반인간적"이므로 없애야 한다고 본다.

처음에 이 주장은 너무 극적으로 들렸고, 솔직히 말하면 불가능해 보였다. 그러나 트리스탄과 아자는 무언가가 널리 퍼진 뒤에 사회에서 그것의 해로움을 발견하고 거래를 금지한 역사적 선례가 수없이 많다고 설명했다. 납 페인트를 떠올려보라. 과거에는 미국의 대다수 가정이 납 페인트를 사용했다. 그러다 납 페인트가 어린이와 성인의 뇌를 손상해 집중을 어렵게 한다는 사실이 밝혀졌다. 트리스탄의 멘토 중 한 명인 재런 러니어Jaron Lanier는 사람들이 그 사실을 발견했을 때 그 누구도 다시는 자기 집을 페인트로 칠하지 못할 거라고 말하지 않았음을 지적했다. 우리는 그저 페인트에 들어가는 납만 금지했다. 오늘날 사람들의 집은 여전히 페인트로 칠해져 있다. 그저 훨씬 질 좋은 페인트를 사용했다는 점만 다를 뿐이다. 또는 프레온가스에 대해 생각해보자. 앞에서 언급한 것처럼 내가 어린아이였고 모두가 헤어스프레이에 집착했던 1980년대에 헤어스프레이의 한 성분이 우리를 태양 광선에서 보호해주는 오존층을 파괴하고 있다는 사실이 발견되었다. 모두가 겁에 질렸다. 사람들은 프레온가스 사용을 금지했다. 우리에게는 여전히 헤어스프레이가 있다. 그저 다른 성분이 쓰였을 뿐이다. 그리고 오늘날 오존층은 회복되고 있다. 문명사회로서 우리가 사고팔 수 없다고 결정한 것들이 수없이 많다. 예를 들면 인간의 장기가 그렇다.

그래서 나는 물었다. 우리가 감시 자본주의를 금지했다고 쳐봅시다. 그다음 날, 그다음 주, 그다음 해에 내 페이스북과 트위터 계정에 무슨 일이 벌어지는 건가요? 아자는 "아마 위기의 순간이 찾아올 겁니다. 마이크로소프트가 위기의 순간을 맞이했던 것처럼요"라고 말했다. 2001년, 미국 정부는 마이크로소프트가 독점 기업이라는 판결을 내렸다. 마이크로소프트는 큰 변화를 거쳤고, 지금은 "방 안의 너그러운 어른 같은 위치"에 있다. "제 생각엔 페이스북에도 똑같은 변화가 생길 것 같습니다."

금지 명령이 내려진 다음 날, 현실에서 이 기업들은 자금을 댈 다른 방법을 찾아야 할 것이다. 한 가지 확실한 모델이 있다. 바로 이 책을 읽고 있는 모두가 경험하게 될 자본주의의 대안적 형식인 구독이다. 우리 각자가 페이스북의 사용료로 한 달에 50센트나 1달러씩 지불해야 한다고 상상해보자. 갑자기 페이스북은 더 이상 광고주를 위해 일하며 우리의 은밀한 소원과 취향을 상품으로 바치지 않게 될 것이다. 페이스북은 우리를 위해 일할 것이다. 사상 최초로 이들의 일은 무엇이 광고주를 행복하게 하는지 파악하고 그것을 제공하기 위해 우리를 조종하는 것이 아니라, 무엇이 우리를 행복하게 하는지 파악하고 그것을 제공하는 것이 된다. 그러므로 대다수 사람처럼 우리가 집중할 수 있기를 바란다면, 페이스북은 그것이 가능해지도록 웹사이트를 재설계해야 할 것이다. 우리가 화면 앞에서 각자 고립되는 것이 아니라 사회적으로 연결되기를 바란다면, 페이스북은 어떻게 하면 그럴 수 있을지를 알아내야 할 것이다.

이 기업들이 살아남을 수 있는 또 다른 확실한 방법이 있다. 바로 정부가 이 기업들을 인수해 공공 소유가 되는 것이다. 이렇게 하면 소셜미디어는 경제의 자본주의 영역에서 빠져나오게 된다. 극단적으로 들릴 수 있지만 이 책을 읽는 모두가 오늘날 정확히 똑같은 모델을 통해 혜택을 누리고 있다. 우리에게 하수도가 필요하다는 데 모두가 동의한다. 콜레라가 창궐하고 거리에 대변이 굴러다니던 시절로 돌아가고 싶은 게 아니라면, 하수도는 반드시 필요한 시설이다. 그렇기에 사실상 모든 국가에서 정부가 하수도를 소유하고 보수하고 규제한다. 가장 확고한 반정부 운동가들조차 이것이 국가 권력을 잘 사용하는 사례임에 동의한다.

정부는 이와 똑같은 모델을 사용해서 현재 소셜미디어가 반드시 필요한 공공 사업임을 인정하고 잘못된 유인책에 따라 운영되면 콜레라 창궐에 맞먹는 심리적 문제를 일으킨다는 사실을 설명할 수 있다. 정부가 소셜미디어를 직접 운영하는 것은 안 좋은 생각일 것이다. 독재자가 소셜미디어를 남용하는 상황을 쉽게 상상할 수 있기 때문이다. 다행히 우리에게는 더 나은 선택지가 있는데, 정부에서 독립해 소셜미디어를 공동으로 소유하는 것이다. 영국의 BBC 방송국은 영국 국민이 소유해 자금을 대고 있으며 영국 국민의 이익을 위해 운영되지만, 매일매일의 운영은 정부와 무관하다. 이 모델은 완벽하지는 않지만 충분히 잘 돌아가고 있어서, 현재 BBC는 전 세계에서 가장 높은 평가를 받는 미디어 조직이 되었다.[1]

일단 (구독이나 공공 소유, 또는 그 밖의 다른 모델을 통해) 재정적 유인책이 바뀌면, 이 웹사이트들의 속성은 바뀔 수 있다. 그리고 우리는 이미 그 방식을 상상할 수 있다. 아자는 일단 적절한 재정적 유인책이 마련되면 우리의 집중력과 사회를 망가뜨리는 대신 회복시킬 수 있도록 주요 소셜미디어 사이트를 재설계하는 것이 "기술적으로 그리 어렵지 않다"라고 말했다. 처음에 나는 이 말을 이해하기 어려워서, 여기서 말하는 변화가 발생한 후에 소셜미디어가 어떤 모습일 수 있을지 물었다. 트리스탄과 아자를 비롯한 사람들은 사소한 변화에서 시작해 큰 변화까지 설명했고, 무슨 일이 벌어져야 이러한 변화를 일으킬 수 있는지를 이야기했다.

먼저 이들은 이 기업들이 우리를 일부러 산만하게 만들고 우리가 원하는 수준보다 더 오래 온라인에 머물게 하는 수많은 기능을 앱과 웹사이트에서 하룻밤 사이에 없앨 수 있다고 설명했다. 아자는 이렇게 말했다. "예를 들어 페이스북은 하루에 한 번만 푸시 알림이 뜨도록 여러 알림을 통합할 수 있습니다… 당장 내일 그렇게 할 수 있어요(트리스탄이 아직 구글에 있을 때 만든 논쟁적인 슬라이드쇼에도 이런 내용이 있었다)." "행동의 코카인을 조금씩 꾸준히 주입하며" 몇 분마다 누가 내 사진에 '좋아요'를 눌렀고 게시글에 댓글을 남겼고 내일이 생일이고 등등을 알려주는 대신, 신문처럼 모든 정보를 요약한 내용을 하루 한 번만 보내는 것이다. 그러면 우리는 한 시간에 몇 번이고 방해를 받는 대신, 하루에 한 번 알림을 받게 될 것이다.

"또 다른 요소도 있죠." 그가 말했다. "무한 스크롤이요." 아자가 개발한 무한 스크롤은 우리가 화면의 맨 밑에 도달했을 때 자동으로 더 많은 정보를 끝없이 띄우는 기능이다. "뇌가 관여해서 결정을 내리기 전에 먼저 우리의 충동을 이용하는 거예요." 페이스북과 인스타그램을 비롯한 소셜미디어 기업은 무한 스크롤 기능을 그냥 꺼버릴 수 있다. 그러면 화면의 맨 밑에 다다랐을 때 계속해서 스크롤을 내릴 것인지를 의식적으로 결정해야 한다.

마찬가지로 이 웹사이트들은 심각한 정치 양극화를 일으켜 한 집단으로서의 주의력을 빼앗아가는 기능을 없앨 수 있다. 유튜브의 추천 엔진이 사람들을 급진화한다는 증거가 있기 때문에, 트리스탄은 한 인터뷰어에게 이렇게 말했다. "그냥 없애야 합니다. 유튜브는 그 기능을 즉시 없앨 수 있어요."[2] 그는 추천 기능이 도입되기 이전에 사람들이 길을 잃고 다른 사람에게 이제 무엇을 볼지 말해달라고 요구했던 게 아님을 지적한다.

이들은 우리의 정신을 오염시키는 가장 명백한 요소들이 사라지고 나면, 더욱 깊이 들어가서 우리가 더 수월하게 절제하고 장기적 목표를 생각할 수 있도록 이 웹사이트들을 재설계할 방법을 알아낼 수 있다고 말했다. 아자는 "인터페이스를 어떻게 바꿀 수 있을지 상상하는 것은 별로 수고스럽지 않은 일이에요"라고 말했다. 가장 명백한 사례는 내가 트리스탄과 나눈 첫 번째 대화에 등장하는데, 바로 "현재 근처에 있고 오늘 만남을 갖고 싶다고 말하는 친구들"을 보여주는 버튼이 생길 수 있다. 그 버튼을 클릭하면 친구들과 연결되고, 핸드폰을 내려놓고 그들과 시간을 보내게 된다. 소셜미디어는 우리의 집중력을 빨아들여 바깥세상과 멀어지게 하는 진공청소기 대신 트램펄린이 되어, 우리를 가장 효율적으로 바깥세상에 내보내고 우리가 만나고 싶어 하는 사람들과 어울리게 할 수 있다.

마찬가지로 (예를 들어) 페이스북 계정을 만들 때 그 사이트에서 하루나 한 주에 얼마나 시간을 보내고 싶은지를 물을 수 있다. 사용자는 10분이나 두 시간을 댈 수 있고(선택은 본인에게 달렸다), 웹사이트는 사용자가 그 목표를 이룰 수 있도록 돕는다. 한 가지 방법은 정한 시간을 다 썼을 때 웹사이트의 속도를 급격히 느려지게 하는 것이다. 실험 결과 아마존은 페이지 로딩 속도가 0.1초만 느려져도 상품을 끝까지 구매하려는 사람 수가 크게 감소한다는 사실을 발견했다.[3] 아자는 말했다. "뇌에게 우리의 충동을 따라잡고 질문할 기회를 주는 겁니다. 너 정말 여기에 있고 싶니? 아니."

더 나아가, 페이스북은 주기적으로 우리에게 삶을 어떻게 바꾸고 싶으냐고 물을 수 있다. 사용자는 운동을 더 많이 하거나, 정원 가꾸는 법을 배우거나, 채식주의자가 되거나, 헤비메탈 밴드를 시작하고 싶을 수 있다. 그러면 페이스북은 근처에서 비슷한 변화를 원하며 운동 친구처럼 함께 그 변화를 추구할 친구를 찾는다고 말하는 사람들(친구나 친구의 친구, 또는 같은 동네에 사는 관심이 비슷한 사람)을 소개해줄 수 있다. 아자는 그렇게 되면 페이스북이 "사용자가 원하는 행동으로 주변을 둘러쌀 수 있는 하나의 방법"이 될 것이라 말한다. 수많은 과학적 증거가 무언가를 바꾸고 싶다면 그렇게 하고 있는 사람들을 만나야 한다는 사실을 보여준다.

이들은 현재 소셜미디어가 우리의 집중력을 낚아채서 최고 입찰자에게 판매할 수 있도록 설계되어 있지만, 우리의 목적을 이해해서 그 목적을 달성하게 돕는 방식으로 설계될 수도 있다고 말했다. 트리스탄과 아자는 이처럼 삶을 긍정하는 페이스북을 설계하는 일이 현재처럼 삶을 소모하는 페이스북을 설계하는 일만큼이나 쉽다고 말했다. 길에서 사람들을 붙잡고 이 두 가지 버전의 페이스북을 묘사한다면, 대다수 사람이 우리 목적에 부응하는 페이스북을 원한다고 말하리라 생각한다. 그런데 왜 그런 일이 벌어지지 않는 것일까? 트리스탄과 아자는 다시 사업 모델의 문제로 돌아가게 된다고 말했다. 만약 소셜미디어 기업들이 방금 말한 변화를 즉시 단행한다면 막대한 수익을 잃게 될 것이다. 이 기업들의 현재 경제구조 내에서는 우리의 집중력과 사회 전체를 위해 올바른 선택을 내릴 수 없다. 이것이야말로 소셜미디어가 우리에게 영향을 미치는 방식을 바꾸고 싶다면 사업 모델부터 바꿔야 하는 명백하고 확실한 이유다.

이들은 정부가 이 기업들을 규제해야만 사업 모델을 바꿀 수 있다고 말했다. 그러면 방금 묘사한 변화들은 더 이상 수익을 위협하는 곤란한 선택이 아니라, 구독자를 끌어들이는 매우 흥미진진한 방법이 된다. 현재 우리의 이익(집중할 수 있고, 오프라인에서 만날 친구를 찾고, 어떤 사안을 차분하게 논의할 수 있는 것)과 소셜미디어 기업의 이익은 근본적으로 충돌한다. 감시 자본주의를 금지하고 지금과 다른 사업 모델을 마련하면 그 충돌은 끝이 난다. 트리스탄의 말처럼, 우리는 본인의 이익과 본인이 사용하는 제품의 이해관계가 부합할 수 있도록 사용료를 내게 될 것이다. 그러면 화면 너머에 있던 실리콘밸리의 엔지니어들은 갑자기 우리의 더 뜻깊은 목적에 반하는 것이 아니라, 우리를 위해 일하고 우리의 뜻깊은 목적에 기여하려고 노력할 것이다.

어느 날 아자는 내게 이렇게 말했다. "핵심은, 현재 기술의 작동 방식대로 시간을 보내고 결정을 내리는 걸 누구도 좋아하지 않는다는 겁니다. 이 산에서 저 산으로 넘어가는 건 어려운 일이에요. 그 사이의 골짜기를 지나야 하니까요. 그게 바로 규제의 역할입니다. 골짜기를 더 쉽게 넘을 수 있도록 도와주는 것이요. 하지만 저 너머의 산은 훨씬훨씬 아름답습니다."

저커버그가 싫어한 접근법

아자와 트리스탄의 말이 매우 설득력 있다고 생각했다. 그러나 우리가 법을 이용해 이 기업들의 기존 방식을 멈춰야 한다는 이들의 주장에는 경계심을 느꼈다. 여기에는 여러 이유가 있다. 먼저, 이들이 문제를 과장하고 있을지도 몰랐다. 나와 대화를 나눌 때 니르 이얄은 이렇게 말했다. "모든 세대가 이런 도덕적 공황 상태에 빠집니다. 그렇게 되면 오직 부정적인 면만 보고 싶어 하죠. 트리스탄은 말 그대로 1950년대의 만화책 논쟁을 그대로 답습하고 있어요." 당시 많은 사람이 새롭게 밀려든 잔인한 만화책의 물결 때문에 아이들이 폭력적으로 변하고 있다고 믿었다. 1950년대에 "트리스탄 같은 사람들은 상원에 가서 만화책이 아이들을 습격해 좀비처럼 만들고 있다고 증언했어요. 말 그대로 똑같아요… 하지만 오늘날 사람들은 만화책이 무해하다고 생각하죠."

이를 바탕으로 니르는 트리스탄과 아자를 비롯한 현 기술 사업 모델의 비평가들이 틀린 과학에 기대고 있다고 주장한다(그리고 이렇게 주장하는 사람이 그뿐만은 아니다). 니르는 내가 앞의 두 장에서 이용한 사회과학이 사실을 왜곡하거나 아예 틀렸다고 믿는다.

여러분이 이 논쟁을 파악할 수 있도록 자세한 사례를 하나 들겠다. 트리스탄은 내가 앞에서 언급한 여러 증거를 토대로 유튜브가 사람들을 급진화하고 있다고 주장한다. 니르는 코더인 마크 레드위치Mark Ledwich의 최근 연구를 가리키며 이에 응수하는데, 이 연구는 유튜브 시청이 오히려 사용자를 약간 *온건화*한다고 말한다.[4] 이에 트리스탄은 다시 프린스턴 대학의 교수인 아빈드 나라야난Arvind Narayanan을 비롯해 니르가 언급하는 연구가 무가치하다고 말하는 많은 비판자들을 가리킨다.[5] 하나씩 천천히 살펴보도록 하자. 유튜브가 우리를 급진화한다고 말하는 사람들은 이러한 영향이 시간이 흐름에 따라 천천히 발생한다고 주장한다. 우리는 프로필을 만들어 로그인을 하고, 유튜브는 서서히 우리의 취향 정보를 쌓아간다. 그리고 우리가 계속 영상을 시청하게 하려고 점점 더 극단적인 영상을 보여준다. 그러나 니르가 언급한 연구 대상에는 로그인한 사용자가 단 한 명도 없었다. 이들이 한 거라곤 그저 유튜브에 가서 어떤 영상(예를 들면 보리스 존슨Boris Johnson의 연설)을 본 다음 로그인하지 않은 상태에서 옆에 뜬 추천 영상을 본 것뿐이었다. 이렇게 몹시 특이한 방식으로 유튜브를 이용하면 추천 영상은 점점 극단적으로 변하지 않으며, 아마 유튜브가 사람들을 온건화한다고 말할 수도 있을 것이다. 그러나 엄청나게 많은 유튜브 사용자가 실제로 로그인을 한다(정확한 수치는 알 수 없는데, 유튜브가 이 정보를 감추고 있기 때문이다).

기술 기업이 우리를 망치고 있을지 모를 온갖 방식에서 이러한 실랑이가 발생하며, 트리스탄과 니르는 각자 정반대의 결론을 도출한 엄격한 사회과학자들을 언급한다. 트리스탄은 예일과 뉴욕대, 하버드대의 학자들에게 기대고, 니르는 트리스탄의 경고가 지나치다는 자신의 주장에 동의하는 옥스퍼드 대학의 앤드루 프시빌스키Andrew Przybylski 같은 학자들에게 기댄다. 그렇다면 실제로는 무슨 일이 벌어지고 있을까? 둘 중 하나가 거짓말을 하고 있는 것은 아니다. 그저 이 웹사이트들이 일으키는 변화를 측정하는 일이 그만큼 복잡하고 파악하기 힘들다는 의미다. 우리가 크나큰 불확실성 위에서 결정을 내리고 있음을 솔직하게 인정해야 한다. 먼 미래에서 돌아보면 아마 어떤 분야에서는 니르의 말이 옳고, 어떤 분야에서는 트리스탄의 말이 옳을 것이다. 그러나 우리에게는 여전히 근본적인 딜레마가 남아 있다. 현재 우리는 소셜미디어 기업들이 기존 방식을 유지하도록 놔둘 것인지 아닌지를 결정해야 한다. 위험의 균형을 파악해야 한다.

우리가 다음에 어떤 조치를 취해야 하는가에서 내 마음을 정할 수 있도록 도와준 두 가지가 있다. 하나는 사고 실험이고, 다른 하나는 페이스북 내부에서 나온 명백한 증거다.

니르의 말이 틀렸으나 어쨌든 우리 모두가 그의 조언을 따른다고 상상해보자. 가벼운 규제만 부과하며 감시 자본주의가 계속해서 우리를 "완전히 중독"시키게 놔두는 것이다. 그다음 트리스탄의 말이 틀렸으나 어쨌든 우리 모두가 그의 조언을 따른다고 상상해보자. 이때 우리는 규제를 통해 거대 기술 기업의 침략적 관행을 저지한다.

만약 트리스탄의 주장이 틀렸는데 우리가 그의 조언을 따른다면, 우리가 만들어낸 세상에서 우리는 훨씬 적은 광고의 표적이 되고, 소비도 줄고, 적게 감시당하고, 그 대신 매달 몇 개의 소셜미디어 기업에 소액의 구독료를 내거나, 아니면 이 기업들이 하수도나 고속도로처럼 공공의 이익을 위해 운영되는 공익사업이 될 것이다. 이번에는 우리가 니르가 원하는 대로 한다고 상상해보자. 그의 주장이 틀렸다면 무슨 일이 벌어질까? 우리는 어떤 상황에 처할까? 우리의 집중력은 더욱 악화되고, 정치적 극단주의가 확산되고, 현재 우리가 주변에서 목격하고 있는 불안한 추세가 계속 심화될 것이다.

나를 설득한 두 번째 요소는 더욱 결정적이었다. 2020년 봄의 어느 날, 실제로 페이스북이 우리가 알지 못할 거라 생각하며 비밀리에 이 문제들을 고민했다는 사실이 밝혀졌다.[6] 방대한 양의 페이스북 내부 문건과 서신이 〈월스트리트 저널〉에 유출된 것이다. 알고 보니 페이스북은 닫힌 문 뒤에서 자신들의 알고리즘이 사회 전체의 집중력을 훼손했으며 트럼프와 브렉시트의 성공에 힘을 실었다는 주장에 대응하고 있었다. 이들은 가장 뛰어난 과학자들을 소집해 팀을 꾸리고 이 주장이 사실인지, 만약 사실이라면 어떤 조치를 취할 수 있는지 파악하는 업무를 맡겼다. 이 팀은 '커먼 그라운드Common Ground'라는 이름으로 불렀다.

이 과학자들은 페이스북이 대중에게 공개하지 않는 숨은 자료를 전부 연구한 뒤 확실한 결론을 내렸다. 이들은 "우리의 알고리즘은 분열에 이끌리는 인간 두뇌의 특성을 이용하고 있"으며, "이를 그대로 놔둔다면" 페이스북은 "사용자의 관심을 끌고 플랫폼에 머무는 시간을 늘리고자 점점 더 분열적인 콘텐츠"를 쏟아내게 되리라고 말했다. 페이스북 내부의 또 다른 팀(이들의 작업도 〈월스트리트 저널〉에 유출되었다)도 독립적으로 이와 같은 결론에 도달했다. 이 팀은 극단주의 집단에 합류하는 사람의 64퍼센트가 페이스북의 알고리즘이 직접적으로 그 집단을 추천하기 때문에 그렇게 한다는 사실을 발견했다. 즉 전 세계 사람들이 자기 페이스북 피드에서 '회원님을 위한 추천 그룹'이라는 말과 함께 인종차별 집단, 파시스트 집단, 심지어 나치 집단을 발견하고 있다는 뜻이다. 또한 이들은 독일의 페이스북에 올라 있는 모든 정치집단의 3분의 1이 극단주의라고 경고했다. 페이스북의 자체 팀은 다음과 같이 단도직입적으로 끝을 맺었다. "우리의 추천 시스템이 문제를 키운다."

페이스북의 과학자들은 가능한 모든 선택지를 신중하게 분석한 뒤 해결책은 하나뿐이라는 결론을 내렸다. 이들은 페이스북이 현재의 사업 모델을 폐기해야 한다고 말했다. 페이스북의 성장이 사회에 너무나 유해할 수 있기에 성장을 포기해야 한다는 것이었다. 유일한 출구는 "반反성장" 전략을 채택하는 것, 즉 의도적으로 규모를 줄이고 돈은 덜 벌지만 세상을 망가뜨리지 않는 기업이 되기로 선택하는 것이었다.[7]

자신들이 무슨 짓을 벌이고 있는지를 (자체 팀이 쉬운 말로 작성한 문건을 통해) 알게 된 페이스북의 임원들은 어떻게 반응했는가? 〈월스트리트 저널〉의 심층 보도에 따르면 임원들은 이 연구 결과를 "채소를 드세요" 접근법이라 부르며 조롱했다. 그리고 몇 가지 사소한 것만 고쳤을 뿐 과학자들이 권한 조치는 대부분 무시했다. 커먼 그라운드 팀은 해체되어 사라졌다. 〈월스트리트 저널〉은 건조하게 보도했다. "저커버그는 다시는 이런 문제를 가져오지 말라고 말하며… 공익의 이름으로 페이스북을 재정비하려는 노력에 점점 관심을 잃고 있음을 시사했다." 이 기사를 읽으며 친구 라울 산티아고를 떠올렸다. 그는 리우의 빈민가에서 페이스북 알고리즘의 도움을 받아 선출된 극우 정부가 띄운 헬리콥터의 위협을 받고 있다. 이 알고리즘은 보우소나루가 대통령에 당선되었을 때 지지자들이 "페이스북! 페이스북!"이라고 연호할 만큼 강력한 영향을 미쳤다.

페이스북이 자사 알고리즘이 의도치 않게 파시즘을(독일에서 나치즘을) 촉진하고 있다는 사실을 바꾸려 하지 않는다면 우리의 집중력 보호에도 전혀 관심이 없으리라는 것을 깨달았다. 이 기업들은 절대 알아서 자제하지 않을 것이다. 이들이 지금까지 해온 대로 계속 놔둘 때의 위험이 과잉 반응을 할 때의 위험보다 훨씬 크다. 이들을 멈춰 세워야 한다. 우리 손으로 멈춰 세워야 한다.

힘이 빠졌다. 한동안 이 목표를 이룰 방법이 전혀 없다고 생각했다. 많은 사람이 이 지점까지 논의를 밀어붙인 다음 비관주의에 빠져 결국 멈춰 서고 만다. 사람들은 말한다. 그래요, 이 시스템이 끔찍한 방식으로 우리를 망치고 있어요. 하지만 그냥 적응해야 해요. 그 무엇도, 그 누구도 그걸 멈출 수 없거든요. 우리는 어디에서나 정치적 체념이 느껴지는 문화에 살고 있다. 나는 마약과의 전쟁을 다룬 저서 《비명을 쫓아서》를 쓰고 전 세계를 돌며 강연을 할 때 이러한 체념을 직접 목격했다. 특히 미국에서 거듭 이런 말을 들었다. 마약과의 전쟁이 끔찍하게 실패했다는 당신의 주장이 옳아요(미국인의 80퍼센트 이상이 이에 동의한다). 마약의 비범죄화와 합법화가 더 나을 수 있다는 당신의 주장이 옳아요. 하지만 그런 일은 일어나지 않을 거예요. 그나저나 마약에 중독된 친척이 있어서 그런데, 좋은 변호사나 재활 시설 아세요? 정치적 비관주의는 사람들이 순전히 사적이고 개인적인 해결책에 매달리게 만든다.

그러나 진실은, 이러한 절망이 꼭 자멸적이지만은 않다는 것이다. 경험적으로도 그렇지 않다는 것을 알 수 있다. 나는 인류 역사상 기술 기업 같은 강력한 세력이 수차례 패배했으며 이러한 일은 늘 발생한다는 사실을 스스로에게 주지시켰다. 이러한 일은 평범한 사람들이 단체를 조직해 더 나은 선택지를 요구하고, 그 요구를 달성할 때까지 포기하지 않을 때 일어난다. 이 말이 모호하거나 너무 이상적으로 들릴 수 있음을 알기에, 지난 3세대 동안 우리

가족에서, 아마도 여러분의 가족에게서도 벌어진 매우 실질적인 변화의 사례를 제시하고자 한다.

나는 현재 41살이다. 나의 두 할머니가 지금 내 나이였던 것은 1962년이었다. 그해 스코틀랜드인 할머니인 에이미 맥레이는 노동계급이 거주하는 스코틀랜드의 다세대 주택에 살고 있었고, 스위스인 할머니인 리디아 하리는 스위스 알프스산맥에 살고 있었다. 에이미는 13살 때 학교를 그만두어야 했는데, 모두가 여자아이는 배울 필요가 없다고 생각했기 때문이다. 남자 형제들이 계속 교육을 받는 동안 에이미는 화장실 청소를 해야 했고 평생 그 일을 했다. 에이미는 집 없는 사람들을 돕고 싶었지만 현실에서 여성은 그런 일자리에서 배제되어 있었고, 여자로서 자기 분수를 알고 입 닥치라는 말을 들었다. 리디아는 스위스 마을에서 자랐고, 10대 때는 끊임없이 그림을 그렸다. 리디아는 예술가가 되고 싶었지만 여자는 예술가가 될 수 없다는 말을 들었다. 젊은 나이에 결혼한 뒤에는 남편에게 복종하라는 말을 들었다. 긴 시간이 흐른 후 내가 할머니댁의 부엌에 앉아 있을 때 할아버지가 빈 머그잔을 들고 '카페Kaffee(커피)!'라고 외치면 할머니는 허둥지둥 자리에서 일어나 커피를 가져와야 했다. 가끔 스케치를 하기도 했지만 그러면 우울해진다고 했다. 자신이 살았을 수도 있을 삶이 떠오르기 때문이었다.

나의 두 할머니가 살았던 사회에서 여성은 거의 모든 권력 체계와 삶의 주도권에서 배제되었다. 1962년에 영국과 미국의 내각, 스위스 정부에는 여성이 한 명도 없었다. 여성은 영국 의회와 미국 상원에서는 4퍼센트 미만을, 스위스 연방의회에서는 1퍼센트 미만을 차지했으며, 스위스의 20개 도 중 (나의 할머니가 살았던 곳을 포함한) 17개 도에서는 아예 투표를 할 수 없었다. 이는 곧 남성에 의한, 남성을 위한 규칙이 만들어졌다는 뜻이었다. 미국과 영국의 여성들은 결혼한 뒤 남편의 허가증을 받지 않으면 주택 융자를 받거나 은행 계좌를 열 수 없었다. 스위스의 여성들은 남편의 허가증이 없으면 아예 일자리를 얻을 수 없었다. 가정폭력 쉼터는 지구상에 단 한 곳도 없었고, 남편이 아내를 강간하는 일이 어디에서나 합법이었다(1980년대에 부부 강간을 금지하려는 움직임이 일자 캘리포니아의 한 의원이 반대하며 이렇게 말했다. "아내를 강간하지 못하면 누굴 강간할 수 있습니까?"[8]) 남성은 아내를 때릴 수 있었는데, 경찰이 이 행위를 범죄로 여기지 않았기 때문이다. 남성은 딸들을 추행할 수도 있었는데, 이 사실을 말하는 것이 너무 금기시되어서 그 누구도 경찰을 찾아가 신고할 생각을 하지 못했기 때문이다.

이 사실들을 적고 있는 지금, 15살인 나의 조카딸이 계속 떠오른다. 자기 증조할머니처럼 이 아이도 그림 그리는 것을 좋아한다. 아이가 그림 그리는 모습을 볼 때마다 85년 전 스위스 마을에서 똑같이 그림을 그리고 있었을 리디아 할머니를 생각한다. 리디아는 시간 낭비 그만하고 남성에게 봉사하라는 말을 들었다. 그러나 내 조카딸은 이런 말을 듣는다. 넌 훌륭한 예술가가 될 거야, 예술학교를 찾아보자꾸나. 아이는 내 할머니를 만나본 적 없지만, 페미니즘이 세상을 어떻게 바꿔놓았는지를 아시면 할머니가 무척 기뻐하셨을 거라 믿는다.

남성이 이런 식으로 이 주제에 대해 맨스플레인 하는 것이 몹시 짜증 나는 일임을 안다. 수많은 성차별과 여성혐오가 남아 있고 여성이 여전히 크나큰 난관에 부딪히는 때에는 더더욱 그러할 것이다. 여권의 온전한 쟁취는 아직 요원하고, 그동안 이뤄낸 진전이 위협받고 있음을 안다. 그리고 나는 유일한 무조건적 진실을 안다. 그 진실은, 내 할머니들의 삶과 내 조카딸의 삶의 차이가 놀라운 성취이며, 그 차이가 단 하나의 이유로 발생했다는 것이다. 이러한 차이가 발생할 수 있었던 것은, 평범한 여성들이 한데 뭉쳐 운동을 조직하고 이를 위해 싸웠으며, 상황이 무척 힘들 때에도 싸움을 멈추지 않았기 때문이었다.

물론 페미니즘을 위한 투쟁과 집중력을 위한 투쟁은 다른 점이 많다. 그럼에도 아주 단순한 이유로 머릿속에 이 사례가 계속해서 떠올랐다. 페미니즘 운동은 평범한 사람들이 너무 거대해서 절대 바꿀 수 없어 보이는 세력에 맞설 수 있음을, 실제로 그렇게 할 때 진정한 변화로 이어질 수 있음을 가르쳐준다. 1962년에 남성에게 집중된 권력은 내가 이 글을 쓰는 2021년에 거대 기술 기업이 가진 권력보다 훨씬 거대했다. 당시 남성은 거의 모든 것(국회와 기업, 경찰력)을 통제했고, 이 조직들이 존재하는 내내 늘 그래왔다. 그 상황에서는 아무것도 바꿀 수 없다고, 포기하라고, 여성은 그저 복종하며 사는 법을 배워야 한다고 말하기가 쉬웠을 것이다. 오늘날 많은 사람이 우리의 집중력을 훔쳐가는 거대 세력을 고찰하며 이와 똑같이 생각하고 싶은 유혹을 느낀다. 그러나 바로 그것이 우리는 무력하며 아무것도 바꿀 수 없다는 비관적 믿음이다.

그 믿음은 거짓이다.

또 다른 역사적 사례를 생각해보자. 나는 게이다. 1962년이었다면 나는 게이라는 이유로 감옥에 갇혔을 것이다. 오늘날에는 결혼을 할 수 있다. 동성애 혐오는 2000년간 세상을 지배하다가 그러기를 멈췄다. 유일한 차이는 평범한 사람들이 운동을 조직해 동성애자의 삶을 좌절시키는 세력의 종식을 요구했다는 점이다. 오늘날 내가 자유로운 이유는 우리 이전의 사람들이 포기하지 않았기 때문이다. 그들은 들고일어났다. 물론 동성애자의 평등을 위한 투쟁과 집중력을 되찾기 위한 싸움에는 커다란 차이가 있다. 그러나 큰 유사점도 있는데, 그 어떤 권력의 원천과 일련의 생각도 맞서 싸우지 못할 만큼 거대하지는 않다는 것이다. 거대 테크 기업은 자신들의 권력이 난공불락이며 변화를 위한 투쟁이 아무 소용없다고 우리가 믿기를 바랄 것이다. 그러나 이 기업들은 결국에는 스러진 다른 모든 강력한 세력만큼이나 허약하다.

우리가 운동을 조직해 맞서 싸우지 않는다면 대안은 무엇일까? 트리스탄과 아자는 내게, 현재 우리는 규제받지 않는 감시 자본주의가 우리에게 할 수 있는 일들의 초입에 있을 뿐이라고 경고했다. 그들은 갈수록 더 정교하고 침략적으로 변할 것이다. 두 사람은 여러 사례를 제시했는데, 그중 하나는 다음과 같다. 현재 '스타일 전이style transfer'라는 기술이 존재한다. 이 기술을 사용하면 컴퓨터에 반 고흐의 그림을 잔뜩 보여준 뒤 새로운 장면을 가리킬 때 컴퓨터가 반 고흐의 스타일로 그 장면을 재창조할 수 있다. 아자는 '스타일 전이' 기술이 조만간 당신이나 나에게 적용될 수도 있다고 말했다. "현재 구글은 우리의 지메일을 전부 읽고 우리의 스타일을 모방할 수 있는 모델을 만들어서 광고 회사에 판매할 수 있습니다. 사용자인 우리는 실제로 무슨 일이 벌어지는지조차 모르죠." 그러나 우리는 이상할 만큼 반갑고 설득력 있는 이메일들을 받기 시작할 텐데, 그 이메일들이 꼭 자신처럼 느껴지기 때문이다. 아자는 이렇게도 말한다. "구글이 우리의 지메일을 전부 읽고, 우리가 빠르고 긍정적으로 응답한 이메일을 확인해 그 스타일을 학습할 수 있습니다. 그러면 어떤 스타일이 우리를 특히 잘 설득하는지 알게 되죠. 여기에는 불법인 지점이 전혀 없어요. 이러한 활동에서 우리를 보호할 법이 없어요. 이게 우리의 사생활을 침해하나요? 우리의 자료를 판매하는 게 아닌데요. 그저 우리가 어떻게 기능하는지에 대한 지식을 우리 자신보다 더 많이 파악해 최고 입찰자에게 판매하는 거예요."

이러한 지식의 분배는 극도로 비대칭적이어서, 기술 기업들은 우리가 자신의 취약점인지도 모르는 취약점을 해킹할 수 있다. 앞으로 발생할 기술 혁신은 현재의 감시 자본주의를 포트나이트Fortnite를 하며 자란 아이의 눈에 보이는 스페이스 인베이더Space Invader처럼 조악해 보이게 만들 것이다. 2015년에 페이스북은 노트북과 핸드폰에 달린 카메라로 우리의 감정을 감지할 수 있는 기술에 특허를 신청했다. 아자는 우리가 이들을 규제하지 않는다면 "아무도 멈춰 서서 '이게 옳아?'라고 묻지 않은 채 우리의 슈퍼컴퓨터가 서서히 우리의 모든 취약점을 파악할 방법을 찾게 될 겁니다. 우리는 여전히 스스로 결정을 내리고 있다고 느끼겠지만 사실은 주체성과 자유 의지가 직격탄을 맞게 될 겁니다"라고 경고한다.

트리스탄의 멘토인 재런 러니어(실리콘밸리의 베테랑 엔지니어)는 내게 옛날에는 자신이 〈마이너리티 리포트〉 같은 수많은 할리우드 디스토피아 영화에 자문을 해주었다고 말했다. 그러나 그는 그 일을 그만둘 수밖에 없었는데, 다가올 미래를 경고하려고 더욱 섬뜩한 기술을 설계하면 디자이너들이 늘 이렇게 반응했기 때문이었다. 그거 정말 쿨한데요, 어떻게 만들 수 있어요?

"가끔 웹이나 플랫폼, 디지털 기술에 변화를 일으키기에는 너무 늦었다는 말을 들어요." 제임스 윌리엄스가 말했다. 그러나 그는 도끼가 발명되고 누군가가 도끼에 손잡이를 달 생각을 하기까지 140만 년이 걸렸다고 덧붙였다. 반면 웹은 "발명되고 1만 일도 지나지 않았"다.

나는 우리가 경주 중임을 깨달았다. 한쪽에는 빠른 속도로 힘을 키우며 우리가 어떻게 기능하는지 파악하고 우리의 집중력을 채굴하는 침략적 기술이 있다. 다른 한쪽에는 우리를 방해하는 것이 아니라 우리를 위하는 기술, 우리의 집중력을 분열시키는 대신 강화하는 기술이 있다. 현재 인간적인 기술을 요구하는 운동은 쇼샤나 주보프 교수와 트리스탄, 아자 같은 몇 명의 용감한 인물들로 이뤄져 있다. 이들은 1960년대 초반에 여기저기서 무리를 이룬 용감한 페미니스트들과 같다. 우리 모두는 결정을 내려야 한다. 이들과 합류해 싸움에 나설 것인가? 아니면 침략적 기술이 부전승을 거두게 내버려둘 것인가?

10장

스트레스와 만성적인 각성 상태

방해 요소에 저항하는 능력이 현격하게 낮아진 이유

우리의 초점은 잠재적 위험의 단서에 맞춰져 있어요.
현재 일어나는 일을 느끼거나, 배워야 할 수업을 듣거나,
해야 할 일을 하는 데 집중하는 게 아니라요.
집중을 안 하는 게 아닙니다.
자신이 처한 환경에서 위험의 단서나 증거를 찾는 데 집중하고 있는 거죠.
초점이 거기에 가 있는 거예요.

처음으로 내게 주의력 문제가 있음을 인정하고 프로빈스타운으로 도망쳤을 때, 내가 가진 이야기 속에서 집중력에 일어난 일은 단순했다. 인터넷과 핸드폰이 집중력을 망가뜨렸다. 이제는 이 이야기가 지나치게 단순하며, 기술 뒤의 사업 모델이 기술 자체보다 더 중요하다는 사실을 알았지만, 얼마 지나지 않아 더욱 중요한 요소를 알게 되었다. 이 기술들이 우리의 삶에 당도했을 때 우리는 이례적으로 쉽게 장악될 수 있는 상태였다. 우리의 집단적 면역 체계는 기술이나 그 설계와는 완전히 별개의 이유로 이미 무너져 있었다.

우리 다수가 어느 정도는 그 이유를 감지할 수 있다. 2020년 초, 나는 증거기반 정신의학 위원회Council for Evidence-Based Psychiatry와 협력해 유고브YouGov(전 세계 주요 여론조사 업체 중 하나)에게 집중력에 관한 (내가 알기로는) 최초의 체계적 여론조사를 미국과 영국에서 실시해달라고 의뢰했다. 이 조사는 자신의 집중력이 나빠지고 있다고 느끼는 사람들을 파악한 뒤 그 이유가 무엇이라고 생각하는지 물었다. 유고브는 열 개의 선택지를 주고, 자신에게 해당된다고 느끼는 항목을 전부 선택해달라고 요청했다. 사람들이 꼽은 집중력 문제의 가장 큰 원인은 핸드폰이 아니었다. 응답자의 48퍼센트가 지목한 가장 큰 원인은 스트레스였다. 두 번째 이유는 출산이나 노화와 같은 생활 변화로, 이 역시 48퍼센트의 지목을 받았다. 세 번째는 43퍼센트가 선택한 수면의 어려움 및 수면 방해였다. 핸드폰은 37퍼센트의 선택을 받아 4위에 올랐다.

관련 연구를 더 자세히 살펴보기 시작하자 일반인의 짐작이 틀리지 않다는 사실을 알게 되었다. 핸드폰과 웹보다 더 거대한 힘이 작동하고 있었고, 이 힘이 우리가 웹과 역기능적 관계를 맺도록 유도했다.

내가 이와 관련된 첫 번째 측면을 이해하기 시작한 것은 훗날 캘리포니아의 보건총감이 되며 이 문제의 핵심 돌파구를 마련한 여성과 함께 시간을 보내면서였다. 그는 이 책의 자료 조사를 하면서 만난 사람 중 내가 가장 존경하는 인물이다. 그의 이야기를 처음 들으면 묘사되는 상황이 너무 극단적이라서 자신의 삶과는 별 관련이 없어 보일 수 있다. 그러나 끝까지 함께해주길 바란다. 그가 발견한 사실이 대다수의 집중력을 파괴하고 있는 힘을 이해하도록 도와주기 때문이다.

위험 앞에서 우리 뇌는 한 가지에만 집중한다

1980년대 캘리포니아 팰로앨토의 교외에서 네이딘이라는 어린 흑인 소녀가 불안해하며 학교에서 집으로 돌아가고 있었다. 네이딘은 자기 어머니를 사랑했다. 어머니는 네이딘에게 테니스 코트에서 강하게 공을 치는 법을 알려주었고 늘 교육을 잘 받으라고 말했다. 교육은 한번 받으면 그 누구도 빼앗아갈 수 없기 때문이었다. 그러나 (네이딘의 잘못이 아닌 다른 이유로) 어머니가 평소와 매우 다르게 행동하는 때도 있었다. 훗날 네이딘은 이렇게 말했다. "문제는 어떤 엄마를 만나게 될지 모른다는 거였어요. 매일 학교가 끝나면 정답 알아맞히기 게임을 하는 것 같았죠. 집에 가면 행복한 엄마가 있을까, 무서운 엄마가 있을까?"[1]

20년 후, 의사가 된 네이딘 버크 해리스가 진료실에서 앞에 앉은 두 아이를 바라보며 자기 몸에서 무언가를 느꼈다. 오래되고 익숙한 아픔이었다. 두 아이는 각각 일곱 살과 여덟 살이었고, 몇 시간 전 아이들의 아버지가 둘을 차에 태운 뒤 일부러 아이들에게 안전벨트를 매주지 않고 차를 몰았다. 그리고 벽이 나타나자 최고 속도로 벽을 향해 돌진했다. 네이딘은 두 아이를 바라보며 정말 두려웠으리라 생각했다. "그런 종류의 두려움이 어떤 것인지 직감적으로 알았어요." 네이딘이 나와 대화를 나누며 이렇게 말했다. "생리학적 수준에서 아이들에게 공감할 수 있었어요. 그게 말이 된다면 말이죠. 저는 그런 순간에 무슨 일이 벌어지는지 알아요." 알고 보니 두 아이의 아버지도 편집성 조현병을 앓고 있었다.

네이딘이 어머니의 정신 질환에 대처한 방법은, 상태가 좋을 때 어머니가 훈계한 것처럼 늘 A학점을 받는 학생이 되는 것이었다. 네이딘은 하버드 대학에 입학해 공중보건과 소아청소년과를 공부했다. 그동안 배운 내용으로 무엇을 할지 결정할 무렵이 됐을 때 그는 아이들을 돕고 싶다는 것을 깨달았다. 동급생 다수가 부자들에게 약을 제공하는 쪽으로 나아간 것과 달리, 네이딘은 샌프란시스코에서 젠트리피케이션이 발생하지 않은 마지막 지역 중 한곳이자 폭력 사건이 난무하는 무척 가난하고 형편이 어려운 지역인 베이뷰로 향했다. 그곳에서 일을 시작하고 얼마 지나지 않아 친구들과 함께 시간을 보내고 있는데 탕 하는 소리가 들렸다. 소리가 난 곳으로 달려가자 17살 소년이 총에 맞아 피를 흘리고 있었다. 네이딘은 새로 이사 온 동네의 할머니들이 밤에 자다가 길 잃은 총알에 맞을까 봐 가끔씩 욕조에서 잔다는 사실을 알게 되었다. 그는 훗날 이런 무작위 폭력의 한가운데에서 살아가는 것이 어떤 의미인지를 되돌아보았다. 그리고 베이뷰에서 사는 것은 늘 상 두려움과 스트레스를 흡수하는 것과 같음을 깨달았다.

어느 날 ADHD 진단을 받은 한 14살 소년이 네이딘을 찾아왔다(앞으로 이 소년을 로버트라 부를 것이다. 네이딘의 요청에 따라 환자의 기밀 유지를 위해 이름 외에도 몇 가지 세부 정보를 바꾸었다). 그때까지 로버트는 한동안 각성제인 리탈린을 처방받아 복용해왔으나 약물은 별 효과가 없는 듯 보였다. 로버트는 약을 먹었을 때 드는 느낌이 싫다고, 복용을 중단하고 싶다고 말했지만 이전 담당의들은 계속해서 복용량을 늘려야 한다고 주장했다.

네이딘은 로버트와 그의 어머니에게 집중력 문제가 언제 처음 시작됐는지 물었다. 로버트가 열 살 때였다. 네이딘이 물었다. 그때 무슨 일이 있었죠? 두 사람은 그때 로버트가 아버지 집으로 옮겨 가서 살기 시작했다고 설명했다. 그리고 로버트 부모님의 이혼과 로버트의 삶 전반에 대해 이야기했다. 그때 네이딘이 다시 조심스럽게 질문했다. 왜 로버트가 아버지 집에 가서 살게 된 거죠? 두 사람은 한참이 지나서야 입을 열었지만, 띄엄띄엄이나마 이야기가 쏟아졌다. 로버트의 어머니에게는 남자 친구가 있었다. 어느 날 집에 돌아온 어머니는 남자 친구가 샤워를 하며 아들을 성적으로 학대하고 있는 모습을 발견했다. 로버트의 어머니 또한 어린 시절 내내 성적 학대를 받으며 자랐고, 폭력적인 남성에게 두려움을 느끼며 그들의 요구에 굴복하도록 길들여졌다. 그 순간 로버트의 어머니는 무력감을 느꼈다. 그래서 자신도 무척 부끄러워하는 행동을 했다. 경찰을 부르는 대신 아들을 아이 아버지 집으로 보낸 것이다. 로버트가 어머니를 만나러 올 때마다 학대자는 여전히 그곳에서 아이를 기다리고 있었다.

네이딘은 이 사례를 숙고하다 이것이 자신이 목격하고 있는 더 광범위한 문제와 관련이 있을지도 모른다는 의문을 품었다. 그는 베이뷰에 있는 병원에 처음 도착한 뒤 이곳 아이들이 충격적인 속도로 집중력 장애를 진단받고 있으며(부유한 지역보다 훨씬 높은 비율이었다), 그에 대한 최초이자 유일한 반응은 리탈린이나 애더럴 같은 매우 강력한 각성제를 처방하는 일임을 알게 되었다. 네이딘은 약물에 다양한 종류의 문제를 해결하는 힘이 있음을 믿지만(그게 네이딘이 의학을 공부한 이유였다) 이런 의문을 던지기 시작했다. 만약 이 수많은 아이가 겪는 문제를 우리가 잘못 진단하고 있는 거라면?

네이딘은 수십 년 전 과학자들이 중요한 사실을 발견했음을 알았다. 인간은 전쟁 지역처럼 무서운 환경에 놓이면 종종 다른 상태로 변한다. 네이딘이 내가 앞에서 잠시 언급한 사례를 들어주었다. 숲속을 걸어가고 있는데 포악해져 곧 공격을 해올 것 같은 회색곰과 만났다고 상상해보자. 그 순간 우리의 뇌는 더 이상 그날 저녁 무엇을 먹을 것인지, 집세를 어떻게 낼 것인지를 걱정하지 않는다. 뇌는 오로지 한 가지에만 집중한다. 위험. 우리는 곰의 모든 움직임을 추적하고, 우리의 정신은 곰에게서 멀어질 방법을 살피기 시작한다. 우리는 매우 각성한 상태가 된다.

이제 이러한 곰의 공격이 자주 발생한다고 상상해보자. 일주일에 세 번씩 화가 난 곰이 동네에 나타나 주민 중 한 명을 가격하는 것이다. 이런 상황에서 우리는 아마 '과각성hypervigilance' 상태에 빠질 것이다. 위험한 대상이 눈앞에 있는 곰이든 다른 것이든 간에, 우리는 늘 위험 요소를 찾기 시작한다. 네이딘은 이렇게 설명했다. "과각성은 본질적으로 가는 곳마다 곰을 찾고 있는 것과 같습니다. 우리의 초점은 잠재적 위험의 단서에 맞춰져 있어요. 현재 일어나는 일을 느끼거나, 배워야 할 수업을 듣거나, 해야 할 일을 하는 데 집중하는 게 아니라요. [그러한 상태에 빠진 사람이] 집중을 안 하는 게 아닙니다. 자신이 처한 환경에서 위험의 단서나 증거를 찾는 데 집중하고 있는 거죠. 초점이 거기에 가 있는 거예요."

네이딘은 로버트가 교실에 앉아 수학을 배우려고 노력하다가, 며칠 후면 자신을 성적으로 학대한 남자를 만나게 될 것이며 그 사람이 자신에게 또다시 그럴 수 있다고 생각하는 모습을 떠올렸다. 그리고 생각했다. 그러한 상황에서 어떻게 숫자를 더하는 데 정신을 집중할 수 있을까? 로버트의 정신력은 단 하나, 바로 위험을 감지할 준비를 하고 있었다. 이건 로버트의 뇌의 결함이 아니었다. 견딜 수 없는 환경에서의 자연스럽고도 반드시 필요한 반응이었다. 네이딘은 자신이 치료하고 있는 아이들, 그동안 타고난 결함이 있다는 말을 들어온 아이들 중 몇 명이 사실 이러한 상황에 처해 있는지 알고 싶었다. 그래서 병원에서 함께 근무하는 팀과 함께 이 문제를 과학적으로 조사해보기로 했다. 네이딘은 이와 관련된 과학 연구 자료를 읽기 시작했고, 아이에게 트라우마가 있는지, 있다면 얼마나 심한지를 파악하는 표준 방식이 있음을 알게 되었다. 그 방식의 이름은 부정적 아동기 경험 연구Adverse Childhood Experiences Study이며 내용이 꽤 단순하다.[2] 이 방식은 이렇게 묻는다. 어린 시절에 신체·정신적 학대, 방치를 비롯한 다음 열 가지 부정적 상황을 경험했습니까? 그리고 현재 비만과 중독, 우울 같은 문제를 겪고 있는지 묻는다.

네이딘은 병원을 찾아온 1000명 이상의 아이들을 전부 이런 식으로 연구해서 얼마나 많은 아이가 어린 시절에 트라우마를 경험했는지 파악하고 그러한 트라우마가 두통과 복통, (특히) 집중력 저하처럼 현재 겪고 있는 다른 문제와 관련이 있는지 알아보기로 했다. 네이딘의 팀은 아이 한 명 한 명의 상태를 자세히 평가했다.

네 개 이상의 트라우마를 겪은 아이들은 트라우마가 전혀 없는 아이에 비해 집중력이나 행동상의 문제를 진단받은 확률이 32.6배 더 높았다.[3] 미국 전역의 과학자들이 트라우마를 겪은 아이는 집중에 문제가 있을 확률이 훨씬 높다는 개괄적 연구 결과를 뒷받침하고 있다. 예를 들어 다른 연구팀에 속한 의사 니콜 브라운Nicole Brown은 어린 시절의 트라우마가 ADHD 증상의 발현을 세 배 높였음을 발견했다.[4] 영국 통계청이 실시한 대규모 연구는 가정이 재정적 위기에 빠지면 아이가 집중력 문제를 진단받을 확률이 50퍼센트 증가한다는 사실을 발견했다.[5] 가정에 심각한 질병을 앓는 사람이 있으면 그 확률은 75퍼센트 증가했다. 부모 중 한 명이 법원에 출석해야 할 때는 그 수치가 거의 200퍼센트까지 커졌다. 이 연구의 증거 기반은 작지만 점점 커지고 있으며, 네이딘이 베이뷰에서 발견한 사실을 대체로 뒷받침하는 듯 보인다.

네이딘은 자신이 집중력에 관한 핵심 사실을 발견했다고 믿었다. 그 사실은, 평상시 주의를 기울일 수 있으려면 반드시 안전하다고 느껴야 한다는 것이다. 집중하려면 시야에서 곰이나 사자, 또는 현대의 위험물을 찾는 머릿속 부위의 전원을 끄고 하나의 안전한 주제로 빠져들 수 있어야 한다. 나는 오스트레일리아 애들레이드에서 이 문제의 전문가인 아동정신과 의사 존 주레이디니Jon Jureidini를 만났다. 그는 내게 초점을 좁히는 일이 "안전한 환경에서는 무척 훌륭한 전략인데, 무언가를 배우며 번창하고 성장할 수 있다는 뜻이기 때문입니다. 하지만 위험한 환경에 있을 때 선택적 주의[어느 하나에만 주의를 기울이는 상태]는 무척 멍청한 전략

이에요. 그때 필요한 건 자신이 처한 환경 전체를 고루 경계하며 위험의 단서를 찾는 거니까요."

이 사실을 알게 된 네이딘은 로버트의 사례에서 이전 의사들의 대응 방식이 심각한 실수였음을 깨달았다. 네이딘이 말했다. "아세요? 리탈린은 성폭행을 치료해주지 않아요. 이 아이들에게 약은 근본 원인이 아닌 겉으로 드러난 증상만 치료해요… 어떤 아이가 끔찍한 행동을 하면 대개 그건 옳지 못한 일이 벌어지고 있음을 신체에 알리는 아이만의 훌륭한 방법이에요." 네이딘은 아이들이 집중하지 못한다면 종종 그건 끔찍한 스트레스에 시달리고 있다는 신호라고 믿게 되었다. 이 주제의 전문가인 애들레이드의 의사 존은 이렇게 말했다. "그러한 상황에 처한 아이에게 약을 먹이는 건 한통속이 되어 아이들을 폭력적이거나 용납 불가능한 상황에 남겨두는 거예요." 한 연구는 성적으로 학대당한 경험이 있는 어린이들을 학대 경험이 없는 같은 나이대의 아동 집단과 비교한 뒤 성폭행 생존자들은 진단 가능한 ADHD를 겪는 비율이 두 배임을 발견했다[6](이것이 ADHD의 유일한 원인은 아니다. 이 문제는 뒤에서 다시 다룰 예정이다).

이전에 로버트에게 적용한 접근 방식은 참혹한 결과로 이어질 수 있다. 나는 노르웨이에서 잉가 마르테 토르킬드센Inga Marte Thorkildsen을 인터뷰했다. 그는 자기 선거구 주민 중 한 명의 사례에 큰 충격을 받고 이 문제를 조사하기 시작한 뒤 책까지 쓴 정치인이다. 그 주민은 여덟 살 난 소년이었는데, 소년을 가르치는 선생님들은 아이에게서 온갖 과각성 증상을 확인했다. 아이는 가만히 앉아 있지 못했다. 늘 여기저기를 뛰어다녔고, 주어진 과제를 거부했다. 결국 아이는 ADHD 진단을 받고 각성제 처방을 받았다. 그로부터 얼마 지나지 않아 아이는 두개골에 17센티미터 길이의 금이 가서 죽은 채 발견되었다. 아이를 살해한 사람은 아이의 아버지였고, 그동안 아버지가 아이를 폭력적으로 학대해온 정황이 드러났다. 오슬로에서 나와 대화를 나눌 때 잉가가 말했다. "아무도 조치를 취하지 않았습니다. 아이에게 집중력 문제가 있네요, 어쩌고저쩌고하고 끝이었으니까요. 아이가 약을 처방받던 시기에도 아이에게 말을 걸지 않았어요."

네이딘은 이렇게 묻기 시작했다. 만약 이것이 잘못된 접근법이라면, 적절한 대응 방식은 무엇일까? 로버트를 비롯해 병원을 찾아오는 다른 아이들을 어떻게 도울 수 있을까? 네이딘은 부모에게 이렇게 설명하는 데서 시작한다고 말했다. "저는 이것[집중하지 못하는 상태]의 원인이 [아이의] 몸이 너무 많은 스트레스 호르몬을 만들어내고 있어서라고 생각합니다. 그러니 우리는 이 문제를 이렇게 해결할 겁니다. 먼저 적절한 환경을 조성해야 합니다. 아이가 경험하거나 목격하고 있는 무섭거나 스트레스를 유발하는 요소들을 제한해야 합니다. 그리고 완충 장치와 돌봄, 보살핌을 켜켜이 쌓아야 합니다. 그럴 수 있으려면 아이의 부모인 당신이 자기 삶의 역사를 인식하고 문제를 해결해야 합니다."

그럴 수 있는 실질적 방법을 제공하지 않고 이렇게 말만 하는 것은 아무 소용이 없다. 그래서 네이딘은 이 제안을 현실화할 수 있도록 최선을 다해 베이 지역의 자선가들에게 자금 지원을 받았다. 그는 로버트 같은 사례에서는 취해야 할 조치가 많다고 설명했다. 네이딘의 팀은 로버트의 어머니가 왜 무력감을 느끼고 로버트의 학대자에게 맞서지 못했는지 이해할 수 있도록 상담을 받게 했다. 학대자가 평생 로버트의 삶에서 빠지도록 접근금지 명령을 내릴 수 있게 법적 도움을 주었다. 로버트와 어머니가 자신의 몸과 다시 연결될 수 있도록 요가 수업 처방을 내렸다. 또한 수면과 영양 상태를 개선할 수 있도록 도왔다.

네이딘은 "사람들이 겪는 문제의 규모만큼 그들에게 제공하는 수단의 규모를 키워야" 한다고 말했다. 그리고 근본적인 해결책은 무척 고된 과정이지만 이러한 방식이 아이들을 변화시키는 모습을 목격해왔다고 강조했다. "어린 시절에 트라우마를 경험하면 망가지거나 상처 입는다는 말을 쉽게 들을 수 있습니다." 그러나 현실에서 "우리에게는 변화할 능력이 있"다. 네이딘은 그러한 변화를 진료실에서 늘 목격한다. "낙제를 하다가 올바른 진단과 지원을 받은 뒤 우등생이 된 아이들이 얼마나 많은지 모릅니다." 네이딘에게 이 일은 "큰 기쁨을 주는 작업"인데, "우리에게 심오한 변화의 잠재력을 보여주기" 때문이다. "그게 바로 제가 진료하면서 목격하는 거예요. 이 문제는 충분히 치료할 수 있습니다. 말도 안 되게 잘 치료할 수 있어요. 쉽게 따 먹을 수 있는 과일이 무척 많아요." 네이딘은 사람들에게 알리려는 노력을 충분히 하면 "목표를 달성할 수 있"다고 믿는다. "사회와 의학계, 즉 우리 모두가 이 문제에 대응하는 방식의 지평을 바꾸어놓을 수 있습니다."

네이딘은 오로지 수십 년 전 자신이 팰로앨토의 교외에 사는 겁

먹은 아이였기 때문에 지금 이 일을 할 수 있는 것이라 생각한다. 그는 이렇게 말했다. "이런 부처님 말씀이 있습니다. 너의 고통에 감사하라. 그 고통 덕분에 다른 사람의 고통에 공감할 수 있으니."

핀란드 기본소득 실험이 말해주는 것

나와 마지막으로 만나기 얼마 전 네이딘은 캘리포니아 의료계에서 가장 높은 지위인 보건총감에 임명되었다. 그 자리가 무척 권위와 힘이 있는 자리이긴 하지만, 네이딘은 그보다 다른 게 더 자랑스럽다고 말했다. 최근 네이딘은 로버트와 그의 어머니를 만났다. 그리고 (광범위한 도움을 받은 결과) 두 사람이 천천히 변화하고 있음을 알게 되었다. 로버트는 더 이상 집중력 문제로 약을 복용하지 않았고 집중을 힘들어하지도 않았다. 두 사람은 서로에게 점점 공감하고 있었다. 둘은 깊은 차원에서 치유되고 있었는데, 아이에게 약을 먹이는 방식으로는 절대 성취할 수 없을 결과였다. 로버트의 어머니는 자신이 어린 시절에 겪은 성적 학대 때문에 아들을 보호하지 못했음을 깨달았고, 태어나서 처음으로 자신을 다르게 바라보며 스스로에게 연민을 느꼈다. 이는 아들에게도 연민을 느낄 수 있게 되었다는 뜻이었다. 네이딘은 두 사람 다 지금부터 "이야기가 다르게 펼쳐질 수 있음을 깨닫고 있"다고 말했다.

네이딘은 로버트가 경험한 심각한 트라우마가 파괴적인 결과를 가져온다는 사실을 알게 된 한편, 베이뷰에서의 평범한 생활

(과 그 생활에 수반되는 모든 스트레스) 또한 집중력을 좀먹는다고 생각하게 되었다. 어린 시절에 학대당한 경험이 없는 환자들도 여전히 많은 시간을 집에서 쫓겨나거나 밥을 굶거나 총에 맞을까 봐 걱정했다. 사람들은 끊임없이 은은한 압박에 시달리고 있었다.

네이딘이 이 사실을 설명해주었을 때 나는 알고 싶었다. 다른 종류의 스트레스도 집중력에 영향을 미칠까? 성적 학대보다 훨씬 덜 참혹한 스트레스는 어떨까? 그리고 이 문제에 관한 과학적 증거가 다소 복잡하다는 사실을 알게 되었다. 연구실에서 나온 증거에 따르면 가볍거나 중간 정도의 스트레스를 받을 경우 단기적으로는 집중력을 요구하는 과제를 더 잘 수행하게 된다.[7] 우리 모두가 그런 경험을 해본 적 있을 것이다. 나 또한 강연을 하러 무대에 오르기 전에 압박감이 밀려드는 기분을 느끼지만, 그 압박감이 정신을 차리고 마음을 다잡고 최선을 다해 강연하도록 만들어준다.

그러나 그 스트레스가 장기화된다면? 한 과학 연구팀이 대표적 연구에서 발견했듯이, 그러한 환경에서는 가벼운 수준의 스트레스조차 "집중 과정을 크게 바꿔놓을 수 있다."[8] 결과가 얼마나 명쾌한지, 최근 이 연구의 한 개요는 이렇게 설명했다. "스트레스가 장기적 영향을 미치며 두뇌에 구조적 변화를 일으킨다는 사실은 이제 명백하다."[9]

그 이유를 묻기 시작했다. 한 가지 이유는 스트레스가 종종 집중력 저하를 일으키는 다른 문제를 촉발한다는 것이다. 예를 들어 굴지의 진화인류학자인 찰스 넌Charles Nunn 교수는 불면증이 증가하는 현상을 조사한 뒤 우리가 '스트레스와 과각성'일 때 잠 못 들게 된다는 사실을 발견했다.[10] 자신이 안전하다고 느끼지 못하면 긴장을 풀 수 없는데, 우리 몸이 위험 상황이라고, 정신을 바짝 차리라고 말하기 때문이다. 그러므로 찰스는 불면이 기능 장애가 아니라 "위험을 인식한 상황에서 나타나는 적응 형질"이라고 설명했다.[11] 그는 불면증에 제대로 대처하려면 "불안과 스트레스의 진짜 원인을 없애 불면증을 효과적으로 치료해야" 한다는 결론을 내렸다. 우리는 불면의 원인을 직시해야 한다.

이러한 근본적인 원인으로는 무엇이 있을까? 하나는 이것이다. 미국 시민 열 명 중 여섯 명이 위기가 닥쳤을 때 쓸 수 있는 저축액이 500달러 미만이며, 서구의 다른 많은 국가도 비슷해지고 있다. 경제에 크나큰 구조 변화가 일어난 결과 중산층이 무너지고 있다. 나는 경제적 스트레스가 커질 때 명료하게 생각하는 능력에 어떤 변화가 발생할지 알고 싶었다. 그리고 시카고 대학의 계산과학 교수인 센딜 멀레이너선Sendhil Mullainathan이 이 문제를 면밀하게 연구해왔음을 알게 되었다.[12] 센딜이 속한 팀은 인도에서 사탕수수를 수확하는 일꾼들을 연구했다. 이 팀은 사탕수수 수확 전(무일푼일 때)과 수확 후(돈이 제법 있을 때)에 각각 사고력을 시험했다. 그 결과 수확 막바지에 이르러 경제적 안정감이 생겼을 때 이들의 IQ가 평균 13점 더 높았다.[13] 놀라운 차이였다. 이유가 뭘까? 이 책을 읽는 독자 중 경제적 어려움에 시달린 경험이 있는 사람은 어느 정도 답을 알 것이다. 경제적 생존을 염려할 때는 고장 난 세탁기에서 아이가 잃어버린 신발에 이르기까지 모든 것이 한 주를 버티는 능력을 위협하는 요소가 된다. 그럴 때 우리는 네이딘의 환자들처럼 더욱 각성 상태가 된다.

이러한 스트레스의 근본 원인을 조사하면서 네이딘이 내게 한 말을 계속 생각했다. "사람들이 겪는 문제의 규모만큼 그들에게 제공하는 수단의 규모를 키워야" 한다. 나는 궁금했다. 이 말을 경제적 스트레스에 적용한다는 것은 어떤 의미일까? 알고 보니 바로 이 질문에 대답한 장소가 있었다. 2017년 핀란드에서 중도파와 우익 정당으로 구성된 연립 정부가 실험을 하나 해보기로 했다. 이따금 전 세계의 정치인과 시민이 모두에게 매달 소액의 기본소득을 주자고 제안한다. 그때 정부는 이렇게 말할 것이다. 필수적인 것(음식, 주거, 난방)을 해결할 소액의 돈을 드릴 것입니다. 하지만 그 이상은 아닙니다. 무언가를 해야 이 돈을 받는 것은 아닙니다. 그저 여러분이 안정감을 느끼고 생존에 필요한 최소한의 돈을 갖길 바랄 뿐입니다. 공화당 출신 대통령 리처드 닉슨에서 민주당의 대통령 경선 후보 앤드루 양Andrew Yang에 이르는 다양한 사람들이 이 아이디어를 내놓았다.

핀란드는 말만 하기를 멈추고 기본소득제를 실제로 시도해보기로 했다.[14] 그리고 25세에서 58세 사이의 시민 2000명을 무작위로 뽑은 뒤 이렇게 말했다. 앞으로 2년간 매달 560유로(약 600달러 또는 500파운드)를 드릴 것이며, 수급 조건은 따로 없습니다. 핀란드 정부는 엄밀한 과학 연구 프로그램을 함께 준비해 이후 무슨 일이 벌어지는지 확인했고, 프로젝트가 끝난 뒤 연구 결과를 발표했다. 나는 이 프로그램에 참여한 선임 과학자인 투르쿠 대학의 사회연구학 교수 올라비 캉가스Olavi Kangas 및 시그네 야우히아이

넨Signe Jauhiainen 박사와 인터뷰를 나누었고, 두 사람이 연구 결과를 자세히 설명해주었다.

올라비는 집중력 면에서 "차이가 매우 뚜렷했"다고 말했다. 기본소득을 받자 사람들의 집중력이 크게 개선된 것이다. 시그네는 그 정확한 이유는 알 수 없지만, "돈과 관련된 문제가 집중에 매우 나쁘"다는 사실을 발견했다고 말했다. "자신의 경제 상황을 걱정해야 한다면… 뇌가 가진 능력의 상당 부분이 거기에 쓰입니다. 걱정할 필요가 없으면 다른 것들을 생각할 능력이 생기죠."

기본소득은 (무척 소액일지라도) 수급자들에게 마침내 단단한 기반 위에 서 있다는 안도감을 주는 듯 보인다. 현재 이 세상에서 그러한 안정감을 느끼는 사람이 몇 명이나 있을까? 스트레스를 줄이는 요인은 그게 무엇이든 간에 깊이 집중하는 능력도 개선한다. 핀란드는 (안정의 토대를 제공할 만큼 충분하지만, 근로 의욕을 꺾을 만큼 많지는 않은) 보편적 기본소득이 과각성의 원인 중 하나를 해소함으로써 사람들의 집중력을 높여준다는 것을 보여주었다.

이 사실을 알게 되자 핸드폰과 인터넷의 문제를 다시 생각해보게 되었다. 우리 대다수가 인터넷을 사용하게 된 것은 1990년대 후반으로, 당시 사회에서는 중산층이 허물어지기 시작하고 경제적 불안정이 커지고 있었으며, 사람들은 1945년보다 수면을 한 시간 적게 하고 있었다. 스트레스가 심한 사회는 방해 요소에 저항하는 능력이 낮아질 것이다. 정교한 방식으로 인간을 해킹하는 감시 자본주의에 저항하기란 어느 때건 힘들었을 테지만, 당시 우리는 이미 약해지고 있었고, 이로써 해킹당하기가 더욱 쉬웠다.

나는 우리를 갈수록 취약하게 만드는 다른 원인들을 조사하려던 참이었다.

이 책에서 내가 제기하려는 주장을 복잡하게 만드는 요소를 솔직하게 짚고 넘어가려 한다. 네이딘이 가르쳐준 내용(과 내가 나중에 알게 된 더욱 광범위한 스트레스의 과학)이 현재 내가 하고 있는 주장의 요지와 어긋나는 측면이 하나 있다.

서문에서 말했듯이, 비록 긴 시간에 걸쳐 사람들의 집중력 변화를 추적한 장기 연구는 없지만 나는 우리의 집중력이 악화되고 있다는 주장이 타당하다고 생각한다. 내가 이러한 결론에 도달한 이유는 집중력을 훼손하는 여러 요인이 있고 그 요인들이 점점 늘어나고 있음을 증명할 수 있기 때문이다.

그러나 이에 대한 반론이 하나 있다. 독자는 이렇게 물을 수 있다. 우리의 집중력을 개선하는 대항적 추세가 동시에 발생하고 있다면? 네이딘은 폭력의 경험이 집중력을 약화한다는 사실을 증명했다. 그러나 지난 세기 서구 세계에서 폭력은 큰 폭으로 감소했다. 이 말이 우리가 뉴스에서 보는 내용과 반대된다는 것을 알지만, 어쨌든 사실이다. 스티븐 핑커Stephen Pinker 교수는 저서 《우리 본성의 선한 천사》에서 이에 대한 증거를 매우 분명하게 풀어놓고 있다. 이 사실은 우리의 직관에 반하는 듯 보이는데, 어느 정도는 우리가 텔레비전과 인터넷으로 폭력과 위협의 이미지를 끊임없이 흡수하고 있기 때문이다. 그러나 우리가 끔찍한 공격을 당하거나 살해당할 확률이 우리 조상보다 훨씬 적은 것은 사실이다. 얼마 전까지만 해도 (폭력과 두려움의 측면에서) 전 세계의 상황은 베이뷰에 가깝거나 베이뷰보다 더 나빴다.

구타당하거나 살해당할 위협은 분명 사람이 겪을 수 있는 가장 큰 스트레스의 원인이다. 이러한 위협이 줄어들고 있으므로, 이 추세가 집중력을 개선했을 거라고 기대할 수 있다. 나는 이 사실에 솔직해지고자 한다.

그렇다면 나는 우리의 집중력을 향상하는 이 유일한(그러나 매우 유의미한) 추세가 집중력을 끌어내리는 다른 모든 요인보다 더 중요하다고 생각할까? 이 추세가 전환의 엄청난 증가와 수면 시간의 감소, 감시 자본주의라는 방대한 시스템의 영향, 경제적 불안정의 증가보다 더 중요한가? 이 모든 것을 고려할 때 나는 그렇지 않다고 생각한다. 그러나 이건 컴퓨터에 입력해서 수치를 계산할 수 있는 문제가 아니다. 수량화해서 각각의 영향을 비교하는 것은 무척 어려운 일이다. 그러므로 합리적인 사람들이 나의 주장에 동의하지 않을 수 있다. 네이딘의 증거에 따르면 사회 전체의 집중력이 향상되고 있어야 할 수도 있다.

그러나 그때 나는 집중력을 망가뜨리는 우리 문화의 또 다른 힘, 내 일평생 쭉 증가해온 힘에 대해 알게 되었다.

서구 문화에서 사람들은 해가 갈수록 더욱 오래 일한다. 내가 뉴욕 북부의 로체스터 대학에서 인터뷰한 심리학 교수 에드 데시 Ed Deci는 오늘날 근무시간이 1969년에 사람들이 정규직 일자리로 여긴 근무시간보다 1년에 한 달이 늘어났음을 입증했다.[15] 21세기가 시작되었을 때 캐나다의 보건 당국은 자국민이 근무시간을 어떻게 사용하는지 연구하기로 했다. 그리고 100곳이 넘는 일터

(공기업과 사기업, 대기업과 중소기업)에서 3만 명이 넘는 사람들을 조사한 결과 사람들의 근무 방식에 대한 세상에서 가장 자세한 자료를 만들어냈다. 이 자료는 근무시간이 점점 늘어남에 따라 사람들이 더욱 산만해지고 생산성이 떨어진다고 설명하며 다음과 같은 결론을 도출했다.[16] "이러한 업무량은 지속 불가능하다."[17]

나는 사람들이 일터에서 경험하는 스트레스의 양을 급격히 줄일 수 있는 방식을 실험한 두 곳을 찾고 나서야 이 현상이 집중력에 미치는 영향을 온전히 이해할 수 있었다. 이 두 장소는 서로 1만 6000킬로미터 떨어져 있고, 실시한 실험의 내용도 무척 다르다. 그러나 나는 이 두 장소가 오늘날 우리의 집중력이 입는 피해를 복구할 방법에 대해 많은 것을 알려준다고 생각한다.

11장

우리 사회의 논리에 정면으로 도전한 장소들

주4일 근무로 바꾸면 집중력에
어떤 변화가 생길까?

최초의 매킨토시 컴퓨터를 설계한 팀은
'한 주에 90시간 일하는데 너무 좋다!'라고 뻐기는
티셔츠를 입고 있었다.
이것이 우리 시대 전문직 계층의 미친 슬로건일 수 있다.

앤드루 반스Andrew Barnes는 절대 멈추지 않았다. 그는 금융 규제가 완화된 직후인 1987년에 시티오브런던(영국의 월스트리트)에서 일하고 있었다. 기업들은 거침없이 전진했고, 양복 차림으로 증권거래소에서 서로에게 고함을 치며 수십억을 거래하는 남자들과 함께 업계의 거만함이 폭발했다. 이 세계에서 오전 7시 30분보다 늦게 출근하는 사람은 겁쟁이였고, 오후 7시 30분 전에 퇴근하는 사람은 바보였다. 그래서 반년간 앤드루는 캄캄할 때 잠에서 깨어나 캄캄할 때 집에 돌아왔다. 얼굴에 내리쬐는 햇빛이 그리웠다.

시티오브런던에 있는 모든 사람이 더 잘 일한다는 것은 곧 일이 삶 전체를 소진할 때까지 더 오래 일하는 것이라고 믿었다. 앤드루는 여러 혹독한 직장을 오갔다. 그중 한곳에서는 모든 신입 직원이 근무 첫째 날에 불려갔고 눈앞의 책상에 미리 타이핑된 사직서가 놓여 있었다. 직원들은 사직서에 서명하라는 명령과 함께, 상사의 심기를 언짢게 하면 이 사직서를 제출해 해고할 것이라는 말을 들었다. 앤드루는 자신이 이런 고단한 생활을 싫어한다는 것을 서서히 깨달았다. 그가 말했다. "옛날을 돌아보면 야망을 위해 제 20대를 희생하고, 나중에는 우리 가족을 희생했어요. 지나친 과로로 여러 관계를 잃었죠." 그는 오랜 시간이 지난 지금에야 "자녀들과의 관계를 다시 쌓고" 있다.

앤드루는 영국을 떠나 오스트레일리아와 뉴질랜드로 왔다. 그리고 이곳에서 큰 성공을 거두며 여러 대기업을 소유하게 되었다. 오클랜드 시내를 내려다보는 그의 펜트하우스에서 그를 만났다. 그러나 햇빛을 보지 못했던 시티오브런던에서의 기억은 그를 떠나지 않았다.

2018년의 어느 날, 비행기에 타고 있던 앤드루는 경제 잡지를 보다가 우연히 일터에서의 생산성에 관한 기사를 읽었다. 기사에서 언급한 숫자가 그의 흥미를 끌었다. 연구 결과, 영국의 평균 노동자가 실제로 일하는 시간은 하루에 겨우 세 시간 미만이었다.[1] 즉 사람들은 대부분의 근무시간에 정신을 딴 데 두고 있었다. 이들은 삶이 흘러가는 동안 오랜 시간 사무실에 앉아 있었지만 해내는 일의 양은 많지 않았다.

이게 된다고요?

앤드루는 이 기사를 계속 생각했다. 그가 뉴질랜드에서 운영하는 회사 퍼페추얼 가디언Perpetual Guardian은 유언장을 작성해 신탁을 운영 및 관리하는 사업으로 10여 개의 사무실에 240명이 넘는 직원이 있었다. 그는 이 낮은 생산성 수치가 자기 회사의 직원들에게도 해당될지 궁금했다. 이런 상황에서는 모두가 손해를 본다. 직원들은 지루해하고 산만하며 다른 것들, 특히 원하는 만큼 함께 시간을 보내지 못하는 가족을 염려한다. 동시에 고용주는 눈앞의 업무에 집중하는 노동력을 얻지 못한다. 앤드루의 머릿속 한편에는 본인이 비효율적으로 일하며 집중력과 판단력이 고갈되었다고 느꼈던 시기의 기억이 남아 있었다.

그래서 어느 날 그는 이렇게 자문했다. 지금부터 모든 직원이 기존과 같은 임금을 받으면서 일주일에 4일만 일하도록 바꾸면 어떻게 될까? 그러면 직원들에게 시간이 생겨서 편히 쉬고, 적절한 사교 생활을 하고, 가족과 함께할 수 있을 것이었다. 전부 평소에는 근무시간 사이의 작은 틈에 겨우겨우 밀어 넣던 것들이었다. 이 모든 것을 할 시간을 줌으로써 직원들이 자기 업무에 하루 딱 45분만 더 집중할 수 있다면? 간단히 계산해본 결과, 이 시나리오대로라면 회사의 생산성은 오히려 늘어날 것이었다. 사람들에게 편히 쉬고 삶을 즐길 시간을 준다는 것은 곧 이들이 사무실에서 더 생산성 있게 일하게 된다는 뜻일지도 몰랐다.

앤드루는 정말 그럴 수 있을지 확인하려고 사람들의 근무시간을 바꾼 실험의 역사를 찾아보기 시작했다. 예를 들어 제1차 세계대전 당시 영국의 한 군수품 공장은 직원들이 일주일에 7일을 근무하게 했다. 그러나 이 공장은 근무일을 다시 6일로 줄인 뒤 전반적인 생산량이 늘었다. 앤드루는 이 원칙이 어디까지 확대될 수 있을지 궁금했다.

그래서 그는 대담한 시도를 해보기로 했다. 회의를 소집해 전 직원에게 조만간 현재의 임금을 그대로 받으면서 일주일에 4일만 일하게 될 것이라고 말한 것이다. 그러나 그는 이렇게 덧붙였다. 그 대신 일을 제대로 마칠 방법을 찾아야 합니다. 제 예감대로라면 여러분의 생산성이 높아질 테지만, 제가 옳다는 것을 여러분이 보여줘야 합니다. 이 같은 시도는 두 달간 해볼 겁니다. 만약 그 기간 내에 생산성이 떨어지지 않는다면 일주일에 4일 근무를 영구 시행할 겁니다. "이런 느낌이었어요. 뭐라고? 내가 잘 알아들은 거 맞나?" 본사와 멀리 떨어진 로토루아라는 도시에 있는 사무실의 전 직원과 인터뷰를 나누기 위해 그곳을 찾았을 때 앰버 타레Amber Taare가 내게 한 말이다. 직원들은 신나면서도 조심스러웠다. 이런 계획이 어떻게 성공할 수 있지? 우리가 모르는 함정이 있나? 역시 로토루아 사무실에서 일하는 제마 밀스Gemma Mills는 내게 "계획이 성공할 거라고 별로 생각하지 않았어요"라고 말했다. 앤드루의 경영관리팀도 이 계획에 매우 회의적이었다. "인사팀 책임자는 말 그대로 나동그라졌어요." 앤드루가 말했다. 관리자들은 당연히 생산성이 낮아질 것이며 그 비난이 자신에게 돌아오리라 확신했다.

앤드루는 회사에 한 달의 준비 시간을 주었다. 그동안 전 직원은 더욱 잘 일할 방법을 고민해야 했고, 앤드루는 학술 연구원으로 구성된 팀을 꾸려 실질적인 결과를 측정하기로 했다. 직원들은 수년간 생산성을 떨어뜨린 사소한 요소들을 파악해 마침내 해결했다. 예를 들어 자료 입력 업무를 맡았던 한 직원은 서로 다른 두 시스템이 서로 연동되지 않아 자료를 두 번 입력하느라 하루에 한 시간을 허비했다. 그 직원은 정보통신팀에 가서 이 문제를 해결해 달라고 요청했다. 회사 전체에서 이와 비슷한 수백 가지의 변화가 일어났다. 다른 사무실에서는 한 직원이 여러 개의 깃발이 담긴 작은 통을 사왔고, 이제부터 일을 방해받고 싶지 않은 사람은 책상 위에 이 깃발을 꽂아서 자신이 집중하고 있음을 알리자는 데 모두가 동의했다.

"이 개념을 이해하는 데 시간이 좀 걸렸어요. 너무 도전적인 개념이라서요." 퍼페추얼 가디언의 또 다른 직원인 러셀 브리지Russell Bridge가 말했다. "아침 8시부터 저녁 5시까지 일하는 근무시간을 오랫동안 따르면 그게 몸에 깊이 배거든요." 그러나 변화가 일어났다. 온전한 하루가 추가로 주어진 사람들은 이 시간을 다른 데에 썼다. 앰버는 세 살 난 딸을 일주일에 한 번 보육원에 맡기지 않고 더 많이 놀아주었다. 제마는 "기운을 회복할 하루가 추가로 주어지는 것"이라며 그 결과 "전반적으로 컨디션이 훨씬 더 좋아졌"다고 말했다. 러셀은 집을 직접 수리하기 시작했고 "가족과 오붓한 시간"을 보냈다. 그는 이 경험 덕분에 "휴식을 취한 뒤 생산성이 더욱 높아지는 것이 인간이 설계된 방식"임을 깨달았다고 말했다. 그는 푹 쉬고 나서 일터로 돌아오면 "더욱 활기가 넘친"다는 사실을 알게 되었다.

이 실험을 거친 사람 중 나와 대화를 나눈 이들이 가장 명백한 변화가 하나 있다고 강조했다. 제마는 "정신이 덜 산만해졌"다고 말했다. 왜일까? 제마는 자신의 경우 이 변화가 이완과 관련 있다고 했다. "제 생각에는 계속 일하고 일하고 또 일하면 뇌의 스위치가 쉽게 꺼지지 않아요. 스위치를 끄고 휴식을 취할 시간이 없죠… 우리 뇌는 끊임없이 생각하는 데 익숙해져요." 제마는 "휴식할 하루가 추가로 생기자" 긴장을 풀 수 있었고, 다시 일터로 돌아왔을 때 정신이 더욱 맑아졌다.

물론 퍼페추얼 가디언의 직원들은 이러한 변화를 믿어야 할 이유가 있다. 하루 더 생긴 휴일을 쭉 유지하고 싶기 때문이다. 더 중요한 것은 객관적인 측정 결과다. 이 변화를 연구한 학자들은 무엇을 발견했을까? 이들은 정신 산만을 보여주는 모든 징후가 급격히 줄었음을 발견했다.[2] 예를 들어 사람들이 일터에서 소셜미디어를 하는 시간(직원들의 컴퓨터를 모니터하는 방식으로 측정했다)이 35퍼센트 줄었다. 그와 동시에 일터에서의 참여도와 협동력, 자극 수준(일부는 직원들을 관찰하는 방식으로, 일부는 직원들의 설명을 듣는 방식으로 측정했다)이 30에서 40퍼센트 증가했다. 스트레스 수준은 15퍼센트 하락했다. 사람들은 내게 전보다 잠을 더 많이 자고, 더 오래 쉬고, 책을 더 많이 읽고, 더 많이 이완한다고 말했다. 처음에는 이 계획에 무척 회의적이었던 앤드루의 경영관리팀도 놀라운 결론에 도달했다. 이들은 직원들이 일주일에 4일만 일해도 일주일에 5일 일할 때만큼 성과를 내고 있음을 인정했다. 이제 변화는 영구적으로 자리 잡았다. 오클랜드 대학 상경학부에서 업무의 일환으로 이 변화를 연구한 헬렌 딜레이니Helen Delaney 박사는 웃으며 이렇게 말했다. "엄청난 실패는 아니었어요. 그렇게 말할 수 있을 것 같아요. 해야 할 일을 끝냈고, 고객도 만족하고, 직원들도 만족했으니까요." 헬렌은 심층 인터뷰를 하며 "직원들이 압도적으로 4일 근무를 좋아"한다는 것을 발견했다. "너무 좋아했어요. 누군들 안 그러겠어요?" 그는 추가로 생긴 휴식 시간이 직원들에게 두 가지를 제공한다는 사실을 알게 되었다. 먼저 이 시간은 "미쳐 날뛰는 현대 생활에서 사라졌던 타인과의 관계를 다시 맺을 수 있게" 했다. 한 상급 관리자는 헬렌에게 원래는 아들과 연락하기가 힘들었는데 이제는 새로 생긴 시간을 아들과 보내기 시작했고, "내가 실제로 아들과 함께 있는 것을 좋아하고 아들도 나를 좋아하며, 함께 보내는 시간이 즐겁다는 걸 깨달았"다고 말했다. 둘째로, "직원들은 본인들이 '나만의 시간'이라 부르는 것이 생겼다는 얘기를 많이 했"다. 그들은 헬렌에게 "주변에 아이도, 파트너도, 그 누구도 없을 때 나 자신이 될 수 있었"다고 말했다.

다른 많은 곳에서도 이와 비슷한 시도를 했다. 실험의 내용은 무척 다르지만 계속해서 비슷한 결과가 나오고 있다. 1920년대 영국에서는 W. G. 켈로그(시리얼 제조업체 창립자)가 하루 근무시간을 여덟 시간에서 여섯 시간으로 줄였고, 작업 중 사고(집중력을 측정하는 좋은 기준)가 41퍼센트 줄었다.[3] 2019년 일본에서는 마이크로소프트가 주4일 근무를 도입했고 생산성이 40퍼센트 개선되었다고 보고했다.[4] 같은 시기 스웨덴 고센버그에서는 한 요양원이 임금을 줄이지 않고 하루 근무시간을 여덟 시간에서 여섯 시간으로 줄였고, 그 결과 직원들은 수면 시간이 늘고 스트레스가 줄었으며 병가를 더 적게 냈다.[5] 같은 도시에서 토요타는 하루 근무

시간을 두 시간 줄였고, 그 결과 정비공의 생산성이 114퍼센트로 높아졌으며 이윤이 25퍼센트 늘었다.[6]

이 모든 결과가 일을 줄이면 집중력이 크게 개선된다는 사실을 보여준다. 앤드루는 일을 많이 하는 것이 언제나 더 좋다는 논리를 다시 생각해봐야 한다고 말했다. 그리고 "일을 위한 시간이 있고 일을 하지 않는 시간이 있"는데, 오늘날 대다수에게 "문제는 시간이 없다는 것"이라고 말했다. "시간과 사색, 어느 정도의 휴식은 더 나은 결정을 하게 도와줍니다. 그러므로 그럴 기회를 만들면 내가 하는 일과 직원들이 하는 일의 질이 높아져요." 앤드루는 본인의 조언을 잘 따랐다. 현재 그는 매주 주말 휴식을 취하며 (살면서 해본 적 없는 일이었다) 인터넷에 연결된 기기는 전부 놔두고 가까운 섬에 있는 별장으로 떠난다. 처음에는 이 계획이 염려스러웠다고 말한 직원 중 한 명인 제마는 내게 상냥하게 말했다. "밤 12시까지 일 말고도 할 게 무척 많답니다… 일 밖에서의 삶이 있어야 해요."

이후에 스탠퍼드 대학에서 조직행동학 교수인 제프리 페퍼Jeffrey Pfeffer와 이 문제에 관해 이야기를 나눴다. 그는 근무시간 단축이 효과가 있는 이유가 누가 봐도 명백하다며, 아무 스포츠 팬에게나 물어보라고 말했다. "축구 경기에서 이기고 싶으면, 아니면 야구 경기에서 이기고 싶으면 우리 팀이 탈진하기를 바랄까요?" 그는 잠시 뜸을 들이다가 이렇게 물었다. 나머지 사람들은 다를 이유가 뭐죠?

오클랜드 해안을 따라 걸으며 여기서 목격한 것들을 생각하다가, 갈수록 가속화되는 우리 사회의 논리에 정면으로 도전한 장소를 처음 와본 것임을 깨달았다. 우리는 더 빨리 걷고 더 빨리 말하고 더 오래 일하라고 명령하는 문화에 살며, 바로 거기서 생산성과 성공이 나온다고 생각하게끔 배웠다. 그러나 이곳에는 이렇게 말하는 사람들이 있었다. 아니요. 우리는 속도를 줄일 것이고, 휴식과 집중을 위한 공간을 더 많이 마련할 겁니다.

현재 이 같은 결정은 우리 대다수에게 불가능한 사치처럼 보인다. 사람들 대부분은 속도를 늦추지 못하는데, 그렇게 하면 일자리나 사회적 지위를 잃을까 봐 두렵기 때문이다. 오늘날 미국인의 56퍼센트가 1년에 단 1주일의 휴가를 쓴다. 바로 이러한 이유에서 사람들에게 집중력 개선을 위해 해야 하는 일들(한 번에 하나씩만 하고, 더 많이 자고, 책을 더 많이 읽고, 딴생각하기)을 말하는 것이 그토록 쉽게 잔혹한 낙관주의로 변질되는 것이다. 현재 우리 사회가 작동하는 방식에서는 그런 것들을 실천할 수 없다. 그러나 꼭 이런 식일 필요는 없다. 사회는 달라질 수 있다. 이에 대해 생각하면서 약간의 불편함을 느꼈는데, 뉴질랜드에서의 사례를 소개하는 것이 잘못된 인상을 줄 수 있는 몇 가지 이유가 있기 때문이다. 나는 앤드루 반스를 무척 좋아한다. 그는 드물게 깨어 있고 점잖은 고용주다. 그러나 여러분이 상사가 깨달음을 얻어 우리에게 주 4일 근무를 내려주기를 기다리면 된다고 생각하기를 바라지는 않는다. 이런 변화가 일어나기를 바란다면 아마 우리는 다른 길을 택해야 할 것이다.

한번 주말에 대해 생각해보자. 주말은 100년이 넘는 시간 동안 노동자 대부분에게 약간의 휴식과 사색의 시간을 보장해주었다.
주말은 어떻게 생겨났을까? 산업혁명이 밀려든 18세기에 많은 노동자는 고용주의 강요에 따라 하루에 열 시간씩 일주일에 6일을 일했다. 이러한 환경은 신체적으로나 정신적으로나 노동자를 갉아먹었다. 그래서 이들은 힘을 합쳐 자기 삶을 살 수 있는 시간을 요구하기 시작했다. 근무시간 단축을 요구한 첫 번째 파업은 1791년에 필라델피아에서 일어났다. 경찰이 노동자들을 흠씬 두들겨 팼고, 그들 중 다수가 해고당했다. 그러나 노동자들은 굴하지 않고 더욱 열심히 싸웠다. 그리고 1835년에 하루 여덟 시간 근무를 요구하는 총파업을 조직했다. 이러한 운동이 수십 년간 이어진 뒤에야 마침내 거의 모두에게 하루 여덟 시간 근무와 주말의 휴식이 주어졌다.

앤드루 같은 소수의 훌륭한 예외가 있지만, 기업 소유주들은 페이스북과 마찬가지로 알아서 우리 시간을 적게 빼앗아가지 않을 것이다. 그렇게 하도록 강요해야 한다. 주말 휴일의 도입은 점점 더 속도를 높이는 사회에 맞선 역사상 가장 큰 도전이었다. 그때처럼 싸워야만 주4일 근무를 이뤄낼 수 있다.

이러한 통찰은 이 목표의 성취를 막는 또 하나의 거대한 장애물과도 관련이 있다. 주4일 근무는 회사원에게는 적용 가능하지만, 점점 더 많은 사람이 어쩔 수 없이 '긱 이코노미'에 진입해 계약서나 정해진 근무시간 없이 힘들게 여러 가지 일을 해내고 있다. 이러한 현상은 매우 구체적인 변화의 결과다. 미국과 영국 같은 정부가 노동조합을 해체하고 거의 말살한 것이다. 이로써 노동자들은 힘을 합쳐 계약서나 고정된 근무시간을 요구하기가 점점 힘들어졌다. 유일한 장기적 해결책은 노동조합을 꾸준히 결성해 노동자들이 이러한 기본권을 요구할 힘을 되찾는 것이다. 이러한 변화는 이미 시작되었다. 예를 들면 현재 미국 전역에서 패스트푸드 레스토랑의 직원들이 노동조합을 결성해 시간당 15달러의 최저임금을 요구하며 놀라운 성공을 거두고 있다. 이들은 220만 명이 넘는 직원의 임금 인상을 얻어냈고 도널드 트럼프에게 투표한 주와 조 바이든에게 투표한 주 모두에서 대다수의 지지를 얻는 어려운 성과를 이뤄냈다.

그러나 우리가 오로지 고용주에게만 맞서야 하는 건 아니라고 생각한다. 우리는 우리 내면과도 맞서 싸워야 한다. 퍼페추얼 가디언의 직원들과 이야기를 나눌 때 나는 이들의 말이 설득력 있다고 생각했지만 속으로는 계속 반발하며 그들이 하는 말에서 결점을 찾으려 했다. 처음에는 그 이유를 이해하지 못했다. 그러다 깨달았다. 나는 보통 하루의 끝에 완전히 지쳐서 기진맥진할 때에만 충분히 일했다고 느낀다. 최초의 매킨토시 컴퓨터를 설계한 팀은 '한 주에 90시간 일하는데 너무 좋다!'라고 빼기는 티셔츠를 입고 있었다.[7] 이것이 우리 시대 전문직 계층의 미친 슬로건일 수 있다. 많은 사람이 소진될 때까지 일하는 데서 자기 정체성을 찾는다. 그리고 우리는 그것을 성공이라 칭한다. 갈수록 빨라지는 속도의 토대 위에 있는 문화에서 속도를 줄이기란 힘든 일이며, 우리 대다수가 그렇게 할 때 죄책감을 느낄 것이다. 이것이 바로 우리가 모두 함께 사회·구조적 변화를 일으키는 일이 중요한 이유 중 하나다.

코로나19가 전 세계에 퍼지자 사람들은 (비극과 공포의 한가운데서) 적어도 한 가지 좋은 결과가 있을지 모른다고 생각했다. 많은 사람이 (전부는 아니다) 매일 하던 통근과 항상 책상 앞에 앉은 모습을 보여야 한다는 압박에서 자유로워졌다. 그래서 더 많은 휴식을 위한 공간이 생겨나리라는 기대가 있었다. 그러나 코로나19가 발생하고 근무시간은 오히려 늘었다. 처음 봉쇄령이 내려지고 겨우 한 달 반이 지나는 동안 미국의 평균 노동자는 하루에 세 시간을 더 일했다.[8] 프랑스와 스페인, 영국 사람들은 하루 평균 두 시간을 더 일했다.[9] 그 이유는 명확하지 않다. 누군가는 줌Zoom을 이용한 화상 미팅이 짜증 날 만큼 길어서라고 생각하고, 누군가는 심각한 경제적 불안정을 고려할 때 사람들이 해고되지 않으려고 자신이 일하고 있음을 더욱더 열심히 보여주려 하기 때문이라고 본다.

여기서 알 수 있는 사실은 그 어떤 외부의 거대한 힘도, 심지어 전 세계적 팬데믹도 점점 길어지는 근무시간의 소용돌이에서 우리를 구해주지는 않으리라는 것이다. 근무시간 단축은 규칙을 바꾸려는 집단적 노력을 통해서만 이뤄낼 수 있다.

그러나 코로나19는 주4일 근무와 관련된 또 다른 점도 보여주었다. 사업체가 매우 짧은 시간 내에 노동 관습을 바꾸고 아무 문제 없이 기능할 수 있다는 사실이 증명된 것이다. 2021년 초에 줌으로 만난 앤드루 반스는 내게 이렇게 말했다. "한 영국 은행의 최고 책임자가 '직원 6만 명 규모의 은행을 집에서 운영할 수 있습니다'라고 말했다면, 1년 전만 해도 우리는 말도 안 된다고 말했을 겁니다. 안 그래요?" 그러나 그런 일이 실제로, 퍽 문제없이 일어났다. "그러니… 일주일에 5일이 아니라 4일 동안 사업체를 운영하는 것도 당연히 가능하지 않겠어요?" 다른 경영자들은 앤드루에게 눈으로 직접 보지 않으면 직원들을 신뢰할 수 없기 때문에 주4일 근무를 할 수 없다고 얘기하곤 했다. 앤드루는 다시 그들에게 전화해 그 말을 재고해보라고 말했다. "지금은 전부 집에서 일하고 있어요. 놀랍게도 일은 다 잘 끝났고요."

우리가 일하는 방식은 확고해서 바꿀 수 없는 듯 보인다. 그러나 그 방식은 바뀔 수 있고, 그때가 되면 우리는 애초에 꼭 그럴 필요가 없었음을 깨닫게 된다.

연결되지 않을 권리

이곳으로부터 1만 6000킬로미터 떨어진 파리의 노동자들은 삶의 속도를 늦출 수 있는 이와 비슷한 제안을 떠올렸다. 스마트폰이 등장하기 전에는 상사가 사무실에 없거나 퇴근한 직원에게 연락하는 경우가 흔치 않았다. 어린 시절, 내 친구들에게는 힘든 직장에 다니는 부모님이 많았다. 그러나 퇴근한 친구 부모님이 고용주에게 전화를 받는 모습은 거의 본 적이 없다. 1980년대에 그건 드문 일이었다. 퇴근하고 나면 전부 끝이었다. 계속 대기 상태인 사람들은 의사와 대통령, 총리뿐이었다.

그러나 이메일이 우리의 노동 생활을 장악하면서 노동자가 낮밤 할 것 없이 어느 때든 응답해야 한다는 부담이 점점 커지고 있다. 한 연구는 프랑스 전문직 종사자의 3분의 1이 응답해야 하는 이메일을 놓칠까 봐 무서워서 전자기기를 내려놓을 수 없다고 느낀다는 것을 발견했다.[10] 또 다른 연구는 늘 대기 상태여야 한다는 요구가 노동자들에게 불안을 일으키며, 그건 실제로 연락이 오지 않는 밤에도 마찬가지임을 발견했다.[11] 근무시간 개념은 사실상 사라졌으며 우리 모두는 늘 대기 중이다. 2015년, 프랑스 의사들은 '르번아웃le burnout'으로 고생하는 환자 수가 폭발적으로 증가하고 있다고 설명했고, 유권자들은 조치를 취할 것을 요구하기 시작했다. 그래서 프랑스 정부는 이동통신 회사 오랑주Orange의 책임자인 브루노 메틀링Bruno Mettling에게 증거를 조사해 해결책을 찾아달라고 의뢰했다. 그는 끊임없이 대기 상태에 있는 노동 방식이 사람들의 건강과 업무 능력에 참담한 영향을 미친다는 결론을 내렸다. 그리고 크나큰 개혁을 제안했다. 모두가 '연결되지 않을 권리'를 가져야 한다고 말한 것이다.

이 권리의 내용은 단순하다. 우리에게는 명확히 정해진 근무시간을 가질 자격이 있다. 그리고 그 근무시간이 끝나면 연결을 끊을 자격이 있다. 이메일을 확인할 필요도, 다른 업무 연락을 받을 필요도 없다. 그래서 2016년에 프랑스 정부는 이 권리를 법으로 제정했다. 이제 직원 수가 50인 이상인 기업은 공식적으로 노동자와 연락 가능한 근무시간을 협상해야 하고, 그 밖의 시간에는 절대 연락할 수 없다(이보다 규모가 작은 기업은 자체적으로 강령을 만들 수 있으나 직원과 공식 협의를 할 필요는 없다). 이후로 여러 기업이 직원들에게 근무시간 외에 이메일에 응답할 것을 요구했다가 처벌을 받았다. 예를 들면 해충 방제 기업인 렌토킬Rentokil은 한 지점장이 근무 외 시간에 이메일에 응답하지 않는다고 불만을 표했다는 이유로 그 지점장에게 6만 유로(약 6만 5000달러 또는 5만 파운드)를 지급해야 했다.

파리를 찾아 그곳에서 일하는 친구들과 이야기를 나눠보니, 사실 변화는 매우 천천히 이루어지고 있다고 했다. 법이 엄격하게 시행되지 않아서 프랑스인 대다수는 아직 큰 변화를 체감하지 못하고 있다. 그러나 이 조치는 우리 모두가 가야 할 방향으로의 첫 걸음이다.

파리의 카페에 앉아 그동안 목격한 것들을 생각했다. 듣기 좋은 자기계발 강의로 연결 끊기의 장점을 알려주는 것은, 그럴 수 있는 법적 권리를 제공하지 않는다면 아무 소용이 없다. 실제로 상사 때문에 긴장을 풀 수 없는 사람들에게 긴장 풀기의 장점을 늘어놓는 것은 분노를 유발하는 조롱과 같다. 기근 피해자들에게 리츠 호텔에서 식사하면 얼마나 기분 좋은지를 알려주는 것과 마찬가지다. 재산이 많아서 일할 필요가 없다면 아마 당장 이러한 변화를 실천할 수 있을 것이다. 그러나 그렇지 않은 우리는 빼앗긴 시간과 공간을 되찾기 위해, 그래서 마침내 휴식을 취하고, 자고, 집중력을 회복하기 위해 집단적으로 노력해야만 한다.

12장

값싸고 형편없는 식단

허리둘레, 심장, 그리고
집중력을 파괴하는 음식들

"당신이 자동차 엔진에 샴푸를 넣는다면
엔진이 고장 났을 때 고개를 갸우뚱하지 않을 겁니다."
그러나 서구 전역에서는 "인간의 연료로 쓰던 것과는 매우 동떨어진"
물질을 매일 자기 몸에 밀어 넣고 있다.

유년기와 10대 시절의 매해 여름 나는 런던 교외에 있는 집에서, 내게는 화성의 고리만큼이나 생경해 보였던 곳으로 유배되었다. 아버지는 스위스 알프스산맥에 있는 목조 농가 주택에서 태어났다. "넌 농장으로 가야 해." 아버지가 소리쳤다. "거기서 남자가 되는 법을 배우게 될 거야!" 그래서 1년에 6주씩 나는 매일 아침 수탉의 꼬끼오 소리와 함께 아버지가 어린아이였을 때 형제 네 명과 같이 쓴 자그마한 방에서 깊고 자욱한 혼란을 느끼며 잠에서 깨어났다.

내가 처음으로 혼자 스위스의 할머니 할아버지와 여름을 보낸 것은 아홉 살 때였다. 그때 나는 두 분이 일평생 직접 재배한 음식, 직접 키워서 도축한 음식만 먹었다는 것을 알게 되었다. 집에 커다란 텃밭이 있어서 그곳에 과일과 채소를 심었고, 고기로 먹을 동물을 길렀다. 그러나 두 분이 내 앞에 음식을 차려줄 때 나는 그 음식을 빤히 쳐다보며 이게 정말 먹을 수 있는 것인지조차 파악하지 못했다. 어머니와 외할머니는 노동자계급에 속한 스코틀랜드 여성이었고, 두 분은 감자칩과 튀긴 음식, 슈퍼마켓에서 산 가공 식품, 엄청난 양의 킨더에그Kinder Egg 초콜릿을 먹이며 나를 키웠다. 내가 일곱 살 때 집에 전자레인지가 생겼는데, 그때부터 나는 주로 전자레인지용 피자와 감자튀김을 먹으며 살았다. 그래서 나는 스위스에 도착한 처음 몇 주간 감자칩과 피자, 아니면 그게 뭐든 내게 음식처럼 보이는 것을 달라고 애원했고, 할머니가 준비한 음식은 먹지 않으려 했다. 나는 진심을 담아 말했다. "세네빠 누히뛰흐!Ce n'est pas nourriture!" 이건 음식이 아니라는 뜻이었다.

할머니 할아버지는 당황했다. 어느 날 할머니는 항복하고 나를 몇 시간 떨어진 도시의 맥도날드로 데려갔다. 그리고 내 빅맥과 감자튀김만 주문해 내가 먹는 모습을 연민과 메스꺼움이 섞인 표정으로 바라보았다. 한참 뒤에 나는 라스베이거스에서 정신이 온전치 않은 한 노숙인이 리우 카지노 뒤에 있는 쓰레기장에서 구더기가 들끓는 썩은 음식을 먹는 모습을 목격했다. 그리고 그 사람을 바라보는 내 표정이 그날 취리히의 맥도날드에서 나를 바라보던 할머니의 표정과 똑같다는 것을 깨달았다.

조부모님에게서 나에 이르기까지 두 세대가 지나는 동안 인간 삶의 가장 기본 요소 중 하나, 바로 우리 몸의 연료인 음식에서 극적인 변화가 일어났다. 내가 인터뷰한 전 세계의 전문가들은 이러한 변화가 허리둘레와 심장에 나쁘다는 사실은 모두가 알지만, 또 다른 핵심 영향, 즉 음식의 변화가 우리 집중력의 상당 부분을 앗아가고 있다는 사실은 다들 등한시하고 있다고 말했다.

뇌는 음식 섭취를 통해 만들어집니다

데일 피넉Dale Pinnock은 영국에서 가장 유명한 영양 전문가 중 한 명으로, 런던에서 그와 만났을 때 나는 좋은 인상을 주기 위해 메뉴판의 육즙이 흐르는 햄버거 사진에서 눈을 돌리며 두부와 채소를 주문했다. 그는 왜 그렇게 많은 사람이 제대로 집중하지 못하는지 이해하고 싶다면 이런 식으로 생각해보라고 말했다. "만약 당신이 자동차 엔진에 샴푸를 넣는다면 엔진이 고장 났을 때 고개를 갸우뚱하지 않을 겁니다." 그러나 서구 전역에서는 "인간의 연료로 쓰였던 것과는 매우 동떨어진" 물질을 매일 자기 몸에 밀어 넣고 있다. 데일은 집중력을 유지하는 것이 신체 과정이며, 이 과정이 일어나려면 우리 몸이 특정한 일들을 할 수 있어야 한다고 말했다. 그러므로 (몸에 필요한 영양을 주지 않거나 오염 물질을 몸에 잔뜩 밀어 넣음으로써) 몸에 지장을 준다면 집중력도 영향받을 것이다.

데일을 비롯해 내가 전 세계에서 만난 이 문제의 전문가들은 현재 우리의 식사가 집중력을 훼손하는 방식을 크게 세 가지로 설명했다. 첫 번째는 현재 우리가 먹는 식단이 에너지의 급상승과 급강하를 주기적으로 유발한다는 것이다. 데일은 우리가 (예를 들어) 트윙키(스펀지케이크 안에 크림을 넣은 미국 과자 – 옮긴이)를 먹으면 "혈당이 치솟았다가 다시 급락"한다고 말했다. "그러면 실제로 우리의 신체가 집중하는 데 영향을 끼치는데, 에너지가 급락하면 온전히 집중하는 데 필요한 것들을 제공할 수 없기 때문입니다."

그러나 오늘날 우리 대다수는 트윙키와 비슷한 음식을 먹으며 하루를 시작하면서도 그 사실을 깨닫지 못한다. "전형적인 패턴을 한번 보세요. 사람들은 아침에 시리얼 한 그릇이나 토스트 한 조각을 먹습니다. 보통은 콘푸로스트와 흰 빵이죠." 이 음식들에는 섬유질이 매우 적어서 우리에게 에너지를 주는 포도당이 "아주아주 빠른 속도로 방출"된다. "그러면 혈당이 매우 빠르게 높아집니다. 좋은 일이죠. 약 20분 동안은요." 그러다 혈당은 "다시 급락하고, 그때가 되면 우리는 완전히 나가떨어지며, 머릿속이 뿌옇게" 된다.

이런 일이 발생하면 책상에 앉아도 생각을 하기가 어렵다. 이런 급강하를 경험하는 아이는 학교에 앉아 있어도 선생님의 말에 귀 기울일 수 없다. 이때는 "에너지가 너무 없어서 계속 무언가를 먹어야 할 것 같은 기분"이 된다. "그게 바로 혈당 급강하의 증상입니다." 이러한 현상이 발생하면 우리와 아이들은 또 한 번 짧고 굵게 집중하기 위해 설탕과 탄수화물이 잔뜩 든 간식을 먹고 싶어 한다. "우리가 끼니마다 그런 값싸고 형편없는 탄수화물 식품을 먹는다면 계속해서 그 롤러코스터를 타게 됩니다." 데일은 그런 음식을 카페인과 함께 섭취하면 혈당에 미치는 영향이 더욱 커진다고 덧붙였다. "크루아상을 먹으면 분명 혈당이 급상승합니다. 하지만 크루아상을 커피와 함께 먹으면 혈당이 더더욱 치솟고, 그만큼 급강하가 따라옵니다." 이러한 혈당의 급상승과 급강하는 온종일 발생하고, 그 결과 우리는 에너지가 완전히 고갈되어서 오랜 시간 제대로 집중하지 못한다. 데일은 (비유를 살짝 바꿔서) 이 모든 것이 "BMW 미니Mini에 로켓 연료를 넣는 것과 마찬가지"라고 말했다. "미니는 순식간에 고장 나버릴 겁니다. 로켓 연료를 감당하지 못하니까요. 하지만 미니에 알맞은 휘발유를 넣으면 부드럽게 달릴 거예요."

현재 우리가 먹는 식단이 이러한 에너지 급강하를 유발한다는 과학적 합의가 이루어져 있어서, 신중하게 사실 여부를 검증하는 영국 국립보건원의 웹사이트에서도 이를 경고하고 있다.[1] 그래서 데일은 아이들의 집중력을 개선하고 싶다면 먼저 "아침 식사로 망할 코카콜라와 다디단 시리얼 한 그릇을 주는 걸 그만둬야" 한다고 말했다. "먼저 아이들에게 제대로 된 음식을 먹이려고 노력하세요." 그렇게 하면 결과를 빠르게 확인할 수 있는데, "발달 중인 뇌는 변화에 즉각 반응"하기 때문이다(나중에 데일은 부모들이 아이들에게 나쁜 음식을 먹이려는 광고주들과 더불어 우리의 약점을 공격하도록 설계된 식품 공급 체계에 당장 맞서 싸워야 한다고 설명했다. 이 문제는 뒤에서 다시 다룰 예정이다).

우리의 식단이 집중력에 영향을 미치는 두 번째 방식은, 현재 우리 대다수가 먹는 음식에 뇌가 제대로 발달하고 기능하는 데 필요한 영양분이 없다는 것이다.[2] 인류 역사에서 인간은 대체로 나의 조부모처럼 식사를 했다. 즉 인간은 신선한 음식을 먹었고 그 음식이 어디서 나온 것인지 알았다. 훌륭한 음식 전문 작가이자 데일에게 크나큰 영향을 미친 마이클 폴란은 조부모와 나 사이에 두 세대가 지나는 동안 식품의 질이 심각하게 떨어졌다고 설명했다. 20세기 중반에 신선 식품은 미리 조리된 가공식품으로 급속히 대체되었고, 이 가공식품은 슈퍼마켓에서 구매해 데워 먹을 수 있도록 제조되었다. 이러한 음식은 전과는 다른 방식으로 생산해야 했다. 슈퍼마켓의 진열대 위에서 상하지 않도록 각종 안정제와 방부제를 쏟아부었고, 이러한 가공 절차에서 수많은 영양 성분이 사라진다는 사실이 드러났다.

우리가 이전에 먹던 것과는 근본적으로 다른 음식에 익숙해지는 동안, 식품 산업은 점점 더 정교하게 우리의 원시적 쾌락 중추를 겨냥하기 시작했다. 그리고 자연에서는 절대로 있을 수 없는 양의 설탕과 트랜스 지방, 전례 없는 여러 새로운 발명품을 음식에 쏟아부었다. 오늘날 미국과 영국에서 우리가 먹는 음식 대부분은 '초가공 식품'이다. 마이클 폴란이 지적했듯이 자연에 있는 것과는 너무 동떨어져서 원재료가 무엇인지조차 파악하기 힘든 식품이라는 뜻이다.

이러한 변화가 정확히 어떤 방식으로 우리의 집중력에 영향을 미치는가에는 다소 불확실한 면이 있지만, 우리에게는 꽤 강력한 증거가 있다. 1970년대 이후 식단을 바꿨을 때 집중력에 무슨 일이 일어나는지 파악하고자 한 과학 실험이 여러 차례 실시되었다. 그중 한 사례를 소개하자면, 2009년에 네덜란드의 과학자들로 구성된 연구팀이 집중력 문제를 겪고 있는 것으로 파악된 아이들 27명을 데려다 두 집단으로 나누었다.[3] 그중 15명에게는 '제거' 식단이 주어졌는데, 오늘날 우리 다수가 매일 섭취하는 쓰레기(방부제, 첨가물, 합성 착색료)를 먹으면 안 되고 대신 나의 조부모가 음식이라 여겼을 만한 식품을 먹어야 한다는 뜻이었다. 나머지 12명은 평상시처럼 계속 서구식 식단을 먹었다. 연구팀은 수 주간 아이들을 관찰하며 변화를 살폈다. 그 결과 방부제와 착색료를 제거한 식단을 먹은 아이들의 70퍼센트 이상이 집중력이 향상되었으며, 평균 향상률은 놀랍게도 50퍼센트였다.

그러나 이 실험은 규모가 작았다. 그래서 연구팀은 후속 실험을 진행하기로 했다. 이번에는 아이들 100명을 데려다가 똑같은 실험을 하며 5주간 변화를 관찰했다. 이번에도 제거 식단을 고수한 아이들의 집중력이 크게 향상되었고, 절반 이상이 극적인 개선을 경험했다.

이 실험을 진행한 과학자들은 주로 아이들이 일상 식단의 어떤 재료에 알레르기 반응을 보여서 집중하지 못하는 것이라는 개념을 조사한 것이었으며, 실제로 그럴 가능성이 있다. 그러나 내 눈에 이 실험은 당시 내가 학습하고 있던 더 광범위한 사고방식에 부합하는 듯 보였다. 그 생각은 바로, 우리 인간이 먹도록 진화한 종류의 음식을 섭취하면 우리의 뇌가 더 잘 기능한다는 것이다. 나는 뉴욕에서 '영양 정신의학'의 선구자 중 한 명인 드루 램지 Drew Ramsay와 만나 아침 식사를 했다. 영양 정신의학은 식사 방식과 정신적 문제의 연관성을 밝히는 새로운 분야다. 드루는 누군가가 이러한 통찰을 믿지 못하면 "집중력이 어디서 나온다고 생각하는지"를 묻는다고 했다. "뇌는 음식 섭취를 통해 만들어집니다. 둘 사이에는 근본적인 연관성이 있죠." 그는 우리의 뇌가 다양한 주요 영양소를 섭취해야만 성장하고 잘 기능할 수 있다고 말했다. 상세히 연구된 예를 하나 들자면, 오메가-3(주로 생선에 들어 있다)

가 부족한 식단을 먹으면 우리의 뇌는 온전히 기능하지 못할 것이다. 또한 이러한 식품을 보충제로 대체하는 것은 그리 좋지 않은데, 우리의 몸은 캡슐보다는 진짜 식품을 통해 훨씬 효율적으로 영양소를 흡수하기 때문이다.

세 번째 이유는 앞의 두 가지와는 다르다. 현재 식단은 우리에게 필요한 영양소가 부족하기만 한 것이 아니라, 뇌에 거의 마약처럼 작용하는 듯 보이는 화학물질을 많이 함유하고 있다. 예를 들어 2007년에 영국 사우샘프턴의 과학자들로 구성된 연구팀이 3세이거나 8-9세인 평범한 아이들 297명을 데려다 두 집단으로 나누었다.[4] 한 집단은 우리 식단에 자주 등장하는 흔한 식품첨가물이 들어간 음료를 받았고, 다른 집단은 식품첨가물이 없는 음료를 받았다. 그 뒤 연구팀은 아이들의 행동을 관찰했다. 식용색소를 마신 아이들은 과잉 행동을 보일 확률이 훨씬 더 높았다. 이에 대한 증거가 상당하고 결정적이었기에, 이 발견의 여파로 많은 유럽 국가가 이 식용색소 사용을 금지했다. 그러나 미국의 규제 기관은 금지 조치를 거부했고, 이 식용색소들은 미국에서 가장 인기 있는 시리얼과 과자에 들어가 여전히 매일 섭취되고 있다. 나는 이 사실이 유럽과 미국의 ADHD 유병률 격차를 설명하는 데 도움이 될지 궁금했다.

데일은 이곳에서 실제로 무슨 일이 벌어지는지 이해하고 싶다면 전 세계에서 사람들이 신체적, 정신적으로 우리보다 더 건강한 곳, ADHD와 치매의 진단율이 더 낮은 곳을 둘러봐야 한다고 말했다. 그렇게 하면 처음에는 당혹스러울 수 있는데, 실제로 그들이 먹는 식단이 무척 다양하기 때문이다. 그중 일부는 생선을 많이 먹고, 일부는 생선을 거의 먹지 않는다. 일부는 풀을 많이 먹고, 일부는 풀을 잘 먹지 않는다. 일부는 탄수화물을 많이 섭취하고, 일부는 아예 섭취하지 않는다. 마법의 식재료를 찾는다면 아마 성공하지 못할 것이다. 그러나 "모두를 하나로 묶는 것이 한 가지 있"다. "그들 모두가 우리를 아프게 만드는 쓰레기를 애초에 먹지 않습니다. 정제 탄수화물과 가공식품, 질 낮은 기름을 먹지 않죠. 그들 모두가 자연식품 위주로 먹습니다… 바로 그게 열쇠예요. 그게 마법의 해결책이에요. 자연식품으로, 본래부터 음식이었던 음식으로 돌아가는 거요." 데일은 우리의 조부모가 음식으로 인식했을 음식만 먹어야 하며 슈퍼마켓의 가장자리에서만 쇼핑해야 한다는 마이클 폴란의 말을 인용했다. 즉 우리는 입구에 진열된 과일과 채소, 끝에 진열된 육류와 생선만 구매해야 한다. 마이클 폴란은 슈퍼마켓의 가운데에 진열된 것들은 사실상 전혀 음식이 아니라고 경고했다.

그러나 우리는 아이들에게 건강한 음식을 널리 알리는 대신 최악의 음식을 들이민다. 보스턴의 또 다른 영양 정신의학가인 우마데비 나이두Umadevi Naidoo는 내게 몇 년 전 미국에서 학교 급식을 위한 기금이 삭감되고 "학교에 식품 기업이 들어와 자판기를 설치했"다고 말했다. 오늘날 "명백한 연관성은, 학생들이 가공식품인 초콜릿 바와 쿠키를 먹으면 분명히" 집중력 문제 증가로 이어지리라는 것이다. 이를 비롯한 수많은 이유로, 내가 포틀랜드에서 인터뷰한 ADHD 전문가 조엘 닉 교수는 이렇게 말했다. "거대한 변화가 일어나고 있다… 여러분 자녀의 ADHD가 음식과 관련이 있을지도 모른다고 생각한다면, 이제 과학도 당신의 의견에 동의한다."[5]

내가 만난 사람들이 전부 좋았다. 하지만 그들과 대화를 나누면서 한편으로는 불편함을 느꼈다. 그들이 집중력 킬러라고 설명한 음식에 나의 수많은 감정이 엮여 있었다. 나는 건강하지 않은 음식에서 위로를 찾게끔 키워졌다. 기분이 울적하면 그런 음식들을 애타게 찾는다. 이러한 식단이 내게 어떤 영향을 미쳤을지 생각해보다가, 프로빈스타운에서 보낸 시간을 되돌아보기 시작했다. 그곳에는 패스트푸드 체인점이 없다. 맥도날드도 없고, KFC도 없다! 심지어 버거킹도 없다! 스피리터스 피자Spiritus Pizza라는 이름의 피자 집만 하나 있을 뿐이다. 그래서 세 달간 나는 건강하고 신선한 음식만 먹었다. 스위스에서 보낸 수차례의 긴 여름을 제외하면, 삶의 그 어느 때보다 두 달하고 30일이나 더 긴 시간이었다. 내가 프로빈스타운에서 그토록 잘 집중할 수 있었던 데 음식도 영향을 미쳤을지 궁금했다.

이 모든 것을 조사하는 동안 마지막으로 스위스 할머니를 만났던 때가 계속 떠올랐다. 할머니는 80대 중반이셨고, 우리는 함께 산을 올랐다. 할머니는 나보다 걸음이 빨랐고, 나를 데리고 커다란 텃밭으로 가서 작물을 돌봤다. 할머니가 잡초를 솎아내고 당근과 리크를 살피는 동안 닭들이 우리 주위에서 마음껏 땅을 파헤쳤다. 할머니는 날랜 손동작으로 우리가 그날 저녁 먹을 음식을 수확했고, 나는 할머니가 요리하는 모습을 지켜보았다. 할머니에게 이것은 숨 쉬는 것만큼이나 자연스러운 일이었다. 지금 돌아보니 나는 그때 깨달음을 얻었어야 했다.

그러나 잔혹한 낙관주의의 냄새를 풍기는 방식으로 이 증거들을 사람들에게 소개하는 모습 또한 상상할 수 있다. 인스타그램 인플루언서들이 이 주장을 받아들이고 다음과 같은 게시물을 올리는 모습이 그려질 것이다. 보세요! 먹는 음식을 바꾸면 집중력이 돌아올 거예요! 저는 해냈답니다! 여러분도 해낼 수 있어요! 하지만 진실은, (내가 이 책을 쓰면서 알게 된 다른 수많은 것들과 마찬가지로) 이것이 무엇보다 구조적 문제라는 것이다. 내 지인 중 나의 조부모님처럼 산과 농장을 소유한 사람은 아무도 없다. 전부 슈퍼마켓에서 먹을거리를 구매할 수밖에 없다. 이 슈퍼마켓들은 값싼 가공식품으로 가득하고, 가공식품은 우리가 태어난 순간부터 막대한 예산을 통해 우리에게 광고된다. 이 문제를 해결하려면 우리 각자가 개인적으로 어느 정도 변화해야 하지만, 그보다는 배후의 더 거대한 세력과 맞설 필요가 있다. 오늘날 (트리스탄이 내게 가르쳐준 것처럼) 우리가 핸드폰을 내려놓으려 할 때마다 화면 너머에서 엔지니어 천여 명이 우리가 다시 핸드폰을 집어 들게 만들려고 최선을 다하듯이, 우리가 가공식품을 포기하려 할 때마다 전문 마케터로 이루어진 팀이 우리가 다짐을 깨고 다시 돌아오게 만들려고 최선을 다한다. 이들은 우리가 의식하기 훨씬 전부터 사람들이 건강하지 않은 음식에 긍정적이 되도록 작업해왔다. 이들은 나의 뇌 건강이 아니라 자기들의 수익에 도움이 되도록 나를 프로그래밍했으며, 이렇게 된 사람은 나뿐만이 아니다. 이 시스템이 다음 세대의 입맛을 왜곡하고 그들의 집중력을 앗아가지 못하도록 반드시 시스템의 작동을 멈춰야 한다.

멕시코에서 날아온 어린이 MRI 사진

집중력 위기를 불러온 또 다른 원인은 아마 내가 이 책에서 다룬 그 어떤 요인보다 심각할 것이다. 공기나 우리가 구매하는 제품을 통해 오염 물질과 화학물질에 노출되는 것이 몸에 안 좋다는 것은 모두가 아는 사실이다. 내가 이 책을 쓰기 시작했을 무렵 누가 내게 물어봤다면, 대기오염이 천식과 그 밖의 호흡기 질환을 유발한다는 매우 기본적인 설명만 할 수 있었을 것이다. 그러나 놀랍게도, 이러한 오염이 우리의 집중력을 심각하게 훼손한다는 증거가 점점 쌓여가고 있다.

이를 이해하고자 이 문제를 둘러싼 과학 연구를 폭넓게 살폈고, 최전선에서 그 영향을 파헤치고 있는 과학자들을 인터뷰했다. 프랑스의 최고 훈장인 레지옹 도뇌르를 비롯해 다수의 수상 경력이 있는 명망 있는 과학자 바르바라 데메넥스Barbara Demeneix 교수는 내게 이렇게 설명했다. "삶의 모든 단계에서 다양한 형태의 오염 물질이 우리의 집중력에 영향을 미칩니다." 그리고 이것이 "ADHD를 비롯한 신경 발달 장애가 전반에 걸쳐 크게 증가하고 있는" 원인 중 하나라고 결론 내렸다. 그는 현재 우리가 너무 많은 오염 물질에 둘러싸여 있어서 "오늘날에는 정상적인 뇌를 가질 방법이 없"다고 말했다.

평범한 시민으로서 우리가 가장 잘 아는 형태의 오염 물질은 우리를 둘러싼 대기에 있다. 그래서 잉글랜드 랭커스터 대학의 환경과학 교수이자 이러한 오염 물질이 뇌에 미치는 영향에 관해 획기적인 연구를 해온 바바라 마헤르Barbara Maher를 인터뷰했다.[6] 그는 오늘날 대도시에 산다는 것은 매일 화학물질로 된 수프(자동차 엔진에서 뿜어내는 물질을 포함해 여러 다양한 오염 물질이 뒤섞인 혼합물)를 들이마시는 것과 같다고 설명했다. 우리의 뇌는 호흡기를 통해 철 같은 화학물질을 빨아들이도록 진화하지 않았으므로 이 물질들의 처리 방법을 알지 못한다. 그러므로 오염된 도시에서 사는 것만으로도 우리는 "자신의 뇌에 반복적으로 가해지는 만성적 공격"을 받고 있으며, 우리의 뇌는 이에 염증 반응을 보일 것이다. 이러한 공격이 몇 달에서 몇 년간 이어지면 어떻게 되느냐고 물었다. 바바라 마헤르 교수는 "우리의 신경세포가 손상을 입을 것"이라고 말했다. "흡수량에 따라[즉 오염이 얼마나 심각하냐에 따라], 본인의 유전적 감수성에 따라, 결국 시간이 지나면서 우리의 뇌세포는 손상될 겁니다."[7]

바바라는 오염이 심할수록 뇌 손상도 심각하다는 사실을 발견했다. 이러한 손상이 수년간 지속되면 가장 심각한 뇌 기능 저하 중 하나인 치매가 나타날 확률이 높다. 캐나다의 한 연구는 주요 도로에서 50미터 이내에 거주하는 사람이 그렇지 않은 사람보다 치매에 걸릴 확률이 15퍼센트 더 높다는 것을 발견했다.[8] 그러나 나는 바바라에게 이렇게 물었다. 더 어릴 때는 이런 뇌의 염증이 정신 기능에 어떤 영향을 미치나요? "만성적인 영향이 있다면 아마 공격성과 통제력 상실, 주의력 결핍을 유발할 수 있습니다."

바바라는 아직 발달 중인 어린이의 뇌와 관련된 증거가 특히 우려스럽다고 말했다.[9] "오염이 심각한 환경에서 매우 어린 아이들에게 이러한 퇴행성 질환이 나타난다는 증거가 나오고 있습니다. 당신 다음 세대의 아이들이죠… 멕시코에 있는 동료들이 MRI 촬영을 해오고 있는데, 심각한 피해를 입은 어린이들의 뇌 조직이 위축되고 있는 것을 이미 목격할 수 있습니다."[10] 그 지역의 환경오염이 심할수록 피해도 더 심각하며, 어떤 아이들은 이미 병변이 있을 정도다. "[치매 환자의 뇌에서처럼] 뇌 조직이 실제로 덩어리지고 얽힌 모습을 발견할 수 있습니다. 아주 어린 환자인데도요." 바르셀로나의 과학자인 조르디 수니에르Jordi Sunyer 교수는 바르셀로나 전역에서 초등학생의 집중력을 검사한 뒤 오염이 심할수록 아이들의 수행 능력도 나쁘다는 것을 발견했다.[11]

감당하기 힘든 문제처럼 보였다. 집중력 킬러가 말 그대로 사방에 있다는 말이었고, 압도되는 기분이 들었다. 어떻게 맞서 싸울 수 있을까? 나는 역사에서 약간의 단서를 얻기 시작했다. 먼저 한 구체적인 오염 물질, 바로 납이 우리의 집중력에 미치는 영향을 살폈다. 고대 로마에서도 납이 인간에게 해롭다는 사실이 알려져 있었다. 예를 들어 건축가 비트루비우스Vitruvius는 납으로 도시의 배관을 만들지 말라고 로마 당국에 간청했다. 그러나 납은 수 세기 동안 집의 벽을 칠하고 배수관을 만드는 데 사용되었고, 20세기 초에는 휘발유에 들어가기까지 했다. 전 세계 모든 도시에서 납이 대기로 배출되고 도시민들이 그 납을 들이마신다는 뜻이었다. 과학자들은 납을 넣은 휘발유가 재앙을 일으킬 것이라 경고했다. 1925년 제너럴 모터스가 휘발유에 납을 넣는 것이 "신의 선물"이라 발표했을 때, 미국의 선구적인 납 전문가 앨리스 해밀턴Alice Hamilton 박사는 제너럴 모터스의 CEO가 불장난을 하고 있는 것이라 경고했다. 그는 이렇게 말했다. "납이 있는 곳에서는 얼마 지나지 않아 납중독이 발생한다."[12] 이것이 인간의 뇌에 끔찍한 영향을 미친다는 것은 명백한 사실이었다. 흡수량이 많을 경우 납중독은 환각을 유발하고, 정신을 잃거나 사망에 이르게 할 수 있다. 납 휘발유를 생산하는 공장에서는 직원들이 납에 노출되어 폭력적으로 변하거나 사망하는 사례가 속출했다.

이러한 위험이 없는 무연 휘발유를 언제나 사용할 수 있었지만, 대기업들은 아마도 금전적인 이유로 이 휘발유의 사용을 격렬히 거부했다. 이들은 납을 넣은 유연 휘발유에 특허를 내서 더 많은 돈을 벌 수 있었다. 40년간 납 산업은 유연 휘발유의 안전성 연구에 자금을 댔고, 과학자들이 안전성을 확인했다고 전 세계에 장담했다.

이처럼 납 휘발유가 시장을 장악하게 놔두기로 한 결정이 전 세계 인구의 집중력을 엄청나게 앗아간 것으로 드러났다. 나는 캐나다 사이먼 프레이저 대학의 건강과학 교수인 브루스 랜피어Bruce Lanphear와 인터뷰를 했다. 그는 자신이 젊은 교수였던 1980년대에 뉴욕 북부의 로체스터 대학에서 납이 어린이의 인지능력에 미치는 영향을 연구하는 자리를 제안받았다고 설명했다. 그는 납이 든

페인트 사용이 1978년에 금지되었음에도 여전히 아이들이 상당량의 납에 노출되고 있음을 알고 있었는데, 수백만 명이 여전히 납으로 가득한 집에 살고 있었고 유연 휘발유가 계속 사용되고 있었기 때문이다. 그는 이러한 상황이 아이들에게 어떤 영향을 미치는지 알고 싶었다.

그가 참여한 프로젝트에서는 로체스터에 거주하는 모든 어린이에게 피검사를 실시해 이들의 몸에 납이 얼마나 들어 있는지 확인했다. 브루스는 검사 결과를 보고 큰 충격을 받았다.[13] 로체스터에 사는 어린이 세 명 중 한 명이 납중독을 겪고 있었다. 흑인 아동의 경우는 두 명 중 한 명이었다. 로체스터가 특이한 것은 아니었다. 몇 년 앞서 실시된 또 다른 연구에서는 1970년대의 현대 미국인이 산업화 이전의 사람들보다 신체 내 납 수치가 600배 더 많다는 사실을 발견했고, 미국환경보건국은 미국에서 1927년과 1987년 사이에만 6800만 명의 어린이가 유연 휘발유를 통해 유해한 수준의 납에 노출되었다고 추산했다.

브루스를 비롯한 과학자들은 납이 우리의 집중력을 심각하게 저해한다는 사실을 증명했다. 브루스는 어린 시절에 납에 노출되면 "ADHD의 진단 기준을 충족할 확률이 2.5배 더 높"다고 설명했다. 납이 다른 형태의 오염 물질과 결합하면 그 영향은 더욱 커진다. 예를 들어 어머니가 임신 중에 납에 노출되었고 흡연을 하면 자녀가 ADHD를 진단받을 확률이 여덟 배 더 높다.[14]

브루스가 찾아오기 전에 로체스터의 어머니들은 (미국 전역의 다른 어머니들과 마찬가지로) 납중독이 위험하다는 경고를 들어왔고,

자녀가 납에 중독되면 그것은 본인의 잘못이라는 말을 들었다. 관계자들은 자녀가 납에 노출되는 이유는 어머니인 당신이 집을 깨끗하게 청소하지 않았기 때문이라고 말했다. 집안일을 더 많이 하고 아이들이 손을 더 자주 씻게 하라. 이것은 광범위한 압박의 일부일 뿐이었다. 납 산업은 이 문제가 주로 자녀를 집 안의 납에서 보호하는 데 "실패"한 "교화 불가능한 흑인과 푸에르토리코인"에게서 발생한다고 주장했다.[15]

그러나 이 문제를 연구한 브루스는 청소와 손 씻기가 아무런 차이도 낳지 못한다는 것을 발견했다.[16] 도시 전체, 한 세대의 어린이 전부가 납에 중독되었음을 확인할 수 있었는데도 가족들은 그것이 깨끗하지 못한 본인의 책임이라는 말을 들었다. 일부 과학자는 피해자 탓하기에서 한발 더 나아갔다. 이들은 가족들이 뇌에 손상을 입히는 금속 수치가 높은 환경에서 살고 있는 것이 문제가 아니라, 아이들에게 정신 질환이 있는 것이 문제라고 말했다. 아이들이 '이식증'이라는 이름의 심리 장애를 갖고 있어서 막 걸음마를 뗀 아이가 납 페인트를 입에 비이성적으로 마구 쑤셔 넣는다는 것이었다. 이 아이들에게는 "비정상적인 욕구"를 가졌다는 꼬리표가 달렸고, 주로 검은색과 갈색 피부를 가진 아이들이 이 문제를 겪는다는 주장이 (다시 한번) 제기되었다.

1920년대부터 납 산업은 모든 단계에서 이러한 견제 작전을 꾸미고 격려했다. 이들은 돈으로 몇몇 과학자의 충성심을 사기도 했는데, 이 과학자들은 납이 사람들의 뇌에 해를 입힌다는 증거에 조직적으로 의구심을 던졌다. 1920년대였던 맨 처음에 토머스 미즐리Thomas Midgley라는 이름의 한 과학자는 기자회견에서 납 함유 제품이 안전하다고 선언했다. 본인이 현재 홍보하고 있는 바로 그 제품 때문에 끔찍한 납중독에 걸렸다가 이제 막 회복했다는 사실은 그곳에 모인 기자들에게 말하지 않았다. 모든 단계에서 납 산업은 사실상 이렇게 주장했다. 위험성에 대한 의심이 있다고 해도, 우리가 사람들의 몸속에 납을 계속 쏟아부을 수 있도록 허용되어야 합니다.

이 책의 자료 조사를 하는 내내, 집중력 위기의 구조적 특징을 명심하려고 애썼다. 우리는 극도로 개인주의적인 문화에 살고 있다. 이러한 문화 속에서 우리는 자신의 문제를 개인적 실패로 받아들이고 개인적 해결책을 찾으라고 끊임없이 압박받는다. 집중할 수 없는가? 과체중인가? 가난한가? 우울한가? 이러한 문화에서 우리는 이렇게 생각하도록 배웠다. 그렇다면 그건 내 잘못이야. 힘을 내서 이 문제에서 빠져나갈 방법을 알아서 찾았어야 해. 이제 나는 그런 생각이 들 때마다 자녀가 납에 노출되고 있었던 로체스터의 어머니들을 떠올린다. 이들은 집을 더 깨끗하게 청소하라거나, 당신의 자녀가 납 페인트를 입에 마구 쑤셔 넣는 "비정상적" 욕망을 가졌다는 말을 들었다. 오늘날 우리는 당시에 거대한 문제가 있었으며, 그 근본 원인이 환경에 있었음을 명확히 이해할 수 있다. 그러나 그에 대한 주요 반응은 사람들에게 아무 도움도 안 될 광적이고 개인적인 행동에 모든 에너지를 쏟아부으라고, (심지어는) 납에 중독된 자기 자녀를 탓하라고 말하는 것이었다.

문제의 원인을 개개인에게 돌렸을 때, 자기 행동을 고쳐서 문제를 해결하라고 말했을 때, 문제는 더 악화되기만 했다. 그래서 조사를 계속했다. 무엇이 이 문제를 끝냈지? 그리고 해결책은 딱 하나, 오로지 단 하나였음을 알게 되었다. 이 문제는 평범한 시민들이 과학적 증거를 알고 나서 힘을 합쳐 이 기업들이 납중독을 일으키지 못하도록 법을 바꾸라고 정부에게 요구했을 때 해결되었다. 예를 들어 영국에서는 질 루네트Jill Runnette라는 한 가정주부가 유연 휘발유에 반대하는 캠페인을 벌였고, 1981년에 정부가 휘발유에 들어가는 납의 양을 3분의 2 삭감하게 하는 데 성공했다(유연 휘발유가 전면 금지된 것은 나중이다). 질 루네트가 이렇게 한 것은 본인이 속한 사회에서 자기 자신과 아이들을 지키기 위해서였다.

어떤 면에서 이 사례는 내게 집중력 위기 전체에 대한 은유 같다. 우리의 집중력과 주의력은 거대한 외부 세력에 공격받고 약탈당하고 중독되고 있다. 그리고 우리는 납 페인트와 유연 휘발유를 금지하는 것에 버금가는 조치를 취해야 하는 내내, 집을 더 깨끗하게 청소하고 손을 더 잘 씻는 것과 마찬가지인 행동을 하라는 말을 듣고 있다. 여러 면에서 납중독에 저항한 일화는 현재 우리가 따라야 할 본보기다. 납중독의 위험성은 수십 년간 명백했다. 앨리스 해밀턴 박사는 1920년대 중반에 이미 그 위험성을 정확히 입증했다. 그러나 상황이 변한 것은 평범한 시민이 자신들의 집중력을 빼앗는 세력에 맞서 헌신적으로 대중 운동을 벌였을 때였다. 1975년에 미국인의 평균 혈중 납 농도는 1데시리터당 15마이크로그램이었다. 오늘날 그 수치는 1데시리터당 0.85마이크로그램이다. 미국 질병통제예방센터의 과학자들은 납 사용을 금지한 결과 미취학 아동의 평균 IQ가 5점 상승한 것으로 추산한다.[17] 이것은 집중력 킬러와의 싸움에서 극적인 진전이 가능하다는 증거다.

그러나 바르바라 데메넥스는 그때 이후로 "수많은 다른 [집중력을 훼손하는] 화학물질이 시장에 점점 많아지고 있"어서 납 사용 금지를 통해 얻은 이익이 별것 아닌 것처럼 보이는 상황이 우려스럽다고 말했다. 그래서 오늘날 우리가 노출되고 있는 어떤 화학물질이 우리의 집중력에 잠재적 영향을 미치는지 물었다. "주범부터 시작해볼까요. 살충제, 가소제, 방연제, 화장품." 그는 "유럽 시장에 나와 있는 200개 이상의 살충제 중 약 3분의 2가 뇌 발달이나 갑상샘 호르몬의 신호 전달에 영향을 미친"다고 말했다. 흔한 오염 물질인 폴리염화바이페닐PCBs을 오늘날 인간이 노출된 수준과 같은 농도로 원숭이에게 노출하면 원숭이는 작업 기억과 정신 발달 면에서 심각한 문제를 겪는다.[18] 한 과학팀은 어머니들이 비스페놀 A, 또는 BPA라는 이름의 오염 물질(금속 캔의 80퍼센트를 코팅하는 데 사용된다)에 얼마나 많이 노출되는지를 연구했다.[19] 그리고 비스페놀 A에 노출된 정도로 그중 누구의 아이가 행동 장애를 겪을지를 예측할 수 있음을 발견했다.

바르바라는 거의 20년간 발달신경독성 시험developmental neurotoxicity testing(우리가 제품 구매나 식사를 통해 노출되는 화학물질이 태아와 아기의 발달에 어떤 영향을 미치는지 파악하는 시험)을 실시해왔다. 유럽의회의 의뢰를 받아 이 문제에 대한 대규모 연구를 진행했으며, 그 밖의 많은 연구 프로젝트를 조직했다. 이러한 연구 과정에서 그를 특히 걱정하게 만든 부분이 하나 있었다. 바르바라는 아기가 잉태된 바로 그 순간부터 발달에 호르몬의 영향을 받으며, 이 호르몬이 "초기의 발달을 조절"한다고 설명했다. 그래서 그는 화학물질이 이러한 내분비 신호에 영향을 미치는지 조사하기 시작했다.[20] 그리고 다수의 화학물질이 "전파 장애"와 비슷한 악영향을 끼쳐 인간의 올바른 발달(특히 뇌의 발달)을 이끄는 시스템을 방해하고 그중 일부를 그르치게 만든다는 것을 발견했다. 바르바라는 이러한 현상이 집중력에도 영향을 미치는데, 이러한 시스템이 인간 뇌의 발달 과정을 이끌기 때문이라고 설명했다. 뇌가 정상적으로 발달하지 못하면 집중력도 크게 훼손된다.

2005년과 2012년 사이에 바르바라는 우리 주위에서 흔히 발견할 수 있는 물질들을 검사했다. 바르바라의 팀이 더 많은 물질을 검사할수록 현재의 환경 때문에 내분비계가 엉망이 되고 있다는 증거도 더 많이 쌓였다. 그는 오늘날 모든 아이들이 "유독성 물질 범벅에 오염된 채로" 태어난다고 경고했다.[21]

이 주장에는 논란이 있다. 일부 과학자는 이러한 위험이 지나치게 과장되고 있다고 생각한다. 예를 들어 미국과학및건강위원회 American Council of Science and Health는 바르바라의 주장을 비웃으며 그가 설명한 피해가 발생하려면 훨씬 많은 양의 화학물질에 노출되어야 한다고 주장한다. 잡지 〈마더 존스Mother Jones〉에 따르면 이 협회는 이 논쟁에 이해관계가 있는 화학 기업과 대형 농업 법인의 자금 지원을 받고 있으며(협회는 이들의 주장을 부인한다),[22] 이는 곧 우리가 이들의 태도를 회의적으로 바라보아야 한다는 뜻이지만, 그렇다고 반드시 이들의 주장이 틀렸다는 뜻은 아니다. 더 많은 재정 지원을 통해 이 문제를 자세히 연구할 필요가 있다.

과거에 납과 함께 펼쳐진 이야기가 현재 집중력을 훼손하는 다른 화학물질로 다시 한번 펼쳐지고 있는 것처럼 보일 때가 있다. 그 화학물질을 사용하는 데서 이득을 얻는 산업이 관련 연구 대다수에 자금을 대고 있으며, 잠재적 위해에 대한 의심을 조직적으로 퍼뜨리고, 자사 제품의 위험성이 의심된다 해도 그 제품을 사용하는 것이 허용되어야 한다고 주장한다.

이 모든 이야기를 들었을 때 내가 인터뷰한 과학자들에게 계속 이렇게 묻고 싶은 유혹을 느꼈다. 그렇다면 어떤 제품에 이런 오염 물질이 들어 있고, 어떻게 하면 그 제품들을 제 삶에서 제거할 수 있죠? BPA로 금속 캔을 코팅한다고 하셨죠? 앞으로 금속 캔을 피해야 할까요? 그러나 바르바라 데메넥스는 오염 물질로 가득한 풍경 속에서 개인적으로 오염 물질을 피하려 하는 것은 헛수고라고 말했다. "유기농 음식을 먹을 수 있겠죠. 집에서 가능한 한 자주 환기를 할 수도 있고요. 시골에서 살 수도 있을 겁니다." 그러나 이 내분비 교란 물질과 관련해서는 "탈출구가 없"다. "탈출은 불가능합니다." 개개인의 수준에서는 여기서 도망칠 수 없다.

오염 물질이 우리의 집중력에 입히는 피해를 해결하기 위해 우리가 실제로 무엇을 할 수 있는지 이해하고자, 어느 안개 낀 날 캐나다 서부 해안에 있는 호스슈베이의 바위 옆에서 브루스 랜피어를 만났다. 그는 막 카야킹을 마치고 나온 참이었고, 우리 앞에 펼쳐진 바다에서는 물개들이 퍼덕이며 파도 속으로 사라지고 있었다. "저것 좀 보세요." 브루스가 말했다. "구름하고, 바다하고, 푸른 나무들이요."

브루스와의 대화를 통해 현재 우리가 택해야 할 두 가지 방법이 있음을 알게 되었다. 먼저 우리는 새로 등장한 화학물질에 새로운 접근법을 취해야 한다. 브루스는 현재 "연이은 연구로 유해성이 입증되기 전까지 모든 화학물질은 무해한 것으로 간주"된다고 말했다. 그렇기에 새로운 화학물질을 함유한 제품을 시장에 내놓고 싶을 때 원하는 화학물질은 무엇이든 사용할 수 있다. 그러면 뒤이은 몇 년간 자금이 부족한 과학자들이 힘겹게 그 물질의 안전성을 파악해야 한다. "왜냐하면, 결정권이 어디에 있습니까? 바로 산업이죠." 브루스는 이 방식이 달라져야 한다고 말했다. "기본적으로 새로운 화학물질과 오염 물질을 약물처럼 다뤄야 합니다." 화학물질은 일반인이 사용하기 이전에 안전성 검사를 거쳐야만 한다. 그리고 엄중한 시험을 통과한 물질만 가정집과 우리의 혈관에 도달할 수 있어야 한다.

둘째로, 이미 널리 사용되고 있는 화학물질의 경우에도 이러한 시험을 거쳐야 하며, 이 연구는 관련 산업의 자금 지원을 받지 않는 과학자들이 수행해야 한다. 만약 어떤 물질이 유해하다는 사실이 드러나면, 우리가 시민으로서 협력해 오늘날 납이 (마침내) 그러하듯 사용 금지를 요구해야 한다. 나중에 바르바라 데메넥스는 내게 딱 잘라 말했다. "빠른 시일 내에 이 물질들을 규제해야 합니다."

바버라 마헤르는 자신의 전문 분야인 대기오염의 경우 정부를 압박해 법으로 전기차 전환을 앞당겨야 한다고 말했다. 이러한 전환이 대기오염 문제를 크게 줄일 수 있기 때문이다. 또한 그는 우리가 지도자에게 요구할 수 있는 임시 조치들이 있다고 강조했다. 오염이 특히 심각한 곳에 나무를 심으면 그 나무들이 오염 물질을 많이 빨아들여서 대기 중의 독소를 없앨 것이다.

이 모든 이야기를 듣는 동안 바르바라 데메닉스가 한 말이 떠올랐다. "오늘날에는 정상적인 뇌를 가질 방법이 없습니다." 어쩌면 100년 뒤의 인류가 과거를 돌아보고 우리가 집중을 힘겨워한 이유를 물으며 이렇게 말할지도 모른다. "그들은 뇌에 염증을 일으키고 집중력을 파괴하는 오염원과 화학물질에 둘러싸여 살았어. BPA와 PCBs에 노출된 채 걸어 다녔고 금속을 들이마셨지. 당시 과학자들은 이 물질들이 사람들의 뇌와 집중력에 어떤 영향을 미치는지 알았어. 집중이 잘 안 된다고 놀랄 게 있어?" 미래의 인류는 우리가 이 사실을 알고 난 뒤 우리의 뇌를 보호하기 위해 힘을 합쳤는지, 아니면 오염 물질이 계속 우리의 집중력을 파괴하게 내버려뒀는지 알게 될 것이다.

13장

잘못된 ADHD 진단

유전자 탓을 하는 동안
우리 아이에게 실제로 벌어지는 일

성인의 집중력 문제에 관해 사람들은 보통
자신에게 영향을 미치는 다양한 요인을 선뜻 인정한다.
그러나 아이들이 똑같은 문제를 겪을 때,
지난 20년간 우리는 지나치게 단순한 이야기에 이끌렸다.
바로 아이들의 집중력 문제가 주로 생물학적 장애의 결과라는 것이다.

나의 조카가 어린아이였던 약 15년 전에 뭔가 이상한 일이 벌어지기 시작했다. 교사들은 자기 반 학생 상당수가 갈수록 안절부절못하고 집중도 못 한다고 생각했다. 아이들은 가만히 앉아 있거나 수업에 주의를 기울이려 하지 않았다. 이 무렵, 내가 어렸을 때는 영국에 존재하지 않았던(적어도 이례적일 만큼 드물었던) 생각이 나라 전체에 퍼져나가기 시작했다. 몇몇 연구자와 의사는 이 아이들에게 생물학적 장애가 있으며, 그래서 아이들이 집중하지 못하는 것이라 주장했다. 이 생각은 영어권 국가에서 놀라운 속도로 확산되었다. 2003년과 2011년 사이에만 주의력 결핍 과잉 행동 장애attention deficit hyperactivity disorder, ADHD의 진단이 미국에서 43퍼센트 증가했고, 여자아이 사이에서는 55퍼센트나 급증했다. 현재는 미국 청소년의 13퍼센트가 ADHD를 진단받을 정도이며, 그중 대다수가 진단의 결과로 강력한 각성제를 처방받는다.

영국에서도 ADHD 진단이 놀라울 만큼 증가하고 있다. 내가

7세였던 1986년에 ADHD를 진단받은 어린이가 한 명이라면 현재는 그 수가 100명이다. 각성제를 처방받는 어린이 수는 1998년과 2004년 사이에만 두 배로 늘었다.

성인의 집중력 문제에 관해 사람들은 보통 자신에게 영향을 미치는 다양한 요인(침략적인 기술의 증가, 스트레스, 수면 부족 등)을 선뜻 인정한다. 그러나 아이들이 똑같은 문제를 겪을 때, 지난 20년간 우리는 지나치게 단순한 이야기에 이끌렸다. 바로 아이들의 집중력 문제가 주로 생물학적 장애의 결과라는 것이다. 나는 이 문제를 상세히 조사하고자 했다. 이번 장은 이 책의 그 어떤 장보다 쓰기가 힘들었는데, 진지한 과학자들이 가장 불일치를 보이는 주제이기 때문이다. 과학자들을 인터뷰하면서, 이들이 가장 기초적인 질문(예를 들어 ADHD가 사람들이 말해온 것처럼 실제로 하나의 생물학적 질병으로 존재하는가)에서조차 의견을 달리한다는 것을 알게 되었다. 그래서 이번 장은 천천히 신중하게 나아가려 한다. 이 주제는 내가 가장 많은 전문가(30명 이상)를 인터뷰한 주제이며, 오랜 시간에 걸쳐 더 많은 질문과 함께 인터뷰를 거듭했다.

그러나 먼저 내가 인터뷰한 모든 전문가가 동의한 몇 가지 사실을 명확히 하고자 한다. ADHD를 진단받은 모두가 실질적인 문제를 겪고 있다. 없는 문제를 지어내거나 거짓말을 하는 게 아니다. 원인이 무엇이든 간에, 여러분이나 여러분의 자녀가 집중에 어려움을 겪고 있다면 그건 당신의 잘못이 아니다. 당신은 무능하지도 자제력이 부족하지도 않으며, 당신에게 찍혔을지 모를 그 어떤 낙인도 사실이 아니다. 당신은 해결책을 찾기 위한 실질적 도움과 이해를 받을 자격이 있다. 전문가 대다수는 일부 어린이의 경우 나쁜 집중력에 실제로 생물학적 원인이 있을 수 있다고 믿었다. 그러나 그 원인이 문제에 얼마나 기여하는가에서는 서로 의견이 달랐다. 이 사실을 명심하고, ADHD 논란의 다른 측면에 관해 차분하고 진실하게 대화를 나눌 수 있어야 한다.

당신 아들의 행동은 당신 탓이 아닙니다

집중하지 못하는 아이들에게 생물학적 문제가 있는가 하는 질문은 사실 무척 최근에 등장한 것이며, 이 논쟁은 지난 몇 년간 양상이 크게 달라졌다. 1952년에 미국정신의학회는 인간의 정신에 생길 수 있는 문제를 총망라한 지침서를 만들었고, 집중하지 못하는 아이가 생물학적 장애를 앓고 있다는 생각은 그 지침서에 포함되지 않았다. 1968년이 되자 이 생각은 지침서에 실릴 만큼 정신과 의사 사이에서 충분한 인기를 얻었으나 이들은 소수의 아이들만 이 경우에 해당된다고 생각했다. 이 문제를 겪고 있다고 확인된 아이들의 수는 매년 늘고 있으며, 오늘날 미국 남부의 많은 지역에서 남자아이의 30퍼센트가 18세가 되기 전에 ADHD를 진단받는다. 이 글을 쓰는 지금도 그 수는 더더욱 증가하고 있다. 현재 엄청난 수의 성인이 본인에게 이 장애가 있다는 말을 듣고 있으며, 그중 300만 명 이상이 이미 각성제를 처방받고 있다. 오늘날 각성제 처방 시장은 최소 100억 달러 규모에 이른다.

이처럼 ADHD 진단이 폭발적으로 증가하자 양극화된 주장들이 터져 나왔다. 한쪽에서는 ADHD가 압도적으로 개인의 유전자와 뇌에서 문제가 발생해 나타나는 질병이며 아주 많은 수의 어린이와 성인이 각성제를 복용해 이 병을 치료해야 한다고 말한다. 이 주장은 주로 미국에서 우세하다. 다른 한쪽에서는 집중력 문제가 실재하는 고통스러운 문제이긴 하지만, 이를 대규모 약물 처방이 필요한 생물학적 장애로 보는 것은 부정확하고 위험하며, 다른 형태의 도움을 주어야 한다고 말한다. 이 주장은 주로 핀란드 같은 곳에서 우세하다.

먼저 오로지 생물학적인 이야기와, 그토록 많은 사람이 이 이야기에서 진실과 위안을 찾는 이유에서부터 시작해보자. 암트랙 열차에 타고 있던 어느 날, 한 여성과 대화를 나누다 그가 내 직업을 물었다. 사람들이 잘 집중하지 못하는 이유에 관한 책을 쓰고 있다고 말하자 그 여성이 자기 아들 이야기를 하기 시작했다. 그의 아들의 경험은 전형적이었다. 몇 년 전 아들은 학교에서 무척 고생을 했다. 수업에 집중할 수 없었고 갖은 문제를 일으켰다. 여성은 아들이 염려되었고, 다른 부모들의 눈초리를 받았다. 결국 교사들은 아들을 의사에게 데려가라고 강력하게 권했다. 의사는 아들과 대화를 나눈 뒤 여성에게 아들이 ADHD 진단을 받았다고 말했다. 말인즉슨 아들이 다른 아이들과 유전적으로 다르고, 그 결과 다른 종류의 뇌, 사람들 대부분과는 다른 뇌를 갖게 되었다는 것이었다. 이 말은 곧 아들이 자리에 가만히 앉아 집중하는 것을 훨씬 힘들어한다는 뜻이었다. 스탠퍼드 대학의 심리학 교수인 스티븐 힌쇼Stephen Hinshaw도 내게 ADHD의 "75에서 80퍼센트"가 유전적 원인에서 비롯된다고 말했다.[1] 이 숫자는 대규모로 연속 실시된 과학 연구에 근거한 대략적 수치다.

자신의 아이에게 장애가 있다는 말은 듣기 고통스럽다. 그 여성은 큰 충격을 받았다. 그러나 부모는 이 메시지와 함께 여러 긍정적인 말도 듣게 된다. 당신 아들의 행동은 당신의 탓이 아닙니다. 사실 당신은 연민을 받아 마땅합니다. 정말 힘겨운 일을 감당하고 있으니까요. 무엇보다, 이제는 해결책이 있다. 그의 아들은 각성제인 리탈린을 처방받았다. 이 약을 먹기 시작하자 아들은 더 이상 안절부절못하거나 흥분하지 않았다. 그러나 아들은 약을 먹으면 기분이 이상해져서 싫다고 했다(내가 아는 한 아이는 내게 약을 먹으면 뇌의 전원이 꺼지는 것 같다고 말했다). 그래서 그 여성은 마음 깊은 곳에서 갈등을 느꼈다. 하지만 결국은 아들이 18살이 될 때까지 각성제를 계속 먹이기로 했는데, 이렇게 하면 적어도 학교에서 쫓겨나지는 않을 것 같았기 때문이다. 이 이야기에 극적인 면은 없다. 아들에게 심장마비가 오지도, 아들이 마약을 시작하지도 않았다. 전반적으로 볼 때 그 여성은 자신이 옳은 일을 하고 있다고 생각했다.

나는 그 여성에게 큰 연민을 느낀다. 그러나 그 여성처럼 이것이 주로 각성제를 통해 해결해야 할 유전적 문제라고 믿는 사람이 점점 많아지고 있다는 사실이 우려스럽기도 한데, 여기에는 여러 이유가 있다. 나는 그 이유를 설명할 가장 좋은 방법이, 잠시 한 발짝 물러서서 ADHD 개념이 아이들과 성인을 넘어 생명체의 새로운 한 범주로 자리 잡았을 때 무슨 일이 있었는지 확인하는 것이라고 생각한다.

정신과 약물을 진단받은 동물들

1990년대의 어느 날, 에마라는 이름의 아홉 살 난 비글 한 마리가 동물병원을 찾아왔다. 잔뜩 스트레스를 받은 에마의 주인은 에마에게 문제가 있다고 설명했다. 에마는 늘 불안해했다. 끊임없이 먹었고, 때로는 갑자기 흥분해 벽을 들이박고 쉴 새 없이 짖어댔다. 집에 홀로 남으면 더욱더 흥분했다. 에마의 주인은 계속 같은 단어로 에마의 상태를 묘사했는데, 그 단어는 바로 과잉 행동이었다. 주인은 수의사에게 자신이 무엇을 어떻게 해야 할지 알려달라고 간청했다.

에마의 주인이 찾은 수의사는 니컬러스 도드먼Nicholas Dodman이라는 이름의 남자로, 영국인 이민자였던 그는 30년 넘게 커리어를 쌓은 미국에서 가장 훌륭한 수의학 전문가 중 한 명이자 터프츠 대학의 교수였다. 처음에 니컬러스는 에마와 주인에게 훈련 처방을 내렸다. 훈련을 통해 둘의 상호작용에 도움이 되는 새로운 기술을 배울 수 있기 때문이다. 훈련은 도움이 되었다. 그러나 완전한 해결책은 아니었다. 주인은 에마의 문제가 약 30퍼센트 정도 호전되었다고 말했다. 이 말을 들은 니컬러스는 에마에게 ADHD가 있다는 판단을 내렸다. 그가 동물 행동의 해석에서 이처럼 획기적인 발전을 이뤄내기 전까지 ADHD는 오로지 인간에게만 적용되는 개념이었다. 니컬러스는 에마에게 각성제인 리탈린을 처방하며 주인에게 하루 두 번 리탈린을 부숴서 사료에 섞어 주라고 말했다. 오래지 않아 다시 병원을 찾아온 주인은 신이 나 있었다. 주인은 문제가 해결되었다고 말했다. 에마는 더 이상 온 집안을 뛰어다니거나 끊임없이 사료를 먹으려 하지 않았다. 집에 혼자 남으면 여전히 심하게 울부짖긴 했지만, 그 점을 빼면 이제 에마는 주인이 바라던 모습의 개였다.

매사추세츠에 있는 니컬러스의 집에서 그를 만났을 무렵, 이것은 그의 병원에서 일상이 되어 있었다. 니컬러스는 자신이 ADHD라고 진단한 동물들에게 리탈린을 비롯한 각성제를 자주 처방한다. 그는 선구자이며, 정신의학적 문제를 가진 동물에게 약을 먹이는 '피리 부는 사나이'라고 불린다.[2]

그가 어쩌다 이런 위치에 오게 되었는지 궁금했다. 그는 많은 과학적 진보가 그렇듯이 이 모든 것도 퍽 우연히 시작되었다고 설명했다. 1980년대 중반에 그는 포커라는 이름의 말을 치료하러 갔다. 포커는 강박적으로 '끙끙이cribbing'를 했는데, 끙끙이는 온종일 마구간에 갇혀 있을 때 말의 약 8퍼센트가 보이는 심각한 강박 행동이다. 이 난감한 반복 행동을 할 때 말은 이빨로 무언가 단단한 것(예를 들면 눈앞의 울타리)을 문 다음 목을 구부려서 공기를 들이마시고 심하게 끙끙거리는 소리를 낸다. 이러한 행동을 강박적으로 하고 또 한다. 당시 끙끙이의 이른바 치료는 충격적일 만큼 잔인했다. 때때로 수의사는 드릴로 말의 얼굴에 구멍을 내서 말이 공기를 빨아들이지 못하게 하거나 말의 입술에 황동 고리를 달아서 말이 울타리를 물지 못하게 했다. 니컬러스는 이러한 관습이 끔찍했고, 대안을 찾던 중 갑자기 아이디어 하나가 떠올랐다. 말에게 약을 먹인다면? 그는 포커에게 아편 차단제인 날록손naloxone을 투여하기로 했다. 그는 내게 "몇 분 지나지 않아 말이 끙끙이를 멈췄"다고 말했다. "주인은 '하느님 맙소사, 하느님 맙소사'를 연발했어요." 약 20분 뒤 포커는 다시 끙끙이를 시작했다. 그러나 "이후로 우리는 여러 다른 말에게 여러 번 투약을 반복했고, 정확히 똑같은 결과를 얻었습니다." 그는 이렇게 말했다. "뇌의 화학물질을 바꿈으로써 행동을 그토록 극적으로 바꿀 수 있다는 사실에 매료되었어요… 그게 제 커리어를 바꿔놓았죠."

그때부터 니컬러스는 인간에게만 적용하던 방식을 이용해 수많은 동물의 문제를 해결할 수 있다고 믿게 되었다. 예를 들어 그는 캘거리 동물원과 끊임없이 서성이는 북극곰 문제를 상의한 뒤 곰에게 다량의 프로작을 투여할 것을 권했다. 북극곰은 서성이기를 멈추고 얌전히 우리 안에 앉아 있기 시작했다. 어느 정도는 니컬러스가 관점을 전환한 덕분에, 오늘날에는 앵무새가 자낙스와 바륨을 먹고, 닭에서 바다코끼리에 이르는 수많은 생물종이 항정신병 약물을 처방받으며, 고양이가 프로작을 복용한다. 미국의 한 유명 동물원 직원은 기자에게 정신과 약물이 "단연 훌륭한 관리 수단이며, 그 약물이 우리가 동물을 보살피는 방법"이라고 말했다. "동물을 약간 무디게 하면 우리도 조금 더 편안해집니다."[3] 현재 미국에 있는 동물원 전체의 거의 절반이 동물에게 정신과 약물을 투여한다고 시인했으며, 니컬러스의 병원을 찾는 주인의 50에서 60퍼센트가 자기 동물에게 먹일 정신과 약물을 얻으려 한다. 가끔은 정신병원을 배경으로 한 영화 〈뻐꾸기 둥지 위로 날아간 새〉의 실제 뻐꾸기 버전처럼 보이기도 한다.

니컬러스를 만나기 전에는 그가 이러한 결과를 특정 방식으로 정당화할 것이라 생각했다. 수많은 의사가 주의력 문제를 겪는 자녀들의 부모에게 하는 말, 즉 집중력 장애는 생물학적 원인에서 비롯되므로 약물을 이용한 해결책이 필요하다는 말을 하리라 기대한 것이다. 그러나 니컬러스는 그렇게 말하지 않았다. 실제로 그는 자신의 이 여정이 시작된 지점, 바로 끙끙이를 하던 말에서부터 설명을 시작했다. 그는 이렇게 말했다. "야생에서 이런 행동을 하는 말은 지금껏 본 사람이 없습니다. 이건 말들을 부자연스러운 상황에 가두는 '가축화'의 문제예요. 말들이 마구간에 갇히지 않았더라면 초기에 그런 심리적 압박을 느끼지 않았을 것이고, 끙끙이를 하게 되지도 않았을 겁니다."

니컬러스가 이 말들에게 일어난 일을 설명하면서 사용한 표현 하나가 나를 놀라게 했다. 그는 말들이 "생물학적 목적의 좌절"로 고통받고 있다고 말했다. 말은 돌아다니고 달리고 풀을 뜯고 싶어 한다. 이런 타고난 본성을 표현할 수 없을 때, 말들의 행동과 집중력은 망가지고 그것이 겉으로 드러나기 시작한다. 니컬러스는 "생물학적 목적을 좌절시키려는 압력이 너무 심해서 판도라의 상자가 열리는 것"이라고 말했다. 판도라의 상자가 열리면 "이 파괴적인 심리 압박이나 아무것도 할 수 없는 무력감을 완화해줄" 행동을 뭐든 찾게 된다. "야생말은 자기 시간의 60퍼센트를 풀을 뜯는 데 씁니다. 그러니 말에게 해방감을 주는 행동 중 하나가 일종의 가짜 풀 뜯기인 끙끙이라는 사실도 놀라운 일은 아니죠."

니컬러스는 '주코시스zoochosis(동물원zoo과 정신질환psychosis의 합성어로, 동물원에 갇힌 동물의 이상 증세를 가리킨다 – 옮긴이)'라 불리는 증세를 보이는 동물에게 약물을 처방하는 자신의 접근법이 몹시 제한적인 해결책임을 스스럼없이 인정했다. 예를 들어 나는 그에게 북극곰에게 약을 먹여서 문제가 해결되었는지 물었다. "아니요." 니컬러스가 대답했다. "그건 반창고를 붙이는 것과 같습니다. 문제는 북극곰을 북극에서 끌어내 동물원에 가둔 것이에요… 자연에서 북극곰은 북극 툰드라를 몇 마일씩 걸어 다닙니다. 물개들이 있는 곳을 찾아서 수영을 하고 물개를 먹죠. 전시장[북극곰이 갇혀 있는 동물원 우리]은 실제 삶과 전혀 같지 않아요. 그러니 곰들은 감옥에 갇힌 수감자처럼 진짜 삶을 부정당한 내면의 고통을 달래려 서성이는 겁니다… 곰들에게는 본능이 있어요. 그 본능은 생생히 살아 있는데, 쓸 수가 없습니다."

니컬러스는 장기적인 해결책은 동물원을 폐쇄하고 모든 동물을 저마다의 본성에 어울리는 환경에 살게 두는 것이라고 말했다. 그리고 아무것에도 집중하지 못하고 늘 강박적으로 자기 꼬리만 쫓던 한 개의 이야기를 해주었다. 그 개는 맨해튼의 비좁은 아파트에 살았다. 그러던 어느 날 개의 주인이 이혼을 했고, 개는 북부의 농장으로 보내졌다. 그러자 꼬리 쫓기와 집중력 문제가 말끔히 사라졌다. 그는 모든 개가 매일 적어도 한 시간은 목줄 없이 뛰어다녀야 하지만 미국에서는 그럴 수 있는 반려견이 "그리 많지 않"다고 말했다. 개들은 좌절감을 느끼고, 그 좌절감이 문제를 일으킨다.

니컬러스 혼자서는 그런 세상을 불러올 수 없다. 그는 이러한 장기적인 해결책이 부재한 상황에서 자신이 무엇을 해야 한다고 생각하는지 내게 물었다. 우리는 오랫동안 이 문제를 논의했다. 나는 그가 왜 그런 생각을 하게 되었는지는 이해는 가지만 본능적으로 불편함이 느껴진다고 말했다. 동물들이 문제 행동을 보이는 것은 고통을 표현하는 방식이었다. 말 포커는 갇혀 있는 것이 싫었고, 비글 에마는 혼자 남겨지는 것이 싫었다. 말은 본래 뛰어다녀야 하고, 개는 본래 무리가 필요하기 때문이다. 나는 이 동물들이 보내는 신호를 그가 약물로 덮어버림으로써 주인들에게 일종의 환상을 불어넣고 있지는 않은지 우려되었다. 한 생명체를 데려다가 그 본성을 무시하고, 동물의 필요가 아닌 주인인 자신의 필요에 맞는 삶을 살게 할 수 있다는, 그러면서도 아무런 대가도 치르지 않을 수 있다는 환상 말이다. 우리는 동물의 고통을 억누르는 것이 아니라 그 고통에 귀를 기울여야 한다.

니컬러스는 내 말을 잠자코 듣다가 내게 돼지 이야기를 했다. 돼지들은 잔혹한 공장식 축산 농장에서 살다 죽는다. 새끼일 때 어미에게서 떨어져 뒤를 돌아볼 수도 없는 좁은 우리에서 평생을 산다. 니컬러스가 물었다. "제가 음수 라인에 프로작을 투여하면 이 돼지들의 상황을 훨씬 낫게 만들어줄 수 있습니다. 이 견딜 수 없는 상황을 좀 덜 고통스럽게 해줄 수 있어요. 그래도 여기에 반대하실 겁니까?" 나는 그런 상황이 있어서는 안 된다고 말했다. 그가 제시한 가정은 너무 많은 것을 수긍한다. 역기능적 환경을 당연시하고, 우리가 할 수 있는 것은 그저 그 환경에 적응하고 고통을 완화하는 것뿐이라고 단정한다. 우리에겐 그보다 나은 선택지가 필요하다. 그는 이렇게 대답했다. "제 말은, 현실은 선택이 아니라는 겁니다. 현실은 우리에게 주어진 거예요. 안 그래요? 그러니 지금 가진 것 안에서 노력해야 해요."

삶의 어떤 요소가 ADHD로 이어질까

나 자신에게 묻기 시작했다. 집중에 어려움을 겪는 아이들이 비글인 에마처럼 사실 환경에서 비롯된 문제 때문에 약을 처방받고 있을까? 그리고 과학자들이 이 질문에 의견을 매우 달리한다는 사실을 알게 되었다. 우리는 집중력 문제를 진단받는 아이들의 급증이 아이들의 삶의 방식에서 나타난 여러 다른 변화와 동시에 발생했음을 알고 있다. 오늘날 아이들은 전만큼 뛰어놀지 못한다. 아이들은 거리와 동네에서 노는 대신 집이나 교실 안에서 대부분의 시간을 보낸다. 또한 아이들은 전과 매우 다른 식단을 먹는다. 뇌 발달에 필요한 영양소는 부족하고, 집중력에 부정적인 영향을 미치는 설탕과 식용색소가 가득한 식단이다. 학교 교육도 바뀌어서, 스트레스가 극심한 시험을 준비시키는 데만 주력할 뿐 창의력을 기를 여지는 없다. 이 커다란 변화들과 동시에 ADHD 진단이 증가한 것은 우연일까? 아니면 관련성이 있을까? 식단의 극적인 변화와 오염 물질의 증가가 아이들의 집중력 문제를 유발한다는 증거는 앞에서 이미 다루었다. 그 밖의 다른 변화가 아이들의 집중력에 영향을 미치고 있을 수 있다는 증거는 다음 장에서 다룰 것이다.

그러나 먼저 아이들의 ADHD에 대응하는 새로운 방식을 개척한 인물부터 다루고자 한다. 나는 지난 3년간 사미 티미미Sami Timimi를 여러 차례 인터뷰했다. 그는 영국의 선구적인 아동 정신의학자이자, 오늘날 우리가 ADHD를 논하는 방식을 가장 크게 비판하는 저명한 비평가 중 한 명이다. 나는 그를 만나러 링컨으로 향했다. 링컨은 약 천 년 전 대성당 주변에 건설된 뒤 내내 땅 위로 한숨을 토해온 듯한 도시다. 최저임금을 지급하는 체인점들이 도시의 구시가지를 장악했고, 그곳으로 자리를 옮긴 사미는 낮은 임금과 절망에 고통받는 사람들이 진료실에 가득하다는 사실을 알게 되었다. 그는 링컨에 사는 사람들에게 실질적인 도움이 무척 필요하다는 것을 알 수 있었으나, 사람들이 자신에게 원하는 것이 단 하나뿐이라는 사실에 매우 놀랐다. 그의 말처럼 사람들은 "정신과 의사는 무엇보다 약을 처방해주는 사람"이라고 생각했고, 그는 약 자판기 취급을 받았다. 그는 전임자에게 ADHD로 각성제를 처방받는 27명의 아이들을 넘겨받았고, 지역의 학교들은 더 많은 아이들에게 약을 처방받으라는 압력을 가하고 있었다. 아마 사미도 그냥 이 접근법을 유지하는 편이 더 수월했을 것이다.

그러나 사미는 수심에 잠겼다. 의사로서 진지하게 이 아이들에게 책임을 다하려면 시간을 들여 아이들의 삶과 환경을 들여다봐야 한다고 생각했다. 사미의 전임자에게 ADHD 진단을 받고 각성제를 처방받은 아이 중 한 명은 그가 환자의 기밀 유지를 위해 마이클이라 칭한 11살 소년이었다. 어머니의 손에 이끌려 사미의 진료실을 찾은 마이클은 사미와 대화를 나누는 것조차 거부했다. 아이는 화가 나서 토라진 채로 그저 자리에 앉아 있었고, 그러는 동안 아이의 어머니가 무엇을 어떻게 해야 할지 모르겠다며 사미에게 상황을 설명했다. 어머니는 마이클이 학교에서 계속 화를 내고 집중을 안 하며 갈수록 공격적이 된다고 말했다. 그러는 내내 마이클은 골이 나서 계속 나가자고 조르며 어머니의 말을 방해했다.

사미는 한 번의 상담만으로 결정을 내리려 하지 않았다. 더 많은 것을 알아야 한다고 생각했다. 그래서 그는 그로부터 몇 달간 계속 마이클과 그의 어머니를 상담했다. 사미는 이 문제들이 언제 시작됐는지 알아내려 했다. 계속 파고 들어가자 2년 전에 마이클의 아버지가 다른 도시로 이사했으며 그 뒤로는 아들과 거의 교류가 없다는 사실이 드러났다. 마이클이 학교에서 말을 안 듣기 시작한 시점이 바로 아버지가 떠난 무렵이었다. 사미는 마이클이 거부당했다고 느끼는지 궁금했다. 그는 내게 이렇게 말했다. "어린 아이는 아직 지적으로 발달하지 않아서 한 걸음 물러서서 이성적이고 객관적인 관점으로 상황을 바라보지 못합니다… 아버지가 다시 찾아오겠다고 말하고 나타나지 않으면 아이는 자신에게 문제가 있어서 그런 거라고 생각합니다. 아버지가 자신을 보고 싶어

하지 않기 때문에, 자신이 좋은 자식이 아니기 때문에, 자신이 문제를 일으키기 때문에 그런 거라고 생각합니다."

그래서 어느 날 사미는 마이클의 아버지에게 전화를 걸기로 했다. 마이클의 아버지는 진료실을 찾아와 사미를 만나기로 했고, 함께 이 상황을 논의했다. 아버지는 자기 잘못을 깨달았고, 체계적이고 일관성 있는 방식으로 아들의 삶에 되돌아오기로 결정했다. 사미는 마이클을 불러 너에게는 아무 문제가 없다고 말해주었다. 아버지가 멀어진 것은 마이클의 탓이 아니었다. 마이클에게는 장애가 없었다. 그저 실망한 것이고, 그건 그의 잘못이 아니었다. 이제 상황은 변할 것이었다. 마이클이 다시 아버지와 관계를 맺는 동안 사미는 수개월에 걸쳐 각성제 처방을 줄였다. 그는 이 과정을 서서히 진행했는데, 심각한 금단현상이 발생할 수 있기 때문이었다. 시간이 흐르면서 마이클에게 여러 변화가 일어났다. 이제 마이클에게는 남성 역할 모델이 있었다. 마이클은 자신이 아버지를 멀어지게 한 나쁜 사람이 아니라는 사실을 알았다. 더 이상 학교에서 말썽을 피우지 않았고 다시 공부를 시작했다. 사미는 자신이 근본적인 문제를 파악하고 해결했다고 느꼈다. 그 결과 집중력 문제도 서서히 사라졌다.

사미를 찾아온 또 다른 아이는 그가 에이든이라고 부른 아홉 살 난 소년이었다. 에이든은 집에서는 예의 바르게 행동했지만 학교에서는 나쁜 행동을 하는 듯 보였다. 에이든의 선생님은 그가 과잉 행동을 보이며 다른 아이들의 집중을 계속 방해한다고 말했고, 에이든에게 각성제를 처방해달라고 했다. 사미는 직접 학교를 찾아가기로 했고, 그곳에서 본 광경에 큰 충격을 받았다. 에이든의 선생님은 온종일 아이들에게 조용히 있으라고 고함을 쳤고, 에이든을 비롯해 자신이 싫어하는 몇몇 아이들에게 불합리한 벌을 주었다. 교실은 난장판이었고, 에이든이 그 원인으로 지목되고 있었다. 처음에 사미는 에이든에 대한 선생님의 생각을 바꿔보려 했다. 그러나 선생님은 사미의 말에 귀 기울이지 않았고, 결국 사미는 에이든의 부모님을 도와 에이든을 덜 어지러운 학교로 전학시켰다. 새 학교에 적응한 에이든은 잘 자라기 시작했고, 집중력 문제 또한 사라졌다.

지금도 사미는 이따금 아이들에게 각성제를 처방하지만 드물게 단기적으로만, 다른 모든 선택지를 시도한 후에만 그렇게 한다. 사미는 집중력 문제로 자기 진료실을 찾는 아이들 대다수의 경우, 그들의 말을 주의 깊게 듣고 환경을 바꿀 실질적 도움을 주면 거의 대부분 문제가 줄거나 사라진다고 말했다.

사미는 보통 사람들이 어떤 아이가 ADHD 진단을 받았다는 말을 들으면 폐렴 진단을 받은 것과 비슷할 거라 상상한다고 했다. 이 경우 의사는 숨어 있던 병원균이나 질병을 확인하고, 그 신체적 문제를 해결할 무언가를 처방한다. 그러나 ADHD는 의사가 실시할 수 있는 신체검사가 없다. 의사가 할 수 있는 일은 아이 본인 및 그 아이를 아는 사람들과 대화를 나누고, 아이의 행동이 정신과 의사가 작성한 점검표와 일치하는지 확인하는 것뿐이다. 그게 다다. 사미는 이렇게 말한다. "ADHD는 진단이 아닙니다. 이따금 동시에 발생하는 특정 행동들의 묘사일 뿐이에요. 그게 전부입니다." 아이가 ADHD를 진단받을 때 할 수 있는 말은 아이가 잘 집중하지 못한다는 것뿐이다. "그 말은 '왜'라는 질문에 아무 대답도 해주지 않습니다." 그건 마치 아이가 기침을 한다는 말을 듣고 실제로 아이의 기침 소리를 들은 뒤, '그렇군요, 아이는 기침을 합니다'라고 말하는 것과 같다. 의사가 아이에게서 집중력 문제를 확인한다면, 그것은 진료 과정의 끝이 아니라 첫 단계여야 한다.

나는 사미의 경험에 큰 감명을 받았다. 그러나 이런 질문이 생기기도 했다. 이 같은 감동적인 일화 외에, 아이의 말을 듣고 근본적인 문제를 해결하려 노력하는 이 접근법이 실제로 효과가 있는지를 어떻게 확인할 수 있지? 그리고 이 질문에 깊이 파고들었다. 아이들에게 각성제를 처방했을 때 무슨 일이 벌어지는지를 조사한 연구는 무척 많았다(이 연구의 결과는 곧 설명할 것이다). 경계를 설정하고 일관된 피드백을 주는 방법 등에 대한 자녀 양육 수업을 부모에게 제공할 때 무슨 일이 벌어지는지를 조사한 연구도 어느 정도 있다(증거는 엇갈리지만, 대개는 문제가 다소 완화된다). 그러나 내가 알고 싶은 것은, 사미처럼 문제에 개입할 때 무슨 일이 벌어지는지를 조사한 연구가 있는가였다.

내가 파악한 바로는, 주목할 만한 장기 연구를 통해 이 질문과 유사한 문제를 연구한 과학자 집단이 전 세계에 딱 하나 있었다. 그래서 그들을 만나고자 그들이 연구를 실시한 미니애폴리스로 향했다. 1973년에 그곳에서 아동 심리학 교수가 된 앨런 스루프Alan Sroufe가 대규모 집단 연구 프로젝트를 시작했다. 이 프로젝트의 목표는 삶의 어떤 요소가 그 사람을 형성하는가라는 매우 커다란 질문에 답하는 것이었다. 우리는 미니애폴리스 교외의 화원에 있는 카페에서 만났다. 앨런은 온화하고 목소리가 상냥한 과학자로, 나와 대화를 마친 뒤 학교에 손주를 데리러 갔다. 40년이 넘는 시간 동안 앨런과 그의 팀은 가난한 가정에서 태어난 200명을 계속 연구해왔다.[4] 이들이 태어난 순간부터 중년이 될 때까지 끊임없이 이들의 삶을 추적하고 분석한 것이다. 과학자들은 신체와 가정생활, 성격, 부모 등 이들 삶 속의 매우 광범위한 요소들을 측정했다. 이들이 답을 알아내고자 한 여러 질문 중 하나는 이것이었다.[5] 삶의 어떤 요소가 집중력 문제의 발생으로 이어질 수 있는가?

처음에 앨런은 본인들이 찾고자 한 질문의 답을 확신했다. 당시의 대다수 과학자처럼 그 또한 ADHD가 오로지 뇌의 타고난 생물학적 문제에서 비롯된다고 믿었고, 그러므로 측정해야 할 가장 중요한 요인 중 하나는 출생 당시의 신경계 상태라고 굳게 믿었다. 그 밖에 생후 몇 달간 드러난 아기의 기질도 측정했고, 그 이후로는 부모가 받는 스트레스의 정도, 가족이 받는 사회적 지지의 정도 등 온갖 다양한 요소를 측정했다. 그러나 앨런의 눈은 오로지 신경계 측정에만 꽂혀 있었다.

아이들이 세 살 반이 되었을 무렵 과학자들은 누가 ADHD를 갖게 될지 예측하기 시작했다. 이들은 어떤 요소가 ADHD 발생 확률을 높이는지 알고 싶었다. 아이들이 자라나면서 실제로 일부가 집중력 문제를 진단받았고, 앨런은 자신이 발견한 결과에 깜짝 놀랐다. 알고 보니 출생 당시의 신경계 상태는 어떤 아이가 심각한 집중력 문제를 겪을지 예측하는 데 아무 도움도 되지 않았다. 그렇다면 예측에 도움을 준 요소는 무엇이었을까? 앨런의 말에 따르면 연구팀은 "주변 환경이 가장 중요한 요소"임을 발견했고, 결정적인 요인은 "환경이 얼마나 혼란한가"였다. 스트레스가 심한 환경에서 성장한 아이들은 집중력 문제를 겪고 ADHD를 진단받을 확률이 훨씬 더 높았다. 대체로 가장 중요한 요소는 "부모들이 받는 큰 스트레스"인 것으로 드러났다. 앨런이 말했다. "문제가 퍼져 나가는 것을 확인할 수 있습니다."

스트레스가 심한 환경에서 성장한 아이가 집중력 문제를 겪을 확률이 더 높은 이유가 무엇일까? 물론 네이딘 버크 해리스를 통해 알게 된 모든 내용을 떠올렸다. 앨런은 여기에 네이딘의 연구결과와 양립하는 또 다른 층위의 설명을 덧붙이기 시작했다. 그는 어릴 때는 속이 상하거나 화가 나면 자신을 달래주고 진정시켜줄 어른이 필요하다고 설명했다. 이렇게 위로받는 경험을 충분히 하고 나면, 시간이 흘러 성장할수록 혼자서 자신을 달래는 방법을 배우게 된다. 가족이 주었던 안심과 이완을 내면화하는 것이다. 그러나 스트레스가 쌓인 부모는 자기 잘못이 아닌 다른 이유로 자녀 달래기를 힘들어하는데, 본인이 너무 흥분한 상태이기 때문이다. 그 말은 그들의 자녀도 중심을 잡고 스스로를 진정시키는 방법을 배우지 못한다는 뜻이다. 그 결과 그들의 자녀는 화를 내거나 괴로워하는 방식으로 힘든 상황에 대처할 확률이 높아지고, 분노와 괴로움은 집중력을 망가뜨린다. 극단적인 사례로, 앨런은 내게 아파트에서 쫓겨나는 와중에 그날 밤 아이에게 필요한 위로를 충분히 해줄 수 있겠느냐고 물었다. 그는 가난만 이러한 상황을 유발하는 것은 아니라고 덧붙였다. 중산층 부모들도 스트레스에 시달린다. 앨런은 말했다. "현재 많은 부모가 자신의 상황에 압도되어 있어서 자기 아이들에게 안정적이고 차분하고 지지적인 환경을 제공하지 못합니다." 이러한 결과에 보일 수 있는 최악의 반응은 "그러한 부모들에게 손가락질을 하는 것"이다. 그러한 행동은 더 많은 스트레스를 유발하고 아이들에게 더 많은 문제를 일으키며 진실을 놓칠 뿐이다. "부모들은 최선을 다하고 있습니다. 그들이 자기 자녀를 사랑한다는 것을 장담할 수 있어요." 자녀 양육은 특정 환경에서 발생하며, 부모에게 극심한 스트레스를 일으키는 환경은 반드시 그들의 자녀에게도 영향을 미친다.

수십 년간 증거를 모은 끝에 앨런은 "처음에 내가 믿었던 그 무엇도 사실로 밝혀지지 않았"으며, 나중에 ADHD를 진단받은 아이들의 "절대다수는 ADHD를 타고나지 않는다. 이들에게 ADHD가 나타나는 것은 자신이 처한 환경에 대한 반응이다"라는 결론을 내렸다.[6]

앨런은 부모들이 이 문제를 극복했는지 파악할 수 있는 결정적 질문이 하나 있다고 말했다. 사미의 일에 대해 많은 것을 말해주는 듯 보였던 이 질문은 바로 이것이다. '주변에 당신을 지지하는 사람이 있습니까?' 앨런의 팀이 연구한 가족들은 때때로 주위 사람들에게 도움을 받았다. 도움을 준 사람은 대개 전문가가 아니었다. 이들은 그저 힘이 되는 파트너나 친구들을 찾았을 뿐이었다. 연구팀은 이런 식으로 사회적 지지가 늘어나면 "그들의 자녀가 문제를 보일 가능성이 더 낮다"는 사실을 발견했다. 왜일까? 앨런은 이렇게 썼다. "스트레스를 적게 받는 부모는 자기 아기에게 관심을 많이 쏟을 수 있으며, 그러면 아기는 더 큰 안정감을 느낀다." 이러한 효과가 너무 커서, "긍정적인 변화의 가장 강력한 예측 변수는 그 시기에 부모가 받는 사회적 지지가 증가했는가였다."[7] 생각해보니 사회적 지지는 집중력 문제를 겪는 아이들의 가정에 사미가 주로 제공한 것이었다.

아이들의 뇌는 약물에 가장 취약합니다

그러나 여기에는 문제가 하나 있다. 아이에게 애더럴이나 리탈린 같은 각성제를 먹였을 때 단기적으로는 집중력이 향상된다는 데에는 의심의 여지가 없다.[8] 나와 인터뷰한 모든 전문가가 논쟁의 어느 편에 서 있든 상관없이 이 사실에 동의했으며, 나 또한 그러한 변화를 직접 목격했다. 내가 알았던 한 어린 소년은 끊임없이 뛰어다니고 소리치고 난리를 피웠다. 그러나 리탈린을 복용한 뒤 자리에 가만히 앉아 안정된 시선으로 주위 사람을 바라볼 수 있게 되었다. 이러한 효과가 실재하며 각성제 덕분이라는 증거는 명백하다. 일에 치열하게 몰두해야 할 때 각성제를 사용하는 성인 친구들도 많으며, 각성제는 이들에게도 똑같은 효과를 낸다. 2019년에 로스앤젤레스에서 친구인 로리 페니Laurie Penny를 만났다. 그곳에서 방송 작가로 일하는 그는 중요한 집필 작업을 할 때 각성제를 처방받아 먹는데, 그게 집중에 도움이 되기 때문이라고 말했다. 성인이 그런 선택을 내리는 것은 합리적인 결정처럼 보인다.

그러나 전 세계 의사 대다수가 어린이에게 각성제를 처방하는 것을 매우 조심스러워하는 이유가 있으며, (이스라엘이라는 유일한 예외를 빼면) 미국만큼 어린이에게 거리낌 없이 각성제를 처방하는 국가는 없다.

이와 관련된 나의 걱정이 구체화된 것은 시드니 세인트 빈센트 병원의 알코올 및 마약 부서 임상 책임자인 네이딘 에자드Nadine Ezard라는 여성을 만났을 때였다. 그는 중독 문제를 겪는 사람들을 치료하는 의사이며, 우리가 만난 2015년에 오스트레일리아에서는 메스암페타민(필로폰) 중독이 심각하게 치솟고 있었다. 한동안 의사들은 어떻게 대응해야 할지 알지 못했다. 헤로인의 경우 합법적으로 중독자에게 처방할 수 있는 적절한 대체재인 메타돈이 있다. 그러나 메스암페타민은 그러한 대체재가 없는 듯 보였다. 그래서 네이딘은 다른 의사들과 함께 정부의 허가를 받은 중요한 실험에 참여하게 되었다.[9] 이들은 미국에서 ADHD가 있는 어린이에게 1년에 수백만 번 이상 처방하는 각성제, 즉 덱스트로암페타민을 메스암페타민 중독자에게 처방하기 시작했다.

내가 네이딘과 인터뷰를 나눴을 무렵 연구팀은 이미 50명에게 실험을 마친 후였고, 더 규모가 큰 실험의 결과가 이 책의 출간 이후 발표될 예정이다. 네이딘은 메스암페타민에 중독된 사람들이 덱스트로암페타민을 처방받고 갈망을 덜 느끼는 듯 보였다고 말했다. 각성제가 어느 정도 비슷한 욕구를 채워주었기 때문이었다. "사람들은 덱스트로암페타민을 복용하고 오래간만에 뇌가 더 이상 메스암페타민에만 집중하지 않게 되었다고 말했어요. 갑자기 자유가 느껴진다고요." 네이딘은 한 환자를 떠올리며 말했다. "끊임없이 메스암페타민 생각만 하는 환자였어요. 슈퍼마켓 같은 곳에 가도 계속 이런 생각을 했다고 해요. '약 살 돈이 남아 있을까?' 그런데 [덱스트로암페타민 복용으로] 거기서 풀려난 거예요." 네이딘은 이것을 흡연자에게 니코틴 패치를 붙여주는 것에 빗댔다.

네이딘은 메스암페타민과 미국에서 일상적으로 어린이에게 처방하는 다른 암페타민 간의 유사성을 발견한 유일한 과학자가 아니다. 이후 나는 컬럼비아 대학의 심리학 교수로 메스암페타민 중독자에게 애더럴을 주는 실험을 한 칼 하트Carl Hart를 찾아갔다.[10] 오랜 시간 메스암페타민에 중독된 사람들은 앞서와 비슷한 방식으로 실험실에서 애더럴을 제공받은 뒤 애더럴과 메스암페타민에 거의 똑같이 반응했다.

네이딘의 프로그램은 메스암페타민 중독자를 치료하는 신중하고 자비로운 방식이다. 그러나 우리가 어린아이에게 처방하는 약물이 메스암페타민의 적절한 대용물이라는 사실을 알게 되자 마음이 불편해졌다. 사미는 이렇게 말했다. "한편에서는 불법으로 복용하면 매우 위험할 수 있다고 말하는 물질을 우리가 합법적으로 처방하고 있음을 깨달으면 조금 황당합니다… 두 물질은 화학적으로 유사해요. 유사한 방식으로 작용하고요. 매우 비슷한 신경전달물질에 작용해요." 그러나 네이딘이 강조했듯 몇 가지 중요한 차이점이 있다. 메스암페타민 중독에서 회복 중인 사람들은 ADHD가 있는 아이들보다 복용량이 더 많다. 이들은 각성제를 알약으로 섭취하는데, 알약은 마약을 피우거나 주사하는 것보다 뇌에 더 느린 속도로 흘러든다. 길거리 마약(사용이 금지되어 범법자들만 판매한다)에는 약국에서 구매하는 알약에는 없는 온갖 종류의 오염물이 들어 있다. 그럼에도 나는 이 약물을 대량으로 아이들에게 처방하는 현상을 더 자세히 조사해야겠다고 마음먹었다.

오랫동안 수많은 부모가 자녀에게 ADHD가 있는지를 각성제로 간단히 확인할 수 있다는 말을 들었다. 많은 의사가 평범한 아이는 약을 먹었을 때 조증 증세를 보이며 들뜨는 반면 ADHD가 있는 아이는 차분해지고 집중하게 된다고 말했다. 그러나 과학자들이 실제로 이 약을 집중력 문제가 있는 아이와 없는 아이 모두에게 주었더니 그들의 말이 틀린 것으로 드러났다. 리탈린을 복용한 모든 아동(실제로 모든 사람)이 한동안은 집중을 더 잘한다.[11] 이 약이 효과가 있다는 사실은 내내 숨겨진 생물학적 문제가 있었다는 것의 증거가 되지 못한다. 그저 자신이 각성제를 복용했다는 증거가 될 뿐이다. 이러한 이유로 제2차 세계대전 당시 군대에서 레이더 운용병들에게 각성제를 준 것이다. 각성제를 먹으면 거의 변함없는 화면을 계속 지켜봐야 하는 지루한 일에 더 수월하게 집중할 수 있었다. 코로 각성제를 흡입한 사람이 지루하게 장광설을 늘어놓는 것도 같은 이유다. 자기 생각에 완전히 집중해서 앞에 있는 사람의 지루한 표정을 보지 못하는 것이다.

이러한 약물을 아이들에게 처방하는 데 여러 위험이 따른다는 과학적 증거가 있다. 각성제와 관련된 첫 번째 위험은 신체적인 것으로, 각성제 복용이 어린이의 성장을 방해한다는 증거가 있다.[12] 아이들이 3년간 각성제를 표준 용량으로 복용하면 약을 먹지 않았을 때보다 키가 3센티미터 덜 자란다.[13] 또한 여러 과학자가 각성제를 복용하면 아이 심장에 문제가 발생해 그로 인해 사망할 위험이 커진다고 경고한다.[14] 물론 심장 문제는 아동에게서 드물게 발생한다. 그러나 수백만 명의 어린이가 이 약물을 복용할 경우 작은 위험의 증가도 실제 사망의 증가로 이어질 수 있다.

그러나 내가 매디슨 위스콘신 대학에서 만난 심리학 조교수 제임스 리James Li가 그 무엇보다 우려스러워 보이는 점을 말해주었다. 그는 이렇게 설명했다. "우리는 장기적인 영향을 전혀 모릅니다. 그게 진실이에요." 대다수가 이러한 약물들이 검사를 통해 안전성을 확인받았다고 추측하지만(나는 확실히 그랬다) 제임스는 "뇌 발달에 미치는 장기적 영향에 대해서는 연구가 많이 이뤄지지 않았"다고 설명했다. 그는 이 문제가 특히 우려스러운데, "우리가 어린아이들에게 너무나도 신속하게 각성제를 처방"하기 때문이라고 말한다. "아이들은 가장 취약한 계층입니다. 아직 뇌가 발달 중이니까요… 이 약물들은 뇌에 직접 작용하잖아요. 항생제가 아니라고요."

제임스는 우리가 가진 최상의 장기 연구가 동물 연구임을 알려주었다. 그 결과는 경각심을 불러일으킨다. 직접 읽어봤는데, 이 연구는 청소년 쥐에게 3주간(인간에게는 수년에 해당하는 시간이다) 리탈린을 주면 보상을 경험하는 중요한 뇌 부위인 선조체가 크게 위축된다는 사실을 보여준다.[15] 제임스는 이 약물이 쥐에게 영향을 미친 것과 똑같은 방식으로 인간에게도 영향을 미칠 것이라 추측할 수 없으며 이 약물 복용에는 분명 이익이 있다고 강조했으나, "이익과 함께 위험도 존재"한다는 것을 인식해야 한다고 말했다. "현재 우리는 단기적인 이익에 따라 각성제를 처방하고 있습니다."

다른 과학자들을 인터뷰하면서 이 약물들의 긍정적 효과가 (실재하긴 하지만) 놀라울 만큼 제한적이라는 사실도 알게 되었다. 뉴욕 대학의 소아청소년 정신의학 교수인 그자비에 카스테야노스는 각성제 효과에 관한 훌륭한 연구에서 중요한 사실이 드러났다고 설명했다. 각성제는 반복을 요구하는 작업에서는 어린이의 행동을 개선하지만, 학습 능력은 개선하지 못한다. 솔직히 처음에는 그의 말을 믿지 못했다. 그러다 각성제 처방의 지지자들이 ADHD 연구의 황금률로 제시한 연구에서 관련 내용을 찾아보았다.[16] 14개월간 각성제를 복용한 아이들은 시험에서 1.8퍼센트 나은 결과를 보였다. 그러나 같은 기간 행동 지도만 받은 아이들도 1.6퍼센트 개선된 결과를 냈다.

마찬가지로 중요한 것은, 증거에 따르면 초기에 나타나는 각성제의 효과가 지속되지 않는다는 점이다. 각성제를 복용하는 사람은 누구나 내성이 생긴다. 몸이 약물에 익숙해져서 똑같은 효과를 내려면 복용량을 늘려야 한다. 그러다 보면 결국 어린이에게 허용된 최대 복용량에 다다르게 된다.

내가 만난 과학자 중 이 문제를 가장 염려한 사람은 하버드 의

대의 수면 전문가인 찰스 체이슬러였다. 그는 내게 각성제 복용의 가장 큰 효과 중 하나가 수면 시간의 감소라고 말했다. 그리고 이것이 어린 친구들의 뇌 발달에 매우 우려스러운 영향을 미친다고 설명했다. 그는 특히 더 오래 공부하려고 각성제를 복용하는 젊은이들을 걱정했다. "아이들에게 암페타민을 권하는 모습을 보면 아편 위기가 떠오릅니다. 아무도 이 문제를 논하지 않는다는 점만 빼면요. 내가 어렸을 때는 누가 내게 암페타민을 주거나 아이들에게 암페타민을 팔면 감옥에 갔습니다. 그러나 아편 위기 때처럼… 조치를 취하는 사람이 아무도 없어요. 이건 우리 사회의 추악한 비밀입니다."

내가 미국에서 인터뷰한 과학자 대다수(가장 명망 있는 ADHD 전문가 다수와 대화를 나누었다)가 각성제 처방이 안전하며 위험보다는 이익이 훨씬 크다고 말했다. 실제로 미국의 많은 과학자는 (지금 내가 하고 있는 것처럼) 반론을 소개하는 것이 매우 위험하다고 주장한다. 부모가 자녀와 함께 병원을 찾아 각성제를 처방받는 일이 줄고, 그 결과 아이들이 자기 삶에서 불필요하게 고통받고 나쁜 행동을 하게 된다는 것이다. 또한 이들은 사람들이 급작스럽게 각성제 복용을 중단할지 모르며 이 경우 끔찍한 금단 증상이 나타날 수 있어 위험하다고 생각한다. 그러나 미국을 제외한 지역에서 과학자들의 의견은 더욱 분열되어 있으며, 이러한 접근법에 대해 회의적이거나 노골적인 반대를 더 흔히 들을 수 있다.

쌍둥이 연구의 허점

많은 사람이 (내가 암트랙에서 만난 여성처럼) 자기 자녀의 집중력 문제가 대체로 신체장애의 결과라는 말에 설득되는 결정적 이유가 하나 있다. 그건 이들이 집중력 문제가 주로 자녀의 유전자 구성 때문에 발생한다는 말을 계속 들어왔기 때문이다. 앞에서 언급했듯 스티븐 힌쇼 교수는 집중력 문제의 "75에서 80퍼센트"가 유전자에 원인이 있다고 말했고, 종종 더 높은 수치가 제시되기도 한다. 만약 이것이 생물학적 문제라면, 생물학적인 해결책을 사용하는 것이 직관적으로 타당하다. 이때 사미를 비롯한 사람들이 옹호하는 종류의 개입은 그저 추가로 덧붙이는 것이 될 뿐이다. 이 문제를 파고들수록 진실은 복잡했다. 진실은 이 양극화된 토론에서 양측이 하는 그 어떤 단호한 주장에도 딱 들어맞지 않는다.

이해하고 싶었다. ADHD가 높은 비율로 유전 질환 때문에 발생한다는 통계는 어디서 나온 것일까? 나는 이 통계를 제시하는 과학자들에게서 이것이 인간 유전체를 직접 분석한 결과가 아니라는 사실을 알고 깜짝 놀랐다. 거의 모든 통계는 쌍둥이 연구라는 이름으로 알려진 훨씬 단순한 방식에서 나왔다. 연구자들은 일란성쌍둥이를 찾는다. 그리고 둘 중 한 명이 ADHD 진단을 받았다면 다른 한 명도 ADHD 진단을 받았는지 묻는다. 그다음 연구팀은 이란성쌍둥이를 찾는다. 그리고 둘 중 한 명이 ADHD 진단을 받았다면 다른 한 명도 ADHD 진단을 받았는지 묻는다. 연구팀은 충분한 크기의 표본이 생길 때까지 이 과정을 수없이 반복한

다음 수치를 비교한다.

연구자들이 이 방법을 쓰는 이유는 단순하다. 연구에 참여한 쌍둥이는 (일란성이든 이란성이든) 전부 같은 집에서 같은 가족과 함께 성장한다. 그러므로 연구자들은 이 두 종류의 쌍둥이 사이에 차이가 있을 경우 그 원인이 환경에 있을 수 없다고 본다. 그 차이는 유전자로만 설명될 수 있다. 일란성쌍둥이는 이란성쌍둥이보다 유전자가 훨씬 더 유사하므로, 과학자들은 어떤 것이 일란성쌍둥이 사이에서 더 흔히 발생하면 그것이 유전적 요인이라는 결론을 내린다.[17] 그리고 차이가 얼마나 큰지에 따라 유전자에 의해 결정되는 정도를 파악할 수 있다. 이 방식은 오래전부터 다양한 분야의 명망 높은 과학자들에게 사용되었다.

과학자들은 이런 식으로 ADHD를 연구할 때마다 두 명 다 ADHD를 진단받을 확률이 이란성쌍둥이보다 일란성쌍둥이가 훨씬 높다는 사실을 발견한다. 20개가 넘는 연구에서 똑같은 결과가 나왔다. 일관적이다.[18] ADHD가 매우 높은 확률로 유전적 원인에서 비롯된다는 주장이 바로 여기에서 나온다.

그러나 소수의 과학자가 이 기법에 심각한 문제가 있지는 않은지 묻고 있다. 나는 과학적으로 상세하게 이 주장을 입증하는 인물 중 한 명이자 캘리포니아 오클랜드의 심리학자인 제이 조지프Jay Joseph와 대화를 나누었다. 그는 실상을 말해주었다. 다른 과학 연구에서 증명된 바에 따르면, 사실 일란성쌍둥이는 이란성쌍둥이와 똑같은 환경을 경험하지 않는다.[19] 일란성쌍둥이는 이란성쌍둥이보다 함께 보내는 시간이 더 많다. 부모와 친구들, 학교는 일란성쌍둥이를 더 비슷하게 대한다(실제로 사람들은 종종 둘을 구분하지 못한다). 일란성쌍둥이는 정체성의 혼란을 겪고 자신이 다른 한 명과 뒤얽혀 있다고 느낄 가능성이 더 크다. 일란성쌍둥이는 심리적으로 더 가깝다. 제이는 많은 면에서 "일란성쌍둥이의 환경이 더 유사"하다고 말했다. "일란성쌍둥이는 서로의 행동을 더 많이 따라 합니다. 더 비슷한 대우를 받고요. 이 모든 것이 더욱 유사한 행동을 보이는 결과로 이어집니다. 그 행동이 무엇이든 간에요."

그래서 제이는 여러 연구에서 나타나는 차이를 설명해줄 유전자 이외의 다른 요인이 있다고 말했다. "일란성쌍둥이가 이란성쌍둥이보다 훨씬 비슷한 행동을 유발하는 환경에서 성장한다는 사실"로 그러한 차이를 설명할 수도 있다. 일란성쌍둥이의 집중력 문제가 유사하게 발생하는 이유는 이들의 유전자가 더욱 유사해서가 아니라 이들의 생활이 더욱 유사해서일 수 있다. 만약 집중력 문제를 일으키는 환경 요인이 있다면, 일란성쌍둥이는 똑같은 정도로 그 요소를 경험할 가능성이 이란성쌍둥이보다 높다. 그러므로 제이는 "쌍둥이 연구는 유전자와 환경의 잠재적 영향을 구분할 수 없"다고 설명한다. 즉 우리가 자주 듣는 통계 수치(예를 들면 ADHD의 75-80퍼센트가 유전적 문제라는 것)가 믿을 수 없는 토대 위에 있다는 뜻이다.[20] 제이는 이러한 수치가 "사람들을 호도하며, 잘못 이해되고 있"다고 말한다.

쌍둥이 연구에 이렇게 큰 결함이 있는데 그토록 많은 저명한 과학자가 이 기법을 쓴다는 사실이 믿기 어려웠다. 나 또한 이전 저서에서 쌍둥이 연구에서 나온 증거를 댔다는 사실을 자각했다. 그러나 ADHD가 주로 유전적 문제라고 주장하는 몇몇 과학자에게 쌍둥이 연구의 결함에 관해 물었을 때, 그들 중 다수가 그러한 비판이 어느 정도 타당함을 솔직하게 인정했다. 대부분은 그러고 나서 집중력 문제에 유전적 기반이 있다고 믿어야 하는 여러 다른 이유로 대화 주제를 돌렸다(곧 그 이유들을 알아볼 것이다). 나는 쌍둥이 연구가 일종의 좀비 기법이라고 생각하게 되었다. 사람들은 이 기법이 자신이 듣고 싶은 말, 즉 집중력 문제의 원인이 주로 아이들의 유전자에 있다는 말을 해주기 때문에, 완벽하게 옹호할 수 없음을 알면서도 계속해서 이 기법을 참조한다.

제임스 리 교수는 쌍둥이 연구를 잠시 옆으로 치워두면, ADHD 발생에서 개별 유전자의 역할을 조사한 "모든 연구가 어떻게 측정하든 매번 그 역할이 매우 작으며 언제나 환경의 영향이 더 크다는 사실"을 발견한다고 말했다. 이 모든 정보를 받아들이면서 나는 이렇게 자문하기 시작했다. 이 말은 유전자가 ADHD에서 아무 역할도 하지 않는다는 뜻일까? 몇몇 사람들은 이와 거의 비슷한 주장을 하며, 내 생각에 이 주장은 ADHD 회의론자들이 너무 많이 나간 것이라고 생각한다.

제임스는 쌍둥이 연구가 유전자의 역할을 과대평가하긴 하지만, 쌍둥이 연구와 다른 방식을 사용해 어떤 특성이 얼마만큼 유전에서 비롯되는지 파악하는 SNP 유전율이라는 신기술도 있다고 설명했다. 이 기법은 두 유형의 쌍둥이를 비교하는 대신, 아무런 관련이 없는 두 사람의 유전자 구성을 비교한다. 예를 들어 여러분과 나 사이에 일치하는 유전자가 우리 둘 모두가 가진 문제(예를 들면 우울증이나 비만, ADHD)와 상관관계가 있는지 확인하는 것이다. 현재 이 연구는 집중력 문제의 약 20에서 30퍼센트가 유전자와 관련이 있다고 본다.[21] 제임스는 이 기법이 이 문제를 연구하는 새로운 방식이며 오로지 공통 변이 유전자만 검토하기 때문에 유전적 원인에서 비롯된 ADHD의 비율은 사실 그보다 더 높을 수 있다고 말했다. 그러니 유전적 요인을 전면 부인하는 것은 잘못이지만, 유전자가 문제의 전부이거나 대다수를 차지한다는 말 또한 틀린 것이라고 제임스는 설명했다.

이 문제의 여러 측면을 이해하는 데 가장 큰 도움을 준 인물 중 한 명은 포틀랜드의 오리건 보건과학대학에서 인터뷰한 조엘 닉 교수였다. 그는 국제 아동청소년 정신병리학회의 전 회장이었으며 이 분야의 선구적 인물이다.

조엘은 과거에는 일부 아이들이 그저 유전자 때문에 차이를 보이고 뇌가 다르게 발달하는 것이라 여겼다고 말했다. 그러나 그가 썼듯이 이제는 "과학이 다음 단계로 넘어가고 있다".[22] 가장 최근의 연구는 "유전자는 운명이 아니다. 그보다는 확률에 영향을 미치는 것에 더 가깝다"는 것을 보여준다.[23] ADHD를 일으키는 요소를 장기적으로 연구한 앨런 스루프도 똑같은 말을 했다. "유전자는 진공 상태에서 작동하지 않는다. 이것이 바로 우리가 유전자 연구에서 알게 된 가장 중요한 내용이다… 유전자는 환경적 요인에 따라 발현되거나 발현되지 않는다." 조엘의 말처럼, "우리의 경험은 말 그대로 우리의 살갗 아래로 들어와" 우리의 유전자가 표

현되는 방식을 바꾼다.[24]

조엘은 이 작동 방식을 더 쉽게 이해할 수 있도록 비유 하나를 들었다. 그는 이렇게 설명한다. "아이가 지치고 피곤하면 겨울에 학교에서 쉽게 감기에 걸린다. 감기에 더 취약해지는 것이다." 그러나 "감기 바이러스가 아예 없다면," 지친 아이나 잘 쉰 아이나 감기에 걸리지 않는다.[25] 마찬가지로 우리는 유전자 때문에 환경 속의 트리거에 더 취약해질 수 있다. 그러나 그러려면 여전히 환경 속에 트리거가 있어야 한다. 조엘은 이렇게 썼다. "어떤 면에서 오늘날 ADHD에 관한 정말 큰 뉴스는 우리가 환경에 대한 관심을 되찾고 있다는 것이다."[26]

조엘은 각성제에도 일정 역할이 있다고 믿는다. 그는 나쁜 상황에서는 각성제가 없는 것보다 나으며, 아이와 부모에게 어느 정도 실질적 위안을 준다고 믿는다. "전쟁터에서 부러진 뼈에 부목을 대고 있는 겁니다. 다리를 완치하는 건 아니죠. 하지만 적어도 다리가 부러진 사람은 걸을 수 있게 됩니다. 남은 평생 다리를 절뚝이게 될지라도요."

그러나 그는 각성제를 처방하려면 반드시 다음과 같이 물어야 한다고 말했다. "문제는 어디에 있는가? 우리 아이들이 무엇을 겪고 있는지 살펴볼 필요가 있는가?" 그는 현재 아이들이 스트레스와 영양 부족, 오염 물질처럼 집중력을 훼손한다고 알려진 여러 거대한 힘에 직면해 있다고 말한다. 나는 그에게서 이 사실을 알고 나서 이 요인들을 더 자세히 조사하기로 했다. "저는 우리가 이것들을 받아들여선 안 된다고 봅니다. 예를 들면 우리 아이들이

[오염원의] 화학물질 수프 속에서 성장해야 하는 상황을 받아들여선 안 돼요. 아이들이 진짜 음식 같은 음식이 없다시피 한 식료품점과 함께 자라야 하는 상황을 받아들여선 안 돼요… 바뀌어야 합니다… 어떤 아이들은 실제로 문제가 있는데 환경에 상처를 입어서 그렇습니다. 이런 경우에는 사실상 '이 아이들을 우리가 만들어낸 해로운 환경을 감당할 수 있도록 약물로 달래봅시다'라고 말하는 게 부끄러운 일이죠. 죄수들이 갇혀 있는 것을 견딜 수 있도록 진정제를 주는 것과 무엇이 다릅니까?" 조엘은 더 근본적인 문제를 해결하려고 노력할 때만 윤리적으로 약물을 처방할 수 있다고 믿는다.

그가 침울한 얼굴로 말했다. "이런 오래된 비유가 있습니다… 어느 날 마을 사람들이 강가에 있다가 시체 한 구가 떠내려오는 것을 목격합니다. 그래서 해야 할 일을 하죠. 사람들은 시체를 건져서 장례를 치러줍니다. 다음 날은 시체 두 구가 떠내려옵니다. 사람들은 적절한 조치를 취하고, 두 시체를 땅에 묻습니다. 한동안 똑같은 상황이 벌어지고, 마침내 사람들은 이렇게 묻기 시작합니다. 이 시체들은 어디에서 떠내려오는 걸까? 이 상황을 멈추기 위해 우리가 무언가를 해야 할까? 그래서 사람들은 그 답을 알아내려고 강을 거슬러 올라갑니다."

의자에 앉은 조엘이 몸을 앞으로 기울이며 말했다. "우리는 이 아이들에게 약을 줄 수 있습니다. 하지만 언젠가는 이런 일이 벌어지고 있는 이유를 알아내야 합니다." 나는 지금이 강을 거슬러 올라가야 할 때임을 깨달았다.

14장

신체적으로 심리적으로 감금된 아이들

아이들은 놀고, 배회하고, 질문하고, 유능해진다

놀이와 음악, 휴식을 비롯한 시험 이외의
거의 모든 것이 꾸준히 밀려나고 있다.
학교 대부분이 진보적이었던 황금시대 같은 것은 존재한 적 없지만,
학교 제도가 효율성이라는 편협한 비전을 중심으로 변하고 있다.

몇 년 전, 콜롬비아 남서부에 있는 카우카의 숲 외곽에 위치한 한 작은 마을에서 해가 질 무렵 커피를 마시며 앉아 있었다. 몇천 명이 그 마을에 살며 전 세계 사람들이 정신을 차리려고 꿀꺽꿀꺽 마시는 카페인 음료의 재료를 재배했다. 나는 주민들이 천천히 그 날의 긴장을 푸는 모습을 지켜보았다. 어른들은 거리에 테이블과 의자를 펼쳐놓고 울창한 산 그림자 아래에서 담소를 나누었다. 그들이 이 테이블 저 테이블을 오가는 모습을 바라보다가, 서구 사회에서는 이제 좀처럼 볼 수 없는 모습을 목격했다. 지켜보는 어른 없이 아이들이 마을 이곳저곳에서 자유롭게 뛰놀고 있었다. 몇몇은 떼를 지어 굴렁쇠 하나를 굴렸다. 몇몇은 숲 가장자리에서 서로 쫓아다니며 숲 안으로 들어가라고 서로를 부추겼고, 30초 뒤에 깍깍 소리를 지르고 웃음을 터뜨리며 숲에서 뛰쳐나왔다. 서너 살 정도로 보이는 매우 작은 아이들도 자기를 보살피는 다른 아이들 앞에서 여기저기를 뛰어다녔다. 가끔 그중 한 명이 넘어져

자기 엄마에게로 달려가곤 했다. 나머지 아이들은 저녁 8시가 되어 부모가 불렀을 때에야 집으로 돌아갔고, 마침내 거리는 텅 비었다.

이곳과 매우 다른 장소(스위스의 알프스 마을과 스코틀랜드의 노동계급 공동주택)에서 살았던 내 부모의 어린 시절이 이랬으리라는 생각이 들었다. 부모님은 아주 어렸을 때부터 자기 부모가 없는 곳에서 온종일 자유롭게 뛰어다녔고, 먹고 자기 위해서만 집으로 돌아왔다. 내가 아는 한에서는 지난 수천 년간 내 모든 조상도 이와 똑같은 어린 시절을 보냈다. 일부 어린이가 이렇게 살지 못했던 시기도 있지만(예를 들면 강제로 공장에서 노동해야 했거나 노예제도라는 악몽 속에 살았을 때) 긴 인류 역사에서 그러한 시기는 극단적인 예외였다.

오늘날 나는 이렇게 사는 어린이를 한 명도 알지 못한다. 지난 30년간 아이들의 어린 시절은 큰 변화를 겪었다. 2003년에는 미국 어린이의 오직 10퍼센트만이 집 밖에서 자유롭게 놀았다.[1] 이제 어린 시절의 삶은 압도적인 비율로 닫힌 문 뒤에 있고, 아이들이 놀 때는 감시하는 어른이 있거나 전자기기 화면을 들여다본다. 아이들이 학교에서 시간을 보내는 방식 또한 극적으로 변화했다. 미국과 영국의 정치인들은 교사들이 아이들에게 시험을 준비시키고 반복 학습을 시키는 데 거의 모든 시간을 쓸 수밖에 없도록 학교 제도를 손보았다. 오늘날 미국에서 어떤 형태로든 야외 휴식시간이 있는 초등학교는 73퍼센트뿐이다. 현재 자유로운 놀이와 탐구는 낭떠러지에 놓여 있다.

이러한 변화는 순식간에 동시다발로 발생해서 아이들의 집중력에 미치는 영향을 과학적으로 측정하기가 어렵다. 무작위로 어떤 아이들은 카우카의 마을에서 자유롭게 살게 하고 어떤 아이들은 미국 교외의 집 안에서 살게 한 다음 아이들이 얼마나 잘 집중하는지 확인할 수는 없다. 그러나 이러한 변화가 미치는 영향을 어느 정도 확인할 방법이 하나 있다. 이 거대한 변화를 더 작은 구성 요소로 쪼갠 다음, 그 요소들의 영향력에 대해 과학이 무어라 말하는지 확인하면 된다.

내가 취한 방법 중 하나는 리노어 스커네이지Lenore Skenazy라는 이름의 한 놀라운 여성의 이야기를 따라가는 것이었다. 그는 과학자가 아니다. 활동가다. 리노어가 이러한 변화가 아이들에게 어떤 영향을 미치는지 이해하려 노력하게 된 것은 본인이 살면서 겪은 충격적 경험 때문이었다. 리노어는 그 경험을 통해 이 문제를 연구하는 최고의 사회과학자들과 협력하기 시작했다. 그리고 그들과 함께 점점 더 많은 아이가 집중을 어려워하는 이유와 집중력을 회복할 실용적 방안을 내놓았다.

인간 역사에서 단 한 번도 없었던 생각

1960년대의 시카고 교외에서 다섯 살 난 한 여자아이가 집에서 홀로 걸어 나왔다. 리노어의 학교는 걸어서 15분 거리였고, 리노어는 매일 혼자 걸어서 학교에 갔다. 학교 근처의 도로에 도착하면 또 다른 아이의 도움을 받아 안전하게 길을 건넜는데, 가슴팍에 노란 띠를 걸친 열 살 난 이 남자아이의 임무는 자동차를 멈춰 세우고 자기보다 어린 아이들이 아스팔트 도로를 건널 수 있게 안내하는 일이었다. 매일 학교가 끝나면 리노어는 역시 어른 없이 혼자 학교 정문을 걸어 나왔고, 친구들과 함께 동네를 돌아다니거나 자기가 수집하는 네잎클로버를 찾아 헤맸다. 가끔은 리노어의 집 앞에서 아이들이 즉흥적으로 발야구를 했고 리노어도 함께 했다. 아홉 살이 되었을 때는 마음이 내키면 자전거를 타고 몇 마일 떨어진 도서관에 가서 책을 빌린 다음 어딘가 조용한 곳에서 독서를 했다. 다른 때에는 같이 놀 수 있는 친구를 찾아 친구 집 문을 두드렸다. 조엘이 집에 있으면 배트맨 놀이를 했고, 벳시가 집에 있으면 공주와 마녀 놀이를 했다. 리노어는 늘 자기가 마녀를 하겠다고 고집했다. 그리고 배가 고프거나 날이 캄캄해졌을 때에야 집으로 돌아왔다.

오늘날에는 많은 사람이 이러한 장면에 불쾌함을 느끼거나 심지어 충격을 받는다. 지난 10년간 미국 전역에서 아홉 살 난 어린이가 보호자 없이 홀로 거리를 걸어가는 모습을 보고 부모가 아이를 방치했다며 경찰에 신고한 사례가 속출했다. 그러나 1960년대에는 이것이 전 세계의 규범이었다. 거의 모든 어린이의 삶이 이와 같았다. 아이로 산다는 것은 곧 동네에 나가서 돌아다니고, 다른 아이들을 찾고, 자기들만의 놀이를 한다는 뜻이었다. 어른들은 자녀의 위치를 어렴풋하게 알 뿐이었다. 자기 아이를 늘 실내에 붙잡아두거나, 걸어서 학교까지 바래다주거나, 아이들이 노는 옆에 서서 놀이에 끼어드는 부모는 당시에 아마 미친 사람 취급을 받았을 것이다.

리노어가 성장해 뉴욕에서 자기 아이를 낳고 키우던 1990년대 무렵에는 모든 것이 달라져 있었다. 그는 걸어서 아이들을 학교까지 데려다준 다음 아이들이 교문으로 들어가는 모습을 지켜봐야 했으며, 수업이 끝나면 아이들을 데리러 가야 했다. 그 누구도 감시하는 사람 없이 자기 아이를 바깥에서 놀게 하지 않았다. 지켜볼 어른이 있는 것이 아니라면 아이들은 늘 집 안에 있었다. 한번은 리노어의 가족이 멕시코에 있는 리조트로 여행을 떠났는데, 그곳에서 아이들은 매일 아침 해변에 모여 보통 자기들끼리 지어낸 게임을 하며 놀았다. 아들이 리노어보다 먼저 일어나는 모습을 본 것은 그때가 처음이었다. 리노어는 아들이 그렇게 신이 난 모습을 본 적이 없었다. 그는 이렇게 말했다. "그 한 주 동안 깨달았어요. 그때 아들에게 있었던 것은, 제가 어린 시절 내내 가졌던 것, 바로 밖에 나가서 친구들을 만나고 같이 놀 수 있는 능력이었다는 걸요."

집에 돌아온 리노어는 아홉 살 난 아들 이지Izzy가 의젓해지려면 어느 정도 자유를 맛봐야 한다고 생각했다. 그래서 어느 날 이지가 전에는 가본 적 없는 뉴욕의 어느 장소로 데려다주면 혼자서 집을 찾아오겠다고 말했을 때 리노어도 좋은 생각이라고 말했다. 남편이 아이와 함께 바닥에 앉아 집에 돌아올 계획을 짜는 일을 도왔고, 어느 화창한 일요일 리노어가 이지를 블루밍데일 백화점에 데리고 간 다음 (약간의 불안함을 느끼며) 아들과 헤어졌다. 한 시간 뒤 이지가 집 문 앞에 나타났다. 아이는 혼자서 지하철과 버스를 타고 왔다. 리노어는 이렇게 회상한다. "이지는 무척 행복해했어요. 좋아서 들떠 있는 것 같았죠." 이날의 사건이 너무나도 상식적인 일로 보였기에, 저널리스트였던 리노어는 다른 부모들도 자신감을 얻어 이렇게 할 수 있도록 이 일화를 기사로 썼다.

그때 이상한 일이 벌어졌다. 리노어의 기사에 공포와 혐오가 쏟아진 것이다. 리노어는 미국의 여러 유명한 뉴스 쇼에서 '미국 최악의 엄마'라고 비난받았다. 부끄러운 줄도 모르고 아이를 방치한다는 혹평과 함께 자기 아이를 끔찍한 위험에 처하게 했다는 말을 들었다. 텔레비전 쇼에 출연해서 자식이 납치 살해당한 부모와 통화를 해달라는 요청을 받았다. 마치 아이가 홀로 안전하게 지하철을 타고 올 확률과 아이가 살해당할 확률이 똑같은 것처럼 말이다. 모든 텔레비전 진행자가 대체로 이런 질문을 했다. "하지만 리노어 씨, 아이가 영원히 집에 돌아오지 못했다면 어땠을까요?"

"매번 어처구니가 없었어요." 뉴욕 잭슨하이츠에 있는 리노어의 집에 함께 앉아 있을 때 그가 말했다. 그는 사람들에게 겨우 몇십 년 전 자신(그리고 자신을 비난하는 어른들)이 당연하게 여겼던 것을 아들에게 주고 있을 뿐이라고 말했다. 그리고 우리가 인간 역사상 가장 안전한 세상 중 하나에 살고 있음을 설명하려 했다. 성인과 아동을 향한 폭력은 곤두박질쳤고, 현재 아이들은 낯선 사람에게 살해당할 확률보다 번개에 맞을 확률이 세 배 더 높다. 리노어는 이렇게 물었다. 번개 맞는 것을 막으려고 아이를 집 안에 가두시겠습니까? 통계적으로 보면 그게 더 말이 됐다. 사람들은 이 주장에 혐오로 답했다. 다른 엄마들은 고개를 돌릴 때마다 자기 자녀가 납치되는 모습이 그려진다고 말했다. 이런 말을 수없이 들은 뒤 리노어는 깨달았다. "그게 저의 죄였어요. 제가 지은 죄는 그런 식으로 생각하지 않는다는 것이었어요. 가장 어두운 곳부터 들어간 다음 '맙소사, 이럴 가치가 없어'라고 결정하지 않았던 거예요. 오늘날 미국에서 좋은 엄마가 되려면 그런 식으로 생각해야 해요." 리노어는 왜인지 사람들이 (매우 짧은 기간 내에) 오로지 "나쁜 엄마만이 자기 자식에게서 눈을 뗀"다고 믿게 되었음을 깨달았다.

그는 1960년대 후반에 방송된 〈세서미 스트리트〉 초기 에피소드의 DVD가 발매되었을 때 시작 화면에 경고문이 뜬다는 것을 알게 되었다. 영상 속에서는 다섯 살 어린아이가 혼자 거리를 돌아다니며 낯선 사람들과 대화하고 공터에서 논다. 경고문은 이렇게 말한다. "다음 내용은 오로지 성인 시청자를 대상으로 하며 어린이에게는 적합하지 않을 수 있습니다." 리노어는 이 변화가 너무 극적이어서 이제 아이들은 자유가 어떤 모습인지 보는 것조차 허용되지 않는다는 것을 알게 되었다. 그는 이 "거대한 변화"의 엄청난 속도에 어안이 벙벙했다. 이제 아이들의 삶은 "매우 급진적이고 새로운" 생각에 장악당했다. "아이들이 바깥에서 노는 것이 무조건 위험하다는 생각은 인간 역사에서 결코 없던 것이었어요. 아이들은 언제나 함께 놀았고, 대부분은 감시하는 어른이 없었어요… 그게 인류 전체의 방식이었죠. 갑자기 '아니, 그건 위험해'라고 말하는 건, 아이들이 거꾸로 매달려서 자야 한다고 말하는 것이나 마찬가지예요." 그건 과거 모든 인간 사회의 생각을 전도한 것이다.

우리가 아이들에게서 빼앗아간 것들

리노어와 많은 시간을 보내면서 이러한 변화의 결과를 이해하려면 이 변화를 다섯 가지 요소로 나누어서 각각에 대한 과학적 증거를 살펴봐야 한다고 생각하게 되었다. 첫 번째 요소는 가장 명백하다. 오랫동안 과학자들은 사람들이 달릴 때(어떤 형태든 운동에 참여할 때) 집중력이 개선된다는 사실을 보여주는 방대한 증거를 발견해왔다.[2] 예를 들어 이 현상을 조사한 한 연구는 운동이 어린이의 집중력에 "이례적인 추진력"을 제공한다는 사실을 발견했다.[3] 내가 포틀랜드에서 인터뷰한 조엘 닉 교수는 이 증거를 다음과 같이 명확히 요약했다. "자라나는 아이들의 경우 유산소 운동이 뇌 연결망과 전두엽, 자기 통제와 집행 기능을 돕는 뇌 화학물질의 생성을 돕는다."[4] 운동은 "뇌를 더 크고 효율적으로 만드는" 변화를 일으킨다. 이를 보여주는 증거가 너무 방대해서 조엘은 이 결과를 "확실한 것"으로 간주해야 한다고 말한다.[5] 증거는 이보다 더 명백할 수 없다. 뛰어다니려는 자연스러운 욕구대로 행동하지 못하게 아이들을 막는다면, 아이들의 집중력과 전반적인 뇌 건강은 악화될 것이다.

그러나 리노어는 이 현상이 아이들을 파괴하는 더욱 근본적인 방식이 있을지 모른다고 생각했다. 그래서 이 문제를 연구하는 주요 과학자들을 찾아 나섰고, 그중에는 심리학 교수인 피터 그레이Peter Gray와 진화 동물학자인 이저벨 벤키Isabel Behncke 박사, 사회심리학 교수인 조너선 하이트Jonathan Haidt가 있었다. 이들은 리노어에게 사실 아이들이 가장 중요한 기술(평생 필요한 기술)을 습득하는 때는 놀 때임을 알려주었다.

이 같은 변화의 두 번째 요인(놀이의 박탈)을 이해하기 위해 다시 리노어가 어린 시절에 시카고 교외의 거리에서 놀던 장면이나 내가 콜롬비아에서 본 장면을 떠올려보자. 친구들과 자유롭게 놀 때 아이들은 어떤 기술을 습득할까? 우선 어른 없이 다른 아이들과 함께 있는 아이는 "일이 벌어지게 만드는 방법을 파악"한다고, 리노어는 말한다. 놀이를 생각해내려면 창의력을 발휘해야 한다. 그다음에는 자신이 떠올린 놀이가 가장 재미있는 놀이라고 다른 아이들을 설득해야 한다. 그리고 "게임을 지속하기 위해 다른 아이들의 마음을 읽는 법을 알아"낸다. 아이는 언제가 자기 차례이고 언제가 다른 친구 차례인지 협상하는 법을 배워야 하고, 그러므로 타인의 필요와 욕구, 그것들을 충족하는 법을 배워야 한다. 또한 아이는 실망감과 좌절감에 대처하는 법을 배운다. 이 모든 것을 "배제되고, 새로운 놀이를 만들어내고, 길을 잃는 경험을 통해" 배운다. "나무를 기어오르다 누군가가 말합니다. '더 높이 올라가자!' 아이는 그럴지 말지 결정하지 못해요. 그러다 결국 더 높이 기어오르고, 짜릿함을 느끼고, 다음번에는 더 높이 올라갑니다. 아니면 좀 더 높이 올라갔다가 너무 무서워서 울어버릴 수도 있죠… 그래도 이제 그 아이는 꼭대기에 있습니다. 이것들이 전부 집중력의 중요한 형태입니다."

리노어의 지적 멘토 중 한 명인 이저벨 벤키 박사는 칠레의 놀이 전문가다. 나와 스코틀랜드에서 만났을 때 그는 지금까지 나온 과학적 증거에 따르면 "놀이가 중요한 영향을 미치는 [아동 발달의] 세 부분이 있으며, 그중 하나가 창의력과 상상력"이라고 말했다. 아이들은 창의력과 상상력을 통해 문제를 생각하고 해결하는 방법을 배운다. 두 번째 부분은 타인과 상호작용하고 어울리는 방법을 배울 수 있는 "사회적 유대"이며, 세 번째 부분은 즐거움과 기쁨을 경험하는 방법을 배우는 "살아 있다는 느낌"이다. 이저벨은 우리가 놀이를 통해 배우는 것들이 제대로 기능하는 인간이 되는 데 추가적으로 따라붙는 사소한 요인이 아니라 그것의 핵심이라고 설명했다. 놀이는 견고한 인격의 토대가 되며, 이후에 어른들이 자리에 앉아 설명해주는 모든 것은 이 토대 위에 쌓인다.[6] 이저벨은 오롯이 정신을 집중할 수 있는 사람이 되고 싶다면 자유로운 놀이라는 토대가 필요하다고 말했다.

그러나 리노어는 갑자기 사람들이 "이 모든 것을 아이들의 삶에서 빼앗아가기 시작했"다고 말한다. 오늘날에는 마침내 아이들이 놀기 시작할 때도 주로 어른들의 감독을 받으며, 이 어른들이 규칙을 정하고 해야 할 일을 알려준다. 리노어가 어렸을 때는 모두가 거리에서 소프트볼 경기를 하면서 규칙을 직접 정했다. 오늘날 아이들은 조직된 활동에 참여하고, 이때는 늘 어른이 개입해서 규칙이 무엇인지 설명한다. 자유로운 놀이는 감시하에 있는 놀이로 변했고, 가공식품처럼 대부분의 가치가 빠져나갔다. 리노어의 말에 따르면 이는 곧 오늘날 "아이들이 이 기술들을 개발할 기회를 얻지 못한다는" 뜻이다. "왜냐하면 이제는 부모가 운전하는 차를 타고 시합을 하러 가거든요. 그러면 다른 사람이 내가 어떤 포지션을 맡을지, 언제 공을 잡고 언제 공을 칠지, 누가 과자를 가져올지 결정해요. 포도를 가져갈 순 없는데 포도는 4등분으로 잘라야 하고, 그건 엄마가 할 일이거든요… 오늘날의 어린 시절은 옛날과는 무척 달라요. 요즘 아이들은 성인기를 대비해줄 삶의 주고받기를 경험하지 못해요." 그 결과 아이들은 "문제를 겪지 않고, 혼자서 문제를 해결하는 짜릿함을 느끼지 못"한다. 어느 날 어바인 캘리포니아 대학의 인지과학 부교수인 바버라 사르네카Barbara Sarnecka는 리노어에게 이렇게 말했다. "오늘날 어른들은 이렇게 말하고 있어요. '이게 너의 환경이야. 내가 이미 지도를 만들어놨어. 탐험은 그만둬.' 하지만 그건 유년기의 정의와 정반대되는 것이에요."[7]

리노어는 알고 싶었다. 아이들이 사실상 자택에 구금된 지금, 원래는 뛰어놀던 시간에 아이들은 무엇을 할까? 한 연구는 이제 이 시간이 압도적으로 숙제(1981년과 1997년 사이에 무려 145퍼센트나 증가했다)와 전자기기 사용, 부모와 함께하는 쇼핑에 쓰인다는 것을 발견했다.[8] 2004년의 연구는 미국 어린이가 20년 전보다 학업에 매주 7.5시간을 더 쓴다는 사실을 발견했다.[9]

이저벨은 놀이를 몰아내는 학교들이 "큰 실수를 저지르고 있는 것"이라 말했다. "먼저 이렇게 묻고 싶습니다. 그 목표가 뭔가요?

무엇을 얻으려 하는 겁니까?" 아마도 학교 측은 아이들의 학습을 원할 것이다. "그 사람들이 어디서 그런 통찰을 얻었는지 도통 모르겠어요. 모든 증거가 사실은 그 반대임을 보여주고 있는데 말이에요." "우리의 뇌는 놀이를 통해" 배울 기회를 얻을 때 "더욱 유연하고 창의적으로 변"한다. "가장 중요한 학습 기술은 놀이예요. 우리는 놀이를 통해 배우는 법을 배우죠. 게다가 정보가 늘 변화하는 세상에서 왜 아이들의 뇌를 정보로 채우려고 하는지 모르겠어요. 우리는 20년 뒤의 세상이 어떤 모습일지 전혀 몰라요. 분명 우리가 바라는 건 적응력이 뛰어나고, 맥락을 평가할 능력이 있고, 비판적 사고가 가능한 뇌를 만들어내는 거예요. 이 모든 기술이 놀이에서 단련돼요. 그러니 이런 학교들은 잘못 판단하고 있는 거예요. 믿을 수 없을 만큼요."

이 사실을 알게 된 리노어는 변화의 세 번째 요소를 탐구하기 시작했다. 뛰어난 사회심리학자인 조너선 하이트 교수는 어린이와 10대 사이에서 불안이 크게 증가한 이유 중 하나가 놀이의 박탈이라고 주장한다. 어린이는 놀이를 할 때 예기치 못한 상황에 대처하는 능력을 습득한다. 아이들에게서 이러한 도전을 박탈하면, 자라면서 공황 상태에 빠지고 자신이 상황에 대처할 수 없다고 느낄 때가 많을 것이다. 아이들은 자신이 유능하다거나, 어른의 지도 없이 일을 벌일 수 있다고 생각지 못한다. 하이트는 이것이 불안이 폭증하는 이유 중 하나라고 주장한다. 그리고 불안할 때는 집중력이 나빠진다는 강력한 과학적 증거가 있다.

리노어는 네 번째 요인이 작용하고 있다고 믿는다. 이를 이해하려면 뉴욕 북부의 로체스터에서 인터뷰한 심리학 교수인 에드 데시와, 역시 나와 대화를 나눈 그의 동료 리처드 라이언Richard Ryan의 발견을 이해해야 한다. 이들의 연구는 모든 인간의 내면에 자기 행동의 이유가 되는 두 가지 동기가 있음을 밝혀냈다.[10] 여러분이 평소에 달리기를 한다고 상상해보자. 아침에 달리기를 하는 이유가 그 느낌(머리카락을 흩날리는 바람, 몸이 힘 있게 박차고 나아가는 감각)이 좋아서라면 그건 '내재적' 동기다. 그 밖에 다른 보상을 얻기 위해 달리는 것이 아니다. 그저 달리는 것이 좋기 때문에 달리는 것이다. 이제 그저 좋아서가 아니라 아침에 일어나 함께 달릴 것을 강요하는 훈련 교관 같은 아버지 때문에 달리기를 한다고 상상해보자. 또는 인스타그램에 상체를 탈의한 영상을 올리기 위해, '하트'와 '이야, 완전 섹시한데'라는 댓글에 중독되었기 때문에 달리기를 한다고 상상해보자. 그것은 달리기의 '외재적' 동기다. 이때 달리는 것은 달리기 자체가 즐거움이나 성취감을 줘서가 아니라 그래야 하기 때문이거나 그 밖의 다른 보상을 얻고 싶기 때문이다.

리처드와 에드는 동기가 외재적일 때(그래야만 해서, 또는 나중에 무언가를 얻으려고 그 행동을 할 때)보다 동기가 내재적일 때(자신에게 의미 있기 때문에 그 행동을 할 때) 더 잘 집중하고 지속할 수 있다는 사실을 발견했다. 동기가 내재적일수록 집중력을 유지하기가 쉬워진다.

리노어는 이처럼 전과 극단적으로 다른 어린 시절을 사는 아이들이 내재적 동기를 얻을 기회를 박탈당하고 있다고 생각하게 되었다. 그는 사람들 대다수가 "자신에게 매우 중요하거나 흥미로운 일을 하면서 집중하는 법을 배운"다고 말했다. "우리는 무엇인가가 너무 흥미로워서 무슨 일이 벌어지고 있는지 파악하면서 집중하는 습관을 익힙니다… 흥미로운 것… 내 마음을 빼앗거나 전율을 일으키는 대상이 있을 때는 집중하는 법을 자동으로 배우게 되죠." 하지만 오늘날 아이들은 자기 삶의 거의 모든 시간을 성인의 지시에 따라 산다. 리노어는 이렇게 물었다. "아침 7시부터 잠자리에 드는 밤 9시까지, 무엇이 중요한지에 대한 다른 사람의 생각으로 하루가 꽉 찬다면 어떻게 의미를 찾을 수 있겠어요? 무엇이 [감정적으로] 자신을 흥분시키는지 알아낼 자유 시간이 없다면 과연 의미를 찾을 수 있을지 모르겠어요. 의미를 찾을 시간이 아예 주어지지 않는 거예요."

동네를 배회하던 어린 리노어는 자신을 신나게 하는 것(독서, 글쓰기, 분장 놀이)을 알아내고 자신이 원할 때 그것을 할 자유가 있었다. 다른 아이들은 자신이 축구나 암벽 타기, 작은 과학 실험을 좋아한다는 것을 알게 되었다. 적어도 그것은 집중하는 법을 배우는 한 가지 방식이었다. 오늘날 이 방식은 아이들에게 차단되고 있다. 리노어는 이렇게 물었다. 다른 사람이 끊임없이 나의 주의력을 관리한다면 어떻게 주의력을 기를 수 있을까요? 무엇이 내 마음을 사로잡는지 어떻게 알 수 있을까요? 집중력을 기르는 데 너무나도 중요한 자신의 내재적 동기를 어떻게 찾을 수 있을까요?

이 모든 사실을 알게 된 리노어는 오늘날 우리가 아이들에게 하는 행동이 너무 염려되었다. 그래서 전국을 돌며 어른의 감시가 없는 자유로운 놀이 시간을 아이들에게 주자고 부모들을 설득하기 시작했다. 그리고 아이들의 놀이와 탐험할 자유를 촉진하고자 렛그로우Let Grow라는 이름의 단체를 만들었다. 그는 부모들에게 이렇게 말했다. "모두 본인의 어린 시절을 되돌아보세요." 그리고 "자신이 너무나도 좋아했던 활동이지만 현재 아이들에게는 허락하지 않는 활동"을 말해달라고 청했다. 그러면 부모들의 눈은 추억으로 반짝였다. 그들은 리노어에게 이렇게 말했다. "우리는 성을 만들었어요. 술래잡기를 했고요." 리노어가 말했다. "한번은 어렸을 때 구슬치기를 했다는 남자를 만났어요. 가장 좋아하는 구슬이 뭐였냐고 물으니 그 사람이 '진홍색에 소용돌이 무늬가 있는 구슬이요'라고 대답했어요. 이처럼 오래전에 무언가를 사랑했던 마음을 볼 수 있어요. 그 사랑이 그 남자에게 기쁨을 불어넣었죠." 부모들은 "과거에는 모두가 자전거를 타고, 나무를 오르고, 시내로 나가서 사탕을 사왔다고" 시인했다. 그러나 오늘날 아이들이 똑같이 하도록 두는 것은 너무 위험하다고 말했다.

리노어는 현재 아이가 납치당할 위험이 무척 희박하다는 것과, 그들이 어렸을 때보다 지금 폭력 사건이 더 적다는 사실을 설명했다. 그리고 그 이유는 우리가 아이들을 숨겼기 때문이 아니라고, 성인을 대상으로 한 폭력 또한 크게 감소했으며 성인은 여전히 자유롭게 돌아다닌다는 점에서 그 사실을 알 수 있다고 덧붙였다. 부모들은 고개를 끄덕였지만 계속해서 자기 아이들을 집 안에 머무르게 했다. 리노어는 자유로운 놀이의 명백한 이점을 설명했다. 부모들은 고개를 끄덕였지만 여전히 아이들을 밖에 내보내려 하지 않았다. 그 무엇도 효과가 없는 듯 보였다. 리노어는 점점 좌절감을 느꼈다. 그리고 "같은 생각을 하는 사람들이나 무슨 일이 벌어질지 궁금해하는 사람들조차… 아이들을 풀어주지 못"한다는 결론을 내리기 시작했다. 리노어는 "그렇게 하는 유일한 사람이 될 수는 없"음을 깨달았다. "그렇게 되면 아이를 홀로 바깥에 내보내는 미친 사람이 되거든요."

그래서 리노어는 자문했다. 다른 방식을 쓴다면? 부모의 마음을 바꾸려 하는 대신 부모의 행동을 바꾸려고 노력한다면? 고립된 개인이 아닌 집단의 행동을 바꾸기 위해 노력한다면? 이러한 생각과 함께 리노어는 중요한 실험에 참여하게 되었다.

롱아일랜드에 있는 로어노크 애비뉴 초등학교는 1년에 하루 아이들이 자유롭게 놀며 마음껏 재미를 찾는 것이 허용되는 글로벌 플레이 데이Global Play Day 활동에 참여하기로 했다. 교사들은 네 개 교실에 빈 상자와 레고, 오래된 장난감을 가득 채운 다음 학생들에게 말했다. 가서 놀아. 뭘 하고 놀지 직접 선택하렴. 이 학교에서 20년 넘게 교사 생활을 한 도나 버벡Donna Verbeck은 환희와 웃음을 기대하며 아이들을 바라보았으나 얼마 안 가 무언가가 잘못되었음을 깨달았다. 일부 아이들은 도나의 기대처럼 즉시 뛰어들어 놀기 시작했지만 많은 아이가 자리에 가만히 서 있었다. 이 아이들은 상자와 레고, 즉석에서 놀이를 만들어내기 시작한 소수의 아이들을 바라보면서도 자리에서 움직이지 않았다. 그리고 오랫동안 기력 없이 구경만 했다. 무엇을 해야 할지 몰라 당황하던 아이 중 한 명은 결국 구석에 누워 잠이 들었다.

도나는 그날 문득 깨달음을 얻었다고 설명했다. "아이들은 뭘 해야 할지 몰라요. 다른 아이들이 놀 때 어떻게 껴야 하는지, 아니면 어떻게 알아서 놀이를 시작해야 하는지 몰라요. 그냥 그 방법을 몰랐던 거예요." 이 학교 교장인 토머스 페이턴Thomas Payton은 이렇게 덧붙였다. "한두 명을 얘기하는 게 아닙니다. 그런 아이들이 무척 많았어요." 도나는 충격을 받았고, 슬픔을 느꼈다. 그는 이 아이들에게 자유롭게 놀 기회가 한 번도 없었음을 깨달았다. 이 아이들의 집중력은 끊임없이 어른들의 손에 관리되었다.

그래서 로어노크 애비뉴 초등학교는 리노어가 시작한 프로그램에 참여하는 첫 번째 학교가 되기로 결정했다. 렛그로우는 아이들이 스스로 결정을 내리고 집중할 수 있는 어른으로 성장하려면 어린 시절 내내 더 높은 수준의 자유와 자율성을 경험해야 한다는 생각에 기반한다. 이 프로그램에 등록한 학교는 일주일에 하루나 한 달에 한 번 아이들에게 집에 가서 어른의 감시 없이 무언가 새로운 활동을 독립적으로 수행한 뒤 보고하는 것을 '숙제'로 내준다. 아이들은 자신의 임무를 스스로 선택해야 한다. 세상 속으로 나가는 모든 아이들은 자신들을 멈춰 세우고 부모님은 어디 계시느냐고 물어보는 어른에게 보여줄 카드를 지급받는다. 이 카드에는 이렇게 쓰여 있다. "저는 길을 잃거나 부모에게 방치된 것이 아닙니다. 제가 혼자 있는 것이 잘못되었다고 생각하신다면《허클베리 핀의 모험》을 읽거나 letgrow.org를 방문해주세요. 여러분의 어린 시절을 떠올려주세요. 부모님이 늘 곁에 있었나요? 오늘날의 범죄율을 1963년의 범죄율과 비교해보면, 당신이 제 나이였을 때보다 지금 밖에서 노는 것이 더 안전합니다. 제가 성장하게 놓아두세요."

나는 1년 넘게 이 프로그램에 참여하고 있는 아이들을 만나러 로어노크 애비뉴 초등학교로 향했다. 이 학교는 많은 부모가 경제적 어려움을 겪고 있으며 최근 이민 온 사람이 많은 가난한 동네에 있다. 나는 먼저 아홉 살 반을 방문했는데, 아이들은 자신이 이 프로젝트에서 무엇을 했는지 신나서 말해주었다. 한 아이는 집 앞 거리에 레모네이드 가판대를 세웠다. 또 다른 아이는 동네에 있는 강까지 걸어가서 그곳에 쌓인 쓰레기를 주웠는데, 이렇게 하면 "거북이를 구할" 수 있다고 했다(이 아이가 이렇게 말하며 "거북이를 구하자! 거북이를 구하자!"라고 외치자 다른 아이 몇 명이 합세했다). 한 작은 여자아이는 이 프로젝트에 참여하기 전에는 "말 그대로 하루 종일 텔레비전 앞에 앉아 있었"다고 말했다. "머릿속에 뭔가를 해야겠다는 생각이 별로 떠오르지 않았어요." 이 소녀가 렛그로우에 참여하면서 처음 한 활동은 엄마를 위해 직접 요리를 하는 것이었다. 아이는 이 이야기를 하면서 신이 나서 손을 마구 흔들었다. 자신이 무언가를 할 수 있음을 알게 되었던 그때의 경험에 크게 감명받은 것 같았다.

자기 이야기를 들려주겠다고 선뜻 나서지 않는 아이들과도 대화를 나누고 싶어서, 창백하고 약간 진지한 표정을 한 남자아이에게 말을 걸었다. 아이는 작은 목소리로 말했다. "[집 뒷마당에] 나무에 매단 밧줄이 있어요." 아이는 밧줄을 타보겠다는 생각을 한 번도 해본 적이 없었다. "하지만 결국에는 이렇게 말했어요. 뭐, 시도는 해볼 수 있지." 아이는 밧줄을 타고 조금 위로 기어오르는 데 성공했다. 그리고 태어나서 처음으로 밧줄을 탄 기분이 어땠는지 설명하면서 배시시 미소 지었다.

어떤 아이들은 새로운 야망을 발견했다. 도나의 반에는 앞으로 L.B.라는 이름으로 부를 소년이 있었다. L.B.는 공부에 별 관심이 없었고, 수업 시간에 종종 딴 데 정신을 팔거나 지루해했다. L.B.에게 독서나 숙제를 시키려던 어머니는 L.B.와 끊임없이 갈등을 빚었다. L.B.는 렛그로우 프로젝트로 모형 보트 만들기를 선택했다. 그리고 나무 조각과 압축 스티로폼, 글루 건, 이쑤시개와 실을 모아놓고 매일 밤 치열하게 작업했다. 한 방법을 시도했으나 배가 부서졌다. 그래서 L.B.는 시도하고 또 시도했다. 결국 작은 배를 만드는 데 성공하고 친구들에게 보여준 L.B.는 뒷마당에 더 커다란 것, 자신이 들어가 잘 수 있는 실물 크기의 마차를 만들기로 마음먹었다. 그리고 창고에 있던 오래된 문과 아버지의 렌치 및 스크루드라이버를 챙겨 마차 제작법을 읽기 시작했다. L.B.는 이웃이 마당에 내놓은 오래된 대나무를 프레임으로 쓰게 해달라고 이웃을 설득했다. 그리고 얼마 지나지 않아 마차를 완성했다.

그때 L.B.는 더더욱 야심 찬 일을 벌이고 싶다고 생각했다. 바로 바다에 띄울 수 있는 수륙 양용 마차를 만드는 것이었다. 그래서 L.B.는 물에 뜨는 마차 만드는 법을 읽기 시작했다. 그는 나와 대화를 나누면서 제작 과정을 자세히 설명했다. 그리고 마차를 또 하나 만들 예정이라고 말했다. "훌라후프를 어떻게 잘라서 올릴지 알아내야 해요. 그다음에는 수축 포장으로 위를 덮어야 하고요." 이 프로젝트에 참여하는 기분이 어떤지 물었다. "실제로 손을 사용해서 재료를 만진다는 점이 달라요… 화면으로만 보는 게 아니라, 손으로 직접 무언가를 한다는 게 쿨하다고 생각해요." 의료비 청구 업체에서 일하는 L.B.의 어머니는 이렇게 말했다. "부모로서 아이가 제 손으로 얼마나 많은 것을 할 수 있는지 깨닫지 못했던 것 같아요." L.B.의 어머니는 아이의 변화를 지켜보았다. "자신감을 느낄 수 있어요. 아이는 점점 더 많은 것을 하고 싶어 하고, 자기만의 방식을 찾고 싶어 해요." 어머니의 얼굴이 자부심으로 빛났다. 아들에게 독서를 시키려는 몸부림도 끝이 났는데, 이제는 L.B.가 늘 제작법을 읽고 있기 때문이다.

놀라웠다. 해야 할 일을 끊임없이 지시받을 때(외재적 동기에 따라 행동할 것을 강요받을 때) L.B.는 집중하지 못하고 지루해했다. 그러나 놀이를 통해 무엇이 자신을 흥미롭게 하는지 알아낼 기회(내재적 동기를 개발할 기회)가 주어졌을 때 L.B.의 집중력은 활기를 띠며 몇 시간이나 쉬지 않고 배와 마차 제작에 몰입했다.

L.B.의 담임 선생님인 도나는 이후 L.B.가 수업 시간에 크게 바뀌었다고 말했다. 읽기 능력이 크게 향상되었으나 "L.B.는 그것을 '읽기'라고 여기지 않았는데, 그게 자신의 취미였기 때문"이었다. "그건 L.B.가 정말정말 좋아하는 활동이었어요." L.B.는 친구들 사

이에서도 입지를 다지기 시작했다. 아이들이 무언가를 만들고 싶어 할 때마다 L.B.를 찾았다. 그럴 수 있는 방법을 L.B.가 알고 있었기 때문이다. 도나는 이 모든 깊이 있는 학습과 관련해 "누구도 L.B.를 가르치지 않았"다고 말했다. "L.B.의 부모님은 그저 아이를 내버려두었어요… 아이 본인이 자기 머리로 직접 깨우쳤죠." 이 학교의 또 다른 교사인 게리 칼슨Gary Karlson은 이렇게 말했다. "그러한 배움은 L.B.가 학교에서 보내는 시간에 우리가 전달할 수 있는 그 어떤 학문보다 아이에게 큰 도움이 될 겁니다."

L.B.와 대화를 나누면서 그동안 여러 과학자를 통해 알게 된 집중력의 다른 측면에 대해 생각했다. 나는 이 측면이 현재 우리가 아이들의 집중력을 방해하는 다섯 번째 방식이라고 생각한다. 덴마크 오르후스의 심리학 교수인 얀 퇴네스방Jan Tonnesvang은 내게 본인이 '통달'이라고 칭하는 감각, 즉 자신이 무언가에 능숙하다는 감각이 모두에게 필요하다고 말했다. 그 감각은 기본적인 심리 욕구다. 자신이 무언가를 잘한다고 느낄 때는 그 일에 집중하기가 훨씬 수월하고, 자신이 무능하다고 느낄 때는 집중력이 소금에 전 달팽이처럼 쪼그라든다. L.B.의 말을 들으면서 나는 현재 우리의 학교 제도가 너무 편협해서 수많은 아이들(특히 남자아이들이 그렇다고 생각한다)이 자신이 잘할 수 있는 게 없다고 느끼게 만든다는 것을 깨달았다. 이 아이들의 학교 경험은 무능하다는 느낌으로 점철된다. 그러나 L.B.가 스스로 무언가를 통달할 수 있다고(그것을 잘할 수 있다고) 느끼기 시작하자 L.B.의 집중력이 자라나기 시작했다.

"삶은 안전지대에서 벗어나는 순간 시작된다"

이 프로그램의 또 다른 측면을 보고자 차로 30분 거리에 있는 롱아일랜드의 더 부유한 지역 중학교를 찾았다. 이 학교의 교사인 조디 마우리시Jodi Maurici는 한 해에 자기 학생 200명(12세에서 13세 사이) 중 39명이 불안 문제를 진단받았을 때 학생들에게 렛그로우 프로그램이 필요하다는 사실을 깨달았다고 말했다. 과거 그 어느 때보다도 상황이 심각했다. 그러나 조디가 13살 아이들에게 혼자서 무언가를(무엇이든) 해야 한다고 설명했을 때 많은 부모가 화를 냈다. "한 아이는 자기가 빨래를 하고 싶었는데 엄마가 '절대 안 돼. 넌 빨래 못 해. 네가 하면 엉망이 될 거야'라고 말했다고 하더라고요. 아이는 그때 낙담했어요… 낙담이라는 말은 과장이 아니에요." 학생들은 조디에게 "부모님은 내가 혼자서 해볼 수 있다고 생각조차 하지 않아요"라고 말했다. 조디는 이렇게 말했다. "아이들은 자신감이 없어요. 자신감은 작은 것들이 만들어주는 것이니까요."

조디의 학생들과 이야기를 나누면서 아이들이 프로그램을 시작할 때 얼마나 두려워했는지를 듣고 깜짝 놀랐다. 키가 크고 건장한 한 14살 소년은 원래는 납치와 "몸값 요구 전화"가 너무 무서워서 걸어서 시내에 나가지도 못했다고 말했다. 소년은 도로를 사이에 두고 프랑스식 빵집과 올리브오일 가게가 마주 보는 곳에 살았지만, 거의 전쟁 지역에서의 삶에나 어울릴 불안을 느꼈다. 렛그로우 프로그램은 이 소년에게 서서히 자율성의 맛을 느끼게 해주었다. 처음에는 자기 빨래를 직접 했다. 한 달 뒤에 이 소년의 부모는 아이가 집 근처를 한 블록 달리게 해주었다. 1년이 채 지나지 않았을 때 소년은 친구들과 팀을 이뤄 동네에 있는 숲에 요새를 지었고, 요즘은 그곳에서 친구들과 어울리며 많은 시간을 보낸다. 소년이 말했다. "우리는 거기 앉아서 이야기를 나눠요. 아니면 사소한 시합을 하거나요. 거기에 엄마들은 없어요. '엄마, 이것 좀 해줄 수 있어요?'라고 말할 수 없어요. 상황은 그런 식으로 돌아가지 않아요. 거기선 달라요." 이 소년과 대화를 나누면서 작가 닐 도널드 월시Neale Donald Walsch가 한 말을 떠올렸다. "삶은 안전지대에서 벗어나는 순간 시작된다."

리노어는 나와 함께 이 소년을 만나고 나서 이렇게 말했다. "역사와 인류 이전의 역사를 생각해보세요. 우리는 동물을 쫓아가서 잡아먹어야 했어요. 우리를 잡아먹으려 하는 동물에게서 몸을 숨기고, 다른 동물들을 찾아야 했어요. 쉼터를 지어야 했고요. 백만 년 동안 모두가 그렇게 살았는데, 우리가 지금 세대에게서 그걸 전부 빼앗은 거예요. 아이들은 자기가 쉴 곳을 직접 만들지 않고, 다른 아이들과 숨바꼭질을 하지 않아요… 아까 그 소년은 기회가 주어지자 숲으로 들어가서 자기 쉼터를 지었어요."

1년간 성장하고 만들고 집중한 L.B.와 그의 어머니는 어느 날 바다로 걸어가서 L.B.가 만든 수륙양용 마차를 물 위에 띄웠다. 그리고 바다를 향해 밀었다. 마차는 잠시 물 위에 떠 있다가 곧 가라앉았다. 두 사람은 집으로 돌아왔다.

"실망스러웠어요. 하지만 반드시 띄우겠다고 굳게 마음먹었어요. 그리고 실리콘을 발랐어요." L.B.가 말했다. 두 사람은 다시 바다를 찾았다. 이번에는 마차가 물에 떴고, L.B.와 어머니는 마차가 떠가는 모습을 지켜보았다. "자랑스러웠어요." L.B.가 말했다. "물에 뜬 걸 봐서 행복했어요."

그리고 두 사람은 집에 돌아왔다. L.B.는 만들고 싶은 다음 물건에 집중하기 시작했다.

처음에는 많은 부모가 아이들을 렛그로우 실험에 참여시키는 것을 무척 불안해했다. 그러나 리노어는 이렇게 말했다. "아이들이 자부심과 기쁨, 흥분을 느끼며, 어쩌면 약간 땀에 젖거나 배고파하면서 집 안에 들어와요. 다람쥐를 봤을 수도 있고, 우연히 친구와 만났을 수도 있고, 25센트 동전을 주웠을 수도 있어요. 부모들은 아이가 상황에 알아서 잘 대처했다는 것을 알게 돼요. 한번 이런 경험을 하면 부모들은 너무 자랑스러워서 생각을 바꿔요. '정말 잘했어, 기특하구나' 하고요. 부모를 바꾸는 건 이런 거예요. 제가 이러저러해야 아이들에게 좋다고 말하는 게 아니라요… 실제로 부모가 바뀌는 유일한 방법은 자신들의 감시나 도움 없이 자녀가 뭔가를 하는 장면을 목격하는 것뿐이에요… 사람들은 자신이 본 것만 믿어요. 아이들이 꽃피는 모습을 보면 나중에 부모들은 왜 진작 아이들을 믿어주지 못했는지 의아해해요. 사람들의 머릿속 그림을 바꿔야 해요."

리노어를 비롯해 그와 협력한 과학자들에게 많은 것을 알게 된 뒤로 아이들이 집에서뿐만 아니라 학교에서도 전보다 더 갇혀 있는 것은 아닐까 싶었다. 나는 자문했다. 오늘날 학교가 조직되는 방식은 아이들이 건강한 집중력을 개발하도록 돕고 있을까, 아니면 사실은 방해하고 있을까?

내가 받은 교육을 되돌아보았다. 11살이던 나는 중학교에 입학한 첫날에 쌀쌀한 교실의 나무 책상 앞에 앉아 있었다. 한 선생님이 교실에 있는 모든 아이들에게 종이를 한 장씩 나눠주었다. 내려다보니 종이 위에는 작은 네모로 가득한 격자판이 있었다. 선생님이 이렇게 말했던 기억이 난다. "이게 너희들 시간표다. 매일 몇 시에 어디로 가야 하는지 나와 있다." 나는 시간표를 쳐다보았다. 수요일 오전 9시에는 목공을 배우고 있어야 했다. 오전 10시에는 역사였고, 오전 11시에는 지리학이었다. 화가 치미는 것을 느끼며 주위를 둘러보았다. 나는 생각했다. 잠깐, 이게 뭐지? 수요일 아침 9시에 내가 해야 할 일을 지시하는 이 사람들은 누구지? 내가 범죄를 저지른 것도 아닌데. 왜 날 죄수 취급하는 거야?

손을 들고 왜 이런 수업을 받아야 하는지, 왜 내가 흥미로운 것들을 배우지 못하는지 물었다. "왜냐하면 그렇게 해야 하니까." 선생님이 말했다. 만족스러운 대답이 아니었기에 나는 그 말이 무슨 뜻인지 물었다. 당황한 선생님은 "내가 그렇게 해야 한다고 말하니까"라고 답했다. 그날 이후 모든 수업에서 왜 우리가 이것을 배우고 있느냐고 물었다. 대답은 늘 똑같았다. 시험을 봐야 하니까, 그냥 그래야 하니까, 내가 그러라고 하니까. 일주일 후에 "입 닥치고 공부나 해"라는 말을 들었다. 집에 있을 때는 내가 선택한 것들을 며칠이고 계속 읽을 수 있었다. 학교에서는 5분도 채 읽기를 이어가지 못했다(당시는 ADHD 개념이 영국에 확산되기 전이어서 각성제를 처방받지 않았다. 그러나 오늘날이었다면 각성제를 처방받았으리라 생각한다).

나는 언제나 배우는 게 좋았고, 언제나 학교가 싫었다. 리노어를 만나기 전까지 오랫동안 이것이 모순이라 생각했다. 그러나 내가 학교를 싫어했던 이유는 수업이 주로 파편화된 암기식 교육이고 내게 의미 있는 것이 거의 없었기 때문이다. 교육은 내가 학교에 다니던 25년 전 이후로 계속해서 의미를 잃어가고 있다. 서구 대부분 지역에서 정치인들이 시험을 더욱 우선시하도록 학교 제도를 급격히 바꾸었다. 놀이와 음악, 휴식을 비롯한 시험 이외의 거의 모든 것이 꾸준히 밀려나고 있다. 학교 대부분이 진보적이었던 황금시대 같은 것은 존재한 적 없지만, 학교 제도가 효율성이라는 편협한 비전을 중심으로 변하고 있다. 2002년 조지 W. 부시가 낙제학생방지법No Child Left Behind Act에 서명했고, 이로써 표준화된 시험이 미국 전역에서 증가했다. 이후 4년간 심각한 집중력 문제를 진단받은 어린이가 22퍼센트 늘었다.[11]

아이들이 집중력을 기를 수 있게 도와준다는 요인들을 전부 되돌아봤다. 우리의 학교들은 전만큼 아이들에게 운동을 시키지 않는다. 전만큼 놀게 하지도 않는다. 미친 듯이 시험을 쳐서 불안을 가중한다. 아이들이 자신의 내재적 동기를 찾을 수 있는 환경을 만들지 않는다. 그리고 많은 학생에게 통달감, 즉 자신이 무언가를 잘한다는 감각을 기를 기회를 주지 않는다. 그러는 내내 많은 교사가 학교를 이러한 방향으로 끌고 가는 것은 좋지 않다고 경고했지만, 정치인들은 학교 재정 지원을 이러한 흐름에 결부시켰다.

어린이들에게는 욕구가 있다

더 나은 방법이 있는지 궁금했다. 그래서 다른 방식으로 교육에 접근하는 학교에 방문해 내가 무엇을 배울 수 있을지 확인하기로 했다. 1960년대 말 매사추세츠에서 자기 자녀들이 받는 학교 교육에 불만을 가진 한 무리의 부모들이 처음에는 미친 것처럼 보일 수 있는 일을 벌이기로 했다. 이들은 선생님도, 수업도, 교육과정도, 숙제도, 시험도 없는 학교를 열었다. 이 학교의 설립자 중 한 명은 내게 학교가 어떤 모습일 수 있는지를 보여주는 전혀 다른 본보기를 처음부터 새로 만드는 것이 목표였다고 말했다. 나는 그로부터 50년도 더 지난 뒤에 그들이 세운 학교에 도착했다. 서드베리 밸리 스쿨이라는 이름의 이 학교는 밖에서 보면 약간 허름한 다운튼애비(영국 시대극 드라마의 배경이 되는 성 – 옮긴이)처럼 보인다. 이 학교의 건물은 숲과 외양간과 계곡으로 둘러싸인 거대하고 널찍한 옛날식 대저택이다. 모든 곳에 소나무 향기가 가득해서, 마치 숲속의 공터에 들어선 듯하다.

해나라는 이름의 18살 학생이 내게 학교를 안내해주며 학교가 어떻게 돌아가는지 설명해주겠다고 했다. 처음에 우리는 피아노실 옆에 서 있었고, 아이들이 자유롭게 주위를 오갔다. 해나는 자신이 이 학교에 오기 전에 평범한 미국 고등학교를 다녔다고 설명했다. "학교가 너무 무서웠어요. 아침에 일어나기가 싫었어요. 너무 불안했고요. 억지로 학교에 가서 하루를 버틴 다음에는 최대한 빨리 집에 돌아왔어요. 가만히 앉아서 별 도움도 안 되는 내용을 배우는 게 정말 힘들었어요." 그래서 해나는 4년 전 이 학교에 도착했을 때 "매우 충격적"이었다고 말했다. 해나는 동료 학생들과 직접 체계를 만든다는 것 외에 서드베리에 다른 체계는 없다는 설명을 들었다. 시간표도, 수업도 없다. 학생은 자신이 배우고 싶은 것을 배운다. 시간을 어떻게 보낼지 스스로 선택한다. 배우고 싶은 내용이 있으면 직원(주위를 돌아다니며 아이들에게 도움을 준다)에게 가르쳐달라고 부탁할 수 있지만 꼭 그래야 하는 것은 아니다.

아이들에게 그러면 온종일 무엇을 하느냐고 물었다. 네 살에서 11살인 아이들은 주로 놀라울 만큼 정교하고 몇 달씩 이어지기도 하는 직접 만든 게임으로 〈왕좌의 게임〉 어린이 버전 같은 서사시적 신화를 만들며 시간을 보낸다. 학생들은 자기 종족으로 고블린과 용에 맞서 싸우며, 학교의 넓은 땅에 요새를 짓는다. 해나는 바위들을 가리키며 이 게임을 통해 "아이들이 문제 해결 능력을 습득"한다고 말했다. "아이들이 직접 이 요새를 짓고 있잖아요. 게다가 집단 내에 갈등이 벌어지면 그걸 해결해야 해요. 어떻게 하면 창의적으로 다르게 생각할 수 있는지 배우는 거예요."

나이가 더 많은 학생들은 무리를 이뤄서 요리나 도예, 음악 같은 것을 가르쳐달라고 요청한다. 해나는 학생들이 그때그때 배우고 싶은 것에 몰두한다고 말한다. "흥미로운 주제를 발견하면 그 주제에 달라붙어서 며칠이나 몇 주 동안 관련 내용을 조사하고 읽어요. 그다음에 다음 주제로 넘어가는 거예요… 저는 의학에 관심이 많아요. 그래서 특정 의학 분야를 열심히 찾아 읽고 최대한 많은 것을 배우려 해요. 그러다 도마뱀으로 넘어가요. 도마뱀은 제가 제일 좋아하는 동물이기 때문에 도마뱀에 관한 책을 많이 읽어요. 요즘은 많은 친구들이 하루 종일 종이접기를 하는데 진짜 멋져요." 해나는 작년에 직원의 도움을 받아 히브리어를 독학했다.

해나는 나와 함께 학교 부지를 걸으며 규칙을 직접 만들어야 한다는 사실이 규칙 없음을 의미하지는 않는다고 말했다. 오히려 그 반대다. 매일 있는 회의를 통해 학교의 모든 규칙을 만들고 투표에 부친다. 모두가 회의에 참석해 의견을 낼 수 있고, 모두가 투표에 참여할 수 있다. 네 살부터 성인 직원에 이르는 모두가 똑같은 발언권과 똑같은 한 표를 갖는다. 학교는 지난 수년간 꼼꼼한 규칙을 만들어왔다. 그 규칙을 위반하다가 걸리면 모든 나이대의 학생을 대표하는 배심원단에게 재판을 받고, 배심원단이 처벌을 결정한다. 예를 들어 나뭇가지를 꺾으면 배심원단은 몇 주간 나무를 탈 수 없다는 판결을 내릴 수 있다. 이 학교가 얼마나 민주적이냐면, 어린아이들도 매년 각 직원의 재계약을 결정하는 투표에 참여한다.

우리는 함께 걸으며 댄스 연습실과 컴퓨터실, 책으로 뒤덮인 벽을 지났다. 이 학교의 학생들은 오로지 자신에게 의미 있는 것만 한다는 사실이 명백해졌다. "상상력과 창의력을 발휘하지 않는 건 자신을 상자에 가두는 것과 같아요." 해나가 말했다. "저는 사실 정보 하나하나를 다 알아야 한다는 압박을 별로 안 받아요. 핵심 아이디어나 가장 중요한 내용은 뇌 안에 남아 있을 거라고 믿어요. 시험이 없다는 것도 내 시간을 배우는 데 쓸 자유를 줘요." 나는(그리고 내가 아는 모든 사람은) 이와 매우 다른 제도에서 성장했기에, 처음에는 이 학교의 체계가 너무나도 기이해 보였다. 아무것도 하지 않을 자유가 있다는 점을 고려하면 아이들 대다수가 미친 것처럼 날뛰거나 방종해지지는 않을까? 서드베리에는 공식적인 읽기 수업조차 없다. 학생들이 직원이나 다른 학생에게 잘 읽는 법을 가르쳐달라고 부탁할 수는 있지만 말이다. 그래서 처음에 나는 분명 제대로 읽고 쓰지 못하는 사람이 생길 거라고 생각했다.

이러한 종류의 교육이 어떤 결과를 낳는지 알고 싶어서 서드베리 밸리 스쿨의 졸업생들을 추적 관찰한 보스턴 대학의 연구 심리학자인 피터 그레이 교수를 인터뷰했다. 이 학교의 졸업생들은 현대 세계에서 제대로 기능하지 못하는 무절제한 만신창이가 되었을까? 피터는 졸업생의 50퍼센트 이상이 대학 교육을 받은 것으로 드러났으며 졸업생 대부분이 "자신이 관심 있고 생계를 유지할 수 있는 분야에서 놀라울 만큼 성공적으로 직업을 찾았다.[12] 학생들은 경영과 예술, 과학, 의학, 그 밖의 서비스업, 기술직을 비롯한 다양한 직업에서 성공적으로 활동을 이어갔다"라고 썼다. 다른 지역의 비슷한 아이들에게서도 유사한 결과가 나왔다. 피터의 연구는 서드베리의 학생들처럼 "정규 교육을 받지 않은" 아이들이 다른 아이들보다 대학 교육을 받을 확률이 더 높다는 사실을 발견했다.[13]

어떻게 그럴 수 있을까? 피터는 대부분의 인류 역사상 아이들이 서드베리에서와 같은 방식으로 학습했다고 설명했다. 그는 수렵채집 사회(진화의 측면에서는 그저께라 할 수 있는 시기까지 인류가 살았던 방식)의 아이들에 관해 지금까지 쌓인 증거를 연구했다.[14] 수렵채집 사회의 아이들은 놀고, 배회하고, 어른을 모방하고, 질문을 엄청 많이 하며, 정식 교육을 별로 받지 않고도 시간이 흐르면서 서서히 유능해진다. 피터는 역사에서 예외는 서드베리가 아니라 현대의 학교라고 설명했다. 현대적 학교는 매우 최근인 1870년대에 고안된 것으로, 자리에 가만히 입 닥치고 앉아 시키는 일을 하도록 아이들을 훈련해 공장 노동을 준비시키는 것이 그 목적이었다. 피터는 아이들이 호기심을 느끼고 자신이 처한 환경을 탐험하도록 진화했다고 말했다. 아이들은 자연히 배우기를 원하고, 흥미로워 보이는 활동을 추구할 수 있을 때 자발적으로 학습한다. 아이들은 주로 자유롭게 놀면서 배운다. 피터의 연구는 서드베리의 교육이 학습에 문제가 있다는 말을 들었던 아이들에게 특히 큰 효과를 보였음을 발견했다. 피터가 연구한 학생 중 서드베리에 오기 전에 "심각한 학습 장애"가 있다고 여겨진 11명 가운데 네 명이 학사 학위를 받았고 5분의 1이 대학에 입학했다.

이 연구 결과는 중요하지만 약간 조심스럽게 다뤄야 할 필요가 있다. 서드베리 밸리 스쿨의 학비는 1년에 7500달러에서 1만 달러다. 그러므로 이곳에 자녀를 보낸 부모들은 이미 나머지 인구보다 재정적으로 유리하다. 이 말은 곧 그들의 자녀가 이미 (어떠한 경우에서든) 대학에 진학할 확률이 더 높다는 뜻이며, 부모 본인이 집에서 아이들을 가르칠 확률도 더 높다. 그러므로 서드베리 밸리 스쿨의 학생들이 성공하는 원인을 오롯이 학교에 돌려서는 안 된다.

그러나 피터는 실제로 이러한 교육 모델이 전통적인 학교와는 다른 방식으로 진정한 학습을 북돋는다고 주장한다. 그리고 그 이유를 이해하려면 동물에게서 놀이를 빼앗았을 때 무슨 일이 벌어지는지에 대한 증거를 살펴봐야 한다고 말한다.[15] 예를 들어 그는 자신이 두 집단의 쥐를 비교한 한 대표적 연구(이후에 나도 읽어보았다)에 충격을 받고 이 주제를 연구하기 시작했다고 말했다. 이 연구에서 첫 번째 집단에 속한 쥐들은 다른 쥐들과 전혀 놀 수 없었다. 두 번째 집단의 쥐들은 하루에 한 시간씩 다른 쥐와 놀 수 있었다. 과학자들은 이 두 집단의 쥐들이 성장하는 과정을 지켜보며 차이가 나타나는지 확인했다. 성체가 되었을 무렵 놀이를 박탈당한 쥐들은 두려움과 불안이 훨씬 컸고, 예기치 못한 상황에 대처하는 능력이 부족했다. 다른 쥐와 함께 놀았던 쥐들은 더 용감했고, 여기저기를 탐험할 확률이 더 높았으며, 새로운 상황에 대처하는 능력이 뛰어났다. 과학자들은 양 집단에서 새로운 문제의 해결 능력을 시험하고자 새 순서를 파악해야 음식을 먹을 수 있는 환경을 조성했다. 그 결과 어렸을 때 다른 쥐와 놀 수 있었던 쥐들이 훨씬 더 영리한 것으로 드러났다.[16]

서드베리에서 해나는 아무 이유도 의미도 없는 표준화된 학교 교육의 닦달에서 벗어나자 "교육이 더욱 감사하고, 배우는 게 더 신나고, 여러 다양한 것을 추구하고 싶"다는 것을 알게 되었다고 말했다. "억지로 강요받는다는 느낌이 안 드니까 의욕이 생겨요." 해나의 이 말은 성인과 아이 모두 의미 있는 일일수록 더 쉽게 집중하고 배운다는 광범위한 과학적 증거에 잘 들어맞는다. 표준화된 교육은 학습의 의미를 너무 자주 없앤다. 이와 달리 진보적인 교육은 모든 것에 의미를 불어넣으려 한다. 이러한 이유로 이 문제에 관한 가장 훌륭한 연구에 따르면 진보적인 학교에 다니는 학생은 학교에서 배운 내용을 더 오래 기억하고, 계속 배우고자 하고, 자신이 배운 내용을 새로운 문제에 적용할 확률이 높다. 내게 이것은 가장 귀중한 형태의 집중력으로 보인다.

서드베리 바깥에 서서 해나는 예전에는 학교가 끝나기만을 기다렸는데 이제는 "집에 가기 싫"다고 말했다. 나와 이야기를 나눈 다른 아이들도 내게 비슷한 생각이라고 말한 뒤 다른 아이들과 함께 집단 활동을 하러 우르르 뛰어갔다. 우리가 교육으로 여기는 모든 것을 거의 다 내던지면서도(모든 시험과 평가, 심지어 정규 수업까지) 여전히 읽고 쓸 수 있고 사회에서 기능할 수 있는 사람을 배출한다는 것이 놀라웠다. 이 사실은 우리가 전전긍긍하며 아이들에게 시키는 교육이 얼마나 (잘해봐야) 무의미한지를 보여준다.

개인적으로 나의 본능은 서드베리가 다소 지나치다고 말한다. 나는 더 큰 자유와 성인의 지도를 섞을 방법이 있는지 알아보고자 다른 진보적 학교들을 방문했다. 그중 가장 마음에 들었던 곳은 베를린에 있는 베를린중앙복음학교Evangelische Schule Berlin Zentrum였다. 그곳 학생들은 집단을 이루어 조사하고 싶은 주제를 결정하는데, 내가 방문했을 때의 주제는 인간이 우주에서 살 수 있는가였다. 그러면 한 학기 내내 수업의 절반이 그 질문 중심으로 구성된다. 학생들은 로켓 제작법에 관한 물리학, 인간이 달로 나아간 역사, 다른 행성에서 무엇이 자랄 수 있는가에 관한 지리학을 연구한다. 이 수업들은 하나의 커다란 공동 프로젝트로 이어져서, 학생들은 말 그대로 교실에서 로켓을 만들고 있었다. 이런 식으로, 작게 쪼개서 기계적으로 외울 때는 딱딱하고 지루해 보였던 주제들에 의미가 생겼고, 학생들은 이 주제에 대해 더 많이 알고 싶어 했다.

나는 너무 다른 제도에서 성장했기에 이런 대안 교육에 계속 의심이 들었다. 그러나 계속 한 가지 중요한 사실로 되돌아왔다. 그 사실은, 전 세계 성취도 평가표에서 종종 가장 훌륭한 학교들이 있다고 평가받는 국가인 핀란드가 이러한 진보적 모델에 가장 가깝다는 것이다. 핀란드의 아이들은 7세가 되기 전까지 아예 학교에 가지 않는다. 아이들은 그때까지 그냥 논다. 7세에서 16세 사이의 아이들은 오전 9시에 학교에 도착하고 오후 2시에 하교한다. 숙제는 거의 없고, 고등학교를 졸업할 때까지 시험도 거의 없다. 핀란드 아이들 삶의 고동치는 심장에는 자유로운 놀이가 있다. 법적으로 핀란드의 교사들은 45분 지도할 때마다 15분의 자유 놀이 시간을 줘야 한다. 그 결과는? 핀란드 어린이의 겨우 0.1퍼센트만이 집중력 문제를 진단받으며, 핀란드인은 세계에서 읽고 쓰는 능력과 산술 능력이 가장 뛰어나고 가장 행복한 사람들 중 하나다.

내가 서드베리를 떠날 때 해나는 평범한 고등학교에 다니던 시절 "자신이 책상에 앉아 있고 전부 잿빛이었던 것"이 기억난다고, 자신에게 그때는 "이런 이상한 이미지"라고 말했다. 그리고 친구들이 여전히 그러한 교육제도에 갇혀 있는 상황이 걱정된다고 했다. "친구들도 그걸 싫어해요. 그 친구들에게 다른 것을 해볼 기회가 없다는 게 속상해요."

오늘날 성인은 어린이와 10대들이 집중에 어려움을 겪는 듯 보인다는 사실을 알게 되면 종종 지긋지긋함과 짜증이 깃든 우월감을 느끼며 말을 얹는다. 그 말들은 이런 의미를 내포한다. 이 열등해진 세대를 봐! 우리가 얘네보다 낫지? 재네는 왜 우리처럼 못할까? 하지만 이 모든 사실을 알게 된 뒤 나는 완전히 다르게 생각하게 되었다. 어린이에게는 욕구가 있다. 그리고 그러한 욕구를 충족시키는 환경을 조성하는 것은 어른인 우리의 일이다. 이 문화에서 우리는 대체로 아이들의 욕구를 채워주지 않는다. 자유롭게 놀지 못하게 하고, 전자기기 화면으로 소통하는 것 외에는 별로 할 게 없는 집 안에 아이들을 가두며, 우리의 학교 제도는 대개 아이들을 무감각하고 지루하게 한다. 우리가 아이들에게 먹이는 음식은 에너지를 급격히 떨어뜨리고, 약물처럼 아이들을 들뜨게 할 수 있는 첨가제가 들었으며, 아이들에게 필요한 영양소는 없다. 우리는 뇌를 망가뜨리는 대기 속 화학물질에 아이들을 노출시킨다. 아이들이 집중하는 법을 배우지 못하는 것은 아이들의 잘못이 아니다. 그건 우리가 아이들을 위해 만든 이 세상의 잘못이다.

리노어는 지금도 부모들과 대화를 나눌 때 어렸을 때 가장 행복한 순간이 언제였는지 말해달라고 한다. 그때는 거의 언제나 자유로웠던 순간이다. 요새를 짓고, 친구들과 숲속을 걸어 다니고, 동네에서 뛰어놀았던 때. 리노어는 부모들에게 말한다. "요즘 부모들은 돈을 아끼고 모아서 아이들을 댄스 수업에 보내요. 하지만 결국, 자신이 가장 사랑했던 것은 아이들에게 주지 않아요." 리노어는 계속 이래야 할 필요는 없다고 말한다. 이와는 다른 어린 시절이 우리 아이들을 기다리고 있다. 우리가 함께 그 시절을 되살려내려고 노력한다면 말이다. 그렇게 하면, 배를 만들던 L.B.처럼 아이들이 다시 깊이 집중하는 법을 배울 수 있다.

에필로그

집중력 반란

이 책이 자기계발서였다면 유쾌할 만큼 단순한 결론을 내놓을 수 있었을 것이다. 그런 책들은 매우 만족스러운 구조로 구성되어 있다. 저자는 문제를 파악한 뒤(보통은 본인도 겪었던 문제다) 자신이 개인적으로 그 문제를 어떻게 해결했는지 설명한다. 그리고 말한다. 독자 여러분, 여러분도 저처럼 할 수 있습니다. 그러면 문제에서 자유로워질 거예요. 그러나 이 책은 자기계발서가 아니며, 내가 여러분에게 말해야 할 내용은 이보다 더 복잡하다. 즉, 나 역시 이 문제를 완전히 해결하지 못했음을 먼저 인정하겠다는 뜻이다. 봉쇄령이 내려진 가운데 이 글을 쓰는 지금, 나의 집중력은 그 어느 때보다 엉망이다.

나의 집중력은 마치 꿈처럼 기이했던 달에 붕괴하기 시작했다. 2020년 2월, 나는 모스크바행 비행기에 탑승하기 위해 히스로 공항으로 걸어 들어갔다. 앞에서 계속 인용한 전前 구글 전략가 제임스 윌리엄스를 인터뷰하러 가는 길이었다. 고립감을 느끼게 하는 공항의 노란 불빛 사이로 탑승 게이트를 향해 서둘러 걸어가는데, 어딘가 이상했다. 직원 몇 명이 마스크를 쓰고 있었다. 물론 중국 우한에서 발생한 신종 바이러스 소식을 뉴스에서 이미 보았지만, (수많은 사람이 그랬듯) 몇 년 전의 돼지독감이나 에볼라 위기 때처럼 이 바이러스도 전 세계적 유행병이 되기 전에 억제되리라 추측했다. 나는 그들의 행동이 편집증적이라 생각하며 약간 짜증을 느낀 뒤 비행기에 탑승했다.

비행기에서 내려 이상할 만큼 따뜻한 러시아의 겨울로 들어섰다. 땅에 눈이 쌓여 있지 않았고, 사람들은 티셔츠를 입고 자기 털 코트를 헐값에 팔고 있었다. 눈이 으스스할 만큼 없는 거리를 걸으면서 작아지고 방향을 잃은 느낌이 들었다. 모스크바는 모든 것이 거대하다. 사람들은 엄청나게 큰 콘크리트 덩어리인 아파트에 살고, 못생긴 요새에서 일하며, 그 사이로 8차선 고속도로를 터덜터덜 건넌다. 이 도시는 집단은 거대해 보이고 개인인 우리는 바람에 날리는 먼지처럼 느껴지게 설계되었다. 제임스는 19세기에 지은 모스크바의 아파트에 살고 있었고, 러시아 고전소설로 가득 찬 커다란 책장 앞에 그와 함께 앉으니 어쩌다 톨스토이 소설 속에 들어온 듯한 느낌이 들었다. 제임스가 그곳에 사는 이유는 아내가 세계보건기구에서 일하고 있기 때문이기도 하고, 그가 러시아의 문화와 철학을 좋아하기 때문이기도 했다.

집중력의 세 가지 형태

제임스는 몇 년간 집중력을 연구한 뒤 집중력에는 세 가지 형태가 있으며, 오늘날 우리가 그 세 가지를 전부 빼앗기게 되었다고 말했다. 함께 그것들을 살펴보면서 그때까지 알게 된 내용 중 많은 부분이 명료하게 이해되었다.

그는 집중력의 첫 번째 층이 스포트라이트라고 말했다. 스포트라이트는 "지금 부엌으로 가서 커피를 내릴 거야" 같은 "즉각적인 행동"에 집중하는 것을 의미한다. 안경을 찾고 싶은가? 냉장고 안을 보고 싶은가? 책의 이번 장을 끝까지 읽고 싶은가? 이때 필요한 집중력의 이름이 스포트라이트인 이유는, 앞에서 설명했듯이 초점을 한곳으로 좁히기 때문이다. 이 스포트라이트가 분산되거나 방해받으면 우리는 이런 단기적 행동을 수행하지 못한다.

집중력의 두 번째 층은 스타라이트, 즉 별빛이다. 스타라이트는 "장기적인 목표, 그러니까 시간이 드는 프로젝트"에 적용할 수 있는 집중력이다. 우리는 책을 집필하고 싶다. 사업을 차리고 싶다. 좋은 부모가 되고 싶다. 이 집중력의 이름이 스타라이트인 이유는, 길을 잃은 것 같을 때 별을 올려다보면 자신이 향하던 방향을 다시 찾을 수 있기 때문이다. 제임스는 이 스타라이트를 놓치면 "장기적 목표를 잃게" 된다고 말했다. 우리는 자신이 어디로 향하고 있었는지 잊기 시작한다.

집중력의 세 번째 층은 데이라이트, 즉 햇빛이다. 데이라이트는 애초에 자신의 장기적 목표가 무엇인지 파악하게 해주는 집중 형태다. 자신이 책을 쓰고 싶다는 것을 어떻게 아는가? 사업을 시작하고 싶다는 것을 어떻게 아는가? 좋은 부모가 된다는 것의 의미를 어떻게 아는가? 심사숙고하며 명료하게 생각할 수 없다면 이런 질문의 답을 알아낼 수 없다. 제임스가 이러한 집중력에 데이라이트라는 이름을 붙인 이유는, 눈앞의 광경이 햇빛으로 가득할 때에만 주변 상황을 명료하게 바라볼 수 있기 때문이다. 제임스는 산만해져서 이 햇빛의 감각을 잃으면 "여러 면에서 자신이 누구인지, 무엇을 하고 싶었는지, 어디로 향하고 싶은지조차 파악하지 못할 수 있"다고 말한다.

그는 데이라이트의 상실이 "가장 심각한 형태의 산만함"이며 심지어 우리가 "분열되기" 시작할 수도 있다고 믿는다. 그때가 되면 우리는 더 이상 자신을 이해할 수 없는데, 자신이 누구인지에 대한 이야기를 만들어낼 정신적 공간이 없기 때문이다. 우리는 하찮은 목표에 집착하거나, 리트윗 같은 바깥세상의 지극히 단순한 신호에 의존하게 된다. 폭포처럼 쏟아지는 방해 요소 속에서 자기 자신을 잃는다. 우리가 별빛과 햇빛을 발견할 수 있는 것은 오로지 성찰과 공상, 사색을 지속할 때뿐이다. 제임스는 집중력 위기가 우리에게서 이 세 가지 형태의 집중력을 전부 빼앗아가고 있다고 믿게 되었다. 우리는 자신의 빛을 잃고 있다.

제임스는 다른 비유도 들었다. 이따금 해커들은 특정한 방식으로 웹사이트를 공격한다. 엄청나게 많은 컴퓨터로 일시에 웹사이트에 접속하는 것인데, 이렇게 하면 "트래픽 처리 능력이 한계에 다다라서 그 누구도 이 웹사이트에 접속할 수 없게 되고, 웹사이트는 다운"된다. 고장 나는 것이다. 이를 "서비스 거부 공격denial of service attack"이라고 한다. 제임스는 우리 모두가 머릿속에서 서비스 거부 공격과 비슷한 것을 겪고 있다고 생각한다. "우리가 그 서버입니다. 수많은 것들이 정보를 퍼부어서 우리의 주의를 낚아채려 하고 있죠… 이러한 공격은 우리의 대응 능력을 약화합니다. 우리를 산만하거나 마비된 상태로 만들어요." 정보는 우리를 완전히 잠식해 "우리의 세상을 가득 채우고, 우리는 넓은 시각에서 자신이 산만한 상태임을 깨닫고 무슨 조치를 취할지 파악하기가 불가능"해진다. 제임스는 "우리의 온 세상이 식민지화될 수 있"다고 말했다. 우리는 완전히 고갈되어 "공격에 맞설 공간을 확보하지 못"한다.

제임스의 아파트에서 나와 모스크바의 거리를 걸으며 네 번째 형태의 집중력이 있지는 않을지 생각하기 시작했다. 나는 그 네 번째 집중력을 스타디움 라이트, 즉 경기장의 빛이라 부르려 한다. 스타디움 라이트는 서로를 보고, 서로의 소리를 듣고, 집단의 목표를 세워 이를 이루고자 함께 싸우는 능력이다. 이 능력이 사라졌을 때 무슨 일이 벌어지는지를 보여주는 무서운 사례를 주변에서 목격할 수 있었다. 당시 나는 겨울의 모스크바에 있었는데, 날씨가 너무 따뜻해서 사람들이 티셔츠 차림으로 다녔다. 시베리아에서 막 폭염이 시작된 참이었다(내가 쓰게 될 거라고 한 번도 생각해본 적 없는 문장이다). 기후위기가 이만큼 명백할 수는 없었다. 모스크바도 10년 전 심각한 산불이 발생해 연기로 숨이 막힌 적이 있었다. 그러나 러시아에서도, (이 위기의 규모를 고려했을 때) 전 세계 그 어디에서도 기후행동을 거의 찾아볼 수 없다. 우리의 주의는 덜 중요한 것들에 쏠려 있다. 이 문제에 있어서 내가 다른 누구보다 책임이 크다는 것을 알았다. 나는 나의 끔찍한 탄소 배출량에 대해 생각했다.

런던으로 돌아오는 비행기 안에서 이 긴 여행을 통해 집중력에 대해 무척 많이 알게 되었으며 내 문제도 차근차근 조금씩 해결할 수 있으리라는 생각이 들었다. 비행기에서 내리자 이제 공항에서 일하는 모든 사람이 마스크를 쓰고 있었고, 가판대의 신문에는 사람들이 바닥이나 복도에서 죽어가는 이탈리아 병원들의 사진으로 가득했다. 그때는 몰랐지만 당시는 전 세계에서 비행이 거의 다 중단되기 직전이었다. 얼마 지나지 않아 히스로 공항은 소리가 울릴 만큼 텅 빌 것이었다.

며칠 뒤 집으로 걸어가는 중에 이가 떨리는 것이 느껴졌다. 런던도 겨울이 따뜻했고, 그냥 찬바람이 들었나 보다 생각했지만, 집에 도착하고 30분이 지났을 때쯤에는 온몸이 덜덜 떨리고 있었다. 나는 침대로 기어 들어갔고, 3주간 화장실 가는 것을 빼고 침대에서 나오지 못했다. 고열이 나서 열병을 앓다가 헛것까지 보였다. 무슨 상황인지 깨달을 무렵 당시 영국 총리였던 보리스 존슨이 텔레비전에 나와 모두에게 집에 있으라고 당부했고, 곧 그도 병원에 입원해서 거의 죽을 뻔했다. 현실의 벽이 무너지기 시작하는, 스트레스가 심한 꿈 같았다.

팬데믹이 우리 집중력에 가져온 변화

집중력 향상을 위해 이 여정에서 배운 것을 지금 이 순간까지 꾸준히 적용해오고 있다. 나는 삶에서 여섯 가지 큰 변화를 만들었다.

첫째, 사전 약속을 이용해 지나친 전환을 멈추려 했다. 사전 약속은 행동을 바꾸고 싶을 때 미래에 그 바람을 굳게 유지해줄 조치를 취함으로써 나중에 결심을 깨기 어렵게 만드는 것을 뜻한다. 나에게 중요한 조치는 케이세이프를 구매하는 것이었다. 앞에서 짧게 언급했듯이, 케이세이프는 열 수 있는 뚜껑이 달린 대형 플라스틱 금고다. 핸드폰을 안에 넣고 뚜껑을 닫은 다음 위에 달린 다이얼을 돌려 원하는 시간을 설정하면(15분에서 2주까지 가능), 내가 선택한 시간만큼 핸드폰을 가둬놓을 수 있다. 이 여정을 떠나기 전에는 케이세이프를 드문드문 사용했다. 요즘은 매일 빠짐없이 사용하고, 덕분에 긴 시간 집중할 수 있다. 노트북에서는 프리덤이라는 이름의 프로그램을 사용하는데, 프리덤은 내가 선택한 시간만큼 인터넷을 차단해준다(이 문장을 쓰는 지금은 세 시간에서부터 카운트다운되고 있다).

둘째, 나의 산만함에 반응하는 방식을 바꾸었다. 원래는 자책하며 스스로에게 이렇게 말하곤 했다. 넌 게을러, 넌 부족해, 도대체 문제가 뭐야? 스스로를 부끄럽게 해서 더 집중하게 만들려고 했다. 요즘은 미하이 칙센트미하이에게서 배운 것을 토대로, 전과는 매우 다른 대화를 나 자신과 나누고 있다. 나는 이렇게 묻는다. 지금 무엇을 해야 몰입 상태에 빠져들어 깊이 집중할 수 있는 능력에 가닿을 수 있을까? 미하이가 가르쳐준 몰입의 주 요소를 떠올리고 자신에게 이렇게 말한다. 지금 할 수 있는 유의미한 활동이 무엇일까? 무엇이 내 능력의 한계에 있을까? 어떻게 하면 지금 이 기준에 맞는 활동을 할 수 있을까? 나는 몰입 상태를 추구하는 것이 자기 처벌적인 수치심보다 훨씬 효과적임을 알게 되었다.

셋째, 소셜미디어가 우리의 집중력을 침해하도록 설계된 방식에 관해 알게 된 내용을 토대로, 이제 1년 중 6개월은 소셜미디어를 전혀 사용하지 않는다(이 기간은 보통 몇 주 단위로 나누어 쓴다). 이 결심을 고수하고자 잠시 떠나 있을 때는 늘 공표를 한다. 예를 들면 특정 기간 트위터를 떠날 것이라는 트윗을 올려서, 한 주 뒤 갑자기 결심을 깨고 접속할 때 스스로가 바보처럼 느껴지게 한다. 또한 친구 리지에게 내 비밀번호를 바꿔달라고 부탁한다.

넷째, 딴생각의 중요성에 대해 알게 된 내용에 따라 행동한다. 생각이 배회하게 내버려두는 것은 집중력이 허물어지는 것이 아니라 그 자체로 매우 중요한 집중력의 한 형태임을 깨달았다. 우리의 생각은 주변 환경에서 멀어지도록 내버려둘 때 과거를 되돌아보고 미래를 그려보기 시작하며 그동안 알게 된 다양한 정보를 연결한다. 요즘은 핸드폰을 비롯해 나를 방해할 수 있는 모든 것을 내려놓고 반드시 매일 한 시간 산책에 나선다. 생각이 자유롭게 떠다니며 예상치 못한 연결 고리를 찾아내도록 내버려둔다. 내 주의력에 배회할 공간을 줌으로써 나의 사고가 더 예리해지고 더 좋은 생각을 할 수 있음을 알게 되었다.

다섯째, 과거에는 수면을 사치나 (심지어는) 적으로 여겼다. 이제는 매일 여덟 시간 수면을 엄격히 지킨다. 긴장을 푸는 나만의 작은 의식은, 침대에 눕기 전 두 시간 동안은 전자기기 화면을 보지 않는 것과 향초를 피운 다음 그날의 스트레스를 없애려 노력하는 것이다. 나는 수면을 측정하려고 핏비트FitBit 기기를 구매했고, 수면 시간이 여덟 시간 미만이면 다시 침대에 눕는다. 이러한 변화가 매우 큰 차이를 만들어냈다.

여섯째, 나는 자녀가 없지만 내 대자와 나이 어린 친척들의 삶에 깊이 관여한다. 원래는 그 친구들과 보내는 시간에 주로 의도적인 활동, 사전에 계획한 분주하고 교육적인 활동을 했다. 이제는 그 시간에 주로 자유롭게 같이 놀거나, 어른의 관리나 지나친 감시 없이, 또는 집 안에 갇히는 일 없이 자기들끼리 알아서 놀게 한다. 자유롭게 노는 시간이 많을수록 더 건강한 집중력의 토대를 갖게 된다는 사실을 알았다. 이제는 그 친구들에게 마음껏 노는 시간을 최대한 많이 주려고 노력한다.

집중력 향상을 위해 해야 한다고 배운 다른 것들(가공식품 줄이기, 매일 명상하기, 요가 같은 느린 수련 꾸준히 하기, 매주 하루 더 쉬기)도 실천했다고 말할 수 있으면 좋겠지만, 사실은 그러지 못하고 있다. 내가 일상의 불안에 대처하는 방식의 너무 많은 부분이 먹기나 과로와 연관되어 있다.

그러나 이 여섯 가지 변화를 실천함으로써 (모스크바에 갈 무렵에는) 내 집중력이 약 15-20퍼센트 향상되었다고 추정하며, 이는 타당한 수치다. 이 변화들은 내 삶에 실질적이고 뚜렷한 차이를 낳았다. 이것들은 전부 시도해볼 가치가 있으며, 아마 이 책에서 읽은 내용을 토대로 삶에 다른 변화를 적용해볼 수도 있을 것이다. 나는 개인이 자기 삶에서 바꿀 수 있는 것을 바꾸는 데 강력히 찬성한다. 또한 그러한 개인적 변화에 한계가 있다는 사실을 솔직히 인정하는 데에도 찬성한다.

코로나19에서 회복하는 동안 나는 이 여정을 시작한 지점의 기이한 거울상 속에 있었다. 처음에 나는 인터넷과 핸드폰에서 달아나고자 3개월간 프로빈스타운으로 떠났다. 이제 나는 거의 인터넷과 핸드폰만 가지고 내 아파트에 3개월간 갇혀 있었다. 프로빈스타운은 나의 집중력을 해방시켰다. 코로나19 위기는 내 집중력을 그 어느 때보다 악화했다. 몇 달간 그 무엇에도 집중할 수 없었다. 뉴스 채널을 이리저리 돌리며 두려움과 열병이 전 세계로 퍼져나가는 모습을 지켜보았다. 멤피스와 멜버른, 뉴욕 5번가와 프로빈스타운의 중심가처럼, 이 책의 자료 조사를 하면서 방문한 곳들의 실시간 영상을 몇 시간씩 멍하니 바라보기 시작했다. 모든 곳이 똑같았다. 마스크를 쓴 사람들이 종종걸음 치는 짧은 장면을 빼면 거리는 텅 비어 있었다. 집중이 힘들다고 느낀 사람은 나뿐만이 아니었다. 내 경험의 일부는 코로나바이러스의 생물학적 여파 같았지만, 바이러스에 감염된 적 없는 많은 사람도 비슷한 문제를 보고하고 있었다. '뇌가 집중하게 하는 방법'을 검색하는 사람 수가 300퍼센트 증가했다. 사람들이 소셜미디어 곳곳에서 머리가 돌아가지 않는다고 말하고 있었다.

그러나 이제 내게는 우리에게 왜 이런 일이 벌어지는지 이해할 수 있는 도구가 있다고 생각했다. 집중력을 개선하려는 개인의 노력은 집중력을 파괴하는 요인으로 가득한 환경 속에서 별거 아닌 것이 될 수 있다. 코로나19가 발생하기 이전에도 오랜 세월 그래 왔고, 코로나 위기가 터진 후에는 더욱더 그랬다. 스트레스는 집중력을 박살 내는데, 모두가 더 많은 스트레스에 시달렸다. 눈에 보이지도 않고 온전히 이해하지도 못한 바이러스가 우리 모두를 위협하고 있었다. 경기가 추락하고 있었고, 많은 사람이 순식간에 경제적으로 더 불안정해졌다. 게다가 우리의 정치 지도자는 종종 위험할 만큼 무능해 보였고, 이 사실이 스트레스를 더했다. 이 모든 이유로 대다수가 갑자기 과각성 상태가 되었다.

우리는 어떻게 대처했나? 실리콘밸리가 통제하는 전자기기 화면에 그 어느 때보다 더 의존했다. 우리를 기다리고 있던 그 화면들은 우리에게 연결을, 아니 적어도 연결의 홀로그램을 제공했다. 2020년 4월에 미국 시민은 전자기기 화면을 들여다보는 데 하루 평균 13시간을 썼다. 하루에 여섯 시간 이상 화면을 보는 어린이의 수가 여섯 배 증가했고, 어린이용 앱의 트래픽이 세 배로 늘었다.

이러한 측면에서 코로나19는 우리가 이미 미끄러져 들어가고 있던 미래를 언뜻 보여주었다. 나의 친구이자 20년간 놀라울 만큼 정확히 미래를 예측해온 작가 나오미 클라인Naomi Klein은 내게 이렇게 설명했다. "우리는 플랫폼과 화면이 우리의 모든 관계를 매개하는 세상으로 서서히 미끄러져 들어가고 있었어요. 그러다 코로나19가 발생하면서 그 점진적인 과정이 초고속으로 진행됐죠." 테크 기업들의 계획은 10년 안에 우리가 그들의 세계에 그만큼 극단적으로 빠지는 것이었지, 지금 당장 그렇게 되는 것은 아니었다. "이런 식의 급증은 그들의 계획이 아니었어요." 나오미가 말했다. "사실 이런 급속한 증가는 기회예요. 어떤 것을 이만큼 빠른 속도로 하게 되면 우리 시스템에 충격으로 다가오거든요." 우리는 천천히 적응하면서 점점 늘어나는 강화 요인들의 패턴에 중독된 게 아니다. 미래상에 그냥 곤두박질쳤다. 그리고 자신이 "그것을 싫어"한다는 사실을 깨달았다. "우리의 행복에 도움이 안 돼요. 우리는 서로를 간절히 그리워하고 있어요." 코로나19 상황에서 우리는 더욱더 실제 사회생활이 아닌 사회생활의 시뮬레이션 속에 살고 있었다. 물론 아무것도 없는 것보다는 나았지만, 더 얄팍하게 느껴졌다. 그러는 내내 감시 자본주의의 알고리즘이 하루에도 여러 시간 우리를 개조하고(추적해서 바꾸고) 있었다.

팬데믹 동안 환경이 변화하며 우리의 집중력을 파괴하는 것을 볼 수 있었다. 대다수의 경우 팬데믹은 집중력을 망치는 새로운 요인을 만들어내지 않았다. 팬데믹은 이미 오랫동안 우리의 집중력을 좀먹고 있던 요인들을 더욱더 강화했다. 내가 멤피스에 데려갔던 나의 대자 애덤과 대화를 나눌 때 이 사실을 느낄 수 있었다. 이미 오래전부터 악화되고 있던 애덤의 집중력은 이제 산산이 부서졌다. 애덤은 거의 깨어 있는 내내 핸드폰을 붙들고 있었고, 스냅챗을 헨리 제임스Henry James 소설처럼 보이게 하는 새로운 앱 틱톡TikTok을 이용해 세상을 바라봤다.

나오미는 봉쇄령이 내려져 온종일 줌과 페이스북에서 시간을 보내는 기분이 끔찍했지만 "한편으로 그것은 선물"이라고 말했는데, 우리가 향하는 길을 매우 명료하게 보여주었기 때문이다. 전자기기 화면을 더 많이 보고, 스트레스도 더 커진다. 중산층이 심각하게 붕괴된다. 노동계급의 불안정성이 더 커진다. 침략적 기술이 늘어난다. 나오미는 이러한 미래상을 "스크린 뉴딜"이라 불렀다. 그는 내게 이렇게 말했다. "이 모든 상황의 한 줄기 희망은 이번에 예행연습을 해본 미래상을 우리가 얼마나 싫어하는지 알게 되었다는 거예요… 예행연습은 계획에 없었어요. 원래 서서히 펼쳐질 예정이었어요. 하지만 단기 속성 강좌를 듣게 됐죠."

이제 내게는 한 가지가 매우 분명해 보였다. 우리 사회의 구성원들이 계속 심각한 수면 부족과 과로 상태에 있다면, 3분마다 작업을 전환한다면, 우리의 약점을 파악하고 조종해 우리가 계속해서 스크롤을 내리게 하는 소셜미디어 웹사이트에 추적되고 감시된다면, 극심한 스트레스를 받아서 과각성 상태가 된다면, 에너지의 급상승과 급강하를 일으키는 식단을 먹는다면, 뇌에 염증을 일으키는 독소로 가득한 화학물질 수프를 매일 들이마신다면, 당연히 우리 사회의 심각한 집중력 문제는 사라지지 않을 것이다. 그러나 대안은 있다. 그 대안은 집단을 조직해 대항하는 것, 우리의 집중력에 불을 지르고 있는 세력에 맞서 우리의 치유를 돕는 힘으로 그 세력을 대체하는 것이다.

우리가 그렇게 해야 하는 이유를 생각하다가 그동안 알게 된 것들을 하나로 엮어주는 비유가 하나 떠올랐다. 당신이 화분을 하나 샀고, 그 식물을 잘 키우고 싶다고 해보자. 어떻게 하겠는가? 햇빛과 물, 적절한 영양분이 있는 흙처럼 특정 조건을 마련해줄 것이다. 그리고 식물을 훼손하거나 죽일 수 있는 것들로부터 식물을 보호하려 할 것이다. 식물을 짓밟을 수 있는 다른 사람들의 발, 해충, 병에서 식물을 멀리 떨어뜨려 놓을 것이다. 나는 깊이 집중하는 능력이 식물과 같다고 생각한다. 우리의 집중력이 잘 자라서 잠재력을 온전히 피워내려면 특정 조건이 갖춰져야 한다. 아이들에게는 놀이가, 성인에게는 몰입이 필요하고, 책을 읽고, 자신이 집중하고 싶은 유의미한 활동을 찾고, 자기 삶을 이해할 수 있도록 생각이 배회할 공간을 마련하고, 신체 활동을 하고, 잘 자고, 뇌가 건강하게 발달할 수 있도록 영양가 있는 음식을 먹고, 안정감을 느껴야 한다. 또한 우리의 집중력을 방해하고 성장을 막기 때문에 차단해야 할 것들도 있다. 지나친 속도와 전환, 지나친 자극, 우리를 공격하고 중독시키는 침략적 기술, 스트레스, 탈진, 우리를 각성시키는 식용색소로 범벅인 가공식품, 대기오염이 그러한 것들이다.

오랫동안 우리는 자신의 집중력을 당연시했다. 마치 집중력이 가장 건조한 기후에서도 잘 자라는 선인장인 것처럼 말이다. 그러나 이제 우리는 집중력이 선인장보다는 난초에 더 가깝다는 사실을 안다. 난초는 조심해서 다루지 않으면 말라죽을 것이다.

집중력을 되찾기 위한 운동

이 이미지를 명심한 지금, 나는 집중력을 되찾기 위한 운동이 어떤 모습이어야 하는지 안다. 먼저 세 가지 거대하고 대담한 목표에서부터 시작하려 한다. 첫째, 감시 자본주의를 금지해야 한다. 고의적인 해킹으로 중독된 사람들은 집중할 수 없기 때문이다. 둘째, 주4일제를 도입해야 한다. 늘 탈진 상태인 사람들은 주의를 기울일 수 없기 때문이다. 셋째, 아이들이 (자기 동네와 학교에서) 자유롭게 놀 수 있는 어린 시절을 되찾아야 한다. 집 안에 갇힌 아이들은 건강한 집중력을 발달시킬 수 없기 때문이다. 우리가 이 목표를 달성한다면 사람들의 집중력은 시간이 흐르면서 극적으로 개선될 것이다. 그때가 되면 집중력의 단단한 기반이 생길 것이고, 그 기반 위에서 더욱 치열하게 싸울 수 있을 것이다.

때로는 운동을 조직하는 것을 구체적으로 상상하기가 힘들었다. 그래서 불가능해 보이는 거대한 목표를 중심으로 운동을 조직하고 실제로 그 목표를 달성한 사람들과 대화를 나누고 싶었다. 나의 친구 벤 스튜어트Ben Stewart는 오랫동안 그린피스Greenpeace 영국 지부의 커뮤니케이션 책임자였고, 15년도 더 전에 우리가 처음 만났을 때 다른 환경운동가들과 함께 구상 중인 계획을 말해주었다. 그는 영국이 산업혁명의 발상지이며, 산업혁명이 단 한 가지, 바로 석탄에서 동력을 얻었다고 설명했다. 석탄이 그 어떤 연료보다도 지구온난화의 주범이므로, 벤의 팀은 영국 정부가 모든 신규 탄광과 화력발전소 건설을 중단하게 한 다음, 영국 전역에 매장된 석탄이 앞으로 절대 타오르지 않도록 땅속에 그대로 방치하는 단계로 빠르게 넘어갈 계획을 짜고 있었다. 벤이 이 계획을 설명했을 때 나는 말 그대로 웃음을 터뜨렸다. 그리고 말했다. 행운을 빌어요. 나는 당신 편이에요. 하지만 그 계획은 몽상이에요.

그로부터 5년이 지나지 않아 영국의 모든 신규 탄광과 화력발전소가 멈추었고, 영국 정부는 기존 탄광 시설과 화력발전소를 폐쇄하는 계획을 확정할 수밖에 없었다. 벤의 팀이 캠페인을 벌인 결과, 전 세계를 지구온난화의 길에 들어서게 한 국가가 그 너머의 길을 찾기 시작한 것이다.

벤과 함께 우리의 집중력 위기에 대해, 과거에 성공을 거둔 운동에서 우리가 무엇을 배울 수 있는지에 대해 대화를 나누고 싶었다. 그는 이렇게 말했다. "집중력이 위기에 처했다는 당신 말에 동의해요. 인간종의 위기죠. 하지만 그 위기가 구조적인 인종차별이나 기후위기와 똑같이 인식되고 있는 것 같지는 않아요. 아직 그 지점에는 도달하지 못했어요… 이 문제가 사회문제이며, 기업의 결정에 원인이 있고, 바뀔 수 있다는 것을 사람들이 이해하고 있는 것 같지 않아요." 그래서 벤은 운동을 조직하는 가장 첫 단계는 "사람들의 의식을 높여 문화에 돌파구를 일으키는 순간을 만들어내는 것"이라고 설명했다. "그렇게 되면 사람들은 이렇게 생각하게 돼요. '젠장, 이런 것들 때문에 내 뇌가 이렇게 녹초가 된 거야. 그래서 내가 전에 누리던 기쁨을 더 이상 누릴 수 없는 거야.'" 그 순간을 어떻게 만들어낼 수 있을까? 벤은 자신이 "현장 전투"라 부르는 것이 이상적인 수단이라고 말했다. 현장 전투는 전반적인 전투의 상징이 되는 장소를 선택해 그곳에서 비폭력 싸움을 시작하는 것을 뜻한다. 로자 파크스Rosa Parks가 앨라배마 몽고메리에서 버스 좌석에 앉은 것이 좋은 사례다.

벤은 석탄 문제를 어떻게 해결했는지 생각해보라고 말했다. 인류가 초래한 지구온난화는 빠르게 재앙이 되고 있지만, (집중력 위기와 마찬가지로) 매우 추상적이고 멀게 느껴져서 와닿지 않을 수 있다. 일단 이해한다 해도 규모가 너무 크고 압도적이어서 대개 무력감을 느끼고 아무 행동에도 나서지 않게 된다. 벤이 처음 계획을 구상했을 때 영국에는 킹스노스Kingsnorth라는 이름의 화력발전소가 있었고, 영국 정부는 바로 그 옆에 새 화력발전소 건설을 허가할 계획이었다. 벤은 이 사실이 전 지구적 문제의 축소판임을 깨달았다. 그래서 수많은 계획을 세운 끝에 동료들과 함께 킹스노스 화력발전소에 잠입해 줄을 타고 건물 옆벽으로 내려가, 페인트로 석탄이 전 세계에 일으키는 극단적인 기상 이변에 대한 경고를 남겼다.

활동가들은 전부 체포되어 재판에 넘겨졌다. 이 또한 계획의 일부였다. 이들은 (마치 주짓수 동작처럼) 사법 절차를 석탄 자체를 재판에 세우는 기회로 삼고자 했다. 전 세계의 주요 과학 전문가들을 증인으로 불러 석탄 사용이 생태계에 어떤 영향을 미치는지 설명하게 했다. 영국에는 비상 상황일 경우 일부 규칙을 어겨도 된다는 법 조항이 있다. 예를 들면 사람을 구하려고 불이 난 건물에 침입할 경우 무단침입죄로 기소되지 않는다. 벤과 그의 법률팀은 지금이 비상 상황이라고 주장했다. 이들은 지구가 불타는 것을 막으려 한 것이었다. 12명의 평범한 영국 배심원이 사실 정보를 고려한 뒤 모든 기소 조항에서 벤을 비롯한 활동가에게 무죄 판결을 내렸다. 이 이야기는 센세이션을 일으켰고 전 세계에 보도되었다. 이 재판을 통해 석탄에 대한 부정적 여론이 형성된 결과 영국 정부는 새 석탄 화력발전소를 건설하겠다는 계획을 폐기했으며 남아 있는 화력발전소도 폐쇄하기 시작했다.

벤은 현장 전투를 통해 "더 커다란 문제에 관한 이야기를 전달"할 수 있으며, 이렇게 많은 사람에게 현재 벌어지는 일을 깨닫게 함으로써 "전국적 대화의 속도를 높일 수 있"다고 설명했다. 그리고 이 첫 번째 단계를 진행하는 데 "수백만 명이 필요한 것은 아니"라고 말했다. "문제가 무엇인지 이해하고 창의적으로 맞서는 방법을 아는 소수의 사람들만 있으면 됩니다. 이 문제를 둘러싼 드라마를 만들어내고, 전 국민의 의식을 고취하기 시작하려면 말이에요… 사람들의 주의를 사로잡으면 충분한 수의 사람들이 그것이 자기 시간과 에너지를 들이고 싶을 만큼 중요한 문제이며 가야 할 방향이 있다고 느낄 거예요."

그래서 벤은 물었다. 사람들이 페이스북 본사를 에워싸야 할까? 트위터 본사일까? 어떤 현장 전투를 펼쳐야 할까? 어떤 문제에서 시작해야 할까? 이 질문들의 답은 활동가들이 토론하고 결정해야 할 문제다. 이 글을 쓰는 지금 내가 아는 한 단체는 극우의 생각에 힘을 불어넣는 일이 얼마나 위험한지 이야기하는 홀로코스트 생존자들의 영상을 페이스북 본사 옆면에 쏘려고 계획 중이다. 벤은 현장 전투 하나만으로는 승리를 얻을 수 없다고 강조했다. 활동가들이 하는 일은 대중의 머릿속에 위기 의식을 확실히 집어넣고 더 많은 사람을 운동에 끌어들이는 것이다. 사람들이 다양한 수준과 방식으로 싸움을 시작할 수 있도록 말이다. 벤은 집중력 문제의 경우 현장 전투가 이것이 "개인적 해방을 위한" 싸움, "우리의 동의 없이 우리의 정신을 통제하는 사람들에게서 스스로를 해방시키기 위한" 싸움임을 사람들에게 설명할 기회라고 말했다. 그러한 싸움은 "사람들이 연합할 수 있는 문제이고, 동시에 강력한 동기를 부여"한다. 그러면 이 싸움은 수백만 명이 참여할 수 있는 운동이 된다. 사람들의 참여는 여러 형태를 띨 것이다. 누군가는 정치체제 안에서 정당 내 조직을 꾸리거나 정부에 로비를 할 것이다. 누군가는 정치체제 바깥에서 직접행동을 벌이고 시민들을 설득할 것이다. 목적을 달성하려면 두 방법이 다 필요하다.

벤과 대화를 나누면서 이러한 목표를 달성하기 위한 운동에 집중력 반란이라는 이름을 붙여야 할지 궁금해졌다. 내가 이 이름을 제안하자 벤이 미소를 지으며 말했다. "집중력 반란 맞죠." 나는 우리가 스스로를 생각하는 방식을 바꿔야 한다는 것을 깨달았다. 우리는 저커버그 왕의 법정에서 집중력의 부스러기라도 달라고 애원하는 중세 소작농이 아니다. 우리는 민주주의 국가의 자유로운 시민이고, 자기 정신과 자신이 속한 사회를 소유하며, 함께 그것들을 되찾을 것이다.

때로는 이것들이 실행에 옮기기 힘든 일처럼 보였다. 그러나 그럴 때마다 여러분과 나의 삶을 바꾼 모든 운동이 실행에 옮기기 힘들었다는 사실을 떠올렸다. 예를 들면 게이들이 처음으로 조직화하기 시작한 1890년대에 동성애자는 자신이 사랑하는 사람을 말했다는 이유만으로 감옥에 수감될 수 있었다. 노동조합이 주말을 얻기 위해 싸우기 시작했을 때 조합원들은 경찰에게 구타당했고 조합 지도자들은 총살되거나 교수형에 처해졌다. 현재 우리가 직면한 문제는 여러 면에서 저들이 기어올라야 했던 절벽보다 훨씬 덜 가파르다. 그리고 저 사람들은 포기하지 않았다. 보통 사회변화를 주장하는 사람은 '순진하다'는 말을 듣는다. 사실은 정반대다. 우리 시민이 아무것도 할 수 없으며 권력자들이 원하는 것은 무엇이든 다 하도록 내버려두어도 우리의 집중력은 어떻게든 살아남을 거라는 생각이야말로 순진하다. 힘을 합친 민주적 캠페인이 세상을 바꿀 수 있다고 믿는 데는 순진한 점이 전혀 없다. 인류학자 마거릿 미드Margaret Mead가 말했듯, 오직 그렇게 믿는 사람들만이 세상을 바꿔왔다.

나는 우리가 이제 선택을 내려야 한다는 것을 깨달았다. 우리는 집중력을 소중하게 여기는가? 깊이 사고하는 능력이 우리에게 중요한가? 우리 아이들이 집중력을 기르기를 바라는가? 만약 그렇다면, 우리는 집중력을 되찾기 위해 싸워야 한다. 한 정치인의 말처럼, 싸우지 않으면 얻을 수 없다.

경제성장의 방식

우리가 당장 무엇을 해야 하는지가 명확해졌을 때에도 몇 가지 해결되지 않은 생각이 계속 나를 괴롭혔다. 그때까지 알게 된 집중력 위기의 수많은 원인 뒤에 하나의 거대한 원인이 있는 것 같았다. 그러나 그 원인은 고려하기가 꺼려졌는데, 너무 거대하기 때문이다. 솔직히 말하면 독자 여러분이 겁을 먹을까 봐 지금 그 원인에 관해 글을 쓰는 것도 염려된다. 덴마크에서 수네 레만은 전 세계의 속도가 빨라지고 있으며 그 과정이 집단으로서 우리의 집중력을 위축시키고 있다는 증거를 보여주었다. 또한 소셜미디어가 가장 큰 촉매라는 것도 보여주었다. 그러나 그는 이러한 속도의 증가가 매우 오랜 시간 진행되었음을 명확히 했다. 그의 연구는 1880년대 자료부터 분석하기 시작했고, 연구 결과 이후 10년 단위로 우리가 세상을 경험하는 방식이 점점 빨라졌으며 우리가 모든 주제에 주의를 점점 덜 기울이게 되었음이 드러났다.

계속 골치가 아팠다. 왜지? 왜 이 과정이 그렇게 오랫동안 진행된 거지? 이러한 추세는 페이스북이나 내가 지금까지 설명한 요인 대부분보다 훨씬 앞서 시작되었다. 1880년대까지 거슬러 올라가는 근본적인 원인이 뭐지? 많은 사람과 이 문제를 논의했고, 그중 가장 설득력 있는 답은 노르웨이의 사회인류학 교수인 토마스 휠란 에릭센Thomas Hylland Eriksen에게서 나왔다. 그는 산업혁명이 시작된 이래 우리 경제가 경제성장이라는 새롭고 급진적인 개념을 중심으로 형성되어왔다고 말했다. 경제성장은 경제(그리고 그 안에 있는 모든 개별 기업)의 규모가 매년 더 커져야 한다는 믿음이다. 이것이 오늘날 우리가 성공을 정의하는 방식이다. 어떤 국가의 경제가 성장하면 정치인들은 재당선될 가능성이 크다. 어떤 회사가 성장하면 CEO는 목에 화환을 걸 가능성이 크다. 어떤 국가의 경제나 어떤 기업의 주가가 위축되면 정치인이나 CEO는 쫓겨날 위험이 커진다. 경제성장은 우리 사회의 중심 원리다. 경제성장은 우리가 세상을 바라보는 방식의 핵심에 있다.

토마스는 성장이 둘 중 한 가지 방식으로 발생한다고 설명했다. 먼저 기업이 새로운 것을 개발하거나 그때까지 자사 상품을 사용하지 않았던 지역에 상품을 수출함으로써 새로운 시장을 찾을 수 있다. 두 번째로 기업은 소비를 늘리라고 기존 소비자를 설득할 수 있다. 사람들이 더 많이 먹거나 덜 자게 할 수 있다면 경제성장의 원천을 발견한 것이다. 토마스는 오늘날 우리가 대개 이 두 번째 방법으로 성장하고 있다고 생각한다. 기업들은 똑같은 시간 안에 더 많은 것을 밀어 넣을 방법을 끊임없이 찾는다. 예를 하나 들자면, 기업은 우리가 텔레비전을 보는 동시에 소셜미디어의 콘텐츠를 보기를 바란다. 그러면 우리는 광고를 두 배로 보게 된다. 이렇게 되면 삶의 속도가 불가피하게 빨라진다. 경제가 매년 성장해야 한다면, 새로운 시장이 없는 상황에서 기업은 여러분과 내가 똑같은 시간 안에 점점 더 많은 것을 하게 만들어야 한다.

토마스의 연구를 더욱 자세히 읽으면서 이것이 1880년대 이후 삶이 10년마다 점점 빨라진 결정적 이유 중 하나임을 깨달았다. 우리가 속한 경제기구는 앞으로 계속 나아가기 위해 더욱 빠른 속도를 요구하며, 시간이 흐름에 따라 불가피하게 우리의 집중력을 저하시킨다. 실제로 이 문제를 깊이 생각해보자 이러한 경제성장의 필요가 그동안 알게 된 낮은 집중력의 여러 원인(스트레스의 증가, 근무시간의 팽창, 더욱 침략적인 기술, 수면 부족, 질 낮은 식단)을 추동하는 근본적인 힘처럼 보였다.

하버드 의대에서 찰스 체이슬러가 한 말이 떠올랐다. 그는 우리 모두가 다시 전처럼 뇌와 몸이 필요로 하는 만큼 잔다면, "우리 경제체제에 지진이 발생할 것"이라고 말했다. "우리 경제체제는 잠이 부족한 사람들에게 의존하고 있기 때문입니다. 집중력 부진은 로드킬일 뿐이에요. 그저 사업의 대가죠." 그의 말은 수면 문제에서도 사실이지만, 그보다 더 커다란 측면에서도 사실이다.

삶의 방식에 오랜 시간 그토록 깊이 뿌리내린 것이 우리의 집중력을 좀먹는다는 사실을 깨닫는 것은 겁나는 경험이었다. 그러나 나는 우리가 꼭 이렇게 살 필요는 없다는 사실을 이미 알고 있었다. 나의 친구인 런던 대학의 경제인류학자 제이슨 히켈Jason Hickel 박사는 아마 전 세계에서 경제성장 개념을 가장 강력히 비판하는 인물 중 한 명일 것이며, 그는 오래전부터 경제성장의 대안이 있음을 설명해왔다. 나와 만났을 때 제이슨은 우리가 성장 개념을 넘어 '평형 상태 경제steady-state economy'로 가야 한다고 설명했다. 그때가 되면 우리는 경제를 추동하는 원칙으로서의 경제성장을 포기하고 다른 종류의 목표를 선택하게 된다. 현재 우리는 녹초가 될 만큼 일해서 물건을 살 수 있으면(대부분은 우리를 행복하게 해주지도 않는다) 번영을 누리는 것이라 생각한다. 제이슨은 우리가 자녀와 함께 시간을 보내거나, 자연에 머물거나, 충분히 자거나, 꿈꾸거나, 안정적인 일을 하는 것으로 번영의 의미를 재정의할 수 있다고 말했다. 대다수는 빠른 삶을 원하지 않는다. 사람들은 좋은 삶을 원한다. 죽기 직전에 자신이 경제성장에 기여한 바를 떠올리는 사람은 아무도 없다. 평형 상태 경제에서는 우리의 집중력을 공격하지 않고 지구 자원을 공격하지 않는 목표를 선택할 수 있다.

코로나19 위기가 한창일 때 런던의 공원에서 제이슨과 대화를 나누다 주위를 둘러보았다. 사람들이 근무시간 도중에 나무 아래에 앉아 자연을 즐기고 있었다. 이처럼 세상이 크게 속도를 늦춘 것이 내 인생 처음 있는 일이라는 것을 깨달았다. 끔찍한 비극이 그럴 수밖에 없게 만들었다. 그러나 많은 사람은 약간의 안도감을 느끼기도 했다. 몇 세기 만에 처음으로 온 세상이 다 함께 경주를 멈추고 정지한 것이었다. 우리는 한 사회로서 속도와 성장 이외의 다른 것을 소중히 여기겠다고 결정했다. 말 그대로 고개를 들어 나무들을 바라보았다.

지금 인류에게 집중력이 긴급한 이유

장기적으로 볼 때, 매년 계속해서 성장하고 속도를 높여야 한다는 믿음이 지배하는 사회에서는 결국 우리의 집중력을 구할 수 없으리라 생각한다. 어떻게 해야 하는지를 내가 다 안다고 말할 수는 없지만, 집중력 반란이 시작되면 우리가 조만간 이 근본적인 문제, 즉 성장 기구 자체와 싸워야 할 것이라고 믿는다.

그러나 어쨌든 간에 우리가 그렇게 할 수밖에 없는 다른 이유가 있다. 이 성장 기구는 인간을 우리 정신의 한계 너머로 밀어내고 있을 뿐만 아니라, 지구를 생태적 한계 너머로 밀어내고 있기 때문이다. 그리고 나는 이 두 가지 위기가 서로 뒤얽혀 있다고 믿게 되었다.

오늘날 우리에게 집중력 반란이 필요한 특히 큰 이유가 하나 있다. 매우 엄연한 이유다. 인류에게 바로 지금만큼 집중력(우리 인간 종의 초능력)이 필요한 때는 없었다. 현재 우리가 전례 없는 위기에 직면해 있기 때문이다.

이 글을 쓰는 지금, 트리스탄 해리스와 함께 걸었던 거리를 보여주는 샌프란시스코의 실시간 영상을 보고 있다. (겨우 1년 전에) 그곳에서 트리스탄은 집중력 위기에서 가장 염려되는 점이 지구 온난화에 대처하지 못하게 되는 것이라고 말했다. 지금 영상 속의 거리는 한낮이지만 해는 보이지 않는다. 대규모 산불이 캘리포니아 전역을 휩쓸면서 해가 재로 가려졌기 때문이다. 33에이커 중 1에이커꼴로 캘리포니아 면적이 소실되었다. 멀지 않은 곳에 있는 트리스탄이 자란 집도 불에 타버렸고, 그의 소지품 대부분이 사라졌다. 그와 기후위기 이야기를 나눈 거리는 재로 얼룩덜룩하고, 하늘은 짙은 오렌지빛으로 어둑하게 빛나고 있다.

이 책을 집필한 3년은 산불의 해였다. 시드니와 상파울루, 샌프란시스코처럼 내가 방문한 여러 도시가 전례 없는 대규모 산불로 연기에 뒤덮였다. 많은 사람들처럼 나도 산불 뉴스를 읽었지만, 많이는 아니었다. 순식간에 감당하기 힘들다는 느낌에 사로잡혔기 때문이다. 내가 산불을 정말 생생하게(뼈저리게) 느낀 순간은, 지금 말로 설명하면 별것 아닌 것처럼 보일지도 모른다.

2019년부터 오스트레일리아는 블랙서머Black Summer라는 이름으로 알려진, 묘사하기 어려울 만큼 큰 규모의 연쇄적 산불을 겪었다. 30억 마리의 동물이 거주지를 떠나야 했거나 불타 죽었고, 너무 많은 생물종이 사라져서 식물학자인 킹즐리 딕슨Kingsley Dixon 교수는 이를 "생물학적 아마겟돈"[1]이라 칭했다. 일부 오스트레일리아인은 화염의 고리에 갇혀 해변에 모인 채 보트를 타고 빠져나가야 할지 고민했다. 이들은 불이 점점 가까워지는 소리를 들어야 했다. 목격자들의 말에 따르면 그 소리는 거센 폭포 소리와 비슷했고, 집들이 한 채씩 전소되면서 안에 있던 유리병들이 박살 나는 소리가 이따금씩 들려왔다. 이 산불의 연기는 1200마일 떨어진 뉴질랜드에서도 보여서, 뉴질랜드 남섬의 하늘이 주황빛으로 변했다.

산불이 시작되고 약 3주가 지났을 무렵 시드니에 사는 친구와 통화를 하는데 시끄러운 소리가 들렸다. 친구가 사는 아파트의 화재경보기 소리였다. 시드니의 사무실과 가정집에서 화재경보기가 울리고 있었다. 산불 연기가 대기 중에 가득해서 각 건물의 화재경보기가 불이 났다고 착각한 것이었다. 즉 시드니에 사는 수많은 사람이 차례로 자기 화재경보기를 끄고 침묵과 연기 속에 앉아 있다는 뜻이었다. 나는 스위스의 작가인 친구 브루노 주사니Bruno

Giussani와 대화를 나누고 나서야 이 사실이 그토록 충격적이었던 이유를 깨달았다. 그는 시드니 사람들이 자신을 보호하도록 제작된 집의 경고 시스템을 끄고 있었던 이유가, 우리 모두를 보호해 줬어야 할 더 거대한 경고 시스템(과학자들이 하는 이야기에 주의를 기울이고 그에 따라 행동하는 우리 사회의 능력)이 작동하지 않았기 때문이라고 말했다.

기후위기는 해결 가능하다. 우리는 빠른 속도로 화석연료에서 벗어나 깨끗한 녹색 에너지원으로 사회에 동력을 공급해야 한다. 그러나 그러려면 집중할 수 있어야 하고, 분별력 있는 대화를 나눌 수 있어야 하며, 명료하게 사고할 수 있어야 한다. 3분마다 작업을 전환하고 알고리즘이 불어넣은 분노 때문에 늘 서로에게 고함을 치는 정신없는 인구 집단은 이 해결책을 실행할 수 없다. 우리는 우리의 집중력 위기를 해결할 때에만 기후위기를 해결할 수 있다. 나는 이 문제를 고심하다가 제임스 윌리엄스가 한 말을 떠올렸다. "나는 중요한 정치적 투쟁이 더 이상 남아 있지 않다고 생각했다… 얼마나 잘못된 생각이었는지. 어쩌면 인간 집중력의 해방이 우리 시대를 정의하는 도덕적, 정치적 투쟁일지 모른다. 이 투쟁의 성공이 선행되어야만 사실상 다른 모든 투쟁이 성공할 수 있다."[2]

흐릿한 실시간 영상으로 화염이 상처를 남긴 오렌지빛 하늘을 바라보는 지금, 핸드폰과 인터넷 없이 지냈던 프로빈스타운에서의 여름빛을 떠올리며 그 빛이 얼마나 순수하고 완벽해 보였는지를 생각하고 있다. 제임스 윌리엄스의 말이 옳았다. 우리의 집중력은 일종의 빛이다. 전 세계를 명료하게 밝혀서 우리 눈에 보이게 하는 빛. 프로빈스타운에서는 나 자신의 생각과 나 자신의 목표, 나 자신의 꿈을 내 평생 그 어느 때보다도 더 명확하게 볼 수 있었다. 알고, 나의 야망을 실현하고, 오롯이 살아 있을 수 있는 빛, 그러한 빛 속에서 살고 싶다. 모든 것이 불타 사라지는 위협적인 오렌지색 빛이 아니라.

시드니에 사는 친구가 화재경보기의 전원을 끌 수 있도록 전화를 끊으며 생각했다. 우리의 주의력이 계속해서 파편화된다면, 생태계는 우리가 집중력을 되찾을 때까지 참을성 있게 기다려주지 않을 것이다. 생태계는 무너지고 불탈 것이다. 제2차 세계대전이 시작되었을 때 영국의 시인 W. H. 오든W. H. Auden은 인간이 발명한 새로운 파괴 기술을 바라보며 "서로 사랑하지 않으면 죽는다"라고 경고했다. 나는 오늘날 우리가 함께 집중하지 않으면 이 산불에 홀로 직면하게 되리라 믿는다.

주

이 내용은 각주의 일부분임을 알아주길 바란다. www.stolenfocusbook.com/endnotes에 더 많은 참고문헌과 배경, 그 밖의 설명 자료(이 책에 인용한 인터뷰의 오디오클립 포함)가 있다.

프롤로그 우리 집중력에 실제로 일어나고 있는 일

1 Jill Twenge, iGen: Why Today's Super-Connected Kids Are Growing Up Less Rebellious, More Tolerant, Less Happy–and Completely Unprepared for Adulthood–and What That Means for the Rest of Us (New York: Atria Books, 2017), p. 64에서 L. Yeykelis, J. J. Cummings and B. Reeves, 'Multitasking on a Single Device: Arousal and the Frequency, Anticipation, and Prediction of Switching Between Media Content on a Computer', Journal of Communications, 64, 2014, pp. 167–92. DOI:10.1111/jcom.12070를 인용.
또한 Adam Gazzaley and Harry D. Rosen, The Distracted Mind: Ancient Brains in a High-Tech World (Cambridge: MIT Press, 2017), pp. 165–7 참조.

2 V. M. Gonzalez and G. Mark, 'Constant, constant, multitasking craziness: Managing multiple working spheres', in Proceedings of CHI 2004, Vienna, Austria, pp. 113–120. 마크 교수는 이 내용을 Business Journal과의 인터뷰에서 설명한 뒤 몇 년 뒤 나와의 인터뷰에서 더욱 자세히 설명했다.
'Too Many Interruptions At Work?', Business Journal, 8 June 2006. https://news.gallup.com/businessjournal/23146/too-many-interruptions-work.aspx
또한 C. Marci, 'A (biometric) day in the life: Engaging across media', paper presented at Re:Think 2012, New York, NY, 28 March 2012 참조.
(동일하지는 않지만) 이와 유사한 연구는 다음을 참조. L. D. Rosen et al., 'Facebook and texting made me do it: Media-induced task-switching while studying', Computers in Human Behaviour, 29 (3), 2013, pp. 948–58.

3 G. Mark, S. Iqbal, M. Czerwinski and P. Johns, 'Focused, Aroused, but so Distractible', in The 18th ACM Conference, 2015, pp. 903–16. DOI:10.1145/2675133.2675221; James Williams, Stand Out Of Our Light (Cambridge: Cambridge University Press, 2018), p. 51.
또한 L. Dabbish, G. Mark and V. Gonzalez, 'Why do I keep interrupting myself? Environment, habit and self-interruption', in Proceedings of the 2011 annual conference on human factors in computing systems, pp. 3, 127–30 참조.
또한 also K. Pattison, 'Worker, Interrupted: The Cost of Task-Switching', Fast Company, 28 July 2008. https://www.fastcompany.com/944128/worker-interrupted-cost-task-switching 참조.

4 J. MacKay, 'The Myth of Multitasking: The ultimate guide to getting more done by doing less', RescueTime (blog), 17 January 2019. https://blog.rescuetime.com/multitasking/#at-work; 그리고 J. MacKay, 'Communication overload: our research shows most workers can't go 6 minutes without checking email or IM', RescueTime (blog), 11 July 2018. https://blog.rescuetime.com/communication-multitasking-switches/.

5 D. Charles William, Forever a Father, Always a Son (New York: Victor Books, 1991), p. 112.

1장 너무 빠른 속도, 너무 잦은 멀티태스킹

1 J. MacKay, 'Screen time stats 2019: here's how much you use your phone during the work day', RescueTime (blog), 21 March 2019. https://blog.rescuetime.com/screen-time-stats-2018/.

2 J. Naft ulin, 'Here's how many times we touch our phones every day', Insider, 13 July 2016. https://www.businessinsider.com/dscout-research-people-touch-cell-phones-2617-times-a-day-2016-7?r=US&IR=T.

3 원문: 'La vida no puede esperar a que las ciencias expliquen científicamente el Universo. No se puede vivir ad kalendas graecas. El atributo más esencial de la existencia es su perentoriedad: la vida es siempre urgente. Se vive aquí y ahora sin posible demora ni traspaso. La vida nos es disparada a quemarropa. Ya la cultura, que no es sino su interpretación, no puede tampoco esperar.' J. Ortega y Gasset, Mission of the University (Misión de la Universidad), 1930, translated by H. L. Nostrand (Princeton, Princeton University Press, 1944), p. 73.

4 Molly J. Crockett et al., 'Restricting Temptations: Neural Mechanisms of Precommitment', Neuron, 2013, 79 (2), 391. DOI: 10.1016/j.neuron.2013.05.028.

다음은 이 주제와 현재의 의견을 잘 요약한 2012년 기사다. Z. Kurth-Nelson and A. D. Redish, 'Don't let me do that! – models of precommitment', Frontiers in Neuroscience, 6 (2012), p. 138.

5 T. Dubowitz et al., 'Using a Grocery List Is Associated With a Healthier Diet and Lower BMI Among Very High-Risk Adults', Journal of Nutrition, Education and Behavior, 47 (3), 2015, pp. 259–64; J. Schwartz et al., 'Healthier by Precommitment', Psychological Science, 25 (2), 2015, pp. 538–46. DOI:10.1177/0956797613510950; R. Ladouceur, A. Blaszczynski and D. R. Lalande, 'Pre-commitment in gambling: a review of the empirical evidence', International Gambling Studies, 12 (2), 2012, pp. 215–30.

6 P. Lorenz-Spreen, B. Mørch Mønsted, P. Hövel and S. Lehmann, 'Accelerating dynamics of collective attention', Nature Communications, 10 (1), 2019. DOI: 10.1038/s41467-019-09311-w.

7 M. Hilbert and P. López, 'The World's Technological Capacity to Store, Communicate and Compute Information', Science, 332, 2011, pp. 60–5.

8 M. E. J. Masson, 'Cognitive processes in skimming stories', Journal of Experimental Psychology: Learning, Memory, and Cognition, 8, 1982, pp. 400–17.
또한 다음을 참조. M. L. Slowiaczek and C. Clift on, 'Subvocalization and reading for meaning', Journal of Verbal Learning and Verbal Behavior, 19 (5), 1980, pp. 573–82; T. Calef, M. Pieper and B. Coffey, 'Comparisons of eye movements before and after a speed-reading course', Journal of the American Optometric Association, 70, 1999, pp. 171–81; M. Just, M. Masson and P. Carpenter, 'The differences between speed reading and skimming', Bulletin of the Psychonomic Society, 16, 1980, p. 171; M. C. Dyson and M. Haselgrove, 'The effects of reading speed and reading patterns on the understanding of text read from screen', Journal of Research in Reading, 23, 2000, pp. 210–23.

9 K. Rayner et al., 'So Much to Read, So Little Time: How Do We Read, and Can Speed Reading Help?', Psychological Science in the Public Interest, 17 (1), 2016, pp. 4–34.

10 S. C. Wilkinson, W. Reader and S. J. Payne, 'Adaptive browsing: Sensitivity to time pressure and task difficulty', International Journal of Human-Computer Studies, 70, 2012, pp. 14–25; G. B. Duggan and S. J. Payne, 'Text skimming: the process and eff effectiveness of foraging through text under time pressure', Journal of Experimental Psychology: Applied, 15 (3), 2009, pp. 228–42.

11 T. H. Eriksen, Tyranny of the Moment (London: Pluto Press, 2001), p. 71에서 Ulf Torgersen의 연구, 'Taletempo', Nytt norsk tidsskrift, 16, 1999, pp. 3–5를 인용.

또한 다음을 참조. M. Toft , 'Med eit muntert blikk p å styre og stell', Uni Forum 29 June 2005. https://www.uniforum.uio.no/nyheter/2005/06/med-eit-muntert-blikk-paa-styre-og-stell.html.

또한 다음의 흥미로운 논의를 참조: M. Liberman, 'Norwegian Speed: Fact or Factoid?', Language Log (blog), 13 September 2010. https://languagelog.ldc.upenn.edu/nll/?p=2628.

12 R. Colville, The Great Acceleration: How the World is Getting Faster, Faster (London: Bloomsbury, 2016), pp. 2–3에서 R. Levine, A Geography of Time (New York: Basic Books, 1997)를 인용(로버트 레빈, 《시간은 어떻게 인간을 지배하는가》, 이상돈 옮김, 황금가지, 2000). 또한 Richard Wiseman, www.richardwiseman.com/quirkology/pace_home.htm.

'할 가치가 있는 일은 빨리하는 것이 좋다': Colville, The Great Acceleration, p. 11.

'빠르지 않으면 망한 것': Ibid., p. 20.

그는 (…) 의도된 느린 수련을 할 때 집중력에 무슨 일이 발생하는지 분석했고: G. Claxton, Intelligence in the Flesh (New Haven: Yale University Press, 2016), pp. 260–1.

또한 다음을 참조. P. Wayne et al., 'Effects of tai chi on cognitive performance in older adults: systematic review and meta-analysis', Journal of the American Geriatric Society, 62 (1), 2014, pp. 25–39; N. Gothe et al., 'The effect of acute yoga on executive function', Journal of Physical Activity and Health, 10 (4), 2013, pp. 488–95; P. Lovatt, 'Dance psychology', Psychology Review, 2013, pp. 18–21; C. Lewis and P. Lovatt, 'Breaking away from set patterns of thinking: improvisation and divergent thinking', Thinking Skills and Creativity, 9, 2013, pp. 46–58.

13 다음은 이 주제에 관한 얼 밀러 교수의 입장을 알 수 있는 좋은 지침이다. E. Miller, 'Multitasking: Why Your Brain Can't Do It and What You Should Do About It' (세미나 녹음 파일과 발표 슬라이드), Radius, 11 April 2017. https://radius.mit.edu/programs/multitasking-why-your-brain-cant-do-it-and-what-you-should-do-about-it.

14 전환 비용은 여러 학술 문헌에서 매우 확실히 규명되었다. 다음은 그 대표 사례다: R. D. Rogers and S. Monsell, 'The cost of a predictable switch between simple cognitive tasks', Journal of Experimental Psychology: General, 124, 1995, pp. 207–31.

다음에도 잘 요약되어 있다: 'Multitasking: Switching costs', American Psychological Association, 20 March 2006. https://www.apa.org/research/action/multitask [저자 없음].

15 James Williams, Stand Out Of Our Light (Cambridge: Cambridge University Press,

2018), p. 69. 이 연구는 글렌 윌슨 박사Dr Glenn Wilson가 실시한 것으로, 사기업의 의뢰를 받은 것이기 때문에 발표되지 않았다. 다음 링크로 들어가 'Infomania'를 클릭하면 이 연구에 대한 윌슨 박사의 설명을 읽을 수 있다: http://drglennwilson.com/links.html.

또한 다음을 참조. P. Hemp, 'Death By Information Overload', Harvard Business Review, September 2009. https://hbr.org/2009/09/death-by-information-overload.

윌슨 박사는 일부 기자들이 이 연구를 다룬 방식을 불편해하며, 여기서 그의 비판을 수용하고자 했다. 윌슨 박사는 대마초와의 비교가 오로지 단기적 측면에서만 사실이라고 말한다. 장기적 측면에서 보면 대마초가 IQ에 더 큰 악영향을 끼칠 수 있다. 이 사실을 드러내기 위해 여기서 이 문장을 그대로 사용했다.

16 E. Hoffman, Time (London: Profile Books, 2010), pp. 80–1; W. Kirn, 'The Autumn of the Multitaskers', The Atlantic, November 2017.

17 V. M. Gonzalez and G. Mark, 'Constant, constant, multitasking craziness: Managing multiple working spheres', in Proceedings of CHI 2004, Vienna, Austria, pp. 113–20. 또한 다음을 참조. L. Dabbish, G. Mark and V. Gonzalez, 'Why do I keep interrupting myself? Environment, habit and self-interruption', in Proceedings of the 2011 annual conference on human factors in computing systems, pp. 3,127–30; T. Klingberg, The Overflowing Brain, (Oxford, OUP, 2009), p. 4; Colville, The Great Acceleration, p. 47.

18 T. Harris, 'Episode 7: Pardon the Interruptions', Your Undivided Attention Podcast, 14 August 2019. https://www.humanetech.com/podcast; C. Thompson, 'Meet The Life Hackers', New York Times Magazine, 16 October 2005.

19 J. MacKay, 'The Myth of Multitasking: The ultimate guide to getting more done by doing less' RescueTime (blog), 17 January 2019. https://blog.rescuetime.com/multitasking/#at-work; J. MacKay, 'Communication overload: our research shows most workers can't go 6 minutes without checking email or IM', RescueTime (blog), 11 July 2018. https://blog.rescuetime.com/communication-multitasking-switches/.

20 Colville, The Great Acceleration, p. 47.

21 B. Sullivan, 'Students can't resist distraction for two minutes… and neither can you', NBC News, 18 May 2013. https://www.nbcnews.com/technolog/students-cant-resist-distraction-two-minutes-neither-can-you-1C9984270. 이 연구는 발표되지 않았다.

22 Gazzaley and Rosen, The Distracted Mind, p. 127.

23 D. L. Strayer, 'Is the Technology in Your Car Driving You to Distraction?', Policy Insights from the Behavioral and Brain Sciences, 2 (1), 2015, pp. 157–65. "매우 유사"하다는 표현은 다음에서 사용되었다: K. Ferebee, 'Drivers on Cell Phones Are

As Bad As Drunks', UNews Archive, University of Utah, 25 March 2011. https://archive.unews.utah.edu/news_releases/drivers-on-cell-phones-are-as-bad-as-drunks/.
24 S. P. McEvoy et al., 'The impact of driver distraction on road safety: results from a representative survey in two Australian states', Injury prevention: Journal of the International Society for Child and Adolescent Injury Prevention, vol. 12, 4, 2006, pp. 242–7.
25 Gazzaley and Rosen, The Distracted Mind, p. 11; L. M. Carrier et al., 'Multitasking Across Generations: Multitasking Choices and Difficulty Ratings in Three Generations of Americans', Computers in Human Behavior, 25, 2009, pp. 483–9.
26 A. Kahkashan and V. Shivakumar, 'Effects of traffic noise around schools on attention and memory in primary school children', International Journal of Clinical and Experimental Physiology, 2 (3), 2015, pp. 176–9.

2장 몰입의 손상

1 K. S. Beard, 'Theoretically Speaking: An Interview with Mihaly Csikszentmihalyi on Flow Theory Development and Its Usefulness in Addressing Contemporary Challenges in Education', Educational Psychology Review, 27, 2015, pp. 353–64.
2 B. F. Skinner, '"Superstition" in the pigeon', Journal of Experimental Psychology, 38 (2), 1948, pp. 168–72 참조.
3 Beard, 'Theoretically Speaking', pp. 353–64.
4 R. Kegan, The Evolving Self: Problem and Process in Human Development (Cambridge: Harvard University Press, 1983), p. xii.
5 M. Csikszentmihalyi, Flow: the psychology of optimal experience (New York: Harper, 2008), p. 40. (미하이 칙센트미하이, 《몰입》, 최인수 옮김, 한울림, 2004)
6 Ibid., p. 54.
7 Ibid., pp. 158–9.
8 Ibid., p. 7.
또한 다음을 참조. Brigid Schulte, Overwhelmed: Work, Love and Play When No One Has the Time (London: Bloomsbury Press, 2014), pp. 66–7. (브리짓 슐트, 《타임 푸어》, 안진이 옮김, 더퀘스트, 2015)
9 R. Kubey and M. Csikszentmihalyi, Television and the Quality of Life: How Viewing Shapes Everyday Experience (Abingdon-on-Th ames: Routledge, 1990).
10 Csikszentmihalyi, Flow, p. 83.
11 Csikszentmihalyi, Creativity: Flow and the Psychology of Discovery and Invention (New York: HarperCollins, 1996), p. 11. (미하이 칙센트미하이, 《창의성의 즐거

움》, 노혜숙 옮김, 북로드, 2003)

3장 잠들지 못하는 사회

1 L. Matricciani, T. Olds and J. Petkov, 'In search of lost sleep: secular trends in the sleep time of school-aged children and adolescents', Sleep Medicine Reviews, 16 (3), 2012, pp. 203–11.

2 H. G. Lund et al., 'Sleep patterns and predictors of disturbed sleep in a large population of college students', Journal of Adolescent Health, 46 (2), 2010, pp. 124–32.

3 J. E. Gangwisch, 'A review of evidence for the link between sleep duration and hypertension', American Journal of Hypertension, 27 (10), 2014, pp. 1,235–42.

4 E. C. Hanlon and E. Van Cauter, 'Quantification of sleep behavior and of its impact on the cross-talk between the brain and peripheral metabolism', Proceedings of the National Academy of Sciences of the United States of America, 108, suppl. 3, 2011, pp. 15,609–16; M. Walker, Why We Sleep (London: Penguin, 2018), p. 3. (매슈 워커, 《우리는 왜 잠을 자야 할까》, 이한음 옮김, 열린책들, 2019)

5 J. Hamzelou, 'People with narcolepsy may be more creative because of how they sleep', New Scientist, 18 June 2019.

6 수면은 전에는 기억하지 못했던 내용을 기억할 확률을 두 배로 높인다. University of Essex study: N. Dumay, 'Sleep not just protects memories against forgetting, it also makes them more accessible', Cortex, 74, 2016, pp. 289–96 참조.

7 이 획기적 연구는 K. Louie and M. A. Wilson, 'Temporally Structured Replay of Awake Hippocampal Ensemble Activity during Rapid Eye Movement Sleep', Neuron, 29, 2001, pp. 145–56.

8 A. Hvolby, 'Associations of sleep disturbance with ADHD: implications for treatment', Attention deficit and hyperactivity disorders, 7 (1), 2015, pp. 1–18; E. J. Paavonen et al., 'Short sleep duration and behavioral symptoms of attention-deficit/hyperactivity disorder in healthy 7- to 8-year-old children', Pediatrics, 2009, 123 (5):e857–64; A. Pesonen et al., 'Sleep duration and regularity are associated with behavioral problems in 8-year-old children', International Journal of Behavioral Medicine, 17 (4), 2010, pp. 298–305; R. Gruber et al., 'Short sleep duration is associated with teacher-reported inattention and cognitive problems in healthy school-aged children', Nature and Science of Sleep, 4, 2012, pp. 33–40.

9 A. Huffington, The Sleep Revolution: Transforming Your Life, One Night At A Time (New York: Penguin Random House, 2016), pp. 103–4. (아리아나 허핑턴,

《수면 혁명》, 정준희 옮김, 민음사, 2016)
10 K. Janto, J. R. Prichard and S. Pusalavidyasagar, 'An Update on Dual Orexin Receptor Antagonists and Their Potential Role in Insomnia Therapeutics', Journal of clinical sleep medicine (JCSM: offi cial publication of the American Academy of Sleep Medicine), 14 (8), 2018, pp. 1,399–1408.
11 S. R. D. Morales, 'Dreaming with the Zeitgeber, Part I: A Lecture on Moderns and Their Night', The Wayward School, https://journals.uvic.ca/index.php/peninsula/article/view/11518/3217.
12 T. Farragher, 'Sleep, the final frontier. This guy studies it. Here's what he has to say', Boston Globe, 18 August 2018. https://www.bostonglobe.com/metro/2018/08/17/sleep-final-frontier-this-guy-studies-here-what-has-say/MCII4NnJyK6tbOHpvdLgQN/story.html.

4장 소설의 수난 시대

1 C. Ingraham, 'Leisure reading in the U.S. is at an all-time low', Washington Post, 29 June 2018. https://www.washingtonpost.com/news/wonk/wp/2018/06/29/leisure-reading-in-the-u-s-is-at-an-all-time-low/https://www.bls.gov/tus/.
2 D. W. Moore, 'About Half Of Americans Reading A Book', Gallup News Service, 3 June 2005. https://news.gallup.com/poll/16582/about-half-americans-reading-book.aspx.
C. Ingraham, 'The long, steady decline of literary reading', Washington Post, 7 September 2016. https://www.washingtonpost.com/news/wonk/wp/2016/09/07/the-long-steady-decline-of-literary-reading/?utm_term=.f9d5fec802ad&itid=lk_inline_manual_12; 퓨리서치센터의 조사 결과는 비율이 조금 더 높다: A. Perrin, 'Who doesn't read books in America?', Pew Research Center, 26 September 2019. https://www.pewresearch.org/fact-tank/2019/09/26/who-doesnt-read-books-in-america/.
3 Ingraham, 'Leisure reading in the U.S. is at an all-time low'.
4 E. Brown, 'Americans spend far more time on their smartphones than they think', ZDnet, 28 April 2019. https://www.zdnet.com/article/americans-spend-far-more-time-on-their-smartphones-than-they-think/.
5 Reading at Risk, National Endowment for the Arts, 2002. https://www.arts.gov/sites/default/files/RaRExec_0.pdf.
6 A. Flood 'Literary fiction in crisis as sales drop dramatically, Arts Council England reports', Guardian, 15 December 2017. https://www.theguardian.com/books/2017/

dec/15/literary-fiction-in-crisis-as-sale-drop-dramatically-arts-council-england-reports.
7 W. Self, 'The printed word in peril', Harpers, October 2018. https://harpers.org/archive/2018/10/the-printed-word-in-peril/.
8 A. Mangen, G. Olivier and J. Velay, 'Comparing Comprehension of a Long Text Read in Print Book and on Kindle: Where in the Text and When in the Story?', Frontiers in Psychology, 10, 2019, p. 38.
9 P. Delgado et al., 'Don't throw away your printed books: a meta-analysis on the effects of reading media on reading comprehension', Educational Research and Reviews, 25, 2018, pp. 23–38.
10 Delgado et al., 'Don't throw away your printed books'.
11 N. Carr, The Shallows: How the Internet Is Changing the Way We Think, Read and Remember (London: Atlantic Books, 2010), p. 6. (니콜라스 카, 《생각하지 않는 사람들》, 최지향 옮김, 청림출판, 2020)
12 Gerald Emanuel Stern (ed.), McLuhan Hot & Cool: A primer for the understanding of and a critical symposium with a rebuttal (New York: Dial Press, 1967), pp. 20, 23, 65, 212–13, 215.
13 R. A. Mar et al., 'Exposure to media and theory-of-mind development in preschoolers', Cognitive Development, 25 (1), 2010, pp. 69–78.
14 Mar et al., 'Exposure to media and theory-of-mind development in preschoolers'.

5장 딴생각에 대한 새로운 연구가 말해주는 것

1 W. James, The Principles of Psychology, 1890, chapter XI: 온라인에서 열람 가능하다. https://psychclassics.yorku.ca/James/Principles/prin11.htm. (윌리엄 제임스, 《심리학의 원리》, 정양은 옮김, 아카넷, 2005)
2 M. E. Raichle et al., 'A default mode of brain function', Proceedings of the National Academy of Sciences, 98 (2), 2001, pp. 676–82. 내가 처음 마커스 라이클의 연구를 알게 된 것은 레오나르드 믈로디노프Leonard Mlodinow의 훌륭한 저서 Elastic: Flexible Thinking in a Constantly Changing World (London: Penguin, 2018), pp. 110–21에서였다. (레오나르드 믈로디노프, 《유연한 사고의 힘》, 김정은 옮김, 까치, 2018) 그 밖에 G. Watson, Attention: Beyond Mindfulness (London: Reaktion Books, 2017), p. 90 참조.
3 J. Smallwood, D. Fishman and J. Schooler, 'Counting the Cost of an Absent Mind', Psychonomic Bulletin & Review, 14, 2007. 내가 처음 이 내용을 알게 된 것은 W. Gallagher, Rapt: Attention and the Focused Life (London: Penguin, 2009), p. 149에

서였다. (위니프레드 갤러거, 《몰입, 생각의 재발견》, 이한이 옮김, 오늘의책, 2010)
4 Y. Citton, The Ecology of Attention (Cambridge: Polity, 2016), pp. 116–17.
5 B. Medea et al., 'How do we decide what to do? Resting-state connectivity patterns and components of self-generated thought linked to the development of more concrete personal goals', Experimental Brain Research, 236, 2018, pp. 2,469–81.
6 B. Baird et al., 'Inspired by Distraction: Mind Wandering Facilitates Creative Incubation', Psychological Science, 23 (10), October 2012, pp. 1,117–22.
7 J. Smallwood, F. J. M. Ruby, T. Singer, 'Letting go of the present: Mind-wandering is associated with reduced delay discounting', Consciousness and Cognition, 22 (1), 2013, pp. 1–7.
조너선은 이메일을 통해 다음과 같이 덧붙였다. "이러한 특징 중 다수가 언제 딴생각을 할지 통제할 수 있는 사람들(즉 외부 세계가 집중을 요구할 때 딴생각을 하지 않을 수 있는 사람들)에게 가장 명백하게 드러날 수 있다는 점을 언급하는 것이 중요할지도 모릅니다."
8 M. Killingsworth and D. Gilbert, 'A Wandering Mind is an Unhappy Mind', Science, 12 November 2010. 또한 Watson, Attention, pp. 15, 70 참조.

6장 우리를 추적하고 조종하는 테크 기업들

1 T. Ferris, 'The Tim Ferris Show Transcripts–Fighting Skynet and Firewalling Attention', Tim.Blog (blog), 24 September 2019. https://tim.blog/2019/09/24/the-tim-ferriss-show-transcripts-tristan-harris-fighting-skynet-and-firewalling-attention-387/.
2 Ferris, 'The Tim Ferris Show Transcripts'.
3 B. J. Fogg, Persuasive Technology (San Francisco: Morgan Kaufman, 2003), pp. 7–8.
4 Fogg, Persuasive Technology, p. ix.
5 I. Leslie, 'The scientists who make apps addictive', 1843 Magazine, 20 October 2016. https://www.1843magazine.com/features/the-scientists-who-make-apps-addictive.
6 Ferris, 'The Tim Ferris Show Transcripts'.
7 T. Harris, 'How a handful of tech companies control billions of minds every day', TED talk, TED2017. https://www.ted.com/talks/tristan_harris_how_a_handful_of_tech_companies_control_billions_of_minds_every_day?language=en.
8 C. Newton, 'Google's new focus on wellbeing started five years ago with this presentation', The Verge, 10 May 2018. https://www.theverge.com/2018/5/10/17333574/google-android-p-update-tristan-harris-design-ethics.
9 A. Marantz, 'Silicon Valley's Crisis of Conscience', New Yorker, 19 August 2019.

10 minimizedistraction.com에서 트리스탄의 프레젠테이션 전체를 볼 수 있다.

11 N. Thompson, 'Tristan Harris: Tech Is Downgrading Humans', Wired, 23 April 2019; N. Hiltzik, 'Ex-Google Manager Leads A Drive To Rein in Pernicious Impact of Social Media', Los Angeles Times, 10 May 2019.

12 Ferris, 'The Tim Ferris Show Transcripts'.

13 T. Harris, Senate Commerce Committee testimony, 25 June 2019. https://www.commerce.senate.gov/services/files/96E3A739-DC8D-45F1-87D7-EC70A368371D.

14 P. Marsden, 'Humane: A New Agenda for Tech', Digital Wellbeing, 25 April 2019. https://digitalwellbeing.org/humane-a-new-agenda-for-tech-speed-summary-and-video/.

15 나와의 인터뷰에서 아자가 회상한 내용이다.

16 정확한 수치에 대해서는 논란이 있는데, 본래 측정하기가 어려운 현상이기 때문이다. 이를 측정하는 한 가지 방법이 바로 '반송률(bounce rate, 웹사이트에 들어왔다가 사이트 내의 다른 페이지로 넘어가지 않고 그냥 나가는 사람 수)'이다. 예를 들어 time.com의 반송률은 2014년에 무한 스크롤을 도입했을 때 15퍼센트 낮아졌다. 쿼츠Quartz의 독자들은 무한 스크롤이 없었을 때보다 기사를 50퍼센트 이상 많이 읽는다. 이 두 수치는 S. Kirkland, 'Time.com's bounce rate down 15 percentage points since adopting continuous scroll', Poynter, 20 July 2014. https://web.archive.org/web/20150507024326/http://www.poynter.org:80/news/mediawire/257466/time-coms-bounce-rate-down-15-percentage-points-since-adopting-continuous-scroll/에서 나왔다.

17 T. Ong, 'Sean Parker on Facebook', The Verge, 9 November 2017. https://www.theverge.com/2017/11/9/16627724/sean-parker-facebook-childrens-brains-feedback-loop. 테크 기업 출신 인물들의 더 많은 발언에 대해서는 다음을 참조. A. Alter, Irresistible: The Rise of Addictive Technology and the Business of Keeping Us Hooked (London: Penguin, 2017), p. 1.

18 Roger McNamee, Zucked: Waking up to the Facebook Catastrophe (HarperCollins, 2019), pp. 146–7 (로저 맥나미, 《마크 저커버그의 배신》, 김상현 옮김, 에이콘출판, 2020); R. Seymour, The Twittering Machine (London: Indigo Press, 2019), pp. 26–7.

19 James Williams, Stand Out of Our Light (Cambridge: Cambridge University Press, 2018), p. 102.

20 Nir Eyal, Hooked: How to Build Habit-Forming Products (London: Penguin, 2014), p. 11; P. Graham, 'The Acceleration of Addictiveness', Paul Graham (blog), July 2010. http://www.paulgraham.com/addiction.html?viewfullsite=1.

7장 산만함에 불을 지피다

1 S. Zuboff, The Age of Surveillance Capitalism (New York: Public Affairs, 2019). (쇼샤나 주보프, 《감시 자본주의 시대》, 김보영 옮김, 문학사상사, 2021) www.shoshanazuboff.com에 방문하면 '인간의 미래'를 위한 주보프 교수의 싸움을 더 자세히 알 수 있다.

2 P. M. Litvak, J. S. Lerner, L. Z. Tiedens and K. Shonk, 'Fuel in the Fire: How anger affects decision-making', International Handbook of Anger, 2010, pp. 287–310에서 C. H. Hansen and R. D. Hansen, 'Finding the face in the crowd: An anger superiority effect', Journal of Personality and Social Psychology, 54 (6), 1988, pp. 917–24를 인용.

또한 R. C. Solomon, A Passion for Justice (Reading, MA: Addison-Wesley Publishing Company, 1990); C. Tavris, Anger: The misunderstood emotion (New York: Touchstone Books/Simon & Schuster, 1989) 참조.

3 Litvak et al., 'Fuel in the Fire'에서 J. M. Haviland and M. Lelwica, 'The induced affect response: 10-week-old infants' responses to three emotion expressions', Developmental Psychology, 23 (1), 1987, pp. 97–104를 인용.

4 이에 관한 훌륭한 개요는 다음을 참조. M. Jaworski, 'The Negativity Bias: why the bad stuff sticks', PsyCom, 19 February 2020. https://www.psycom.net/negativity-bias.

5 algotransparency.org 참조. 이 웹사이트는 유튜브에서 트렌드에 오른 단어들을 추적한다.

6 William J. Brady et al., 'Emotion shapes the diffusion of moralised content in social networks', Proceedings of the National Academy of Sciences, 114, 28, 2017, pp. 7,313–18.

7 'Partisan Conflict and Congressional Outreach', Pew Research Center, 23 February 2017. https://www.pewresearch.org/politics/2017/02/23/partisan-conflict-and-congressional-outreach/pdl-02-23-17_antipathy-new-00-02/.

8 존 메이저가 이 발언을 한 것은 〈메일온선데이〉와의 1993년 인터뷰에서였고, 그의 이 발언은 널리 보도되었다.

9 Nolen Gertz, Nihilism and Technology, (Rowman & Littlefield, 2018), p. 97; A. Madrigal, 'Many many Facebook users still don't know that their feed is filtered by an algorithm', Splinter, 27 March 2015. https://splinternews.com/many-many-facebook-users-still-dont-know-that-their-ne-1793846682; Motahhare Eslami et al., '"I always assumed that I wasn't really that close to [her]": Reasoning about Invisible Algorithms in News Feeds', Proceedings of the 33rd Annual ACM Conference

on Human Factors in Computing Systems (CHI '15) (New York: Association for Computing Machinery, 2015), pp. 153–162. 전문은 http://www-personal.umich.edu/~csandvig/research/Eslami_Algorithms_CHI15.pdf에서 확인 가능.

10 트리스탄이 이 말을 한 사람은 〈선데이타임스〉의 수석 인터뷰어인 데카 아이트켄헤드다. 그가 내게 두 사람이 나눈 대화의 미발표 녹취록을 주었고, 녹취록의 도움을 받아 이 부분의 정보를 제공했다.

11 Litvak et al., 'Fuel in the Fire'에서 G. V. Bodenhausen et al., 'Happiness and stereotypic thinking in social judgement', Journal of Personality and Social Psychology, 66 (4), 1994, pp. 621–36; D. DeSteno et al., 'Beyond valence in the perception of likelihood: the role of emotion specificity', Journal of Personality and Social Psychology, 78 (3), 2000, pp. 397–416를 인용.

12 Litvak et al., 'Fuel in the Fire', p. 299.

13 S. Vosoughi, D. Roy, D. and S. Aral, 'The spread of true and false news online', Science, 359, 2018, pp. 1,146–51.

14 C. Silverman, 'This Analysis Shows How Viral Fake Election News Stories Outperformed Real News On Facebook', BuzzFeed, 16 November 2016. https://www.buzzfeednews.com/article/craigsilverman/viral-fake-election-news-outperformed-real-news-on-facebook.

15 https://www.vox.com/2019/3/31/18289271/alex-jones-psychosis-conspiracies-sandy-hook-hoax.

16 트리스탄이 데카 아이트켄헤드에게 말한 내용이다. SimilarWeb.com에 따르면, 2020년 9월까지의 6개월간 〈가디언〉의 방문자는 약 2억 8600만 명, 〈뉴욕타임스〉의 방문자는 약 3억 5400만 명이었으며, 〈워싱턴포스트〉의 방문자는 1억 8500만 명을 겨우 넘었다. 150억 회라는 숫자는 https://www.latimes.com/business/hiltzik/la-fi-hiltzik-tristan-tech-20190510-story.html에서 나왔다.

17 A. Jones, 'From Memes to Infowars: how 75 Fascist activists were "Red-Pilled"', Bellingcat, 11 October 2018. https://www.bellingcat.com/news/americas/2018/10/11/memes-infowars-75-fascist-activists-red-pilled/.

18 J. M. Berger, 'The Alt-Right Twitter Census: defining and describing the audience for Alt-Right content on Twitter', VOX-Pol Network of Excellence, 2018. https://www.voxpol.eu/download/vox-pol_publication/AltRightTwitterCensus.pdf.

19 트리스탄이 데카 아이트켄헤드에게 한 말이다.

20 C. Alter, 'Brazilian Politician tells Congresswoman she's "not worthy" of sexual assault', Time, 11 December 2014. https://time.com/3630922/brazil-politics-congresswoman-rape-comments/.

21 https://www.independent.co.uk/news/world/americas/jair-bolsonaro-who-is-quotes-

brazil-president-election-run-off-latest-a8573901.html.

22 C. Doctorow, 'Fans of Brazil's new Fascist President chant "Facebook! Facebook! Whatsapp! Whatsapp!" At inauguration', BoingBoing, 3 January 2019. https://boingboing.net/2019/01/03/world-more-connected.html.

23 트리스탄이 데카 아이트켄헤드에게 말한 내용이다.

24 T. Harris, Senate Commerce Committee testimony, 25 June 2019. https://www.commerce.senate.gov/services/files/96E3A739-DC8D-45F1-87D7-EC70A368371D.

8장 작고 얄팍한 해결책

1 Nir Eyal, Indistractable: How to Control Your Attention and Choose Your Life (London: Bloomsbury Publishing, 2020), p. 213. (니르 이얄, 《초집중》, 김고명 옮김, 안드로메디안, 2020)

2 Ibid., pp. 41–2.

3 Ibid., p. 62.

4 Ibid., p. 113.

5 N. Eyal, Hooked: How to Build Habit-Forming Products (London: Penguin, 2014), p. 1. (니르 이얄, 《훅》, 조자현 옮김, 유엑스리뷰, 2022)

6 Ibid., p. 164. 나중에 내가 이 부분을 인용하자 니르는 이렇게 말했다. "글쎄요, 책을 읽어야죠. 안 그래요? 맥락과 상관없이 한 문장만 떼어내면 당연히 뭐든 내가 말한 걸로 만들 수 있죠." 그러나 나는 이 문장을 맥락 속에서 읽었고, 다른 사람들에게도 그러기를 권한다. 이 문장을 둘러싼 맥락이나 책 전체의 그 어떤 내용도 이 문장의 명확한 의미를 누그러뜨리지 않는다.

7 Ibid., p. 2.

8 N. Eyal, 'Want to Hook Your Users? Drive Them Crazy', TechCrunch (blog), 26 March 2012. https://techcrunch.com/2012/03/25/want-to-hook-your-users-drive-them-crazy/.

9 Eyal, Hooked, p. 47.

10 Ibid., p. 57.

11 Ibid., p. 18.

12 Ibid., p. 25.

13 Ibid., p. 17.

14 또한 그는 이러한 기술의 건강한 사용 방법을 열거한다. 예를 들면 사람들이 운동을 하러 가게 만드는 피트니스 앱이나 외국어를 배우게 돕는 앱이 이에 해당한다.

15 Ronald Purser, McMindfulness (Repeater Books, 2019), p. 138. (로널드 퍼서, 《마

음챙김의 배신》, 서민아 옮김, 필로소픽, 2021)

16 Ibid., p. 139에서 Dana Becker, One Nation Under Stress : The Trouble With Stress As An Idea (Oxford: Oxford University Press, 2013)를 인용함.

17 https://www.nytimes.com/2021/01/09/opinion/diet-resolution-new-years.html.

18 다이어트의 95퍼센트가 실패함을 확인한 원래의 연구는 비만 환자 100명을 대상으로 했다. A. J. Stunkard and M. McLaren-Hume, 'The results of treatment for obesity', AMA Archives of Internal Medicine, 103, 1959, pp. 79–85. 그 밖의 여러 최근 연구들도 이와 비슷한 결과를 냈다. 다음 연구에서는 20킬로그램 이상을 감량한 사람 중 겨우 2퍼센트만이 2년 뒤에도 몸무게를 유지했다. J. Kassirer and M. Angell, 'Losing weight—an ill-fated New Year's resolution', New England Journal of Medicine, 338, 1998, pp. 52–4.
일부 과학자는 이 결과가 너무 비관주의적이며 성공을 지나치게 높은 기준으로 정의했다고 주장한다. 예를 들면 R. R. Wing and S. Phelan, 'Long-term weight loss maintenance', The American Journal of Clinical Nutrition, vol. 82, issue 1, 2005, pp. 222S–225S 참조. 두 사람은 체중의 10퍼센트 감량을 다이어트 이후 1년까지 유지한 사람을 다이어트 성공으로 정의해야 한다고 주장한다. 그러나 이 정의를 적용한다 해도 겨우 20퍼센트만이 다이어트에 성공하며 80퍼센트는 실패한다.
다음 기사는 1959년의 연구를 다루며 이 연구가 너무 부정적이라고 주장한다. https://www.nytimes.com/1999/05/25/health/95-regain-lost-weight-or-do-they.html.
또한 T. Mann, Secrets from the Eating Lab(New York: Harper Wave, 2017) 참조. 저자는 60년간의 다이어트 관련 자료를 검토한 뒤 다이어트하는 사람이 평균적으로 시작 몸무게의 10퍼센트를 감량하며, 감량한 몸무게에게서 약 1킬로그램을 뺀 체중을 2년 내에 전부 회복한다는 사실을 발견했다.

19 2018년에 미국 성인의 42퍼센트 이상과 미국 아동의 18.5퍼센트 이상이 비만이었다. 20년간 이 수치는 서서히 증가해왔다. 'Overweight & Obesity Data & Statistics', Centre for Disease Control and Prevention. https://www.cdc.gov/obesity/data/index.html.
2018년, 네덜란드 성인의 15퍼센트가 비만이었다. 미국보다 훨씬 낮은 수치이지만, 그럼에도 네덜란드는 (마땅히) 이를 주요한 공중보건 위기로 간주한다. C. Stewart, 'Share of the population with overweight in the Netherlands', Statista, 16 November 2020. https://www.statista.com/statistics/544060/share-of-the-population-with-overweight-in-the-netherlands/ 참조.

9장 근본적인 해결책을 처음으로 목격하다

1 D. Marshall, 'BBC most trusted news source 2020', Ipsos Mori, 22 May 2020. https://www.ipsos.com/ipsos-mori/en-uk/bbc-most-trusted-news-source-2020; W. Turvill, 'Survey: Americans trust the BBC more than the New York Times, Wall Street Journal, ABC or CBS', Press Gazette, 16 June 2020. https://www.pressgazette.co.uk/survey-americans-trust-the-bbc-more-than-new-york-times-wall-street-journal-abc-orcbs/.
2 트리스탄이 데카 아이트켄헤드에게 말한 내용이다.
3 G. Linden, 'Marissa Mayer at Web.20', Glinden (blog), 9 November 2006. http://glinden.blogspot.com/2006/11/marissa-mayer-at-web-20.html.
또한 http://loadstorm.com/2014/04/infographic-web-performance-impacts-conversion-rates/ 참조.
또한 R. Colville, The Great Acceleration: How the World is Getting Faster, Faster (London: Bloomsbury, 2016), p. 27 참조.
4 M. Ledwich and A. Zaitsev, 'Algorithmic Extremism: Examining YouTube's Rabbit Hole of Radicalisation', arXiv:1912.11211 [cs.SI], Cornell University, 2019. https://arxiv.org/abs/1912.11211.
또한 A. Kantrowitz, 'Does YouTube Radicalize?', OneZero, 7 January 2020. https://onezero.medium.com/does-youtube-radicalize-a-debate-between-kevin-roose-and-mark-ledwich-1b99651c7bb; W. Feuer, 'Critics slam study claiming YouTube's algorithm doesn't lead to radicalisation', CNBC, 30 December 2019, updated 31 December 2019. https://www.cnbc.com/2019/12/30/critics-slam-youtube-study-showing-no-ties-to-radicalisation.html 참조.
5 A. Narayanan, Twitter post 29 December 2019, 12.34pm. https://twitter.com/random_walker/status/1211264254109765634?lang=en.
6 J. Horwitz and D. Seetharaman, 'Facebook Executives Shut Down Efforts to Make the Site Less Divisive', Wall Street Journal, 26 May 2020. https://www.wsj.com/articles/facebook-knows-it-encourages-division-top-executives-nixed-solutions-11590507499.
7 〈월스트리트〉 기사는 저커버그의 말을 인용해 주장에 균형을 맞춘다. 기사는 이렇게 말한다. "2019년에 저커버그는 페이스북이 구체적인 기준을 위반한 콘텐츠는 내릴 것이지만 기준 위반이 명확하지 않은 콘텐츠를 감시하는 데는 방임주의적 접근법을 취할 수 있다고 선언했다. 그는 10월에 조지타운 대학에서 열린 강연에서 이렇게 말했다. '관용은 상의하달식으로 부과할 수 있는 게 아닙니다. 관용은 자신을 열어 경험을 공유하고, 모두가 소속감을 느끼는 사회를 위해 공동의 이야기를

만들어내는 사람들에게서 나와야 합니다. 진보는 이렇게 이루어져야 합니다.'"
8 A. Dworkin, Life and Death: Unapologetic Writings on the Continuing War Against Women (London: Simon & Schuster, 1997), p. 210.

10장 스트레스와 만성적인 각성 상태

1 N. Burke Harris, The Deepest Well: Healing the Long-Term Eff ects of Childhood Adversity (London: Bluebird, 2018), p. 215. (네이딘 버크 해리스, 《불행은 어떻게 질병으로 이어지는가》, 정지인 옮김, 심심, 2019)
2 V. J. Felitti et al., 'Relationship of childhood abuse and household dysfunction to many of the leading causes of death in adults: The Adverse Childhood Experiences (ACE) study', American Journal of Preventive Medicine, 14 (4), 1998, pp. 245–58.
또한 빈센트 펠리티Vincent Felitti 박사와 로버트 안다Robert Anda 박사, 가보르 마테Gabor Maté 박사와 나눈 인터뷰에서도 정보를 얻었다. 가보르 마테 박사의 저서 In the Realm of Hungry Ghosts: Close Encounters With Addiction (London: Vermilion, 2018) 참조.
3 Harris, The Deepest Well, p. 59.
4 R. Ruiz, 'How Childhood Trauma Could Be Mistaken For ADHD', The Atlantic, 7 July 2014.
또한 N. M. Brown et al., 'Associations Between Adverse Childhood Experiences and ADHD Diagnosis and Severity', Academic paediatrics, 17 (4), 2017, pp. 349–55; Newsroom, 'Researchers Link ADHD With Childhood Trauma', Children's Hospitals Today, Children's Hospital Association, 9 August 2017. https://www.childrenshospitals.org/Newsroom/Childrens-Hospitals-Today/Articles/2017/08/Researchers-Link-ADHD-with-Childhood-Trauma; K. Szymanski, L. Sapanski and F. Conway, 'Trauma and ADHD – Association or Diagnostic Confusion? A Clinical Perspective', Journal of Infant, Child, and Adolescent Psychotherapy, 10 (1), 2011, pp. 51–59; R.C. Kessler et al., 'The prevalence and correlates of adult ADHD in the United States: results from the National Comorbidity Survey Replication', The American Journal of Psychiatry, 163, 4, 2006, pp. 716–23 참조.
(아이들을 심각하게 방치하는) 루마니아의 고아원에서 자라난 아이들은 훗날 심각한 집중력 문제를 겪을 확률이 네 배 더 높은 것으로 드러났다. M. Kennedy et al., 'Early severe institutional deprivation is associated with a persistent variant of adult-deficit hyperactivity disorder', Journal of Child Psychology and Psychiatry, 57 (10), 2016, pp. 1,113–25 참조.
또한 조엘 닉의 저서, Getting Ahead of ADHD: What Next-Generation Science Says

About Treatments That Work (New York: Guilford Press, 2017), pp. 161–2 참조.
또한 W. Gallagher, Rapt: Attention and the Focused Life (London: Penguin, 2009), p. 167 (위니프레드 갤러거, 《몰입, 생각의 재발견》, 이한이 옮김, 오늘의책, 2010); R. C. Herrenkohl, B. P. Egolf and E. C. Herrenkohl, 'Pre-school Antecedents of Adolescent Assaultive Behaviour: A Longitudinal Study', American Journal of Orthopsychiatry, 67, 1997, pp. 422–32 참조.

5 H. Green et al., Mental Health of Children and Young People in Great Britain, 2004I, Office of National Statistics, Department of Health and the Scottish Executive (Basingstoke: Palgrave Macmillan, 2005). 통계 자료는 p. 161에 있으며, 표 7.20와 7.21에 내용이 요약되어 있다.
내가 이 통계를 알게 된 것은 다음 자료에서였다. N. Hart and L. Benassaya, 'Social Deprivation or Brain Dysfunction? Data and the Discourse of ADHD in Britain and North America', in S. Timimi and J. Leo (eds), Rethinking ADHD: From Brain to Culture (London: Palgrave Macmillan, 2009), pp. 218–51.

6 S. N. Merry and L. K. Andrews, 'Psychiatric status of sexually abused children 12 months after disclosure of abuse', Journal of the American Academy of Child and Adolescent Psychiatry, 33 (7), 1994, pp. 939–44.
또한 T. Endo, T. Sugiyama and T. Someya, 'Attention-deficit/hyperactivity disorder and dissociative disorder among abused children', Psychiatry and Clinical Neurosciences, 60 (4), 2006, pp. 434–8. https://doi.org/10.1111/j.1440-1819.2006.01528.x 참조.

7 이 문제에 관한 가장 훌륭한 자료를 보여주는 최고의 지침서(이어지는 몇 문단에 등장하는 많은 연구도 여기서 가져왔다)는 카리사 안드레오티Charissa Andreotti의 논문, 'Effects of Acute and Chronic Stress on Attention and Psychobiological Stress Reactivity in Women', PhD dissertation (Vanderbilt University, 2013)이다.
또한 E. Chajut and D. Algom, 'Selective attention improves under stress: Implications for theories of social cognition', Journal of Personality and Social Psychology, 85, 2003, pp. 231–48; P. D. Skosnik et al., 'Modulation of attentional inhibition by norepinephrine and cortisol after psychological stress', International Journal of Psychophysiology, 36, 2000, pp. 59–68 참조.

8 Skosnik et al., 'Modulation of attentional inhibition by norepinephrine and cortisol after psychological stress'; 또한 C. Liston, B. S. McEwen and B. J. Casey, 'Psychosocial stress reversibly disrupts prefrontal processing and attentional control', Proceedings of the National Academy of Sciences of the United States of America, 106 (3), 2009, pp. 912–17 참조.

9 H. Yaribeygi et al., 'The impact of stress on body function: A review', EXCLI

Journal, 16, 2017, pp. 1,057–72.

10 C. Nunn et al., 'Shining evolutionary light on human sleep and sleep disorders', Evolution, Medicine and Public Health, 2016 (1), 2016, pp. 234, 238.

11 Z. Heller, 'Why We Sleep – and Why We Often Can't', New Yorker, 3 December 2018.

12 S. Mullainathan et al., 'Poverty impedes cognitive function', Science, 30, 2013, pp. 976–80. 또한 R. Putnam, Our Kids: The American Dream in Crisis (New York: Simon & Schuster, 2015), p. 130 참조. (로버트 D. 퍼트넘, 《빈부격차는 어떻게 미래 세대를 파괴하는가》, 정태식 옮김, 페이퍼로드, 2017)

13 Mullainathan et al., 'Poverty impedes cognitive function'.
다음은 멀레이너선 교수의 훌륭한 인터뷰다. C.Feinberg, 'The science of scarcity: a behavioural economist's fresh perspectives on poverty', Harvard Magazine, May–June 2015. https://www.harvardmagazine.com/2015/05/the-science-of-scarcity; 센딜 멀레이너선과 엘다 샤퍼의 저서 Scarcity: Why Having Too Little Means So Much (London: Penguin, 2014)에서 관련 내용을 자세히 다룬다. (센딜 멀레이너선, 엘다 샤퍼, 《결핍의 경제학》, 이경식 옮김, 알에이치코리아, 2014)

14 J. Howego, 'Universal income study finds money for nothing won't make us work less', New Scientist, 8 February 2019. https://www.newscientist.com/article/2193136-universal-income-study-fi nds-money-for-nothing-wont-make-us-work-less/.

15 G. Maté , Scattered Minds: The Origins and Healing of Attention Deficit Disorder (London: Vermilion, 2019), p. 175; E. Deci, Why We Do What We Do: Understanding Self-Motivation (London: Penguin, 1996), p. 28 (에드워드 L. 데시, 리처드 플래스트, 《마음의 작동법》, 이상원 옮김, 에코의서재, 2011); W. C. Dement, The Promise of Sleep: A Pioneer in Sleep Medicine Explores the Vital Connection Between Health, Happiness, and a Good Night's Sleep (New York: Bantam Doubleday Dell, 1999), p. 218. (윌리엄 C. 디멘트, 《수면의 약속》, 김태 옮김, 넥서스, 2007)

16 R. Colville, The Great Acceleration: How the World is Getting Faster, Faster (London: Bloomsbury, 2016), p. 59.

17 B. Schulte, Overwhelmed: Work, Love and Play When No One Has the Time (London: Bloomsbury, 2014), p. 22에서 다음을 인용. L. Duxbury and C. Higgins, Work-Life Conflict in Canada in the New Millennium: Key Findings and Recommendations from the 2001 National Work-Life Conflict Study, Report 6 (Health Canada, January 2009); L. Duxbury and C. Higgins, Work-Life Conflict in Canada in the New Millennium: A Status Report, Final Report (Health Canada,

October 2003). http://publications.gc.ca/collections/Collection/H72-21-186-2003E.pdf. 역할 과부하와 관련된 통계 수치는 표 F1을 참조.

11장 우리 사회의 논리에 정면으로 도전한 장소들

1 B. Cotton, 'British employees work for just three hours a day', Business Leader, 6 February 2019. https://www.businessleader.co.uk/british-employees-work-for-just-three-hours-a-day/59742/.
2 오클랜드 대학의 헬렌 딜레이니 교수가 친절하게도 아직 동료 평가 단계에 있는 이 실험에 관한 다음 논문을 건네주었고, 여기서 논문 속 증거를 사용했다.
3 A. Harper, A. Stirling and A. Coote, The Case For a Four Day Week (London: Polity, 2020), p. 6. (안나 쿠트 외, 《주4일 노동이 답이다》, 이성철 외 옮김, 호밀밭, 2022)
4 K. Paul, 'Microsoft Japan tested a four day work week and productivity jumped by 40%', Guardian, 4 November 2019. https://www.theguardian.com/technology/2019/nov/04/microsoft-japan-four-day-work-week-productivity; Harper et al., The Case For a Four Day Week, p. 89.
5 Harper et al., The Case For a Four Day Week, pp. 68–71.
6 Ibid., pp. 17–18.
7 K. Onstad, The Weekend Effect (New York: HarperOne, 2017), p. 49. (카트리나 온스태드, 《주말에는 더 행복하기로 했다》, 김태훈 옮김, 알에이치코리아, 2018)
8 M. F. Davis and J. Green, 'Three hours longer, the pandemic workday has obliterated work-life balance', Bloomberg, 23 April 2020. https://www.bloomberg.com/news/articles/2020-04-23/working-from-home-in-covid-era-means-three-more-hours-on-the-job.
9 A. Webber, 'Working at home has led to longer hours', Personnel Today, 13 August 2020 https://www.personneltoday.com/hr/longer-hours-and-loss-of-creative-discussions-among-home-working-side-effects/; 'People are working longer hours during the pandemic', The Economist, 24 November 2020. https://www.economist.com/graphic-detail/2020/11/24/people-are-working-longer-hours-during-the-pandemic; A. Friedman, 'Proof our work-life balance is in danger (but there's hope)', Atlassian, 5 November 2020. https://www.atlassian.com/blog/teamwork/data-analysis-length-of-workday-covid.
10 F. Jaureń guiberry, 'Deńconnexion volontaire aux technologies de l'information et de la communication', Rapport de recherche, Agence Nationale de la Recherche, 2014, hal-00925309. https://hal.archives-ouvertes.fr/hal-00925309/document.

11 R. Haridy, 'The right to disconnect: the new laws banning after-hours work emails', New Atlas, 14 August 2018. https://newatlas.com/right-to-disconnect-after-hours-work-emails/55879/에서 W. J. Becker, L. Belkin and S. Tuskey, 'Killing me softly: Electronic communications monitoring and employee and spouse well-being', Academy of Management Annual Meeting Proceedings, 2018 (1), 2018를 인용.

12장 값싸고 형편없는 식단

1 'Sleep and tiredness', NHS web-page. https://www.nhs.uk/live-well/sleep-and-tiredness/eight-energy-stealers/.

2 M. Pollan, In Defence of Food (London: Penguin, 2008), pp. 85–9. (마이클 폴란, 《마이클 폴란의 행복한 밥상》, 조윤정 옮김, 다른세상, 2009)

3 L. Pelsser et al., 'Effect of a restricted elimination diet on the behaviour of children with attention-deficit hyperactivity disorder (INCA study): a randomised controlled trial ', Lancet, 377, 2011, pp. 494–503; J. K. Ghuman, 'Restricted elimination diet for ADHD: the INCA study', Lancet, 377, 2011, pp. 446–8.
또한 Joel Nigg, Getting Ahead of ADHD: What Next-Generation Science Says About Treatments That Work (New York: Guilford Press, 2017), pp. 79–82 참조.

4 Donna McCann et al., 'Food additives and hyperactive behaviour in 3-year-old and 8/9-year-old children in the community: a randomised, double-blinded, placebo-controlled trial', Lancet, 370, 2007, pp. 1,560–67; B. Bateman et al., 'The effects of a double blind, placebo controlled, artificial food colourings and benzoate preservative challenge on hyperactivity in a general population sample of preschool children', Archives of Disease in Childhood, 89, 2004, pp. 506–11.
또한 M. Wedge, A Disease Called Childhood: Why ADHD Became an American Epidemic (New York: Avery, 2016), pp. 148–59 참조.

5 Joel Nigg, Getting Ahead of ADHD, p. 59.

6 B. A. Maher, 'Airborne Magnetite- and Iron-Rich Pollution Nanoparticles: Potential Neurotoxicants and Environmental Risk Factors for Neurodegenerative Disease, Including Alzheimer's Disease', Journal of Alzheimer's Disease, 71, 2, 2019, pp. 361–75; B. A. Maher et al., 'Magnetite pollution nanoparticles in the human brain', Proceedings of the National Academy of Sciences of the United States of America, 113, 39, 2016, pp. 10,797–801.

7 F. Perera et al., 'Benefits of Reducing Prenatal Exposure to Coal-Burning Pollutants to Children's Neurodevelopment in China', Environmental Health Perspectives, 116 (10), 2008, pp. 1,396–400; M. Guxens et al., 'Air Pollution During Pregnancy and

Childhood Cognitive and Psychomotor Development: Six European Birth Cohorts', Epidemiology, 25, 2014, pp. 636–47; P. Wang et al., 'Socioeconomic disparities and sexual dimorphism in neurotoxic effects of ambient fine particles on youth IQ: A longitudinal analysis', PLoS One, 12, 12, 2017, e0188731; Xin Zhanga et al., 'The impact of exposure to air pollution on cognitive performance', Procedures of the National Academy of Science, USA, 115 (37), 2018, pp. 9,193–7; F. Perera et al., 'Polycyclic aromatic hydrocarbons-aromatic DNA adducts in cord blood and behavior scores in New York city children', Environmental Health Perspectives, 119, 8, 2011, pp. 1,176–81; N. Newman et al., 'Traffic-Related Air Pollution Exposure in the First Year of Life and Behavioral Scores at 7 Years of Age', Environmental Health Perspectives, 121 (6), 2013, pp. 731–6.

8 Weiran Yuchi et al., 'Road proximity, air pollution, noise, green space and neurologic disease incidence: a population-based cohort study', Environmental Health, 19, article no. 8, 2020.

9 N. Rees, 'Danger in the Air: How air pollution can affect brain development in young children', UNICEF Division of Data, Research and Policy Working Paper (New York: United Nations Children's Fund (UNICEF), 2017); Y-H. M. Chiu et al., 'Associations between traffic-related black carbon exposure and attention in a prospective birth cohort of urban children', Environmental Health Perspectives, 121 (7), 2013, pp. 859–64.

10 L. Calderón-Garcidueñas et al., 'Exposure to severe urban air pollution influences cognitive outcomes, brain volume and systemic inflammation in clinically healthy children', Brain and Cognition, 77, 3, 2011, pp. 345–55.

11 J. Sunyer et al., 'Traffic-related air pollution and attention in primary school children: short-term association', Epidemiology, 28 (2), 2017, pp. 181–9.

12 T. Harford, 'Why did we use leaded petrol for so long?', BBC News, 28 August 2017. https://www.bbc.co.uk/news/business-40593353.

13 M. V. Maffini et al., 'No Brainer: the impact of chemicals on children's brain development: a cause for concern and a need for action', CHEMTrust report, March 2017. https://www.chemtrust.org/wp-content/uploads/chemtrust-nobrainer-mar17.pdf; House of Commons Environmental Audit Committee, 'Toxic Chemicals in Everyday Life', Twentieth Report of Session 2017–2019. (London: House of Commons, 2019). https://publications.parliament.uk/pa/cm201719/cmselect/cmenvaud/1805/1805.pdf.

14 T. E. Froehlich et al., 'Association of Tobacco and Lead Exposures With Attention-Deficit/Hyperactivity Disorder', Pediatrics, 124, 2009, e1054.

다음은 18개 연구의 메타 분석으로, 그중 16개가 연구 대상이었던 어린이의 ADHD에서 납이 일정 역할을 했음을 입증했다. M. Daneshparvar et al., 'The Role of Lead Exposure on Attention-Deficit/Hyperactivity Disorder in Children: A Systematic Review', Iranian Journal of Psychiatry, 11 (1), 2016, pp. 1–14. 브루스는 다음 영상에서 이 문제를 논한다. https://vimeo.com/154266125.

15 D. Rosner and G. Markowitz, 'Why It Took Decades of Blaming Parents Before We Banned Lead Paint', The Atlantic, 22 April 2013. https://www.theatlantic.com/health/archive/2013/04/why-it-took-decades-of-blaming-parents-before-we-banned-lead-paint/275169/.
이 인종차별적 방침에 대한 더 자세한 정보는 다음의 훌륭한 글을 참조. L. Bliss, 'The long, ugly history of the politics of lead poisoning', Bloomberg City Lab, 9 February 2016. https://www.bloomberg.com/news/articles/2016-02-09/the-politics-of-lead-poisoning-a-long-ugly-history.
또한 다음을 참조. M. Segarra, 'Lead Poisoning: A Doctor's Lifelong Crusade to Save Children From It', NPR, 5 June 2016. https://www.npr.org/2016/06/05/480595028/lead-poisoning-a-doctors-lifelong-crusade-to-save-children-from-it?t=1615379691329.

16 B. Yeoh et al., 'Household interventions for preventing domestic lead exposure in children', Cochrane Database of Systematic Reviews, 4, 2012. https://core.ac.uk/download/pdf/143864237.pdf.

17 S. D. Grosse, T. D. Matte, J. Schwartz and R. J. Jackson, 'Economic gains resulting from the reduction in children's exposure to lead in the United States', Environmental Health Perspectives, 110 (6), 2002, pp. 563–9.

18 Joel Nigg, Getting Ahead of ADHD: What Next-Generation Science Says About Treatments That Work (New York: Guilford Press, 2017), pp. 152–3.
이 동물실험에 관한 오싹한 개요에 관해서는 다음을 참조. H. J. K. Sable and S. L. Schantz, 'Executive Function following Developmental Exposure to Polychlorinated Biphenyls (PCBs): What Animal Models Have Told Us', in E. D. Levin and J. J. Buccafusco (eds), Animal Models of Cognitive Impairment (Boca Raton, Florida: CRC Press/Taylor & Francis, 2006), Chapter 8. https://www.ncbi.nlm.nih.gov/books/NBK2531/에서 열람 가능.
바르바라 데메넥스는 저서 Toxic Cocktail (OUP, 2017), pp. 55–6에서 PCBs와 관련 증거를 논한다.

19 Joel Nigg, Getting Ahead of ADHD, pp. 146, 155; News Desk, 'BPA rules in European Union now in force: limit strengthened 12 fold', Food Safety News, 16 September 2018. https://www.foodsafetynews.com/2018/09/bpa-rules-in-european-

union-now-in-force-limit-strengthened-12-fold/.
20 B. Demeneix, 'Endrocrine Disruptors: From Scientific Evidence to Human Health Protection', Policy Department for Citizens' Rights and Constitutional Affairs Directorate General for Internal Policies of the Union, PE 608.866, 2019. https://www.europarl.europa.eu/thinktank/en/document.html?reference=IPOL_STU%282019%29608866.
21 B. Demeneix, 'Letter: Chemical pollution is another "asteroid threat"', Financial Times, January 11 2020; B. Demeneix, 'Environmental factors contribute to loss of IQ', Financial Times, 18 July 2017.
또한 Demeneix, Toxic Cocktail, p. 5 참조.
22 A. Kroll and J. Schulman, 'Leaked Documents Reveal The Secret Finances of a Pro-Industry Science Group', Mother Jones, 28 October 2013. https://www.motherjones.com/politics/2013/10/american-council-science-health-leaked-documents-fundraising/.

13장 잘못된 ADHD 진단

1 출처를 묻자 스티븐 힌쇼는 이렇게 답했다. "권위 있는 출처는 S. Faraone and H. Larsson, "Genetics of attention deficit hyperactivity disorder", Molecular Psychiatry, 2018입니다. 이 연구는 유전율을 74퍼센트로 추정했습니다. 75-80퍼센트보다는 다소 보수적인 수치죠." S. V. Faraone and H. Larsson, 'Genetics of attention deficit hyperactivity disorder', Molecular Psychiatry, 24, 2018, pp. 562–75.
2 L. Braitman, Animal Madness: Inside Their Minds (New York: Simon & Schuster, 2015), p. 211.
3 Ibid., p. 196.
4 수많은 연구가 이 연구를 뒤이었다. 그중 이 논의에서 가장 중요한 것은 D. Jacobvitz and L. A. Sroufe, 'The early caregiver-child relationship and attention deficit disorder with hyperactivity in kindergarten: A prospective study', Child Development, 58, 1987, pp. 1,496–504; E. Carlson, D. Jacobvitz and L. A. Sroufe, 'A developmental investigation of inattentiveness and hyperactivity', Child Development, 66, 1995, pp. 37–54.
또한 A. Sroufe, 'Ritalin Gone Wrong', New York Times, 28 January 2012 참조.
5 앨런 스루프의 훌륭한 저서인 A Compelling Idea: How We Become the Persons We Are (Brandon, Vermont: Safer Society Press, 2020), pp. 60–5 참조.
또한 스루프의 The Development of the Person: The Minnesota Study of Risk and Adaptation From Birth to Adulthood (New York: Guilford Press, 2009) 참조. (앨런

스루프 외, 《인간의 발달》, 방희정 옮김, 학지사, 2015)

6 Sroufe, A Compelling Idea, p. 63.

7 Ibid., p. 64.

8 L. Furman, 'ADHD: What Do We Really Know?' in S. Timimi and J. Leo (eds), Rethinking ADHD: From Brain to Culture (London: Palgrave Macmillan, 2009), p. 57.

9 N. Ezard et al., 'LiMA: a study protocol for a randomised, double-blind, placebo controlled trial of lisdexamfetamine for the treatment of methamphetamine dependence', BMJ Open, 2018, 8:e020723.

10 M. G. Kirkpatrick et al., 'Comparison of intranasal methamphetamine and d-amphetamine self-administration by humans', Addiction, 107, 4, 2012, pp. 783–91.

11 대표적인 연구는 Judith Rapoport: J. L. Rapoport et al., 'Dextroamphetamine: Its cognitive and behavioural effects in normal prepubertal boys', Science, 199, 1978, pp. 560–3; J. L. Rapoport et al., 'Dextroamphetamine: Its Cognitive and Behavioral Effects in Normal and Hyperactive Boys and Normal Men', Archives of General Psychiatry, 37, 8, 1980, pp. 933–43; M. Donnelly and J. Rapoport, 'Attention Deficit Disorders', in J. M. Wiener (ed.), Diagnosis and Psychopharmacology of Childhood and Adolescent Disorders (New York: Wiley, 1985).
또한 S. W. Garber, Beyond Ritalin: Facts About Medication and other Strategies for Helping Children (New York: Harper Perennial, 1996) 참조.

12 D. Rabiner, 'Consistent use of ADHD medication may stunt growth by 2 inches, large study finds', Sharp Brains (blog), 16 March 2013. https://sharpbrains.com/blog/2018/03/16/consistent-use-of-adhd-medication-may-stun-growth-by-2-inches-large-study-finds/; A. Poulton, 'Growth on stimulant medication; clarifying the confusion: a review', Archives of Disease in Childhood, 90, 2005, pp. 801–6.
또한 G. E. Jackson, 'The Case against Stimulants', in Timimi and Leo, Rethinking ADHD, pp. 255–86 참조.

13 J. Moncrieff , The Myth of the Chemical Cure: A Critique of Psychiatric Drug Treatment (London: Palgrave Macmillan, 2009), p. 217에서 J. M. Swanson et al., 'Effects of stimulant medication on growth rates across 3 years in the MTA follow-up', Journal of the American Academy of Child and Adolescent Psychiatry, 46, 8, 2007, pp. 1,015–27 인용.

14 A. Sinha et al., 'Adult ADHD Medications and Their Cardiovascular Implications', Case Reports in Cardiology, 2016, 2343691; J.-Y. Shin et al., 'Cardiovascular safety of methylphenidate among children and young people with attention-deficit/hyperactivity disorder (ADHD): nationwide self-controlled case series study', British

Medical Journal, 2016, p. 353.

15 K. van der Marel et al., 'Long-Term Oral Methylphenidate Treatment in Adolescent and Adult Rats: Differential Effects on Brain Morphology and Function', Neuropsychopharmacology, 39, 2014, pp. 263–73. 흥미롭게도 이 연구는 다 자란 쥐의 경우 선조체의 크기가 증가했음을 발견했다.

16 다음의 표4를 참조. The MTA Cooperative Group, 'A 14-Month Randomised Clinical Trial of Treatment Strategies for Attention-Deficit/Hyperactivity Disorder', Archives of General Psychiatry, 56, 12, 1999, pp. 1,073–86.

17 J. Joseph, The Trouble With Twin Studies: A Reassessment of Twin Research in the Social and Behavioral Sciences (Abingdon-on-Th ames: Routledge, 2016), pp. 153–78.

18 예를 들면 다음을 참조. P. Heiser et al., 'Twin study on heritability of activity, attention, and impulsivity and assessed by objective measures', Journal of Attention Disorders, 9, 2006, pp. 575–81; R. E. Lopez, 'Hyperactivity in twins', Canadian Psychiatric Association Journal, 10, 1965, pp. 421–6; D. K. Sherman et al., 'Attention-deficit hyperactivity disorder dimensions: A twin study of inattention and impulsivity-hyperactivity', Journal of the American Academy of Child and Adolescent Psychiatry, 36, 1997, pp. 745–53; A. Thapar et al., 'Genetic basis of attention-deficit and hyperactivity', British Journal of Psychiatry, 174, 1999, pp. 105–11.

19 Joseph, The Trouble With Twin Studies, pp. 153–78.
제이는 이 사실을 보여주는 연구들을 모두 모았다. J. Joseph, 'Levels of Identity Confusion and Attachment Among Reared-Together MZ and DZ Twin Pairs', The Gene Illusion (blog), 21 April 2020. https://thegeneillusion.blogspot.com/2020/04/levels-of-identity-confusion-and_21.html.
전형적인 사례는 다음을 참조. A. Morris-Yates et al, 'Twins: a test of the equal environments assumption', Acta Psychiatrica Scandinavica, 81, 1990, pp. 322–6.
또한 다음을 참조. J. Joseph, 'Not in Their Genes: A Critical View of the Genetics of Attention-Deficit Hyperactivity Disorder', Developmental Review, 20, no. 4 (2000), pp. 539–67.

20 이 문제에 관해서는 매우 긴 논쟁이 벌어지고 있다. 쌍둥이 연구를 옹호하는 가장 흔한 주장에 대한 제이의 반응과 반박은 다음을 참조(나는 제이의 주장이 설득력 있다고 본다). 'It's Time To Abandon the "Classical Twin Method" in Behavioral Research', The Gene Illusion (blog), 21 June 2020. https://thegeneillusion.blogspot.com/2020/06/its-time-to-abandon-classical-twin_21.html.

21 D. Demontis et al., 'Discovery of the f rst genome-wide significant risk loci for

attention deficit/hyperactivity disorder', Nature Genetics, 51, 2019, pp. 63–75.
22 Nigg, Getting Ahead of ADHD, pp. 6–7.
23 Ibid., p. 45.
24 Ibid., p. 41.
25 Ibid., p. 39.
26 Ibid., p. 2.

14장 신체적으로 심리적으로 감금된 아이들

1 S. L. Hofferth, 'Changes in American children's time–1997 to 2003', Electronic International Journal of Time-use Research, 6 (1), 2009, pp. 26–47.
또한 다음을 참조. B. Schulte, Overwhelmed: Work, Love and Play When No One Has the Time (London: Bloomsbury, 2014), pp. 207–8 (브리짓 슐트, 《타임 푸어》, 안진이 옮김, 더퀘스트, 2015); P. Gray, 'The decline of play and the rise of psychopathology in children and adolescents', American Journal of Play, 3 (4), 2011, pp. 443–63; R. Clements, 'An Investigation of the Status of Outdoor Play', Contemporary Issues in Early Childhood, 5 (1), 2004, pp. 68–80.
이와 유사한 지점을 보여주는 그 밖의 다른 놀라운 수치에 관해서는 다음을 참조. C. Steiner-Adair, The Big Disconnect: Protecting Childhood and Family Relationships in the Digital Age (New York: HarperCollins, 2013), p. 88: '1969년에는 미국 어린이 절반이 걷거나 자전거를 타고 학교에 갔고, 겨우 12퍼센트만이 차를 타고 등교했다. 그러나 2009년이 되자 이 비율은 거의 정확히 뒤바뀌었다. 영국에서 걸어서 등교하는 7-8세의 비율은 1971년에 80퍼센트였다가 1990년에 9퍼센트로 떨어졌다.' (캐서린 스타이너 어데어 외, 《디지털 시대, 위기의 아이들》, 이한이 옮김, 오늘의책, 2015)
또한 다음을 참조. L. Skenazy, Free Range Kids: How to Raise Safe, Self-Reliant Children (Without Going Nuts with Worry) (Hoboken, New Jersey: Jossey-Bass, 2010), p. 126. (리노어 스커네이지, 《자유방목 아이들》, 홍한별 옮김, 양철북, 2010)
2 L. Verburgh et al., 'Physical exercise and executive functions in preadolescent children, adolescents and young adults: a meta-analysis', British Journal of Sports Medicine, 48, 2014, pp. 973–9; Y. K. Chang et al., 'The effects of acute exercise on cognitive performance: a meta-analysis', Brain Research, 1,453, 2012, pp. 87–101; S. Colcombe and A. F. Kramer, 'Fitness effects on the cognitive function of older adults: a meta-analytic study', Psychological Science, 14, 2, 2003, pp. 125–30; P. D. Tomporowski et al., 'Exercise and Children's Intelligence, Cognition, and Academic Achievement', Educational Psychology Review, 20, 2, 2008, pp. 111–31.

3 M. T. Tine and A. G. Butler, 'Acute aerobic exercise impacts selective attention: an exceptional boost in lower-income children', Educational Psychology, 32, 7, 2012, pp. 821–34. 이 연구는 특히 주의력 문제를 겪는 저소득층 어린이를 대상으로 했지만, 닉 교수가 설명하듯 이러한 현상은 더 널리 관찰될 수 있다.
4 Nigg, Getting Ahead of ADHD, p. 90.
5 Ibid., p. 92.
6 이저벨의 이 주장을 뒷받침하는 더 많은 증거는 다음을 참조. A. Pellegrini et al., 'A short-term longitudinal study of children's playground games across the first year of school: implications for social competence and adjustment to school', American Educational Research Journal, 39, 4, 2002, pp. 991–1,015.
또한 다음을 참조. C. L. Ramstetter, R. Murray and A. S. Garner, 'The crucial role of recess in schools', Journal of School Health, 80, 11, 2010, pp. 517–26, pmid:21039550; National Association of Early Childhood Specialists in State Departments of Education, Recess and the Importance of Play: A Position Statement on Young Children and Recess, Washington, DC, 2002, 다음 주소에서 열람 가능. www.naecs-sde.org/recessplay.pdf; O. Jarrett, 'Recess in elementary school: what does the research say?', ERIC Digest, ERIC Clearinghouse on Elementary and Early Childhood Education, 1 July 2002, 다음 주소에서 열람 가능. www.eric.ed.gov/PDFS/ED466331.pdf.
7 L. Skenazy, 'To Help Kids Find Their Passion, Give Them Free Time', Reason, December 2020. https://reason.com/2020/11/26/to-help-kids-find-their-passion-give-them-free-time/.
8 S. L. Hofferth and J. F. Sandberg, 'Changes in American Children's Time, 1981–1997', in T. Owens and S. L. Hofferth (eds), Children at the Millennium: Where Have We Come From? Where Are We Going? Advances in Life Course Research, 6, 2001, pp. 193–229, 다음에서 인용됨. P. Gray, 'The Decline of Play and the Rise of Psychopathology in Children and Adolescents', American Journal of Play, Spring 2011.
9 Skenazy, 'To Help Kids Find Their Passion, Give Them Free Time'; F. T. Juster, H. Ono and F. P. Stafford, 'Changing Times of American Youth, 1981–2003', Child Development Supplement (University of Michigan, November 2004). http://ns.umich.edu/Releases/2004/Nov04/teen_time_report.pdf.
10 R. J. Vallerand et al., 'The Academic Motivation Scale: A Measure of Intrinsic, Extrinsic, and Amotivation in Education', Educational and Psychological Measurement, 52, 4, 1992, pp. 1003–17.
11 M. Wedge, A Disease Called Childhood: Why ADHD Became an American